農巖 金昌協의 哲學思想 研究

農巖 金昌協의 哲學思想 研究

이천승 著

한국학술정보[주]

서 문

근래 들어 뇌과학의 영향으로 마음에 대한 관심이 늘고 있다. 외부
환경의 악화로 인한 마음의 상처를 과학기술의 성과에 힘입어 치유하
려는 노력의 일환인 것이다. 조선시대 성리학으로 무장된 지식인들에
게도 마음의 문제는 중요한 화두였다. 그들은 일반적 정감 이외에도
인간에게는 도덕의식이 내재되어 있음을 철저히 규명하면서, 그 현실
적 구현방안을 모색했던 것이다. 이러한 점은 오늘날 두뇌활동의 연장
선에서 마음을 이해하거나, 중심이 해체된 다가치화된 사회에서 주관
적 가치를 절대화하여 각자의 자의적 선택에 내맡기는 것과는 차이가
있다. 따라서 근대 이래 서구의 타율적 행동양식을 강요받아온 우리로
서는 이 땅에 살았던 전통 지식인들의 마음에 관한 성찰을 살펴보는
것은 여러모로 흥미로운 일이다.

이 글은 농암 김창협의 철학에서 마음의 문제를 중심으로 그의 사상
적 특성 및 당시 지식인들의 학문적 경향을 검토해보려는 목적에서 작
성된 박사학위 논문을 정리한 것이다. 김창협은 17세기 말 동아시아
질서가 재편되고 국가사회질서 재건을 위한 어수선한 분위기 속에서
정계 및 학인들의 정신적 버팀목이었다. 특히 그를 시점으로 조선후기
중심담론이었던 호락논변이 적극적으로 활성화되는 계기가 되었으므
로, 후학들에 의해 퇴계와 율곡을 이은 조선의 대표적 儒賢으로 평가
받기도 하였다. 이 연구에서는 기존의 논의들을 유기적으로 연관시켜
김창협의 철학사상을 심을 중심으로 검토하고, 아울러 그에 대한 후학
들의 반향을 살펴보았다.

조선 성리학자들에게 도덕실천의 주체로서 心은 性과 일정한 경계를
유지하면서 性을 情으로 현실화시키는 중요한 매개점이었다. 이 글의
서술도 情의 문제와 관련된 四端七情論, 情의 근거로서 性과의 정합성

을 재검토하였던 人性物性論, 그리고 未發과 知覺論議를 통한 心의 강조로 구분하였다. 이 세 부분은 김원행이 작성한 「농암연보」에서 중시했던 부분으로 본론의 구성도 이에 근거하였다. 김창협을 중심으로 사상사적 흐름을 검토할 때, 첫째로 조선 전기의 四端七情[情論]에 관한 退·栗의 견해차이가 적극적으로 검토되고, 둘째로 18세기 전후 국가질서 재편과정에서 주자학의 강화라는 노론계의 문제의식이 인성과 물성의 동일성 여부[性論]를 통해 논의되고, 셋째로 김창협 및 그의 학풍을 이은 낙학계열에서 그 실천근거로서 未發과 知覺論[心論] 등이 지속적으로 모색되는 과정으로 볼 수 있기 때문이다.

또한 후학들에게 끼친 김창협의 영향을 비판과 계승이라는 두 측면에서 시간적 추이에 따라 살펴보았다. 조선후기 대표담론인 湖洛論辨은 성리학 전반에 걸친 치밀한 사유의 전개양상을 보여주고 있기 때문이다. 충청도지역 일군의 학자(湖學)들은 태생적으로 기질이라는 현실의 바탕 위에 정교하게 짜여진 심성의 '구조' 측면에서 본성의 문제에 접근하였다. 반면에 서울 경기지역 학자(洛學)들은 심의 순수한 도덕영역에 대한 확신과 현실적 '구현'을 강조하면서 기질과 차별화된 심의 맥락에 초점을 두었다. 인간은 기질의 선천적 제약이라는 구조적 측면과, 동시에 그러한 제한을 넘어설 수 있는 자율적 측면도 지니고 있는 이중적 존재다. 따라서 호학과 낙학에서 성과 심의 강조점에 따른 초점의 불일치는 학자나 학파들 간에 합일될 수 없는 평행선으로 나타났던 것이다.

학위논문을 쓸 때의 관심과 애정이 많이 퇴색되었기에 또다시 책으로 출간한다는 것에 부끄러움을 느낀다. 미진한 부분에 대한 아쉬움은 앞으로 다양한 방면에서 보완해나갈 과제일 것이다. 어디서 어떻게 시작해야 될지 막연함에 빠지는 순간들에서 한국철학의 맥락을 짚어주었던 최영진 교수님, 논문작성에 자신감을 심어준 윤사순 교수님께 깊이 감사드린다. 논문을 다시 정리하다보니, 그 당시의 아픈 기억이 새록새록 다가선다. 논문의 마지막 정리는 중환자실 어머니 곁에서 했었다. 생과 사를 오가는 숨막히는 현장에서 무엇인가에 집중해야한다는 것은 여간 어려운 일이 아니었다. 그런 상황에서 내 자신의 일을 하고 있다는 죄책감이 더욱 앞섰다. 그해 겨울 결국 어머니는 운명을 달리했지만, 누구보다도 이 책의 출간을 가장 기뻐하셨을 분이다. 뒤늦게나마 그 분 앞에 이 책을 바친다. 그리고 항상 곁에서 남편 뒷바라지를 위해 애써주고 응원해준 임서춘과, 좋은 책으로 만들기 위해 노력한 출판부 관계자들의 노고에 고마운 마음을 전한다.

2006년 5월

명륜동에서 이천승

목 차

서 론

【1】이 연구는 農巖 金昌協(1651~1708, 효종 2~숙종 34)의 철학에서 心의 문제를 중심으로 그의 사상적 특성 및 朝鮮後期 性理學의 한 흐름을 검토해 보려는 데 목적을 두고 있다.

우리 문화의 맥락을 이해하기 위해 전통의 근간이었던 儒學思想, 특히 조선조 사회질서 및 정신세계의 중추적 의치에 있었던 性理學은 오늘을 이해하는 출발점이다. 해방 이후 활성화된 동양철학에 대한 연구 성과는 다양한 방법론의 적용과 광범위한 연구 분야의 확대가 이루어져왔다. 그중 조선 중기의 四端七情論辨과 후기의 湖洛論辨은 조선 성리학을 한 단계 발전·심화시킨 철학적 논쟁이다. 이러한 논의들은 성리학 이론의 정합성 추구와 그에 기초한 사회 제반이념의 근본적 토대를 재확인하려는 흐름에서 나온 것이다.[1] 이 연구에서 주목하려는 農巖 金昌協은 사상사적으로 湖洛論辨에서 洛學系列[2] 형성에 중요한 역할을 하였던 인물이다.

---

1) 최영진, 「茶山 人性物性論의 思想史的 位相 —湖洛論爭의 人物性同異論과 관련하여—」, 『철학』 68, 한국철학회, 2001 참조.

2) 일반적으로 충청도 일대의 湖學(湖論)과 경기지역 중심의 洛學(洛論) 사이에서 발생한 견해 차이를 湖洛論辨 또는 人物性同異論爭이라고 일컫는다. 충청지역에서 權尙夏의 동의를 받은 韓元震의 입장은 주변 동료들의 지지를 얻으면서 人物性異論내지 지역적 특성을 따서 湖學이라 불려졌고, 반면에 경기지역의 洛下 학자들은 李柬의 견해에 동조하면서 점차 호학과 대별되는 洛學을 형성하였다. 이들 두 학파의 대립된 논변은 조선 말기까지 지속되어 한국유학사에서 주목할 만한 논쟁 중의 하나로 평가되기도 한다. 그러나 洛學의 형성과 관련하여 장지연은 낙학이 金昌協으로부터 근원하는 것임을 제시하고 있으며(『朝鮮儒教淵源』, 아세아문화사, 1973, 101~102쪽), 또한 문석윤의 연구는 그러한 맥락에서 구체적인 접근을 보여주기도 한다(「朝鮮後期 湖洛論辨의 成立史 研究」, 서울대 박사학위논문, 1995). 필자가 이 연구에서 사용하는 '洛學系列'이란 李柬보다는 주로 金昌協과 그의 學風을 계승한 서울·경기지역 학자들을 가리킨다.

농암이 활동했던 17세기 말의 조선은 明淸교체 등 동아시아 질서가
재편되고 국내의 정치·경제 질서가 동요되는 등 다양한 사회변화에
직면하였다. 국가사회질서 재건의 어수선한 분위기 속에 老論계열 성
리학자들의 정신적 버팀목 역할을 담당하였던 그에 대해 「肅宗實錄」에
서는 다음과 같이 언급하고 있다.

> 품성이 溫粹潔淸하여 조금도 세속의 더러움에 물들음이 없었고, 문
> 장을 쓰는 것이 典則濃郁하여 六一[歐陽修]의 핵심을 깊이 얻었다.
> 개국 이래 그러한 학자는 한 둘에 불과했는데, 金昌協은 鼎峙하였
> 다고 할 수 있을 것이다. …… 그의 순수한 천성·높은 문장·깊은 학
> 식 등은 모두 남들보다 뛰어난 경지에 이르렀으니, 실로 세간의 대
> 학자라 할 것이다.3)

농암은 性理學과 文學 방면에서 두각을 나타냈으며, 당시 학계 및
정계의 중심에 서 있었다. 그러나 한편으로는 南人 측과의 政爭 속에
老論을 대표하던 尤庵 宋時烈(1607~1689)과 부친 文谷 金壽恒 등의
賜死를 目睹하는 등 극심한 명암이 교차되던 삶을 보내기도 하였다.
그는 역대 조선 儒賢들에 대해 "文正公 趙光祖는 표준을 밝혔고, 文純
公 李滉은 진리의 이해에 침잠했으며, 文成公 李珥는 운용의 묘미를
발휘하였으니 마땅히 조선 유현들의 최고가 될 것이다."4)라고 평가하
면서, 학문탐구와 덕성함양에 노력하였다. 老洲 吳熙常(1763~1833)은
농암에 대하여 다음과 같이 평하기도 한다.

---

3) 「朝鮮王朝實錄」 숙종 34년 4월 11일. "天資溫粹潔淸, 無一點塵俗氣, 爲文章
   典則濃郁, 深得六一精髓. 國朝以來作者, 不過一二公, 昌協可以鼎峙云. ……
   蓋論其資稟之純, 文章之高, 學涉之深, 俱詣絶於人, 允爲世間之鴻儒云."
4) 「農巖集」 卷32, 「雜識」 46판 우. "趙文正之倡明標準, 李文純之沈潛闡繹, 李
   文成之發揮運用, 當爲本朝儒賢之最."〈이 연구에서 사용하고 있는 '판'은
   저서의 중간에 쓰인 판심의 쪽수이며, '좌'·'우'는 왼쪽 면과 오른쪽 면을
   가리킨다.〉

農巖先生은 道의 근원을 꿰뚫어 보아 탁월한 경지에 이르렀으니, 실로 율곡 이후로 한 사람이다. …… 생각건대 조선 400여 년간 배출된 유현들은 매우 성대하여 송나라 이흐에 없었던 일이다. 그러나 만약 유학을 밝게 드러내었으며 학식이 순수하고 덕망이 겸비되며 심오한 뜻을 드러내어 선현을 계승하고 후학을 계도한 공로를 논한다면, 진실로 靜庵·退溪·栗谷·農巖보다 성대한 사람이 없었을 것이다.5)

오희상이 농암의 사상을 계승하던 같은 계열의 학자였기에 농암에 대한 그의 주관적 판단을 배제할 수는 없을 것이다. 그러나 농암이 후학들에 의해 靜庵→退溪→栗谷을 이어 조선의 대표적 儒賢으로 평가받는 영예를 얻고 있었음은 간과할 수 없다. 이 점은 농암을 시점으로 湖洛論辨이 적극적으로 활성화되는 계기가 되었으며, 그의 학문이 낙학계열 학자들의 사상적 기반이 되었던 점과도 관련이 깊다. 따라서 조선 후기 중심담론이었던 호락논변을 이해하는 출발점으로 농암에 대한 연구는 중요한 관건이 될 것이다.

주지하듯이 도덕가치의 내면화와 실천에 초점을 두었던 조선 성리학자들은 心의 도덕적 자율성 확보에 많은 관심을 기울였다. 특히 18세기를 전후한 시기의 湖洛論辨은 이 문제와 관련하여 치밀한 사유의 전개 양상을 보여주고 있다. 湖學 측에서는 氣質이라는 현실의 바탕 위에 정교하게 짜여진 심성의 '構造' 측면에서 본성의 문제를 해명하였다. 반면에 洛學 측에서는 心의 순수한 도덕영역에 대한 확신과 현실적 '其現'을 강조하면서 기질과 차별화된 心의 맥락에 초점을 두었다. 인간은 기질의 선천적 제약이라는 구조적 측면과, 동시에 그러한 제한을 넘어설 수 있는 자율적 측면도 지니고 있는 이중적 존재다. 따라서 호학과 낙학에서

---

5) 「老洲集」 권25, 「雜識」 22판 우. "農巖先生, 洞見道原, 深造獨詣, 實栗谷後一人也. …… 竊以爲國朝四百年, 儒賢輩出, 蔚然甚盛, 宋以後所未有也. 然若論其倡明斯道, 學純德備, 發揮闡奧, 功存繼開, 則固莫盛於靜庵退溪栗谷農巖也."

性과 心의 강조점에 따른 초점의 불일치는 南塘 韓元震(1682～1751)과 巍巖 李柬(1677～1727)의 경우처럼 합일될 수 없는 평행선으로 나타나기도 하였다. 그러나 人物性同異論·未發心體純善與否論[6]·聖凡心同異論 등 다양한 주제가 내포된 호락논변이 일부 학자들에 대한 연구로 편중되면서, 상대적으로 사상적 흐름과 논의의 맥락에 소홀한 측면도 있었다. 예를 들어 이간의 사상이 낙학의 특성을 대표하는 것은 부정할 수 없지만, '洛學'이 의미하는 서울·경기지역 학풍과 조선 말까지 학계 및 정계에 지속적으로 영향력을 발휘하였던 일군의 洛學系列을 대변하기에 부족한 측면이 있기 때문이다. 따라서 이 연구에서는 논의의 시점을 조금 앞당겨 그들 사상의 모태, 특히 낙학계열 학자들의 宗匠으로 일컬어졌던 農巖 金昌協의 사상에 주목하고자 한다.

농암은 심과 성의 관계를 통해 朱子學의 정체성을 지키면서, '性卽理'를 표방하는 주자학에서 性에 비해 상대적으로 소홀해지기 쉬운 心의 의미를 중시한다.[7] 그는 靈明한 특성을 지닌 心은 본성이 작용할 수 있는 바탕이 되므로 '心의 측면에 나아가 性을 가리키는 것'[卽心指性]이 유학의 본령이라고 주장하여, 도덕적인 마음을 통해 내면에 갖추어진 본성을 명료히 할 것을 강조한다.[8] 즉 理의 보편적 내재에 대

---

6) 한원진은 이간의 「未發有善惡辨」(「巍巖遺稿」 권12, 15～25판)이란 비판에 직면하여, 자신도 未發의 선함을 인정하는데 상대가 제목까지 변경하면서 억지주장을 전개한다고 반박한다. 미발과 관련된 한원진의 문제의식은 '미발상태에서 氣質之性이 있느냐, 없느냐'에 있었기 때문이다(「南塘集」 권28, 41판 우. "未發氣質之性有無之辨也." 또는 같은 책, 권11, 28판 우 참조).

7) 心은 동양 전통철학에서 가장 보편적이고 기본적이며 일반적인 개념으로써 그것이 내포하고 있는 의미는 매우 다양하다(張立文 主編, 「心」, 中國人民大學出版社, 1993, 1쪽). 인식하고 경험하는 심의 의미 이외에도 良心·本心·義理之心 등 도덕적 마음의 강조는 성리학자들의 일반적 견해이다. 이런 의미에서 金春峰은 "朱子의 기본 관점도 心學이므로 주자학을 理學으로만 단정해서는 안 된다."고 강조하기도 한다(金春峰, 「朱熹哲學思想」, 東大圖書公司, 1998, 269쪽).

8) 「農巖集」 권14, 「答閔彦暉」 2판 좌. "蓋聞之, 性者心所具之理, 心者性所寓

한 절대적 확신을 토대로, 심을 통한 본성으로의 합일과 그 구현의 노력을 소홀히 하지 않았던 것이다. 그의 사상을 계승하던 낙학계열 학자들 역시 理의 具現을 위해 氣質과는 변별된 靈明한 心의 특성에 초점을 두고 있다. 반면에 湖學 측에서는 여전히 氣의 범주에 속한 심의 지나친 강조를 낙학 비판의 중심으로 삼기도 한다.9) 이 연구에서는 이러한 心의 문제를 중심으로 농암의 사상적 특성 및 낙학계열의 학풍을 고찰함으로써, 조선 후기 주자학의 특성과 변화 양상을 검토해보고자 한다.

【2】농암에 대한 기존의 연구는 사상적인 측면보다는 그의 문학론 및 문체론 등 주로 문학계의 관심이 중심을 이루어왔다.10) 농암은 당시에 풍미하던 擬古文에 반대하는 입장에서 反擬古文的 作文論을 제시하였고, 문장의 구성에 있어서는 簡嚴한 체재를 중시하는 등 文章으로 一家를 이루었다. 문장 창작에 있어서 古人을 도방하지 않고 작가의 개성이 실린 독창적인 내용을 담아야 진정한 글이 된다는 것이다. 고인을 배움

之器. 仁義禮智, 所謂性也, 其體至精而不可見: 虛靈知覺, 所謂心也, 其用至妙而不可測. 非性則心無所準則, 非心則性不能運用, 此心性之辨也. 二者不能相離, 而亦不容相雜. 是故於心性者, 卽心而指性則可, 認心以爲性則不可. 儒者之學, 所當精薇而明辨者, 莫先於此, 於此或差, 則墮於釋氏之見矣."

9) 성리학자들은 인간에 내재된 선하고 고귀한 가치를 실현시키려는 공동목표를 지니고 있었다. 그러나 낙학 측에서는 호학의 주장이 氣質의 선천적 측면에 주목함으로써 性善의 가능성을 가로막는 결과를 초래하게 될 것으로 간주했고, 반면에 호학 측에서는 도덕구현의 기초로 저마다 도덕적 본성을 가졌다는 낙론의 주장은 결국 금수와 구별이 없게 될 것이라고 비판의 강도를 높여 나갔다(「南塘集」, 권20, 「答權亨叔」 18판 우. "自古異端之說, 皆是無分之說也. …… 今之學者, 以人物之性謂同具五常, 是人獸無分也. 釋氏曰心善, 而儒者亦曰心善, 是儒釋無分也.").

10) 농암에 대한 문학계의 연구는 80년대 후반부터 연구가 집중되어 20여 편에 가까운 석·박사학위논문을 비롯하여 약 40여 편 이상의 논문이 발표되었으며, 지속적으로 연구가 진행되고 있는 추세다(박영호, 「농암 김창협 문학연구의 성과와 과제」, 「동방한문학」 21, 동방한문학회, 2001 참고).

에 있어 그 정신을 본받아야 한다는 농암의 태도는 시대정신에 맞는 時宜性 있는 문장의 저술을 강조하고, 진실되며 典雅한 표현을 사용해야한다는 등 古文論의 체계적 정립에 노력하였다. 또한 그는 주변의 자연대상에 대하여 계획된 의도나 꾸밈보다는 物 그 자체의 속성을 조명하고, "詩란 내면의 性情이 발현된 것이요 天機의 활동이다."[11]라고 인식하였다. 즉 性情의 참된 모습을 구현하고 진솔하게 형상화 할 때, 시로서의 존재의의를 지닌다고 본 것이다. 이러한 측면에서 농암에 대한 문학계의 연구성과는 주로 자연과의 교감 속에 진솔한 언어로서 인간의 심성을 형상화하고, 이는 다시 外飾的이며 구태의연한 자세에서 벗어나 간결 평정한 창작의 노력 등을 통해 조선 후기 문인들에게 많은 영향을 끼친 것으로 평가되어져 왔다. 그러나 문학가로서의 농암은 그의 문학론과 작품세계를 통해 상세히 분석되고 있지만, 그 기반으로서 성리학과 관련된 연구는 상대적으로 미약하다. 농암이 文이란 道를 위해 존재한다는 載道的 문학관에 기초하여 詞章의 폐해를 지적했다면, 그가 지향하고자 하는 道의 실상에 대한 해명이 구체화될 필요가 있다.

史學界에서는 조선 후기를 조선의 고유색을 한껏 드러내었던 문화절정기의 '眞景時代'로 규정하고,[12] 그 문화의 뿌리를 農巖 및 그의 동생 三淵 金昌翕(1653~1722) 등과 연관시키기도 한다. 진경산수화의 대가인 謙齋 鄭敾의 이면에는 그의 스승이자 적극적 후원세력이었던 안동 김씨 집안이 있었기 때문이다.[13] 또한 이후 학계의 京·鄕 분기현

---

11) 「農巖集」 권34, 「雜識」, 5판 좌. "詩者性情之發, 而天機之動也."
12) 진경문화를 통해 조선의 고유색을 한껏 드러내었다는 것은 그 바탕이 되었던 조선 후기 성리학에 대한 긍정적인 평가이기도 하다(최완수 외, 「진경시대」 1, 돌베개, 1998; 강혜선, 「조선 후기 진경문화의 선구자 김창협」, 「문헌과 해석」 12, 2000 등). 반면에 예술적 감성 차원에서 '진경시대'라는 문화사적 접근이 지닌 한계에 대해 비판적 시각이 제기되기도 한다(홍선표, 「조선 후기 회화의 창작태도와 표현방법론」, 「조선시대 회화사론」, 문예출판사, 1999).
13) 안동(壯洞)김씨 집안에는 청음 김상헌 이래로 미술품을 수장한 것이 많았

상에서 血緣 및 師承관계를 통해 기존의 北伐관념과는 상반되는 北學을 주장하는 학자들이 낙학계열에서 배출되었다는 점에 주목하기도 한다.[14] 그들 사상의 모태였던 농암 형제는 초기에 스승으로 모신 李端相 및 趙聖期・林泳 등과의 교류를 통해 서울・경기지역 학풍의 영향을 받는 등 宋時烈과 그의 계승자로 자처하던 湖學들과는 다른 학문경향과 현실인식을 지니고 있었다.[15] 이러한 연구성과들은 농암을 정점으로 하는 낙론계열 학자들이 조선 후기 사상사의 중요한 脈을 형성하고 있었음을 보여준다.

문학계와 사학계의 농암 및 낙학계열어 관한 다채로운 조명과는 달리, 철학사상 방면에서 그에 대한 구체적인 연구는 매우 소략한 편이다. 호락논변과 관련된 기존의 관심은 주로 權尙夏(1641~1721) 문하의 대표적인 두 학자인 韓元震과 李柬의 개인적 연구나 양자 사이의 논변을 중심으로 이루어져 왔다.[16] 洛學系列 형성에 많은 기초를 제공

고, 또 그것을 즐기는 전통이 있었다. 이러한 家風은 김창흡(시)・김창업(그림)으로 이어졌을 뿐 아니라, 그들의 적극적인 후원 아래 진경산수화의 대가인 謙齋 鄭敾이나 시로 유명한 槎川 李秉淵 등이 배출되었다(유홍준, 「화인열전」 1, 역사비평사, 2002, 200~202쪽).

14) 유봉학, 「연암일파 북학사상 연구」, 일지사, 2000, 80~85쪽 참조. 북학을 주장하던 대표적 학자였던 담헌 홍대용은 농암의 손자이자 당시 낙학의 거장이었던 미호 김원행의 제자였다. 또 연암 박지원도 노론 문벌집안 출신으로 김창협의 제자 어유봉과 학맥으로 연결된다. 이러한 점은 조선 후기 사상계의 역동적 전개과정 및 그에 상응하는 사상의 추이를 보여준다.

15) 호락논쟁의 전개양상 및 낙학계열에 주목한 역사학계의 연구성과는 다음과 같다.
이경구, 「金昌協의 學風과 湖洛論爭」, 「한국사론」 36, 1996: 조성산, 「18세기 湖洛論爭과 老論 思想界의 分化」, 「한국사상사학」 8, 1998: 권오영, 「18세기 湖洛論辨의 爭點과 그 性格」, 「조선시대의 사회와 사상」, 1998: 이경구, 「17~18세기 壯洞 金門 硏究」, 서울대 박사학위논문, 2003: 조성산, 「朝鮮後期 洛論系 學風의 形成과 經世論 硏究」, 고려대 박사학위논문, 2003 등.

16) 호락논변과 관련된 철학계의 주요 논문을 시기별로 살펴보면 다음과 같다.
배종호, 「韓南塘과 李巍巖의 人物性同異論의 批判」, 「연세논총」 12, 1975:

하였던 농암에 대한 철학계의 관심이 부진한 점도 이와 무관하지 않을
것이다. 그러나 『조선왕조실록』의 다음과 같은 기록은 주목할 필요가
있다.

> 韓元震이 일찍이 '未發之心에도 氣質이 함께 포함되어 있다. 따라
> 서 사람과 여타의 존재는 五常이 각각 다르다'라는 학설을 펼쳤다.
> 그 설이 金昌協 · 李縡 · 李柬의 설과 같지 않았으므로 문도들끼리
> 서로 비난하고 헐뜯었다. 그리하여 湖學이니 洛學이니 하는 이름이
> 생겨났는데, 이는 대체로 이재가 서울 유역에 살고 한원진이 호서
> 에 살았기 때문이라고 한다.[17]

위의 인용문에서는 韓元震과 대립된 견해를 지닌 인물로 金昌協 · 李
縡와 더불어 李柬을 倂記하고 있다.[18] 또한 李縡나 金元行 등도 湖中(호
서지방 학자들)이라는 지역적 개념을 사용하면서 이간의 학풍에 관심을

이남영, 「湖洛論爭의 哲學史的 意義」, 「동양문화국제학술회의논문집」 2, 성
대 대동문화연구원, 1980; 윤사순, 「人性物性의 同異論辨에 대한 研究」,
「한국유학사상론」, 열음사, 1986; 이상익, 「湖洛論爭의 根本問題 研究」, 성
균관대 석사학위논문, 1986; 이애희, 「朝鮮後期의 人性과 物性에 대한 論
爭의 研究」, 고려대 박사학위논문, 1990; 이영춘, 「巍巖 李柬의 心性論 研
究」, 건대 박사학위논문, 1990; 이상곤, 「南塘 韓元震의 氣質性理學 研究」,
원대 박사학위논문, 1991; 임원빈, 「南塘 韓元震 哲學의 理에 관한 研究」,
연세대 박사학위논문, 1994; 문석윤, 「朝鮮後期 湖洛論辨의 成立史 研究」,
서울대 박사학위논문, 1995; 전인식, 「李柬과 韓元震의 未發 · 五常論辨 研
究」, 정문연 박사학위논문, 1999; 홍정근, 「湖洛論爭에 관한 任聖周의 批判
的 止揚 研究」, 성대 박사학위논문, 2001; 이향준, 「南塘 韓元震의 性論 研
究」, 전남대 박사학위논문, 2002; 최영진 · 홍정근 · 이천승, 「湖洛論爭에 관
한 研究成果 분석 및 전망」, 「유교사상연구」 19, 2003; 이천승, 「洛學系列
성리학자들의 心論에 관한 연구」, 「태동고전연구」 20, 2004, 정연우, 「巍巖
李柬의 성리학설 연구」, 성대 석사학위논문, 2005 등.
17) 「朝鮮王朝實錄」 정조 23년 10월 15일.
18) 또는 이간의 입장을 지지한다는 의미에서 낙학이라 지칭하기도 한다.(「조
선왕조실록」 순조 10년 12월 25일 참조).

갖기도 한다.[19] 호학과 낙학의 근원 및 분기과정에 대한 장지연·현상윤 등의 주장에서도 역시 湖學은 權尙夏에서 시작되어 韓元震이 계승하였고, 洛學은 金昌協에서 근원하여 李縡가 전수하였음을 제시하고 있다.[20] 이상의 여러 자료들을 통해 볼 때 호학의 중심인물이 한원진이라는 것은 재론의 여지가 없으나, 낙하의 학자들이 이간의 견해에 동조하였다는 것만으로 낙학의 경향을 이간 한 사람을 통해 일반화시키는 것은 불충분하다. 즉 낙학에서도 두 가지 흐름이 있는데, 하나는 湖西에 거주하던 巍巖 李柬과 冠峯 玄尙璧 등이고, 또 다른 하나는 서울·경기지역에 거주하면서 洛學(論)으로 통칭되던 農巖 金昌協과 三淵 金昌翁 → 陶菴 李縡 → 渼湖 金元行 등으로 이어지는 계열을 꼽을 수 있다고 본다.

이러한 맥락에서 한 연구자는 호락논변의 형성과정에 관한 연구[21]를 통해 호락 논변의 형성기라 할 수 있는 권상하와 김창협의 시기에 이미 湖學과 洛學이 실체로서 정립되었음을 밝히고 있다. 아울러 호학과 낙학 두 계열내부에서 각각 호락논변의 전 주제가 유기적으로 검토되면서, 도덕 실천과정에서 본체에 대한 주체적 체험을 강조하는 낙학과 규범의 객관성이나 절대성을 강조하는 호학의 두 측면을 제시하기

---

19) 「陶菴先生集」卷14, 「答沈信甫問目」11판 우. "所謂湖中一種心純善之論, 卽指李公擧而言耶? 公擧往年往復諸書, 嘗欲一審徧觀, 得其顚末, 而姑未及矣. 鄙說則自謂煞有商量." 또는 「渼湖集」권7, 1~2판. "元行自幼少時, 已聞湖中多賢士讀書講道, 猶有向來大老之遺風. 心欣然, 未嘗不願從其間, 以求其師友. …… 竊慕巍巖之風, 必欲一見, 旣在道而有事未果, 未幾而此丈遂下世. 至今思之, 未嘗不悲恨." 실제로 李柬 자신도 권상하를 방문했던 여러 인물들을 거론하면서 '洛人'(서울·경기출신)인 누구라고 칭하기도 한다. (「巍巖遺稿」, 권10, 37판 우. "座中士友同進者五人, 及洛人則魚聖時有成·徐汝思宗伋, 西北人則林勃·金鳳瑞諸友, 亦共笑而罷矣.").

20) 장지연의 「朝鮮儒敎淵源」(아세아문화사, 1973) 101~102쪽 참조. 이러한 관점은 현상윤의 「朝鮮儒學史」(현음사, 1982) 277쪽에서도 이어진다.

21) 문석윤, 「朝鮮後期 湖洛論辨의 成立史 硏究」, 서울대 박사학위논문, 1995. 필자의 농암에 대한 관심과 호락논의의 기본구도를 마련하는데 이 연구에 의지한바 큼을 밝혀둔다.

도 한다. 이러한 주장은 논변과 관련된 주체가 불명확해짐으로써 호학과 낙학의 실재를 포착하는 어려움을 해소시키고, 논변들 사이의 유기적이고 체계적인 이해에 도움을 주고 있다. 그러나 농암을 정점으로 낙학의 형성과정에 영향을 주었던 다양한 주변 인물들과의 관계를 종합적으로 파악하려는 포괄적 접근방식을 취함에 따라, 상대적으로 낙학 형성의 기초를 마련한 農巖사상 자체에 대한 규명으로는 불충분한 측면이 있다.

한편 호락논변에 대한 연구가 본격화되면서 농암사상의 단편적 특성이나 낙학계열 학풍에 대한 포괄적 접근도 있어왔다. 농암 생존시부터 논란의 소지를 담고 있었던 「四端七情說」, 人性과 物性의 동일성 여부에서 낙학의 종지와는 달리 초년과 말년에 보이는 불일치한 시각,[22) 그리고 당시 지식인 사이에서 보편적 담론을 형성하였던 未發·知覺論議[23) 등이 주로 연구되었다. 이러한 성과들은 부분적으로 농암이 낙학의 사상적 기반을 형성하는 데 중요한 역할을 하였다는 점을 보여주고 있다. 그러나 일반적인 낙학의 학문특성으로 농암을 조망하였기 때문에, 농암의 사상과 논의의 맥락, 그리고 그를 통한 낙학계열의 指向 방향에 대해서 소홀한 측면도 있었다.

따라서 이 연구에서는 기존에 연구되었던 몇 가지 주제들을 유기적으로 연관시켜 농암의 철학사상을 心을 중심으로 검토하고, 그에 대한 후학들의 反響을 살펴볼 것이다. 필자는 농암의 사상을 조망해 볼 수

---

22) 김용헌, 「農巖 金昌協의 四端七情論」, 「사단칠정론」, 서광사, 1992: 김용헌, 「農巖 金昌協의 人物性論과 洛學」, 「인성물성론」, 한길사, 1994.

23) 조남호, 「金昌協 학파의 陽明學 批判: 智와 知覺의 문제를 중심으로」, 「철학」 39, 한국철학회, 1993: 조호현, 「農巖 金昌協과 叔涵 金載海의 사상적 대립 연구 −知覺論과 未發論을 중심으로−」, 서울대 석사학위논문, 2000. 또한 김태년은 「洛論系의 知覺論 硏究 −金昌協의 理論을 중심으로−」(고려대 석사학위논문, 1993)에 이어, 「知覺」(「조선유학의 개념들」, 예문서원, 2002)의 개념을 종합적으로 검토하기도 하였다.

있는 틀을 四端七情論, 人性物性論, 未發·知覺論 등으로 분류하고, 이러한 논제들을 연관시킬 수 있는 키워드로 마음[心]의 문제에 주목하였다. 주자학에서 도덕실천의 주체로서 心은 性과 일정한 경계를 유지하면서 性을 情으로 현실화시키는 중요한 매개점이기 때문이다. 따라서 본고의 서술도 情의 문제와 관련된 四端七情論, 情의 근거로서 性과의 정합성을 재검토하였던 人性物性論, 그리고 未發과 知覺論議를 통한 心의 강조로 구분하였다. 이 세 부분은 농암의 손자 김원행이 작성한 「農巖年譜」에서 중시했던 부분으로 본론의 구성도 이에 근거하였다. 농암을 중심으로 사상사적 흐름을 검토할 때, ① 조선 전기의 四端七情[論]에 관한 退·栗의 견해차이가 적극적으로 검토되고, ② 18세기 전후 국가질서 재편과정에서 주자학의 강화라는 노론계의 문제의식이 人性과 物性의 동일성 여부[性論]를 통해 논의되고, ③ 농암 및 그의 학풍을 이은 洛學系列에서 그 실천근거로서 未發과 知覺論[心論] 등이 지속적으로 모색되는 과정으로 볼 수 있기 때문이다. 또한 후학들에게 끼친 농암의 영향을 湖學측 韓元震의 비판적 견해와 李柬의 사상에서 보여지는 변용적 측면, 그리고 낙학계열의 李縡와 金元行을 통해 농암사상의 계승과정을 시간적 추이에 따라 살펴보았다. 본문의 각 장은 다음과 같은 내용을 중심으로 전개되어 있다.

1장에서는 朋黨에서 蕩平으로 전환되던 老論과 少論의 갈등상황 속에서 농암의 역할과 생애 등을 살펴볼 것이다. 조선 후기 문화 및 사상의 주요 진원지 역할을 담당하였던 것은 老論의 낙학계열 성리학자들이었고, 그들의 정신적 공감대의 중심에 서있었던 농암에 대한 개괄적 흐름을 알아볼 필요가 있기 때문이다. 또한 철학방면에서 농암에 대한 연구가 부족하므로 그의 생애 및 학문배경, 그리고 낙학계열의 동향에 관해서도 간단히 살펴볼 것이다.

2장에서는 四端七情論에 관한 퇴계와 율곡의 견해 차이가 농암에게서 어떻게 수용되고 있는가를 그의 「四端七情說」을 통해 살펴볼 것이다. 기존에 농암사상을 퇴계와 율곡의 折衷적 성격으로 규정한 것은 주로 사단과 칠정에 대한 그의 견해에서 비롯된 것이므로 이에 대한 충분한 고찰이 필요할 것이다. 먼저 농암의 퇴계에 대한 尊崇의 태도에도 불구하고 합치되지 않았던 理發문제와 主理의 의미 등에 관해 검토해볼 것이다. 농암은 인간의 마음에 사단이라는 도덕영역을 확보하려는 퇴계의 의도에 동의하지만, 사단과 칠정에 대한 진술과정에서 인간의 마음에 서로 다른 갈래가 있는 것처럼 보이는 오해의 소지를 해소시키려 노력하기 때문이다. 다음으로 농암이 율곡의 견해를 기반으로 하면서도 순수 도덕영역을 보다 확대시켜나가는 과정을 살펴볼 것이다. 그 과정에서 상황에 따른 經緯錯綜·理氣勝負를 통해 일반 정서로 환원되지 않는 도덕적 마음의 다양한 보완 측면을 논의하게 될 것이다.

3장에서는 초년과 말년의 불일치한 주장으로 인해 논란의 대상이 된 농암의 人性物性論에 대해 검토해볼 것이다. 먼저 순자와 불교의 논리를 비판하면서 드러난 心의 의미와 본성의 내재를 강조하는 농암의 주장을 간단히 살펴볼 것이다. 理의 동일성을 인정하면서도 각 개체의 性이 다름을 진술하는 초기의 주장은, 김창흡·어유봉 등 낙학계열 내부에서 수용되지 않는다. 농암 말년의 박세당 비판과정이나 「雜識」 등의 기록에서 그가 人物性同論의 시각을 견지하기 때문이다. 그 과정에서 선천적인 기의 측면에 국한되지 않고 본성의 구현이라는 도덕적 지향과정과 구현의 가능성을 중시하는 낙학의 종지를 확인할 수 있을 것이다.

4장에서는 농암의 未發과 知覺論議를 통한 心의 강조를 살펴볼 것이다. 농암은 미발의 실재성을 부인하는 박세당의 견해를 비판하면서 미발이 우리 마음에 실재함과 그를 위한 涵養의 공부를 강조하였다. 그가 미발을 정당화하는 과정에서 不覩不聞처럼 상황[境]에 따라 흔들리지 않는 외형상의 정지상태와 마음[心]의 절대적 평정을 구분하였던 의미에 대해서 알아볼 것이다. 아울러 범인이 성인과는 달리 미발을 간직하지 못하는 것은 보존함을 망각하기 때문임을 상기시키면서, 戒懼와 愼獨의 敬을 통해 본래 동일한 성인의 심리상태로의 전이를 촉구하는 그의 주장을 살펴볼 것이다. 또한 농암이 심의 중요한 특성으로 부각시킨 知覺論을 고찰할 것이다. 농암이 지각과 智의 구분을 통해 강조하려던 심성의 의미와, 심의 본체와 관련된 심의 특성이 논의될 것이다. 농암은 심의 虛靈神明한 특성을 지각의 활동영역이라고 강조하면서, 지각을 통한 智로의 접근, 즉 심의 측면에 나아가 성을 지칭해야함을 강조하고 있다. 이와 같이 심과 성의 연계성을 인정하면서도 양자의 차이를 분명히 하려는 의도를 통해 심의 의미와 그 지향방향성을 살펴볼 것이다.

5장에서는 농암사상에 대한 후학들의 평가와 전개양상을 살펴볼 것이다. 먼저 韓元震을 통해 앞서 논의되었던 여러 주제들에 대한 그의 비판적 내용을 검토해봄으로써, 호학 측의 입장과 대비시켜 볼 것이다. 또한 낙학의 입장을 대변해주던 李柬의 입장을 살펴보는 과정에서 농암사상과의 변별성을 찾도록 시도하였다. 心을 통해 도덕적 마음의 확충과 구현을 지향하였던 낙학의 공통분모에도 불구하고, 이간처럼 心性一致의 극단적 표현은 농암계열의 중립적 태도와는 다르게 전개되기 때문이다.

끝으로 농암사상을 이어가던 이재와 김원행의 견해를 통해 낙학의 계승양상을 살펴볼 것이다. 두 학자에 대한 검토는 낙학의 학맥을 이어주는 하나의 축으로 낙학의 전개과정을 확인하는 계기가 될 것이다. 이재는 한원진의 기질중시에 대한 비판적 견해를 통해 기질과 심의 관계를 해명하는 한편, 윤봉구와의 心說 논변을 통해 성인과 범인이 지닌 심의 동일성 여부를 논의한다. 그는 心이란 性과 氣, 혹은 理와 氣의 합일점이자 본성구현의 기초(계기)가 되는 것이므로, 심을 기의 제한으로부터 벗어나 도덕적 영역으로 접근하도록 하였던 것이다. 또한 김원행은 스승 이재의 사상을 계승하면서 明德의 개념에 많은 관심을 기울인다. 明德論議 등을 통해 심의 특성과 본성의 구현에 노력하는 그의 자세에서 농암 이래 낙학의 학풍을 견지해 가는 과정을 살펴보게 될 것이다.[24)]

참고로 이 연구는 민족문화추진회 영인본 「農巖集」(「韓國文集叢刊」 161~162권)을 底本으로 하였다.[25)]

---

24) 이 연구가 洛學(農巖)系列의 학맥을 金元行에서 그친 것은 이후의 사상계가 다양한 방향으로 분화되었기 때문이다. 즉 김원행의 문하에는 朴胤源·吳允常으로부터 한말 田愚까지 이어지는 性理學者들이 있었던 반면에, 洪大容같이 燕行을 통해 淸의 선진문물과 학술경향을 적극적으로 수용하려던 北學派나 象數學 연구에 몰두하였던 黃胤錫도 있었다.

25) 「農巖集」의 판본 및 간행에 관한 서지사항은 다음과 같다.

① 「農巖集」(初刊本) 34권 17책: 농암의 死後 다음해인 1709년, 문인 金時佐·魚有鳳 등이 家藏草稿를 바탕으로 채집·편정하여 김창흡에게 서문을 받은 活字本이다. 이 판본을 저본으로 이듬해 목판본으로 重刊되기도 하였다.

② 「農巖集」(補刻本) 2권 1책: 1754년 趙暾이 기존의 판목이 刓缺되었음을 우려하여 補刻한 것이다. 일부 내용의 보완을 거치고 世系, 年譜 등을 모아 권35와 권36으로 편차하였다.

③ 「農巖續集」 2권 2책: 1854년 김창협의 후손인 金洙根이 校正하여 印行한 상·하권 활자본이 있는데, 특히 논란이 되었던 「四端七情說」이 첨부되어 있다.

④ 「農巖別集」 4권 2책: 1928년 門人들의 저술에서 이전에 빠진 시문 및 후인들의 農巖 관련 평가 등을 뽑아 別集 4권으로 만들고, 「農巖集」 전체를 다시 간행하였다.

근래 민족문화추진회에서는 「農巖集」(초간본)을 底本으로 하고 후대에 보완 간행된 여러 판본을 한데 묶어 「農巖集」(「한국문집총간」 161~162권)으로 영인하였고, 또한 「국역 농암집」(송기채 옮김)을 2001년부터 발간 중이다.

제1장 農巖 思想의 형성배경

1. 정치적 상황

조선 500년간의 정치는 중앙집권 양반관료제의 확립, 士林政治의 발달, 蕩平政治의 전개, 勢道政治의 출현 등 다단계로 구분될 수 있다.[1] 그중 농암 김창협이 주로 활동했던 17세기 末은 붕당정치가 군주중심의 탕평정치로 전환되면서 士林中心 사회체제가 동요되던 시대였다. 농암이 지닌 정치적 비중을 고려할 때, 먼저 송시열을 중심으로 하는 노론 측의 정치적 상황에 주목할 필요가 있을 것이다.

당시 조선은 임진왜란과 병자호란이라는 두 차례의 戰亂을 거친 이후, 무너진 사회질서의 재건과 정신적 자괴감의 회복에 많은 노력을 기울였다. 당시 老論 士林을 대표하던 송시열이 내세운 反淸北伐論은 이러한 상실감을 관념적으로나마 회복해 줄 수 있었다.[2] 그러나 북벌

---

1) 이태진 외, 『조선시대 정치사의 재조명』, 태학사, 2003, 6쪽. 이것은 과거 일본 식민주의 논리에 의해 왜곡되고 부정적 측면으로 인식되었던 士禍, 黨爭 등을 긍정적 시각에서 조명한 것이다. 이외에도 숙종 대에서 정조 대에 걸치는 시기를 진경문화를 꽃피워낸 '眞景時代'로 규정하기도 한다. 진경시대란 조선왕조 후기 문화가 조선 고유색을 한껏 드러내면서 난만한 발전을 이룩하였던 文化絶頂期를 일컬으며, 조선이 중화문화를 발전적으로 계승할 수 있다는 문화적 힘의 발산이 조선사회 전반에 팽배해졌다는 인식에서 나온 것이다(최완수, 「조선왕조의 문화절정기, 진경시대」, 『진경시대』 1, 돌베개, 1998).

2) 북벌과 관련된 송시열의 입장은 구체적 실력행사보다는 內修外攘을 통한 倫理綱常과 中華文化 수호에 초점을 두었다(김준석, 「조선 후기 국가재조론의 대두와 그 전개」, 연세대 박사학위논문, 1990, 225~243쪽 참조). 당시 淸은

논의는 별다른 성과 없이 지연되면서 점차 시대적 당위성을 상실해갔다. 국내적으로 왕권의 불안정한 상태는 숙종(1675~1720)대에 이르러 강화된 왕권을 앞세운 국왕에 의해 정국이 주도되었다. 1680년 庚申大黜陟 이후 10년간 政柄을 오로지 한 노론의 기세는 숙종으로서는 왕권까지 위협하는 것으로 생각하였던 것이다. 숙종은 재위기간 동안 거듭 換局을 단행했고, 특히 1694년 甲戌換局을 통하여 일거에 집권당을 교체하는 극단적 방법으로 관료들을 공포 속으로 몰아넣으면서 왕권을 강화시켜 나갔다. 그로 인해 남인이 대거 도태되고 서인으로 다시 조정이 채워지는 등 정치적 반목과 잦은 換局政治가 이루어졌다. 예를 들어 숙종은 昭儀 장씨로부터 갓 태어난 왕자의 定號를 서둘렀고, 그로부터 王妃擇定 논란까지 이어지는 己巳換局이 단행되었다. 영의정 金壽興 이하 노론 세력은 너무 급한 처사라고 반대 의견을 제시했으나, 오히려 숙청과 공격을 당하게 되었다. 당시 산림영수로 있었던 송시열은 이 일과 관련하여 83세의 고령으로 賜死되었고, 농암의 부친인 金壽恒 등도 그에 동조했다는 죄목으로 같은 운명을 겪었다.

또한 서인과 남인 사이에 벌어졌던 禮訟論爭은 예론상의 是非를 명분으로 삼기는 하였지만, 성리학적 차원의 義·不義로 해결할 수 없는 정치적 대립을 고착시키기도 하였다. 예송을 거치면서 경직화된 두 세력 간의 관계는 이때에 이미 실세한 서인이 비판세력으로 공존하는 것조차 허용하지 않는 형세로 바뀌었던 것이다. 이밖에도 여러 정치적 쟁점들로 말미암아 서인 내부에서 老論과 少論의 분기현상이 나타났다. 예를 들어 顯宗朝에 청나라 사신을 맞는 과정에서 일어났던 公義와 私義논쟁이 그러하다. 金萬均은 병자호란 때 祖母가 강화도에서 殉節한 점을 들어 私情으로 볼 때 원수를 접대할 수 없으므로 사직을 청했으며, 이러한 주장은 復讐義理를 중시하던 송시열의 지지를 얻었다.

정권안정기로 접어들면서 동아시아 질서가 안정되어갔고, 조선에 대해서도 유화적인 자세를 보이던 시기였으므로 대외정책도 점차 변화를 가져왔다.

반면에 徐必遠 등은 胡亂被禍人 가족의 처지를 이해하더라도 국정의
원활한 수행을 위해서 國事의 담당자는 公聿를 우선시해야 된다는 입
장을 취했다. 道學을 앞세워 君主權을 견제하는 臣僚중심의 '世道'적
성격을 지닌 송시열의 私義論과 비교한다면, 公義論은 '尊君'적 성격을
강하게 드러내고 있는 것이다. 이러한 갈등은 士林중심의 私的 영역보
다도 국가 위주의 公的 영역을 중시하는 것으로 명분위주의 老論과 현
실중시의 少論이 정립해가는 한 단면을 보여주는 것이다.3)

당시 정파 간의 대립과 갈등은 士林중심 사회체제의 위기와 파탄을
드러나는 출발점이 되었다. 아울러 양대 세력의 가열된 대립으로 붕당
정치의 원리가 망각된 정치체제는 戚臣의 比중을 새로이 상승시켜 놓
는 결과를 가져왔다. 정파 간의 견제가 상실된 상태에서 국왕은 그 나
름으로 집권세력에 대한 견제의 필요성을 느껴 특정한 척신에게 대권
을 부여하기도 하였으나, 이후 그들이 閥閱의 핵심을 이루는 一黨專制
의 추세가 현저해질 수밖에 없었다. 당쟁의 고착과 폐단을 시정하기
위해 탕평책을 추진했던 영조 대에는 辛壬獄事를 계기로 노론이 주도
하며 연립내각을 이루는 蕩平政局을 추구하였다. 그러나 前代의 黨弊
를 극복하기 위해 제시된 탕평이 외척들로 인해 폐단이 나타나자, 정
조는 右賢左戚論을 표방하기도 하였다. 즉 왕실 척족을 과감히 처단하
고 그들의 전횡을 비판하였던 淸論士類 세력을 적극 등용하면서 탕평
정치의 재정립을 시도하였던 것이다.4)

---

3) 정만조의 「조선 顯宗朝의 私義 · 公義 論爭」(「한국학논총」 14, 국민대 한국
   학연구소, 1991) 참조. 또한 조정 내에는 송시열의 私議論과 서필원의 公
   義論을 각각 지지하는 峻論과 緩論이라는 정치세력을 구분하는 명칭까지
   생겨났고, 이는 점차 名分論과 現實論, 世道論과 尊君論의 대립으로 초점
   이 모아지게 되었다.
4) 붕당의 타파와 군주권의 강화가 중앙정계에서 산림의 기능을 약화시켰다
   고 보기도 한다. 당시 산림들은 정국을 주도하는 권위를 인정받지 못하였
   을 뿐 아니라, 오히려 탕평에 걸림돌이 되는 장애물로 인식되어 국왕으로
   부터 철저한 견제를 받았기 때문이다(우인수, 「조선 후기 산림세력연구」,

이와 같이 17세기 이래 조선조 집권층이 당면한 과제는 안으로 綱常
倫理에 기초한 사회질서를 강화하고, 밖으로 夷狄으로 인식했던 淸朝
의 중국지배로 인해 붕괴된 華夷的 국제질서를 재건하는 일로 파악되
었다. 즉 윤리질서의 동요와 본말이 전도되었다고 판단된 현실을 타개
할 필요성이 있었으며, 그 실천적 방안의 탐색은 주로 주자학의 理氣
心性論 등에 대한 철저한 규명으로 이어졌다. 농암은 그러한 논의의
중심에 서서 문화적 자존의식의 수호와 노론의 사상적 구심역할을 담
당하면서 일생을 보냈다.[5]

2. 사상계의 동향

17세기 西人학계는 서울·경기지역과 호서지역으로 分化되어 가는
양상을 보인다. 특히 노론과 소론의 대립 속에서 農(김창협)·淵(김창
흡) 형제는 老論의 이론가로서 중요한 활약을 하고 있었다. 그들은 정
치적인 면에서 호서지역 서인-노론들과 義理論을 공유하면서도, 한편
으로는 서울·경기지역 학풍의 영향으로 말미암아 학문적 차이를 보여
준다. 즉 湖洛論議가 본격화되기 이전부터 서울·경기와 호서라는 지
역적 學風 차이가 내재되어 있었던 것이다.[6] 이러한 경향은 현실문제

일조각, 189~195쪽 참조).
5) 農巖의 사후, 정치세력의 분화는 蕩平政局 아래 花黨·駱黨, 南黨·北黨
   등 다양하고 복잡한 양상으로 전개되며, 낙론계 중심의 노론이 조선 말까
   지 정계 및 학계에 확고한 영향력을 발휘하게 되었다. 이것은 그들의 사상
   적 기반이 되었던 호락논변이 단순히 학술논변에 그치는 것이 아니라, 다
   양한 역사적 조건에 영향을 받으면서 진행되었음을 보여주는 것이다(유봉
   학, 「정조시대 정치론의 추이」, 「정조시대의 사상과 문화」, 돌베개, 80~82
   쪽: 조성산, 「18세기 호락논쟁과 노론 사상계의 분화」, 「한국사상사학」 8,
   1998 등).

에서 朱子的 운영원리의 탄력적 적용 근거가 되었으며, 洛論系 학풍형
성에도 중요한 영향을 끼쳤다.[7]

1) 송시열에 대한 지지와 주자학의 강화

농암은 西人내부의 老·少 분기현상에서 송시열을 변호하고, 같은
맥락에서 소론 측 박세당 학설에 대해 적극적으로 비판한다. 이러한
대응자세는 송시열을 축으로 주자학을 표방하던 老論 義理論의 결속과
정에서 나온 것이다. 먼저 송시열을 둘러싼 老·少論의 갈등양상에 대
한 농암의 태도부터 살펴보기로 하겠다. 「家禮源流」의 저자문제는 스
승에 대한 背師여부를 논하던 懷尼是非로 이어지면서 양측의 갈등은
첨예화되었다.[8] 농암은 송시열을 적극 지지하면서 소론 측의 견해에

---

6) 그들은 이미 효종·현종 대에 서울·경기지역을 중심으로 형성된 漢黨과
   호서지역의 山黨으로 나뉘어졌고, 그러한 현상은 숙종 대에 노론과 소론의
   분기 및 호론과 낙론의 대립으로 이어졌다(정만조, 「17세기 중반 漢黨의
   정치활동과 국정운영론」, 「한국문화」 23, 1991 참조).

7) 洛論(學)의 형성과 관련된 이러한 시각은 이경구의 「17~18세기 壯洞 金
   門 硏究」(서울대 박사학위논문, 2003)와 조성산의 「朝鮮後期 洛論系 學風
   의 形成과 經世論 硏究」(고려대 박사학위논문, 2003)에서 잘 정리되어 있
   으며, 이하의 내용도 주로 두 편의 논문을 참조하여 작성되었다.

8) 노론 측의 주장에 의하면, 이 책은 원래 兪棨가 편집하고 완성한 것인데
   유계는 자신의 문하에서 수학하였던 尹拯 및 그 부친 尹宣擧에게 교정을
   부탁했다. 그러나 유계가 죽자 윤증은 교정본을 돌려주지 않고 도리어 그
   부친의 저술이라고 공개했다. 이에 대해 노론들은 윤선거는 다만 편집에
   도움을 주었으므로 유계의 단독저서임을 주장하였다. 특히 권상하는 윤증
   이 부탁한 「가례원류」 서문에서 그간의 사정과 또 별도의 抄本을 제시하
   면서 윤증이 스승인 송시열을 배반했다고 격렬히 비난하기도 하였다. 이로
   인해 소론의 영수였던 윤증은 스승이었던 유계를 배신했다는 背師是非에
   휘말리면서 노론의 거센 비판을 받게 되었다. 윤증 측에서도 권상하를 공
   격하였고, 노론계의 정신적 지주였던 송시열까지 비판하기에 이르렀다(「杞
   園集」, 「年譜」 권1, 508쪽 참조).

동조하던 외삼촌 羅良佐에 대하여 다음과 같이 비판하기도 한다.

> 저 尼山(논산군 노성면의 윤선거)과 懷德(대덕군 회덕면의 송시
> 열) 간의 분쟁은 진정 사문의 커다란 시비가 걸린 문제로서 문인
> 제자들이 각기 소견에 따라 구체적인 사안을 가지고 분명히 변별
> 하는 것은 괜찮습니다. 그러나 자신의 몸과 마음보다 큰 중대한 것
> 이 무엇이 있겠습니까. 그런데도 지금 이 광대하고 텅 비어 밝은
> 마음을 전부 이 한 가지 일에 쏟아 넣은 나머지 옹호하고 배척하
> 는 데에 얽매여 백 가지의 적을 만들어 내고 있습니다.9)

懷尼是非에 대한 농암의 이 같은 태도는 壯洞 金門과 송시열의 긴밀
한 관계성에서 기인한다. 송시열은 정치적으로 김상헌의 斥和노선을
이어가면서 장동 김문과 세도 책임을 공유하기도 하는 등 연대의식을
지녔다. 따라서 김상헌의 손자인 金壽恒 형제에 대한 기대나 김수항의
아들인 金昌協이 송시열의 高弟가 되면서 정치적 연대뿐 아니라 학문
적 교류도 활발해졌다. 농암은 1684년 서인이 노론과 소론으로 분열되
기 10여 년 전부터 송시열을 찾아가서 학문을 논하였고, 정치적으로
송시열 중심의 노론 의리적 관점을 견지하였다. 그러므로 그는 羅良佐
에게 "저희들이 尤翁에 대하여 실로 4대에 걸친 師友의 정이 있으니,
비단 한 순간 학업을 가지고 가르침을 청하는 관계에 비할 바가 아닙
니다."10)라고 반박하면서, 적극적으로 송시열을 중심으로 하는 노론의

---

9) 송기채 옮김, 「국역 농암집」 2, 민족문화추진회, 2002, 175쪽.
10) 「農巖集」 권11, 「上仲舅」, 11판 우. "姪輩於尤翁, 實有四世師友之契, 不止一
   時執業請益者比而已." 외숙과의 논전을 불사할 정도로 치열했던 이 논쟁은
   이후 장동 김문의 인사들이 소론 측과 직간접적으로 얽혀있던 유대를 청
   산하고, 노론의 정체성 심화와 상대에 대한 부정과정이기도 하였다(이경
   구, 위의 박사학위논문, 110~113쪽 참조). 이와 같이 송시열에 대한 노론
   과 소론의 엇갈린 평가와 대립은 숙종이 노론의 입장을 지지하는 판정(丙
   申處分)을 내림으로써 이후 노론이 지속적인 우위를 차지하는 계기를 가
   져왔다.

입장을 변호했던 것이다.

또한 己巳換局(1689년)을 전후한 시점에 농암 형제는 송시열이 내건 주자주의에 경도되어 깊은 관심을 갖고 주자학 연구에 적극 동조한다. 그들은 모든 경전을 주자를 통해서만 이해하기 위해서는 주자의 저작만이 실려 있는 「朱子大全」의 그 중요성과 그에 대한 연구가 일차적인 과제로 떠오를 수밖에 없었고, 다양한 학자들의 성리설을 망라하고 있는 「성리대전」에 대해서는 폄하하는 인식이 마련될 수밖에 없었다.[11] 또 농암은 송시열의 「朱子大全箚疑」 詳訂에 공을 기울이는 등 주자학을 바탕으로 異端是非 논쟁을 통해 노론 의리론을 주장한다. 이와 같이 노론 측의 주자학에 대한 강조는 농암의 다음 세대인 한원진에 이르러 「朱子言論同異攷」로 결실을 맺었고, 정조 때의 적극적인 朱子書 정리와 선본의 편찬[12] 등 주자학의 종합적 접근으로 이어졌다.

다음으로 농암이 주자학 강화를 위해 소론 측 박세당의 「思辨錄」을 적극적으로 비판하는 과정을 살펴보기로 하겠다. 당시 박세당이 주자와 다른 입장에서 내놓은 「思辨錄」은 학계에 많은 논란을 야기시켰다.[13] 1703년 박세당의 「사변록」이 알려지자,[14] 그해 4월 성균관 유생 洪啓迪·洪啓漢 등 180인이 聯名으로 제기한 상소를 발단으로 그에 대

---

11) 조성산, 위의 박사학위논문, 128~130쪽. 조선의 五經·四書大全 수용과정에 관해서는 정형우의 「五經·四書大全의 수입 및 그 刊板 廣布」(「동방학지」 63, 연세대 국학연구원, 1989) 참고.

12) 김문식, 「정조의 주자서 편찬과 그 의의」, 「정조시대의 사상과 문화」, 돌베개, 1999, 114쪽.

13) 당시 상황을 정리한 「癸甲錄」은 이에 대한 찬성과 반대의 대표적 상소문들과 斯文亂賊으로 몰린 박세당에 대한 伸寃 등을 모은 자료집이다. 계미년(1703)과 갑자년(1704) 사이에 박세당과 관련된 글만을 뽑아놓은 이 자료집은 박세당이 斯文亂賊으로 몰린 전말 및 당시 그와 관련된 정치적 파장의 강도를 보여주고 있다.

14) 이경구의 연구(위의 박사학위논문, 109쪽)에 의하면, 「사변록」은 1680년에 집필되기 시작하여 1689년에 완성되었다. 따라서 평소 묵인되어 오던 이 저작은 노론 측의 정치적 고려에서 사상적 불철저성을 문제 삼았던 것이다.

한 본격적인 비판이 이루어졌다.[15] 그러나 표면적인 논쟁의 실마리를 제공한 인물은 三淵 金昌翕이었다. 그는 박세당의 문인 李德壽에게 보낸 서간[16]에서 박세당이 주자의 경전해석을 비판·첨삭한 것은 선현을 헐뜯는 '異端'이라고 규정하였다. 또 공자·주자 및 율곡·우암의 본지는 "聖賢을 받들고 東周를 높이며 倫紀를 붙들고 正經을 지키는 것인데, 이에 이탈하여 파벌에 흐르고 類聚를 모방하는 박세당의 학문태도는 괴이하기 이를 데 없다."고 반박했다. 그의 편지가 성균관 유생들에게 공개된 뒤, 박세당은 공맹의 도를 비판한 楊墨과 같은 자이며, 주자설은 천하만세에 이르도록 바꿀 수 없는 것인데 이를 비판한 것은 사문난적이라는 상소가 이어졌다. 또한 그들은 조선에서 주자학을 충실히 계승한 이를 송시열로 보는데, 박세당은 도리어 송시열의 처세문제를 비꼬았던 李景奭을 옹호하면서 그의 神道碑에서 송시열을 비방했던 점도 용납하지 않았다.[17]

---

15) 「조선왕조실록」 숙종 29년 4월 17일 참조.

16) 「三淵集」 권22, 「與李德壽」, 29〜38판. 또 권상하도 박세당을 비판하는 구체적 저술은 남기지 않았지만, 1703년 박세당이 이경석의 비명을 지어 스승인 송시열을 헐뜯고 주자설을 훼손한 것에 대하여 상소하여 배척하고 있다(「寒水齋集」 권2, 「辨尤菴先生被誣疏」, 22판). 이러한 점들은 박세당에 대한 당시 노론계 전체의 공통적 반감을 엿볼 수 있게 해준다.

17) 이경석은 강화도 병자호란 때 三田渡碑의 비문을 쓰기도 하는 등 主和論者에 속한다. 그러한 현실론에 동조하는 박세당의 견해는 對明義理와 節義를 강조하면서 名分論을 고수하던 노론 측과 화해할 수 없는 평행선을 달렸던 것이다. 예를 들어 박세당은 和議論을 주장했던 崔鳴吉이 아니었다면 조선 사람들이 枕席을 편안히 두고 자손을 보존할 수 없었을 것이라고 하면서 최명길의 선택을 옹호하였다. 또한 멸망한 명나라와 새로운 청나라를 현실 속에 어떻게 반영할 것인가, 즉 누구를 정통왕조로 인정할 것인가라는 연호(崇禎)사용 문제에서도 박세당은 이미 멸망한 나라의 연호를 억지로 끌어다 쓰는 전례는 없으며, 의종을 中華舊主라고 객관화시키기도 하였다(조성산, 위의 박사학위논문, 87〜89쪽 참조). 이에 대해 농암은 당시 박세당 비판의 주도자였던 동생 김창협을 변호하면서 이경석에 대한 반감과 그를 변호하던 손자 이하성의 상소문을 비판하기도 한다(「農巖集」 권9, 23〜25판).

반면에 「사변록」과 이경석비문을 파기하그 박세당을 벌주어야 된다
는 거센 비판에 대해 박세당의 제자를 중심으로 반론도 적지 않았다.
즉 李翼明 등은 박세당의 주장이 주자학의 도그마에서 벗어나려는 것
일 뿐 주자의 학설과 다르다는 점이 문제될 수는 없고, 이경석과 송시
열 사이의 사사로운 감정적 처사를 박세당과 연관지어서는 안 된다고
주장한다. 양측의 심각한 갈등 속에 숙종은 毀經·侮聖의 죄를 물어
박세당을 罷職·黜送시켰다. 그러나 계속된 신원과 재평가 끝에 1723
년 박세당의 학문은 勸學好問하고 淸白守節라다고 하여 文貞이란 시호
가 내려짐으로 일단락되었다.

앞서 박세당에 대한 노론계열의 비판내용이 다소 정치적이고 감정적
측면에서 작성된 것이라면, 그의 학문에 대한 본격적이고 철저한 비판
은 송시열 이후 노론 학계를 대표하였던 농암에 의해 이루어졌다. 당
시 숙종으로부터 박세당의 학설을 변파하라는 명을 받은 것은 권상하
의 아우 癯溪 權尙遊(1656~1724)였다. 권상유는 자신이 分辨했던 내
용을 토대로 농암에게 質正하자, 농암이 미진하다고 생각되는 부분에
대해 자신의 견해를 적극적으로 보충하였다. 일차적으로 변론의 책임
을 맡은 권상유는 주자의 의도와 서로 어긋난다거나 그 차이점을 기술
하는 등 비교적 부드럽게 넘어간 반면, 농암은 "구구절절 글쓰기나 의
미 등 성리학의 기초에 대하여 전혀 알지 못하므로 한 마디로 변파할
수 있다."[18]고 비판하는 등 자신의 견해에 대한 강한 자신감을 토로한
다. 특히 박세당이 本性이나 未發 등에서 제기하였던 異端에 가까운
異見들은 義理의 근원이자 학문의 근본과 관계되므로 그 오류는 변론
하지 않을 수 없다는 측면에서 철저히 비판했던 것이다.

농암의 박세당에 대한 비판적 태도는 그가 송시열을 폄하한 것에 대
한 반론의 성격이 짙다. 즉 박세당이 송시열에 대하여 거짓되고 잘못

---

18) 「農巖集」 권15, 「與權有道論思辨錄辨」, 8판 우. "其語意生受黙昧, 全不成文
    字, 全不成義理, 恐亦須一語辨破."

을 행하는 不善者로 치부하고 모욕한 것에 대한 반감도 무시할 수 없을 것이다.[19] 농암은 1703년 朴大叔에게 보낸 편지글에서 말하기를,

> 서계(박세당)가 근래 道峰에 왔을 때 얼핏 만나보았으나 자세히 그의 의중을 타진해보지 못했으며, 그가 저술한 經說도 보지 못했습니다. 그러나 그는 하나의 책을 만든 것 같아 단순히 의문점을 기록한 정도가 아닐 것입니다. 가령 그가 주자와 다른 바는 문장해석이나 훈고 정도에 불과하고 陸王과 같이 별도로 도학의 종지를 세운 것이 아니라고 말하더라도, 후학들이 그 기풍을 좋아하여 그러한 부류들이 모두 주자를 경시하고 다른 해석하기를 즐긴다면 그 피해가 적지 않을 것입니다. 더구나 이러한 종자가 끊이지 않고 뻗어나간다면 어찌 陸王과 같은 무리들이 계속해서 일어나지 않으리라고 장담할 수 있겠습니까? 제가 마음속으로는 매우 걱정하지만 타개할 방법이 없으니, 바라건대 형께서는 깊이 이 폐단을 징계하시고 조그마한 일로 간주하지 마십시오.[20]

라고 하여, 拔本塞源 차원에서 매우 이단시하였다. 그러나 이러한 농암의 평가가 박세당의 견해를 陸王과 일치시켰다고는 볼 수 없을 것이다. 다만 후학들이 그의 학문에 경도되어 주자학에 대한 경시와 회의로 이어질 것을 경계하였던 것이다. 이 편지는 1704년 권상유가 박세

---

19) 李景奭 碑文을 둘러싼 논의의 전말은 다음과 같다. 이경석이 삼전도 비문을 쓴 일을 두고 송시열이 만주족에게 아첨한 것이라고 비난하자, 다시 박세당이 이경석의 비문을 지으면서 송시열을 비난한 것이다. 박세당이 이경석 비문의 銘에 "방자하고 거짓되며 제멋대로인데도 세상에 이름난 사람도 있구나. 올빼미와 봉황은 본성이 다른데 화내고 성낼 것이 있겠는가! 불선자는 미움을 당할 것이니 군자가 무엇을 걱정하리오."(「西溪集」, 권12, 42판 우. "恣僞肆誕, 世有聞人, 梟鳳殊性, 載怒載嗔, 不善者惡, 君子何病!") 라고 썼다. 여기서 박세당이 이경석을 군자의 상징인 봉황에 비유하고 송시열을 不善者의 상징인 올빼미에다 빗대었으므로 노론 측으로서는 간과할 수 없는 문제였다.
20) 「農巖集」 권16, 「答朴大叔」, 2판 우.

당에 대한 辨說에 도움을 청하기 이전에 작성된 것으로 평소 농암의
박세당에 대한 비판적 시각을 읽을 수 있다.

또한 농암은 金尙容·金尙憲으로부터 내려온 청에 대한 강한 적대감
을 지녔다. 그는 청과의 현실적 타협에서 나온 화친보다는, 김상헌처럼
죽음으로 저항하려는 기도가 나름대로 의리가 있다고 변호하기도 한
다. 아울러 농암은 「審敵論」에서 중국의 吳三桂와 관련된 서술을 통해
청이 지배하던 당시 상황에서 지식인이 감내하는 울분과 통한을 토로
하기도 한다. 明의 부흥을 도모하던 오삼계가 만약 계책대로 잘 실행
해 간다면 청은 반드시 망할 것이라고 기대하는 등 당시 지식인이 지
녔던 反淸意識을 보여주었던 것이다.[21]

그러나 한편으로 농암은 청과의 관계에서 조선의 지식인들이 어떻게
행동해야 하는가 등의 문제에 있어서 復讐雪恥를 주장하던 송시열과는
달리 학문과 현실을 분리시키는 태도를 취하기도 한다. 농암은 연경으
로부터 입수된 서적을 통해 비록 오랑캐들이 차지한 중국이지만 그들
에게도 참조할 만한 문화적 유산이 이어지고 있다고 보면서 연경으로
떠나는 사신에게 다음과 같이 당부하기도 한다.

저는 연경으로부터 오는 문학·역사 서적들을 많이 보았는데, 그중
상당수는 근래 인사들이 서문을 짓고 題文을 쓰면서 평한 것들로
이따금 식견이 정밀하고 말이 확실하며 문장이 깊고 넓었습니다.
그것은 우리나라의 구태의연한 선비들이 따라갈 수 있는 것이 아

---

21) 「農巖集」 권25, 「審敵篇」, 21~30판 참조. 또 다른 사례로는 태백산 기슭에
서 내려오는 전설적인 인물이 혹시 청을 타파할 수 있는 眞人이 아닐까
하는 등을 보면 그의 청에 대한 반감은 매우 컸다(위의 책, 권21, 「送季舅
之安東卜地太白山序」, 1~2판 참조). 이와 같은 청에 대한 적대감은 농암
이래 미호 김원행 등에 이르는 시기의 대부분 학자들이 지닌 일반적 인식
이었다. 따라서 北學派의 연원을 洛學에서 찾고, 낙학계열 학자들이 일반
적으로 청에 대해 유연한 자세를 지녔다는 포괄적 추론은 재검토해야 할
것이다.

니었습니다. …… 그대가 가서서 저를 위해 널리 탐방하여 다행히
도 그러한 사람들을 얻게 된다면 中原 문헌의 유풍을 볼 수 있게
될 것입니다.[22]

　농암은 小中華로 자처하면서 청이 지배하던 중국 문화 자체에 적개
심을 지니고 있던 당시 조선 지식인들의 태도에 변화를 촉구했다. 즉
夷狄으로 중국을 주도하던 청나라와 中原文化의 유풍을 이어가면서 새
로운 시대를 기약하던 계승자들을 혼동해서는 안 된다는 것이다. 이것
은 청나라와 그 속에서 나온 것이라면 무조건 배척하는 당시의 일반적
인 태도에서 벗어나 청나라 문화를 좀 더 객관적인 차원에서 바라보고
자 하는 것이기도 하다. 이러한 태도는 송시열의 正脈을 계승했다고 자
부하는 권상하의 무조건적인 반청자세와는 다른 점이다. 같은 송시열
계열이면서도 농암의 경우는 淸과 漢族文化를 구별해 평가하는 등 훗
날 湖論과 洛論의 學風差異를 보여준다는 점에서 주목해야 할 것이다.
　이와 같이 학술 및 다양한 문화영역에 걸쳐 중국문물에 대한 농암의
흠모자세는 博學을 통해 세계관을 넓힘으로써 편벽되지 않으려고 한
자신의 가치관 때문이기도 하다. 청나라에 대한 객관적 인식보다는 현
실을 뛰어넘는 문화자존의식, 즉 朝鮮 中華主義의 또 다른 표출이었
다.[23] 청에 짓밟힌 경험이 있던 조선으로서는 좋은 감정을 지닐 수 없

---

22)「農巖集」권22,「贈黃敬之欽赴燕序」, 22~23판. "若其文史書籍自燕來者, 余
　見之多矣. 其中亦頗有近時人士所爲序引題評, 往往識精語確, 辭致淵博, 類非
　吾東方宿學老師所能及. …… 公行試爲我博訪, 幸而有得焉, 則尙可以見中原
　文獻之遺."
23) 문화자존의식과 관련하여 다음의 글은 전통 지식인들이 지녔던 사유의 한
　방향을 암시해준다. "중화사상은 협애한 국가민족주의가 아니라 문화를 표
　방한 천하주의인 것이다. 黃梨洲가 滿淸을 의식하여 썼다고 하는「明夷待
　訪錄」은 왕조의 교체나 이민족의 침입이 문제가 아니라 새로 등장하는 왕
　조나 이민족의 통치가 중국문화에 의해 통치만 된다면 문제될 것이 없다
　는 문화지상주의의 전통적인 의식표현이다. 중국의 흥망을 왕조의 교체나
　종족의 성쇠에 두지 않고 '문화'의 단절과 연속에다 둔 것, 이것이 바로 중

었지만, 당시 중원을 지배하던 중국의 漢族 역시 동일한 운명을 겪었던 점을 생각할 때 무조건적인 비판만을 할 수는 없었을 것이다. 이처럼 농암과 같이 국가보다는 문화를, 현실보다는 인륜도덕을 먼저 생각하는 성리학자들의 정신세계는 또 다른 遺風으로 자리하였다. 이러한 경향은 훗날 농암계열의 학자들이 무조건적인 청의 배격이 아니라, 中華의 유풍 및 발달된 문화를 수용하려는 北學으로의 전환을 가져오는 바탕이 되었다.

이상에서 노론과 소론의 갈등양상을 농암의 송시열에 대한 변호 및 소론계 박세당의 견해에 대한 그의 적극적 비판, 그리고 대청의식에서 청과 중국문화를 구분해보려는 농암의 자세를 중심으로 살펴보았다. 농암은 尤庵을 비방하는 것은 바로 孝宗을 비방하는 것이라는 논리를 처음으로 제기하였던 인물이기도 하다. 그러나 송시열을 중심으로 노론계의 결집을 호소했던 농암의 논리가 송시열의 학문과 반드시 일치하였던 것은 아니었다. 서인과 남인의 대립 속에 송시열이 주자학을 國是로 적극 내세웠다면, 같은 주자학의 강화를 주장하더라도 농암의 시대는 서인내부에서 갈라진 노론과 소론의 갈등을 해소시킬 필요가 있었던 것이다. 즉 노론과 소론의 분기 속에서 송시열이 내세운 주자절대주의의 경직화에 새로운 분위기가 필요했으며, 홍직필은 그러한 변화의 중심에 農·淵이 자리하고 있다고 평가하기도 한다.[24] 이는 기성의 권위에 압도당하지 않고 自得의 중요성을 강조하는 등 기존 노론

국문화의 가장 큰 특징이다."(김충렬, 「21세기 와 동양철학」, 「공자사상과 21세기」, 동아일보사, 1994).

24) 「農巖別集」 권4, 20판 좌. "三洲墓誌, 於朱子亦不苟爲應諾云者, 是農·淵兩賢大眼目大力量也. 尤翁之世, 正學衰微, 而鑴·鑮輩倡邪說於其間, 鼓其衆而從之, 尤翁以爲程朱以遠, 義理大明, 更無未發之蘊. 但當尊信服習, 不可別生異見, 舍性命而關之, 卽隨時制宜之道也. 篤信是說者, 往往泥守印板, 不復講硏, 致端拱無爲之歎. 兩賢所謂 '易瞎人眼目, 而痛恨於世儒之陋'者, 亦出於承弊易變, 眞至論也."

학계의 의리 중시적 학풍에 변화를 가져오는 계기가 되었다. 이와 같은 학풍의 변화를 주도했던 인물이 농암 형제였으며, 그들은 서인-노론의 학통을 계승하면서도 서울 지역의 특색을 가미하여 그 미비점을 보완해 갔다. 또한 농암의 송시열에 대한 지지 속에는 집권 노론 측의 正當化를 위한 정치적인 공조도 내재되어 있었다. 예를 들어 농암은 송시열에 대한 존경을 표하지만 정식으로 수업을 받아 사제관계를 맺은 것은 아니라고 말하기도 한다.

> 尤翁은 내가 존경하는 분이니, 비록 수업을 받아 사제 간이 된 적은 없지만 그분의 문하에 출입한 지 수십 년이 되어 情義가 돈독하네. …… 오직 우리 사류들이 꿋꿋이 뜻을 지켜 우옹을 추앙하기를 게을리 하지 않는다면 세도가 아마도 의지할 곳이 있을 것이네.[25]

위의 인용문은 한때 사제관계로 지내던 愼無逸이 이경석의 손자였던 李厦成과 동조하여 송시열을 비난했던 점을 힐책한 글이다. 농암을 스승으로 칭하던 신무일이 송시열을 공격하는 것은 마치 농암 자신이 송시열을 비방한 것과 같다는 것이다. 비록 농암이 송시열로부터 수업을 받아 정식으로 사제관계를 맺지는 않았지만, 송시열을 중심으로 일치단결하여 世道을 지켜나가야 한다는 것이다. 그러나 그와 같은 농암의 송시열에 대한 지지에도 불구하고 송시열의 嫡統을 자부하는 권상하 계열과는 흐름을 달리한다. 예를 들어 송시열의 초상화(제천 황강영당 소재)에 쓰인 贊을 유심히 보면, 좌측 권상하 글에는 '門人'으로 표시하고 우측 김창협의 글에는 '後學'으로 기록하기도 한다. 이러한 자료들은 농암이 李珥-宋時烈로 이어지는 학문을 계승하면서도, 또 다른 학풍에 영향을 받고 있었음을 시사해준다.

---

25) 「農巖集」 권20, 24판 우~좌. "尤翁吾所尊也. 雖未嘗受業爲師弟子, 而出入門下數十年, 情義篤矣. …… 唯欲吾黨之士介然壹志, 宗仰不怠, 則世道尙有賴焉矣."

2) 서울·경기지역 학풍의 영향

조선에서 邵雍(1011~1077)의 象數學에 더한 이해와 관심은 徐敬德(1489~1546) 이래 점차 확산되었으며, 17세기 후반기는 이에 기반하여 明淸交替期라는 어쩔 수 현실을 인정하는 위안의 계기를 삼기도 하였다. 서경덕과 그 문인들의 상수학 중시경향은 17세기에 남인계 일부와, 평산 신 씨인 申欽·申翊聖·申㬊와 그들을 중심으로 師弟·婚姻관계를 통해 金堉·金錫胄·金錫文, 崔鳴吉·崔錫鼎, 趙顯期·趙聖期, 李端相, 鄭齊斗 까지 이어졌는.[26] 특히 이단상의 조부 月沙 李廷龜는 象村 申欽·谿谷 張維·澤堂 李植 등 세칭 月·象·谿·澤으로 불리우는 문장 4대가의 한 사람으로 文名을 날렸으며, 부친인 白洲 李明漢 역시 당시 詞壇의 중추로 서 명망이 높았다. 이러한 처가의 문학적 기풍은 이단상을 통해 농암에게 도 많은 영향을 주었다.[27] 결국 농암의 사상형성에는 송시열 중심으로 이어지던 서인학풍 이외에도, 徐敬德→申欽·李廷龜→申翊聖·金堉·崔 鳴吉·李明漢→李端相·趙聖期 등으로 이어지는 서울 경기지역 학풍의 영향이 공존하고 있었던 것이다. 본고에서는 그중 농암과 깊은 연관을 지 니는 李端相 및 趙聖期·林泳 등 주변 인물들과의 관계 및 교류를 중심으 로 살펴보기로 하겠다.

李端相(1628~1669, 호는 靜觀齋)은 농암의 장인이고, 그의 아들 李 喜朝는 농암의 仲父이자 영의정을 역임했던 金壽興의 딸과 혼인을 통 해 안동김씨와의 긴밀한 관계를 유지하였다. 이단상은 정치적으로는 송시열 계열에 동조하고 있었지만, 性理學 관련서적 이외에도 「皇極經 世書」 등 邵雍의 象數學에 깊은 관심을 가지그 있었다. 이단상은 陰陽 의 끊임없는 교체와 재앙의 數를 만난 당시의 상황을 상수학적으로 해

---

26) 조성산, 위의 박사학위논문, 26~36쪽 참조.
27) 참고로 농암의 글은 구한말 滄江 金澤榮이 한국 최고의 문장들을 정리한 「麗韓十家文鈔」에 수록되기도 하였다.

석하면서 상수학의 정미한 의미에 대해서 깊이 자득한 바가 있다고 술회하기도 한다. 1669년 이단상의 갑작스런 죽음으로 농암은 5년 정도 수학하였을 뿐이나, 그의 학문적 태도에 대하여 농암은 다음과 같이 언급한다.

> 선생의 학문은 한 편으로 치우치지도 않고 대충하지도 않았다. 천하의 책을 두루 보아 모든 이치를 궁구함으로써 高明한 경지에 도달하기를 기약하면서도 돌이켜 정밀하고 핵심에 이르기를 힘썼다. 그 의지가 원대하여 애초에 속성하는 데 얽매이지 않았다. 독서는 六經에서부터 周濂溪·程明道·程頤川·張橫渠·朱晦庵 및 주변 문집과 역사서에 이르기까지 두루 보지 않음이 없었다. …… 세속에 구애된 유자들이 따라갈 수 있는 바가 아니었다.[28]

위와 같이 농암은 이단상의 언행을 저술하면서 청렴결백하게 살았던 그의 강직한 성격과 구애되지 않는 다양한 학문적 편력에 경의를 표했다. 이것은 그가 荀卿·董仲舒·揚雄·王通·韓愈 등 5명의 중요한 견해를 간추려 편찬한 「五子粹言」도 이단상의 폭넓은 학문적 관심과 자유로운 지적탐구의 영향과 무관하지 않을 것이다.

이단상의 사후, 농암 형제에게 많은 영향을 주었던 인물로는 趙聖期(1638~1689, 자는 成卿, 호는 拙修齋)와 林泳(1649~1696, 자는 德涵, 호는 滄溪)이 있다. 이들은 같은 문하로서 정치적 현실과는 괴리가 있었으나, 서로 道義契를 맺으면서 기존의 학문사승에 구애받지 않는 자유로운 학문토론을 이어갔다. 조성기는 당시 서울 경기지역 학문경향의 한 흐름을 대변해 주고 있는데,[29] 당시 「실록」에서 사관은 그에

---

28) 「農巖集」 권26, 「靜觀齋言行述」 13판 우~좌. "先生爲學, 不主一偏, 不趨徑約, 務博觀天下之書, 究極衆理, 以期達乎高明, 而反造乎精約. 其志意遠大, 初不苟冀速成也. 其於書, 蓋自六經, 以及濂洛關建, 旁逮子史, 無所不覽, …… 非世之拘儒所能及也."

대하여 다음과 같이 기록하고 있다.

(조성기는) 젊어서부터 병으로 과거를 폐하고, 일찍이 문을 닫고서 經史를 연구하였는데, 박식하여 두루 관통하지 않음이 없었다. 그 학문은 오로지 사색하고 탐구하는 데 힘을 기울였으니, 스스로 얻은 妙理가 많았으나 前言을 답습하기를 즐겨하지 아니하였으므로 당시 사람들이 기특하게 여기지 아니하였다. 오직 金昌協·金昌翕 형제와 林泳이 鉅儒로 지목하여 즐겨 從遊하고 매번 편지를 주고 받으면서 거듭 논의하였는데, 혹은 義理와 文章을 논하기도 하고, 혹은 王者와 覇者의 사업과 功을 논하기도 하였다. …… 김창협은 그 才辯과 식견을 찬탄하여 비록 도에는 純粹하지 못하였으나, 또 한 근세의 호걸이라 하였고, 김창흡은 추모하는 挽詞를 지어 크게 引重하기를 심지어 堯夫(소강절)의 학문에 비기기도 하였으며, 또 그 墓誌에서는 左海의 間氣라 칭하였다.[30)

농암은 己巳換局(1689년)으로 관직을 버리고 재야생활로 접어든 바로 그 해 조성기의 죽음을 맞은 일기[31)에도 그에 대한 애석함과 칭송을 적는 등 그에 대한 남다른 정감을 토로한다. 조성기는 博學과 개방

---

29) 조성기의 형제인 趙遠期, 趙顯期, 趙昌期, 趙亨期 등은 서인 계열로서 정치적으로 서울 경기지역 관료들의 중심이 되었던 漢黨에 속해 있었다. 조원기는 李景奭의 사위이며, 조현기는 申欽의 손자인 申最의 문인이었고, 조창기·조형기 등도 주요 관직을 지내는 등 그의 가계는 중앙정계 및 경세분야에서 활약하고 있었다. 조성산의 「17세기 후반 조성기의 학문경향과 경세론」(『한국사학보』 10, 2001) 각주 3번 참조.

30) 『조선왕조실록』 숙종 9년 6월 14일.

31) 『農巖集』 권13, 3판 좌. "成卿遂作古人, 可傷. 渠所學, 雖未甚正當, 要其思索深至, 識見淹透, 其於窮格之功, 所得實深, 雖求之近世先達, 亦未易得. 至於愛好人倫, 敦尙友道, 風流弘長, 惠訓不倦, 尤使人不可忘. 每念之, 未嘗不悼惜也." 또는 『農巖集』 권35, 「연보」 36판 좌. "此公學識深博, 其思索窮格, 極有心力, 講說辨論, 穿穴古今, 人莫能及. 風流弘長, 愛好人倫, 尤今世所罕有. 從遊五六年, 頗有開發之益, 但少收斂涵養之功. 從初入頭在史學, 故規模意思, 終未正當. 向時頗以是規切, 而亦不能極意盡言, 遂成幽明之隔, 益可恨也."

적 학문자세로 주자를 교조적으로 존숭하는 태도에서 벗어나 自得을 학문하는 요체로 삼았다. 그와의 친밀한 교분은 농암 형제로 하여금 서인-노론의 학통을 계승하면서도, 동시에 서울 지역의 특징인 象數學·博學의 학풍에 영향을 받아 노론 학계의 의리 중시적 학풍의 변화와 자유로운 사유를 확대하는 방향으로 전환하는 계기가 되었다.[32]

또한 滄溪 林泳은 17세 이후 이단상의 문하에서 수학하면서 율곡계열 및 농암가문과 자연스럽게 맺어졌고, 이를 계기로 朴世采나 宋時烈·宋浚吉 등 여러 문하를 두루 출입하면서 학문을 닦았다.[33] 농암은 장인이었던 이단상을 통해 임영을 만나면서 교분을 이어갔다. 그는 임영의 문집(「滄溪集」) 서문을 쓰면서, 평생 주자학을 따라 학문연마와 인륜의 도덕성 함양에 노력했던 그를 높이 평가하기도 한다.[34] 또한 임영은 조성기와 가까운 친척으로 매우 절친했으며, 그들은 당시 서울 경기지역 학풍의 한 흐름을 대변해주면서, 김창협·김창흡 등 낙학계 학풍의 형성과 깊은 관련을 지닌다. 이들에 대한 연구, 특히 조성기가 20세 때 작성한 퇴계와 율곡의 리기 심성설에 관한 종합적 비판서[35] 및 임영의 문집중 「日錄」 등의 내용은 농암의 학문적 성격을 간접적으로 엿볼 수 있는 저서이기도 하다.[36]

---

32) 이경구, 위의 박사학위논문, 164~175쪽 참조.

33) 임영의 스승이었던 이단상은 淸陰 金尙憲의 문인으로 김상헌은 月汀 尹根壽에게 수학하였으며, 윤근수는 형 梧陰 尹斗壽와 함께 栗谷 李珥·牛溪成渾 등과 교유하였다. 이와 같이 임영은 김상헌의 스승인 윤근수, 그리고 이이의 학맥과 연관되는 기호의 학문적 연원을 함께하기 때문에 농암과의 거리낌 없는 관계를 유지할 수 있었다(오종일, 「滄溪 林泳의 학문과 性理說」, 「동양철학연구」 22, 2001 참조).

34) 「農巖集」 권22, 「滄溪集序」 28판 우~좌. "本公爲人重厚而通明, 寬宏而淵深, 有可以受道之器, 致道之材, 而又早得師於考亭, 故其於道, 能究觀大體, 而必欲實有諸己也如此. 雖其風力標望, 若少聳動人者, 而所見所存, 固自黙契乎古聖賢之遺旨矣, 豈世之學者所能及哉!"

35) 「拙修齋先生文集」 권11, 「退栗兩先生四端七情人道理氣說後辨」.

36) 훗날 낙학의 견해를 지닌 李柬은 농암에 대한 직접적인 비판서를 남기지

그러나 그들과 농암의 사상을 동일한 연장선에서만 보기는 어려울 것이다. 예를 들어 조성기는 육상산의 저술 일부를 보고 성리학과의 차이점 몇 가지를 제시한다. 즉 心의 靈通·妙用한 지각작용을 알지 못하고 그 본질만을 견지하였으며, 기질과의 연계 속에 粲然히 갖추어진 理의 실상에 대해 이해하지 못했고, 본심의 장애요인을 잘못된 욕망의 단절에서만 찾을 뿐 선천적인 氣稟의 측면에서 생각하지 않았던 점, 그리고 진리에 대한 끊임없는 접근자세의 부족 등[37]을 꼽으면서 결과적으로 다음과 같은 폐단을 낳게 되었다는 것이다.

기상이 급박하고, 말이 지나치게 높고, 공부가 지나치게 소홀하며, 단계를 너무나 뛰어넘고, 주장이 너무 지나치고, 닦아서 축적됨이 없고, 窮格의 노력이 없고, 매일같이 접하는 下學의 공부를 하지 않고서 곧장 하루아침 떠오른 생각으로 평생 실천해야 될 경지를 뛰어넘으려 한다.[38]

그러나 한편으로 조성기는 육상산의 주장을 불교와 대비시키면서 유학의 한 측면에서 비판적 수용의 입장을 보이고 있다. 즉 불교에서도 마음을 다스려 외부 物慾의 이끌림으로부터 벗어나려는 노력을 하고 있지만, 實理를 견지하여 氣質에 내맡겨서는 안 된다는 유학의 입장을 육상산의 학문에서도 동일하게 견지하고 있다는 것이다. 따라서 조성기는 성리학자들이 육상산의 책을 강론하는 자세로 "그 잘못을 통절히 경계하는 할 뿐만 아니라 마땅히 그의 얻은 바를 깊이 연구하며, 그가 얻은 바를 취하여 우리의 덕성을 배양하면서도 마땅히 그 잘못을 거울

않지만, 임영과 조성기에 대해서는 강한 비판적 태도를 취하고 있다(「巍巖遺稿」권13, 「題林趙二公理氣辨後」).

37) 「拙修齋先生文集」권9, 「答金仲和」6~7판 참조.

38) 위와 같은 글, 7판 우~좌. "氣象急迫, 言語過高, 工夫太易, 階級太躐, 主張太過, 無進修之積, 無窮格之煩, 未嘗費一日下學之工, 而直欲以一朝意識之測度, 超百年實踐之境界."

삼아 우리가 미치지 못하는 바를 경계해야 한다."[39]라는 자세를 취하고 있다.

농암은 육상산의 심학에 대한 조성기의 비판에 동의하면서도 성급히 이루려고 지름길을 좋아하는 欲速好徑의 태도를 간과하지 않는다. 심의 체와 용, 그리고 깨우치는 실마리와 본심으로 전환하는 계기는 마음먹기에 달려있다는 점은 동의하고 있다. 그렇지만 공부하는 절도에는 어느 정도 점진적인 과정에서 쌓여지는 실천이 동반되어야 한다고 보기 때문이다. 1687년 조성기에게 보낸 한 편지글에서는 다음과 같이 心學의 단점과 조성기의 학문경향에 대해 토로하기도 한다.

> 지금 그대의 편지를 보면, 유창한 수백 마디의 말이 단지 마음의 체와 용의 오묘함과 깨우치고 전환하는 계기를 말할 뿐이고, 옛 사람이 말한 敬을 간직하여 함양하고 힘써 실행하며 실제로 공부에 착수하는 것에 관해서는 전혀 언급하지 않았습니다. 중간에 '비록 절도와 한계가 있으므로 털끝만치도 어겨서는 안 된다'는 말이 있으나, 이는 다만 내키는 대로 찬탄한 말일 뿐입니다. …… 생각건대 평소 실제로 행하고 마음쓰는 곳이 오로지 견해와 강설에 대한 것일 뿐이고, 현실에서 절실히 묻고 가까이 생각하며 본심을 잡아지키고 실천하는 공부는 실제로 소략했기 때문입니다. 그러므로 논의한 바가 대체로 한편(이론)에서는 얻고 다른 한편(실천)에서는 잃은 것이 많습니다. 다만 이 한 통의 편지만 그런 것이 아니라, 평소의 크고 작은 논설을 생각해보더라도 모두 이러한 문제를 벗어나지 못할 듯합니다.[40]

---

39) 위와 같은 글, 9판 좌. "然則吾輩講論此書, 不但痛戒其失, 亦當深究其得; 不但取其得, 而以培吾之德性, 亦當鑑其失, 而以警吾之不逮."

40) 「農巖集」 권12, 「答趙成卿」 40판 우~좌. "今觀此書, 亹亹數百言, 只說得此心體用之妙·警惺·撥轉之機, 而於古人所論持敬涵養·踐履力行·着實用工夫處, 都不說及. 其間雖有節度分限, 不可毫髮蹉過之云, 而亦只是隨喜贊歎語耳. …… 竊恐平日實用心實下手處, 專在於見解講說, 而於切近下學·操存踐履之功, 實有所疏略, 故所論類多得於彼而失於此. 蓋不惟此一書爲然, 推之平日

이 편지는 한해 전, 송시열이 주석한 「朱子大全箚疑」 교정을 전담하는 등 송시열이 표방하는 주자 절대주의에 경도되었던 시기에 작성된 것이므로 주자학자로서 그의 태도를 잘 보여주고 있다. 敬을 통한 함양과 실천의 공부는 성리학자들이 주장하는 일반적인 태도이다. 예를 들어 농암은 「心經」을 논하는 經筵講義에서 孟子가 제시한 "마음에 잊지도 말고 억지로 키우지도 말라."는 구절을 상기시키면서, 배우는 사람의 병폐가 대부분 억지로 키우는 데서 생긴다고 말하기도 한다. 학문하는 방법을 알지 못하고 너무 급하게 구하여, 지나치게 마음을 괴롭게 쓰고 깊이 사색하는 것은 때로는 氣血을 소모하여 병이 생기는 원인이 되기도 한다는 것이다. 그러므로 학식을 쌓는 공부에 자연 절차와 법도가 있으니, 聖賢은 질병자체는 피할 수 없지만 학문을 하다가 병을 얻는 일은 없다고 보는 것이다.[41] 이와 같이 학문의 점차적이고 지속적인 과정을 중시하는 농암은 講說 이외에도, 현실에서 절실히 묻고 가까이 생각하며 본심을 견지하는 實踐 공부를 중시한다. 아울러 육상산의 심학에서 잘잘못을 따져 덕성의 배양에 도움을 받아야 한다는 조성기의 견해도 후자의 실천방면에서 부족한 측면이 있다고 지적하기도 한다.

위와 같은 내용들은 농암의 사유에는 이단상·조성기·임영 등 서울 경기지역 학풍의 영향뿐만 아니라, 송시열 등 호서지역 학풍의 영향이 공존하고 있음을 보여주고 있는 것이다. 그러나 혼인이나 교제 등의 관계만으로 개인의 사상적 특성을 특정한 思想群으로 분류하는 것은 주의를 요한다. 예를 들어 조성기의 학문은 心 가운데 있는 천리를 매우 강조하는 心 중심의 수양론으로 전개되는데, 이는 소옹의 상수학을 통해 一理에 주목하고 心性의 동일성을 통해 心氣의 湛然한 측면에서 心의 역할을 중시한 것으로 보기도 한다. 또한 이와 같이 심에 내

  大小論說, 恐皆不免此病也."
41) 「農巖集」 권10, 「經筵講義」 6판 좌 참조.

재되어 있는 理에 주목하는 경향은 양명학과의 관련성까지 이어지며,
상수학풍과 心學 연구경향을 서울·경기지역 西人들의 중요한 특징으
로 파악한다.[42] 일반적으로 주자학은 性卽理에 관심을 둔 理學으로, 良
知나 (本)心에 초점을 둔 양명학의 心學과 구분된다. 그러나 理의 보
편성이나 心의 순선한 측면에 대한 강조 등은 주자학자들도 공유하는
공통된 의식이다. 따라서 심의 역할에 대한 주목이 곧바로 주자학에
대한 변용내지 이탈을 의미한다고 볼 수는 없을 것이다. 이러한 측면
에서 한 연구자의 다음 주장은 주목할 만하다.

> 실제로 朱熹의 기본관점 또한 心學이다. 그러나 심학의 구체적 구
> 성과 형태가 육상산과는 다를 뿐이다. 주희와 육상산과의 차이는
> 理學과 心學의 다름에 있는 것이 아니라, 心學의 기초 위에 두 가
> 지 구체적 철학형태가 차이난다. 마치 禪宗 중 慧能과 神秀가 비록
> 頓悟와 漸修의 구분을 두지만, 심을 밝혀 성을 보려는 선종이라는
> 점은 일치하는 것과 같다.[43]

즉 주자학도 理學으로만 단정되지 않고 心學적 측면에서 접근 가능
하다는 것이다. 주자의 사상도 실제로는 심이 主宰하고 성은 심으로
말미암아 형성된다는 心學의 관점에서 정립된 것이기에, 육상산과 길
은 달라도 하나로 귀결된다고 보기 때문이다. 이러한 시각은 양명학에
대한 보다 면밀한 검토와 맞물려야 하지만, 적어도 心 속에 내재된 理
를 강조하는 것이 곧바로 양명학에서 의미하는 심학으로 단정할 수 없

---

42) 조성산은 위의 박사학위논문(58~69쪽)에서 象數學과 心學의 연관성을 조
   성기를 중심으로 장유·최명길·정제두 등 기존에 양명학자로 분류되는
   학자들과 관련하여 서울·경기지역의 한 특징으로 설명하고 있다.
43) 金春峰, 「朱熹哲學思想」, 東大圖書公司, 1998, 269쪽. 김춘봉이 주자학을 心
   學的 觀點에서 재검토한 것은 馮友蘭과 牟宗三 등의 입장이 心을 形而下
   의 中性으로 보고, 理를 認知하는 도구정도로 생각하는 것에 대한 비판적
   시각에서 나온 것이다.

음을 보여준다. 이 점은 앞으로 서술하게 될 농암의 견해가 理의 내재
성에 대한 절대적 확신을 토대로 하면서도, 心을 통한 본성으로의 합
일과 그 실현가능성을 중시하는 논의 속에서 확인될 수 있을 것이다.
다만 여기서 주목하려는 것은 농암의 사상형성에는 性을 중시하던 호
서지역의 학풍 이외에도 상대적으로 心을 중시하던 서울·경기지역 학
풍이 공존하면서 영향을 주고 있었다는 점이다.

이와 같이 농암의 사상형성에서 보이는 두 학풍의 공존현상은 湖論
과 洛論의 현실대응에 있어서도 시각 차이를 드러낸다. 앞서 농암의
대외인식에서 살펴보았듯이, 그는 청에 대한 것이라면 무조건적으로
배척하기 보다는 중원문화의 유산이 담긴 청을 객관적 시각에서 바라
보기도 하였다. 이러한 점은 호학 측의 권상하나 한원진 등이 금수와
의 구분을 강조하면서 배타적 경향을 지닌 것과는 대조적이다. 또한
다양한 정치세력으로 분화된 노론내의 蕩平策에 대한 반응에서도 그러
한 현실대응의 차이를 확인할 수 있다.

일반적으로 朴世采 등이 제기한 蕩平은 전 시대의 黨弊를 극복하기
위해 나온 하나의 방책으로 是非折衷 후에 調停하겠다는 능력위주의
皇極蕩平이다. 즉 군주가 올바른 마음을 갖추고서 당색에 관계없이 인
물본위의 인사정책을 단행함으로써 현명한 이가 등용되고, 그 결과 明
君과 賢臣이 결합하여 보다 원활하고 안정된 정계운영을 도모해서 치
세를 이룬다는 것이다.[44] 그러나 李縡나 金元行 등 洛論系에서는 탕평
에 동의하면서도 각 당내 군자들 간에 是非를 분명히 밝힌 이후에 調
劑해야 된다고 주장한다. 국왕이 시비를 분석하여 전형을 소상히 보여
서 선과 악의 경계를 분명히 한다면 나쁜 짓을 하였던 자들도 탕평의
길에 동참하게 될 것이라는 敎化論的 태도를 지닌 것이다. 이들이 보
여준 小人敎化論的 입장은 正祖가 제시했던 義理蕩平論의 입지와도 부

---

44) 강신화, 「조선 후기 少論의 정치사상 연구」, 동국대 박사학위논문, 1995,
58~61쪽.

합되면서 포용과 탕평이라는 명분으로 다른 당파를 끌어들일 수 있었다. 반면에 韓元震의 경우는 君子와 小人의 엄격한 구분을 통해 亂臣賊子를 처벌해야 된다는 등 反蕩平을 제시한다. 소인을 교화하기 보다는 엄하게 처벌해야 된다는 湖論의 강경한 노론 의리론을 줄곧 주장했던 것이다.[45] 이와 같은 호론의 反蕩平과는 달리, 시비를 분명히 밝힌 이후에 蕩平해야 된다는 낙론계의 태도는 현실문제에서 주자학적 운영원리의 탄력적 적용을 모색한 것으로 그러한 사유는 낙학의 宗匠인 農巖으로부터 비롯된 것이다.

끝으로 농암이 문학이나 사학계의 활발한 연구성과와는 달리 철학계에서 그다지 부각되지 않았던 인물이므로, 그의 家系와 生涯 등을 간략히 살펴보도록 하겠다.

3. 農巖의 生涯[46]와 著作

김창협의 시조인 金宣平은 古昌(지금의 안동)출신으로 이 지역을 중심으로 활동했었다. 안동 김씨 가운데 병자호란 때의 金尙容(1561~1637)과 金尙憲(1570~1652) 형제는 서울 중심[京派]의 장동 김문을 형성하는 바탕이 되었다.[47] 김창협의 증조부인 淸陰 金尙憲은 병자호란 때 선조를 보필하면서 남한산성에서 끝까지 항거하면서 항복문서를 찢기까지 하였던 斥和派의 거두였다. 그 후 그는 義理를 지켜 국가의 명맥을 이어준 '大老'로 불리며 서인계를 대표하는 상징적 인물이 되었

---

45) 조성산, 위의 박사학위논문, 257~270쪽.
46) 농암의 생애는 三淵 金昌翕이 찬술한 墓表와 墓誌銘, 그리고 손자인 渼湖 金元行이 1754년 跋文과 더불어 작성한 年譜(『農巖集』 35·36권) 등에 자세히 기록되어 있다.
47) 이경구, 「17~18세기 壯洞 金門 硏究」, 서울대 박사학위논문, 2003 참조.

다. 또한 그의 형 金尙容은 강화도에서 淸병에게 붙잡히기 직전 화약
고에 불을 붙여 자폭하는 등 그들 형제가 보여준 활약은 정부 및 사림
으로부터 암묵적 지지를 받으며, 조선 후기 사회의 국가 대의로 기능
한 北伐論의 기초를 놓았다. 이 둘은 국민의 자존심과 정신력을 키우
는 국가 지도 이념을 창출하고 실천하는 상징적 존재가 되었던 것이
다.48) 김상헌의 사후, 양자로 들어온 조부 金光燦은 同知中樞府使를 지
냈으며 역시 영의정으로 추증되었다. 부인 연안 김씨는 연흥부원군을
지낸 金悌男의 손녀로, 그와의 혼인은 농암 집안과 왕실과의 인척관계
로 연결되는 계기가 된다.

　김창협의 부친인 文谷 金壽恒(1629~1689, 자는 久之)은 형 退憂堂
金壽興(1626~1690)과 더불어 領議政을 역임하는 등 西人의 중추적 역
할을 담당하였다. 김수항은 상복기간을 둘러싼 禮訟論爭에서 우암 송
시열의 견해에 동조하면서 南人들과 배치되는 주장을 편다. 그러나 남
인들의 탄핵으로 靈巖 등으로 유배되었으며, 1689년 일시적으로 영의
정으로 복귀하였으나 재집권에 성공한 남인들에 의한 己巳換局으로 인
해 다시 珍島로 유배되었다가 그곳에서 賜死되었다. 이듬해에 형 김수
흥도 유배지에서 화병으로 세상을 떠났다. 또한 영의정을 지냈던 김수
항의 큰 아들 夢窩 金昌集(1648~1722)도 숙종 말년의 老論四大臣의
한 사람으로 명망이 있었으나, 당시 世弟로 책봉된 延礽君(즉 영조)의
대리청정을 주장하다가 少論의 탄핵을 받아 辛壬獄事로 賜死되었다.
이러한 영향 때문에 김창협을 제외한 김수항의 나머지 아들들은 관직

---

48) 당시 문화국가를 지향했던 조선은 中華文化 보존논리인 尊周論과 더불어,
　夷狄으로 간주된 청나라에 대한 배척논리로 北伐論을 제창하였다. 북벌론
　은 동북아시아의 안정된 국제 질서를 무력으로 와해시킨 청나라를 쳐서
　복수하여 치욕을 씻고자 하는 復讐雪恥의 국민 정서를 대변하여 상처받은
　국민의 자존심을 회복하려는 목적의식에서 나온 것이다. 또한 이것은 호란
　때 화친을 반대하던 斥和論을 계승한 노선으로, 척화론에서 북벌론으로 나
　아감은 당시대의 국론이자 국가 대의였던 것이다(정옥자, 「정조시대 연구
　총론」, 「정조시대의 사상과 문화」, 돌베개, 1999, 29쪽).

에 나가지는 않았으며, 모두 道學과 文學으로 저명하였으며 각자의 개인문집도 전해지고 있다. 이처럼 당대 국가 최고 권력을 누렸던 제일의 명문가문인 壯洞 金門은 정치적 소용돌이 속에 가문의 몰락과 친인척의 죽음 등 극단적 명암이 엇갈렸다.[49]

김창협은 1651년 果川 明月里에 있는 외가에서 태어났다. 그는 金壽興(仲父) – 金壽恒(父) – 金昌集(兄) 등 3명의 영의정을 배출했던 名家에 대한 자부심과, 동시에 당쟁과 관련된 가문의 悲運을 동시에 경험해야 했다. 어려서부터 용모와 행동이 남달랐으며 독서에 심취해서 먹고 자는 것을 잊을 정도였다. 가족들이 그의 행방을 모를 때는 반드시 서가에서 자세를 가다듬고 독서에 열중하는 그를 찾을 수 있었다. 15세(현종 6년, 1665)에 靜觀齋 李端相(1628~1669)의 딸인 延安 李氏에게 장가들고, 동생 김창흡과 더불어 장인에게 수학하였다. 이단상의 집안은 대대로 시문이 쟁쟁했던 가문으로, 그는 당시 벼슬을 사퇴하고 양주로 물러나 講學에 전념하던 때로 농암의 영명한 재질과 학식을 좋아하면서 장인과 사위의 관계를 넘어선 학문적 교류를 하였다. 또한 이단상의 아들 芝村 李喜朝(1655~1724)는 농암보다 네 살 어린 처남 사이로 어릴 적부터 교유하였다. 式年 進士試에 급제하던 19세 때, 5년여 동안 배웠던 장인 이단상이 별세하였으며, 훗날 농암은 그를 위해 「靜觀齋言行述」 및 「祭靜觀齋先生文」을 지어 애도하였다.

---

49) 아래의 도표는 농암을 중심으로 살펴본 家系다. * ( ) 안은 개인 문집임.

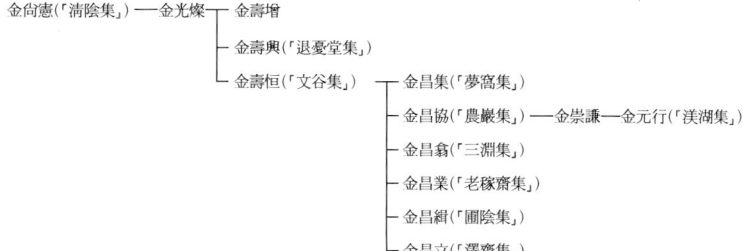

金尙憲(「淸陰集」) ─ 金光燦 ┬ 金壽增
　　　　　　　　　　　　├ 金壽興(「退憂堂集」)
　　　　　　　　　　　　└ 金壽恒(「文谷集」) ┬ 金昌集(「夢窩集」)
　　　　　　　　　　　　　　　　　　　　　　├ 金昌協(「農巖集」) ─ 金崇謙 ─ 金元行(「渼湖集」)
　　　　　　　　　　　　　　　　　　　　　　├ 金昌翕(「三淵集」)
　　　　　　　　　　　　　　　　　　　　　　├ 金昌業(「老稼齋集」)
　　　　　　　　　　　　　　　　　　　　　　├ 金昌緝(「圃陰集」)
　　　　　　　　　　　　　　　　　　　　　　└ 金昌立(「澤齋集」)

1670년(20세)에 「荀子性惡辨」[50]을 저술하여 인간 본성의 순선함을 역설한다. 그는 순자가 성인의 예법질서란 본성의 악함을 교정하기 위한 인위적 결과물이라는 주장에 대해, 기질에 얽매인 현실의 인간모습을 잘못 이해했다고 비판한다. 우리 인간에게는 기질 이외에도 四端과 같은 선천적 도덕실현능력을 지니고 있다고 보기 때문이다. 농암은 이 연구를 통해 사단의 순선한 모습을 논리적으로 서술함으로써 이후 전개되는 성리학의 기초를 다져간 것이다. 이 무렵 趙聖期 등과의 교류를 통해 영향을 받기도 하였다.

1674년 6월(24세)에 농암은 효종의 妃였던 仁宣王后를 조문하러 왔던 우암 송시열을 찾아 龍門山(경기도 양평군)에서 처음으로 만나게 되었다. 여러 날 강설을 들었고, 「소학」 중 의심나는 부분을 질정하는 과정에서 대부분 송시열의 인정을 얻고 책까지 선물받기도 하였다. 8월에는 수원으로 송시열을 찾아가기도 했다. 그해 7월에 인선왕후의 복제문제를 둘러싼 논의로 인해서 송시열은 이듬해인 1675년 정월 덕원으로 유배당해 1680년에 풀려났다. 농암은 진천까지 전송하면서 당시 상황에 대한 개탄과 이별의 슬픔을 전달하기도 하였다. 그러나 정국 상황은 스승의 화에만 그쳤던 것이 아니라, 부친 김수항마저도 그해 7월 남인 측 윤휴 등의 동궁에 대한 불손한 언사를 문제 삼아 탄핵하다가 靈巖으로 유배당하게 되었다.

1678년 유배 중인 송시열에게 問目을 올려 「서경」·「중용」·「맹자」에서 의심난 주석이나 處身에 관한 질문을 하였다. 그중 이후 權尙夏를 중심으로 한 湖中의 학자들과 金昌翕 등 洛下의 학자들 사이에 논란거리가 된 것은 「中庸」 首章에 나타난 농암의 問目이다. 그는 여기서 일반적인 낙학의 입장과는 달리 인물성 異論의 입장을 취하고 있었기에 훗날 논란이 발생하는 한 계기가 되었다. 당시 송시열의 학맥을

---

50) 「農巖集」, 권25, 「雜著」 17~21판 참조.

잇는 두 축은 김창협과 권상하에 의해 주도되었다. 두 학자는 송시열을 중심으로 동일한 노론의 위상을 건립하는 데 많은 역할을 담당했지만, 활동 지역과 학문적 입장에서는 서로 다른 양상으로 전개되었다. 이들은 10여 년의 연배차이에도 불구하고 송시열이 정치적인 이유로 정읍에서 賜死되기 이전부터 상호 교류하면서 동문으로서의 학문적 연마에 노력하였다. 스승과 부친이 당하는 세속의 풍파에 환멸을 느낀 그는 평소 부친이 좋아하던 鷹巖에 거처를 정하고 초야에 묻혀 살고자 했다. 29세 무렵에 지은 「洞陰對」와 「記隱求庵」은 평생토록 자연과 벗삼아 은둔하고자 하는 林下藏修의 심정이 잘 드러난다. 그는 "여유로운 집안에 태어났으나 담백한 성격으로 부귀영화에 뜻을 두지 않았으며, 불우한 시절을 만나 심산유곡에 거처하면서 궁벽하게 사는 것도 스스로 선택한 일이므로 원망하지 않는다."[51]는 閒居求道의 태도를 지녔던 것이다.

그러나 1680년 庚申大黜陟으로 김수항이 영의정으로 복직되자, 부친을 따라 서울로 돌아오면서 현실정치에 적극 참여하려는 뜻을 두었다. 그 해 치러진 別試의 初試에서 장원을 하였고, 이듬해에는 增廣別試에서 급제하는 등 본격적인 관료생활로 접어든다. 이후 6여 년 동안 吏曹佐郎・正郎, 홍문관 修撰・校理, 사헌부 持平・執義, 사간원 獻納・大司諫, 승정원 同副承旨, 성균관 大司成 그리고 淸風府使 등을 두루 역임했다. 그중 미묘한 정치적 사건을 들면 五賢從祀文廟 문제이다. 중국의 楊龜山・羅豫章・李延平과 더불어 조선의 栗谷과 牛溪의 文廟從祀 여부는 西人과 南人 사이의 격렬한 쟁점을 이루었다. 문묘에 대한 從祀로 인해 黨派가 갈리고, 栗・牛 두 선생의 문묘종사는 노론층의 집권강화에 명분을 주는 것이었으므로 국왕들이 바뀔 때마다 지속적으로 논란이 되었던 것이다. 농암은 자신이 직접 작성한 3차례의 상소문[52]을 작성하는

---

51) 「農巖集」 권15, 「洞陰對」 9판 우 참조.
52) 그중 한 편이 「農巖集」(권7, 「館學請五賢從祀文廟疏」)에 수록되어 있다.

등 노론계의 입장을 견지하였으며, 1681년 숙종의 批答을 거쳐 60여 년
간에 걸쳐 논란이 되어왔던 文廟從祀 문제를 잠시나마 관철시키기에 이
르렀다.[53]

정치적인 문제 이외에도 국왕과 더불어 학문을 토론하는 經筵에서도
농암은 학자로서의 자세를 피력했다. 1683년 「心經」을 강론하는 자리에
서 평소 질문이 거의 없이 黙然한 자세를 취하는 숙종에게 審問·疑思
하기를 간청했다. 학문에 의문이 없을 수 없으니, 의문이 들면 반드시
묻는 것은 당연한 도리이다. 舜과 같은 큰 지혜를 지닌 사람도 묻기를
좋아하고 주변 일에서 살피기를 즐겼으며, 亞聖으로 칭송받는 顔淵도
능력 있지만 무능한 사람에게 물었다. 그러므로 "왕께서 비록 高明하다
고는 하지만, 어찌 이것을 믿고 남들에게 질문하지 않는 것입니까? 신
들이 천박하고 보잘 것 없다고 생각해서 묻지 않는다면 모르겠지만, 의
리는 무궁하고 사람마다 제각기 장점이 있으니 저희들이 비록 어리석다
고는 하지만 왕의 미흡한 부분에 보탬이 없지는 않을 것입니다."[54]라고
주청했다. 공부과정에 의문이 없다는 것은 학문의 큰 병폐이므로 먼저
의문을 갖고 문제해결에 노력해야 한다는 것이다. 처음 책을 읽을 때는

또한 그들의 출처관과 문묘종사문제에 관하여 송시열과 의견을 교환하기
도 하였다(「農巖集」 권12, 「上尤齋問目辛酉」).

53) 원래 文廟從祀는 學德이 훌륭한 선현을 추숭하여 후학들에게 학문과 처신
의 방향을 제시하려는 긍정적 의도에서 비롯된 것이다. 그러나 黨派가 갈
리고 나서부터는 어떤 인물에 대한 평가가 당파에 따라 정반대의 결과로
나타나는 경우가 많았다. 율곡과 우계의 文廟從祀는 그 대표적인 경우로
남인과 서인 사이에 많은 논란을 발생시켰으며, 從祀여부가 반복되는 과정
을 겪게 되었다. 이후 지속적인 西人집권과 정치적 영향력의 극대화는 문
묘종사에 관한 논란 자체가 무의미해졌고, 객관적 공정성이 결여되면서 그
의미도 퇴색되어 갔다(許捲洙, 「조선 후기 남인과 서인의 학문적 대립」,
법인문화사, 1993).

54) 「農巖集」 권10, 「經筵講義」 5판 좌. "聖學雖高明, 何可恃此, 而不問於人乎?
若以臣等爲膚淺末學, 有不足下問, 則固然矣. 然念義理無窮, 而人心或有通蔽,
雖以臣等之愚, 亦豈無萬一有裨於聖聰之所不及耶?"

의문이 들지 않더라도 점차 의문을 가져간다면, 시간이 지나면서 의문도 해소되고 融會貫通한 학문의 세계에 들어가게 된다. 그러므로 "의문이 없다는 것은 진정으로 의문이 없는 것이 아니라 의문을 모아 해결하는 경지에 이르지 못할 따름입니다. 이와 같다면 비록 날마다 모시고 경연에 참석하더라도 결국 聖學에 진보와 유익이 없을 것입니다."[55]라고 하여, 국왕의 자발적인 학문탐구를 촉구했던 것이다.

또한 그는 독서의 양에 따른 지식의 축적에 머물지 말고 사색하고 실천으로 나아가는 持養力行의 주체적 접근을 강조하기도 하였다. 이러한 학문태도는 독서와 더불어 의문을 통한 사색의 과정이 병행되어야 함을 의미한다. "독서는 의문을 가지는 것을 으뜸으로 여긴다. 만약 의문을 가질 수 없다면 이것은 핵심처를 보지 못한 것이니, 장차 어느 곳에서 사색할 수 있겠는가?"[56] 따라서 의문이 없는 일방적인 지식의 습득은 무의미하므로 잘 모르는 곳이 있다면 다행스런 일로 여기고 더욱 노력해서 의문을 해소해야 할 것이다.

일반 성리학자들이 치국의 근본으로 통치자의 수신 덕목을 강조했던 것처럼 농암도 국가통치에서 왕이 먼저 '奮勵·篤實·嚴重'의 자세를 지닐 것을 요청한다. 뜻을 가다듬고 발분하는 것이 奮勵이며, 근본을 돈독히 하고 실질을 숭상하여 성실을 다하고 거짓을 없애는 것이 篤實이며, 번쇄한 것을 씻어내 요체를 총괄적으로 잡는 것이 嚴重함이다. 분려한 마음자세를 통해 의욕을 고취시킬 수 있고, 독실한 마음은 효능으로 나타나고, 엄중한 자세는 지속적으로 자기 마음을 유지시켜 나갈 수 있는 것이다. 농암은 이 세 가지 마음이 治道를 이루는 기초로 보았다.[57]

---

55) 위와 같은 글, 6판 우. "若曰無可疑, 則此非眞無疑也, 乃未及到會疑之境耳. 如此雖日御經筵, 終無以進益聖學."
56) 「農巖別集」권3, 「語錄」1판 우. "凡讀書會疑爲上. 若不能會疑, 則是不見縫罅處, 將於何處致思耶?"
57) 「農巖集」권7, 「玉堂應旨箚」24판 좌. "竊謂天下國家之治, 未有不以奮勵而

1686년 농암은 스승인 송시열이 유배 중에 주석한 「朱子大全箚疑」를 교정하라는 숙종의 명에 따라 그 일을 전담했다. 그는 의심된 부분을 問目형태로 기록하면서 되풀이 하며 스승에게 질정을 구했는데, 송시열은 질문의 내용에 따라 10에 8, 9 정도를 수정할 정도였다. 2년 후 遂庵 權尙夏와 동행하여 화양동에 기거하고 있던 송시열에게서 「주자대전차의」를 講討하였다. 그전에는 농암이 주로 편지글을 통해 송시열과 의문점을 강론했음에 반해, 권상하는 스승과 더불어 「心經釋疑」・「朱子大全箚疑」・「程書分類」 등을 교정하는 작업에 참여하였다. 이와 같은 수정작업은 「주자대전차의」의 ⅓ 정도 이후에는 송시열로부터 위촉을 받아 더욱 잠심하여 강구하는 계기가 되었다. 송시열은 다음과 같이 당부하기도 하였다.

> 평소 마음에 걸리는 점이 있으니, 일생 「주자대전」과 「주자어류」를 읽었는데 그 가운데 의심스런 바와 또 이해하기 어려운 곳이 없지 않았다. 이를 초록하여 간략하게 해설을 붙여 이로써 동지들과 의논하여 후학들에게 보이고자 하였는데 애석하게도 이룰 수 없었다. 돌아보건대 지금 세상에 이 일을 서로 부탁할 만한 자는 오직 자네(권상하)와 仲和(김창협)뿐이라네. 주변의 여러 사람들과 협동하여 정리함이 어떠하겠는가?[58]

퇴계의 「朱子書節要」를 비판적으로 보강하기 위해 저술된 이 책은 농암의 부친인 김수항도 도왔으며 1678년에 일단 완성을 보았다.[59] 이

輿, 篤實而成, 嚴重而立者. 蓋刻意發憤, 趨事赴功, 謂之奮勵, 敦本尙質, 著誠去僞, 謂之篤實, 蕩滌煩碎, 總持體要, 謂之嚴重. 奮勵則有爲, 篤實則有功, 嚴重則能久, 三者具而後, 治道乃成."

[58] 「宋子大全」, 권89, 「奉訣致道」 26판 좌 참조. 구체적으로 이 작업에 참여한 이들은 권상하・김창협 이외에도 鄭澔・李喜朝・李箕洪・李疇錫 등이다.

[59] 송시열의 또 다른 당부는 「朱子言論同異攷」의 완성이었다. 이 책은 주자의 방대한 학설 가운데 정합성을 지니기 어려운 부분들에 대한 해소와 주자학

후 농암은 권상하와 왕복 토론하면서 집안의 액운과 병고가 있음에도 불구하고 평생을 지속적으로 수정보완의 과정을 거쳤다. 1686년에 농암은 왕명으로 이 책을 校正하라는 공식적인 명을 받는 등 두 사람은 적극적으로 지속적인 관심을 갖고 주자학의 정확한 이해를 위해 정열을 기울였다. 따라서 이 「주자대전차의」는 송시열에서 비롯되었지만, 농암의 일생정력이 모두 이 책에 들어있으며, 그의 역량을 최대한 발휘한 것이라 볼 수 있다.[60]

그 후 「주자대전차의」의 편찬과정에서 적극적 역할을 담당하였던 농암은 별도로 「朱子大全箚疑問目」을 단독으로 저술하게 된다. 그러나 「조선왕조실록」 영조 기록에 의하면 「주자대전차의」의 저자를 농암으로 보기도 한다.[61] 반면에 華西 李恒老(1792~1868)가 편찬한 「朱子大全箚疑輯補」의 참고문헌에서는 「주자대전차의」는 송시열의 저작이며, 「주자대전차의문목」은 농암의 저서임을 명시하고 있다. 이 항로에 의하면, 송시열은 「箚疑」를 구상하고 후학들에게 완성을 부탁했으며, 권상하가 주축이 되어 정리하던 중, 농암은 미진하다고 생각된 부분에 대해 개인적으로 「문목」을 만들어 권상하에게 보냈다. 그 후 농암은 「차의」의 본문에 채택

의 본령을 밝히려는 주자학의 길라잡이 역할을 목적으로 저술되었다. 권상하는 제자 한원진에게 이 일을 맡기면서 스승의 유지가 실현되기를 희망하였다. 한원진은 전심치력하여 주자의 언론 중에 서로 상이하거나 핵심이 될만한 부분을 발췌하고 자신의 湖學的 견해를 충실히 반영하였던 것이다. 그가 이간과 쟁점을 벌인 주제들이 「주자언론동이고」의 핵심적 내용을 이룬다는 점에서 볼 때 호락논변과 관련하여 호학의 견해를 파악할 수 있는 좋은 자료이다. 참고로 이 책은 최근 곽신환에 의해 「朱子言論同異攷」(소명출판, 2002)로 번역되었다.

60) 「農巖集」 권36, 「年譜」 10판 좌. "蓋先生一生精力, 盡在此書, 而其所發揮, 殆無餘蘊."

61) 실록에서는 "임금이 召對에 나아갔다. 시강관 李宗城이 아뢰기를, …… 문간공 김창협이 지은 「주자대전차의」가 考證을 발휘하여 주자의 문하에 공로가 있습니다. 대체로 김창협은 경학이 순수하고 깊었기 때문에 이 책을 만들어 후세에 좋은 선물을 하였으니, 講官이 자료로 활용하여 참고하고 열람함이 참으로 좋습니다."라고 기록하고 있다.

되지 못한 것을 별도로 묶어 12권 12책의 필사본으로 정리했던 것으로[62]
두 책은 모두 송시열의 유지를 따르면서 주자의 사상을 정리하던 과정에서
나온 것이다. 따라서 「차의」가 송시열의 저작내지 문하들의 공동저작이라
는 성격을 띤다면, 「문목」은 농암의 개인저작임이 분명할 것이므로 「실록」
의 기록은 그 진실성이 의심된다.

그러나 조정의 불안한 상황을 직면한 그는 외직인 淸風府使를 자청
하여 떠난다. 1689년(39세) 己巳換局이 일어나 남인의 재집권과 서인
의 몰락은 스승 송시열뿐만 아니라 농암 일가에도 큰 시련을 안겨준
다. 그해 2월에 부친 議政公 金壽恒은 珍島로, 仲父인 退憂堂 金壽興은
長鬐로 유배되었다. 그러나 4월에 김수항은 後名을 받고 유배지에서
세상을 떠났으며, 5월에 아들 淸祥이 요절하고, 이듬해에는 김수흥마저
유배지에서 죽음을 맞이한다. 이처럼 연이은 가정의 불운과 몰락을 겪
으면서 그도 관직을 완전히 버리고 귀향하는 계기로 삼는다. 農巖은
이전에 거처하던 鷹巖으로 그는 農巖樹屋을 짓고 평생 농부의 소박한
삶을 추구한다는 의미에서 이후 호를 農巖이라 칭했던 것이다.

耕田白雲中	흰 구름 가운데서 밭을 갈고
飯牛靑溪側	푸른 시내 곁에서 소 먹이네.
時來閱耘耔	때때로 와서 김매는 걸 살펴보느라
倚杖遂終夕	지팡이에 기댄 채로 저녁을 보내네.
未耜有未親	쟁기 보습 아직 친숙하지 않아
緬焉謝沮溺	장저와 걸익에게 부끄럽다네.

위의 〈課農〉[63] 詩는 당시 농사에 친숙하지 않은 자신이지만, 농촌의
정경과 그러한 전원생활이 주는 심리적 안정감을 잘 그려내고 있다.
그러므로 이후 관직에 복직을 권할 때도 "스스로 농부로 평생을 보내

---

62) 「朱箚輯補」, 아름출판사, 1985.
63) 「農巖集」 권3, 「課農」 31판 좌.

며 사대부의 반열로 되돌아가지 않을 것을 맹세한지 오래되었다."는
굳은 의지를 표명하였던 것이다. 그는 농촌생활에 自樂하면서도 講學
하는 것을 멈추지 않았고, 틈틈이 「주자대전차의」를 考訂하는 한편, 「五
子粹言」과 같은 격언집을 편찬하기도 하였다. 「오자수언」은 1693년(43
세)에 편찬된 것으로 荀卿·董仲舒·揚雄·王通·韓愈 등 5명의 중요
한 견해를 간추려 편찬한 것이다.[64] 농암이 선정한 5명중 맹자와 대립
된 사상을 지닌 순자나, 한대의 동중서 그리고 선악혼재설을 주장했던
揚雄 등에 관한 저서는 당시로서는 이채로운 것이었다. 종래 성리학자
들이 지닌 孔孟과 二程으로 이어지는 道統意識과 차이나는 異端적 성
격을 지닌 인물들을 포함시켰기 때문이다. 여기서 그의 사상이 지닌
다양성과 포괄성의 한 실마리를 발견할 수도 있을 것이다.

　1694년(숙종 19년) 甲戌獄事로 남인이 몰락하고 서인이 재집권하는
정변이 발생했다. 숙종은 김수항의 官爵을 복위시키고 농암에게도 戶
曹參議를 제수했다. 그러나 농암은 「辭戶曹參議疏」를 통해 부친에 대
한 불효와 스승의 禍變에도 적절한 변호 없이 목숨을 구걸했다는 자신
의 처신에 대한 자책감과 개인적 의리를 토로하면서 출사를 적극 사양
한다. 그가 사직을 자처했던 개인적 의리란 부친의 遺訓때문이었다.[65]
거듭된 환국정치에 직면하여 후손들을 더 이상 위험한 처지에 들게 하
고 싶지 않았던 부친 김수항의 간곡한 경계는 농암으로 하여금 벼슬길

---

64) 김원행는 「연보」(「農巖集」 권35, 39판 좌)에서 "맹자 이후 성학이 전해지
　　지 않았으나 이 도를 알고 설명할 수 있는 자는 이 다섯 사람이 있었다.
　　그러므로 그 格言과 至論 가운데 도에 합치된 것을 선택하여 편찬한 것이
　　다."라고 편찬의도를 적고 있다.
65) 「農巖集」 권8, 「辭副提學(三)疏」 12판 좌. "오늘의 재앙은 모두 높은 지위
　　에 올라도 그칠 줄 모르다가 물러나려 해도 물러날 수 없어 이 지경에 이
　　른 것이니, 이제 후회한들 무슨 소용이 있겠느냐. 우리 자손들은 나를 본
　　보기로 삼아 항상 겸손한 뜻을 품어 집에서는 공손하고 검소하게 생활하
　　고, 벼슬할 때에는 顯要職을 피함으로써 몸을 편안히 하고 집안을 보존하
　　는 터전으로 삼는 것이 좋을 것이다."

을 단념케 하는 계기가 되었던 것이다. 부친을 따라 죽지 못했던 不孝
의 부끄러움은 "영원히 농부로 살다 죽을 것이지 다시는 사대부의 반
열에 끼지 않겠다."는 맹세로 이어진다. 출사를 권유하는 군신의 의리
보다 선친에 대한 불효를 더욱 소중히 생각했던 농암이었기에, 자신의
무능함이나 병약함(실제로 이 무렵부터 병으로 고생하고 있던 때였다)
을 이유로 부친이 내렸던 顯要職을 피하라는 훈계를 지켰던 것이다.
또한 그것은 "이 몸이 한번 조정에 들어가면 그 형세가 필시 걸핏하면
마찰을 빚고 수없이 혐의와 시기를 부르게 되어 나라에 실오라기만큼
도 득이 되지 못할 줄을 스스로 잘 압니다."[66]라고 하였듯이, 당시 시
대상황에 대한 암울한 판단도 섞여있었던 것이다. 다시 말해 이러한
처신은 개인적으로는 가정의 불행을 목도한 슬픔과 더불어 당시 상황
이 이전과 크게 다를 것이 없다는 부정적 인식이 담겨있다.[67] 아울러
갑술옥사 이후 관계에 다시 진출한 주변 사람들의 활발한 활동을 방해
하지 않으려는 의도도 있었던 것이다.[68] 따라서 당시 좌의정 박세채
등 지속적인 천거제의 등으로 인해 이후 관직의 임명이 계속되었음에
도 불구하고, 사직소를 통해 固辭하고 부친의 묘소가 있는 楊州를 중
심으로 후학들의 계도와 학문에 전념한다.

그즈음 김창협은 農巖에서 평생을 마치려는 생각이 있었으나, 장모
(이단상의 부인)가 인천에 있는 처남 이희조의 객사에 기거하였으므로
문안차 그 근교에 잠시 머물렀다. 또한 양주의 石室書院이 자연경관이

---

66) 「農巖集」 권8, 19~20판 참조.
67) 「農巖集」 권36, 「年譜」 8판 우. "蓋先生不仕, 雖以禍故自廢, 而其量時難進
    之義, 亦可見矣."
68) 예를 들어 1699년 부제학을 제수하였는데 출사하지 않은 것은 당시 좌의
    정 서문중이 혼인관계로 연관되고, 우의정 이세백이 외척으로 모두 史館을
    겸임하고 있었기 때문이다. 정실관계로 인해 공정성을 침해당할 우려를 깊
    이 인식하고 있었던 것이다(「연보」 34판, 참조). 그러나 그 이면에는 큰
    형 金昌集이 그들 형제를 대표해 出仕하고, 김창협과 김창흡은 뒤에서 현
    실 정치의 논리적 기반을 제공했다.

훌륭하고 독서하기 좋았으므로 1697년에는 그 근처인 三洲로 거처를 옮겨 생활하기도 하였다. 독서와 사색이 무르익던 그 해 8월, 少論 윤증의 문하에서 수학한 경력이 있던 閔以升(1649~1697)에게 보낸 편지[69]에는 知覺과 관련된 농암의 견해가 잘 드러나 있다.

1698년 8월의 한 사건은 농암과 관련된 당시 집권층의 상반된 태도를 확인시켜준다. 숙종은 그를 등용하려고 하였으나 거듭된 농암의 固辭로 뜻을 이루지 못하다가 健元陵의 참배를 계기로 그와 사석에서 만나려 하였다. 이것은 大司諫 尹世紀의 간청이 주효했는데, 그는 經筵에서 "김모의 文雅한 학식은 출중하니 실로 저희들과 비할 수 없습니다. 10여 년 동안 관직에 뜻을 두지 않고 독서하고 이치를 탐구하니, 이와 같은 인물을 조정에 불러들인다면 도움되는 바가 어찌 적겠습니까?"라고 하면서, 陵行 때에 어진 신하를 임금의 수레에 태운 사례를 예로 들면서 조정에 불러들일 것을 주청하였다. 이에 대해 숙종은 그 말이 절실하다고 판단하여 만나보려고 생각하였다.[70] 그러나 당시 조정에서는 농암의 학문은 인정하지만, 국왕이 보여준 여러 차례의 호의에도 불구하고 출사하지 않는 君臣大義에 대하여 의견이 분분했다. 이러한 상황에서 농암은 왕이 머무른 곳에 찾아갈 수도 없었고, 집에 있을 수도 없는 애매한 상황에 처하게 되었다. 따라서 그는 먼발치에서 숙종의 행차를 바라보며 예를 표시하고, 왕이 '김 모가 근처에 있느냐'는 질문을 통해 명분을 얻고 환궁한 이후에야 돌아오기도 하였다.[71] 농암은 자신 때문에 조정의 논의가 분분한 것에 대해 해명과 우려를 표하면서도 여전히 사직의 뜻을 굽히지 않는다. 마치 그의 스승 송시열의 말년과도 같이, 농암의 위상과 그의 처신은 그 자체가 하나의 논란거

---

69) 「農巖集」 권14, 「答閔彦暉」 1~6판 참조.

70) 「조선왕조실록」 숙종 24년 8월 20일.

71) 「農巖集」 권9, 「別諭後辭大司憲疏」 6판 참조. 환궁 후 숙종은 私分을 버리고 大義를 따르라는 내용의 諭旨를 내린다.

리였던 것이다.

1700년 50세에 접어든 농암은 또 한번 가정의 비운을 겪게 된다. 7월 셋째 딸 오씨 부인이 죽고 광주에서 장례를 치르자마자, 10월에는 19살의 큰아들 崇謙마저 요절하였던 것이다. 앞서 39세에 나은 지 1년 만에 죽은 둘째 아들과는 달리 독자가 되어버린 숭겸이 농암에게 주는 의미는 컸었다. 김숭겸은 詩 방면에서 뛰어난 문학적 소질이 있어서 농암이 선창하면 즉시 화답할 정도였다. 김숭겸이 일찍이 "시절이 위태로워 온갖 생각에 강물 소리를 들어보네."[時危百慮聽江聲]라고 말한 것을 듣고 시인 洪世泰는 밥을 먹다가 깜짝 놀라 수저를 떨어뜨렸다. 그러나 그 시가 너무 일찍이 노숙하고, 지나치게 슬픈 뜻이 있어서 그의 재주를 사랑하는 사람들이 이를 걱정하기도 하였는데, 지금 과연 요절하니 싹만 자라고 이삭이 패지 못했으니 애석하다고 했다. 이런 장자 숭겸의 죽음은 농암에게 커다란 애한으로 남아 종신토록 吟詠하지 않았고, 특히 輓詩같은 것은 절대로 짓지 않았다고 한다. 이후 농암이 아들을 위해 쓴 祭文[72]은 평소 아들을 상기하는 비통함과 노년의 쓸쓸함이 그대로 묻어난다.

1701년 「四端七情說」이라는 제목으로 사단과 칠정에 관한 자신의 논지를 전개하였다. 그러나 이 글은 「農巖集」의 편집과정에서 수록되지 못하고 농암이 부친 文谷 金壽恒을 위해 쓴 家狀과 송시열에게 보낸 편지 등을 묶어 편찬한 「農巖續集」에 실려 있다. 老洲 吳熙常에 의하면 송시열의 학맥을 이어가던 권상하가 농암의 학설은 율곡의 종지에 어긋난다는 이유를 들어 강력히 삭제할 것을 요청하여 문집편찬과정에서 누락되었다는 것이다.[73] 그러나 농암의 성리학을 계승하던 제자 魚有鳳은 「農巖先生四端七情說」이라는 제목으로 기록을 남겼고, 연보가 追刊될 때 농암의 양손자였던 金元行이 요점을 모아 부록으로 만들어

---

72) 「農巖集」 권30, 「亡兒初碁祭文」·「祭亡兒墓文」 참조.
73) 「老洲集」 권24, 「雜識Ⅱ」 참조.

「農巖集」에 편입시켰다. 이 저술은 퇴계학과 율곡학의 내용이 혼재되어 있으므로 자세한 검토가 필요할 것이다.

1704년 농암은 西溪 朴世堂(1629~1703)의 「思辨錄」에 대해 辨破하는 글을 작성한다. 앞서 언급했듯이, 주자학의 주석과는 다른 박세당의 견해와 李景奭의 碑文에서 송시열을 폄하하는 내용은 당시 주자학 강화를 기치로 하는 노론계 학자들 및 그들을 지지하는 성균관 유생들로부터 격렬한 비판에 직면하게 되었다. 송시열에 대한 비판을 곧 주자를 능욕한 것으로 간주하는 극단적 태도는 농암에 의해 체계적으로 정리된다. 농암의 박세당에 대한 적극적 비판은 당시 노론계 성리학자들의 일반적 공감대 및 그의 사상을 확인할 수 있는 중요한 자료이다.[74]

이후 농암은 지속적으로 국정에 참여해줄 것을 요청하는 여러 권유, 심지어 숙종이 형 金昌集을 통해서 출사할 것을 명하기도 하였지만, 재야에서 강학하려는 처음의 뜻을 바꾸지는 않았다. 그 후 잠시 동안 벼슬에서 물러나 있던 김창집과 더불어 여러 명승지를 유람하면서 여유로운 만년을 보내기도 했다. 농암은 1708년(숙종 33년) 4월에 58세의 나이로 양주의 三洲에서 생을 마감했으며, 石室의 언덕에 묘소가 있다. 1710년 문집(「農巖集」)이 발간되고, 烟村書院 및 石室書院 등에 配享되었다. 1725년(영조 1년) 道德博文의 文과 一德不懈의 簡의 의미를 취해 文簡의 시호가 내려졌다. 다음 장에서부터 구체적으로 낙학의 형성과 발전에 영향을 주었던 농암 김창협의 사상을 살펴보도록 하겠다.

---

74) 당시 성리학자들의 박세당의 견해에 대한 부정적 시각은 많지만, 농암처럼 세부 조목으로 나누어 철저히 비평한 글은 찾아보기 힘들다. 따라서 박세당에 대한 비판적 견해를 통해 상대적으로 농암의 사상적 특성을 확인할 수 있을 것이다.

* 참고로 조선 후기 노론계열 성리학 계보를 정리하면 다음과 같다.

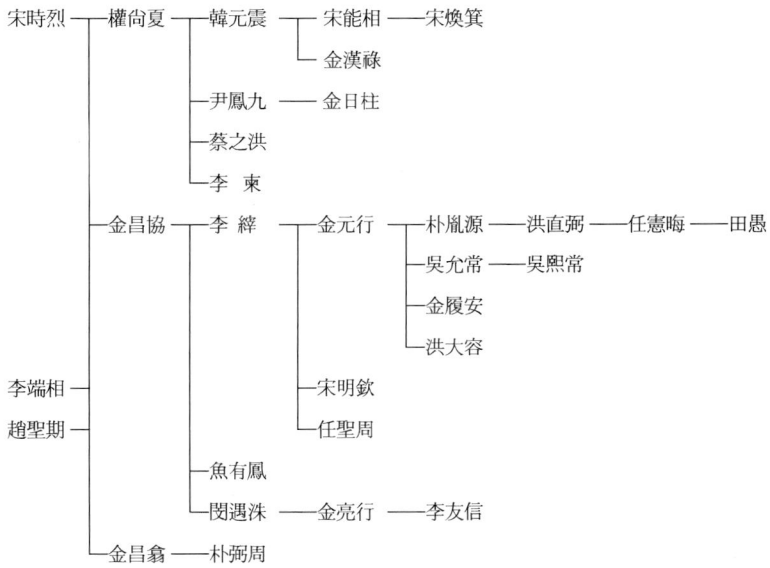

제2장 退·栗 四端七情論의 綜合的 省察

농암이 1701년(51세)에 작성한 「四端七情說」은 그의 생존시부터 논란의 소지가 있었고, 문집 간행 때 정식으로 수록되지 못하는 등 우여곡절을 겪었다. 이 글이 退溪 李滉(1501~1570)의 학설에 대한 부분적 수용 및 栗谷 李珥(1536~1584)의 견해를 비판적으로 보완하는 것이었으므로, 율곡학을 지지하던 학자들로부터 오해를 받았던 것이다. 즉 理의 의미가 퇴색되지 않는 범위 내에서 퇴계의 사유를 수용하고, 동시에 리의 구현이란 氣를 통해서 가능하다는 율곡의 견해가 상호 공존하고 있었기 때문이다. 기존의 연구에서는 사단칠정론에 대한 농암의 견해 및 그의 입장에 동조하는 학자들을 退·栗의 '折衷' 또는 '折衷派'로 분류[1]하고 있지만, 절충의 구체적 함의와 그(들)의 학문경향에 대한 구체적 설명은 부족한 상태이다. 그러므로 이 장에서는 퇴·율 사칠론에 대한 농암의 종합적 성찰을 통해 그의 심성론을 이해하는 출발점으로 삼겠다.

---

1) 농암을 퇴계학과 율곡학의 折衷적 성격으로 규정하였던 것은 일제시대 다카하시 도루(高橋亨)의 다음과 같은 진술에서 비롯된다. "요컨대 김창협 일파는 心은 어디까지나 理와 氣를 겸하므로 '心卽氣'나 '心卽理'라고 말하는 것을 인정하지 않는 학자들이다. 이를 역사적(사상적 흐름)으로 살펴보면 퇴계학파와 율곡학파의 절충적 지위에 있었다고 말할 수 있을 것이다."(다카하시 도루 지음, 이형성 역, 「다카하시 도루의 조선유학사」, 예문서원, 2001, 275쪽) 이후 현상윤, 이병도, 배종호 등의 조선유학사 서술도 이와 맥을 같이 하고 있다. 그러나 그에 의해 정리된 主理·主氣·折衷의 분류는 한국 유학의 역동적 전개양상을 가로막는 왜곡의 소지도 있다.

1. 退溪說의 비판적 수용

퇴계에 대한 농암의 입장은 당시 정계 및 학계에서 차지하는 비중을 고려할 때 율곡계열 학자들로서는 중요한 문제였다. 본 절에서는 당파 차원을 넘어선 농암의 퇴계에 대한 尊崇의 태도, 그리고 理發을 부정하면서도 主理의 검토를 통해 퇴계의 의도를 반영시켜나갔던 점 등을 살펴볼 것이다.

1) 退溪에 대한 尊崇의 태도

농암은 퇴계와 율곡을 직접적으로 대비시켜 "퇴계는 학문을 잘 말했고, 율곡은 이치를 잘 말했다."[2]라고 평가한다. 아울러 퇴계를 중국의 성리학자들과 비교하여 다음과 같이 말하기도 한다.

> 퇴계처럼 학문을 논한 글은 우리나라에 있지 않을 뿐만 아니라, 비록 중국일지라도 많이 볼 수 없다. 예를 들어 眞西山은 주자 뒤의 큰 유학자로 저술이 풍부하지 않았던 것은 아니지만 학문을 논한 글은 많이 볼 수 없고, 간혹 한두 가지 있더라도 퇴계의 정밀하고 절실하며 상세하고 간절함과는 같지 않았으니, 다른 것도 이것을 미루어 알 수 있을 것이다. 오직 명나라 유학자 薛敬軒만이 공부방법이 가장 올바르고 실천이 독실하며, 「讀書錄」이 또한 가장 친절하니 體認의 공부가 있었다. 그러나 그가 유학을 주장하여 발휘하고 천명한 것은 도리어 퇴계만한 공력이 없었으니, 이로써 퇴계의 높은 경지를 알 것이다.[3]

---

2) 「農巖集」 권32, 「雜識」 34판 좌. "退溪善言學. 栗谷善言理."
3) 위와 같은 글, 34판 우. "退溪論學文字, 不但吾東方所未有, 雖在中國, 亦不多見. 如眞西山, 朱子後大儒也, 著述非不富, 而論學文字, 殊不多見. 間有一

농암이 퇴계를 평가하면서 인용한 眞德秀와 薛瑄에 관한 글[4]에서, 간접적으로 농암의 퇴계에 대한 깊은 신뢰를 읽을 수 있다. 그는 퇴계의 학문은 조선 유자들에게서 찾아보기 힘들며, 주자학의 흐름을 이어가던 중국학자들과 비교해볼 때도 퇴계가 지닌 정밀하고 절실한 학문 자세는 결코 손색이 없다고 보았다. 또한 퇴계가 「中庸」에서 제시하였던 尊德性과 道問學의 조화, 즉 실천(存心)과 이론(致知)의 균형감각을 잃지 않았다는 평가도 간접적으로 암시받을 수 있을 것이다. 그와 같은 평가는 영남에서 퇴계와 쌍벽을 이루던 南冥 曹植(1501~1572)을 상대적으로 평가절하[5] 하는 등 그의 퇴계에 대한 남다른 尊崇의 태도를 알 수 있게 해준다.

일반적으로 선조 때 東西分黨에서 시작하여 숙종 연간의 老少分黨으로 끝나던 시기를 黨爭으로 규정하는 것을 고려할 때, 퇴계는 본격적인 당쟁 이전 시기에 활약했던 학자였다. 농암은 당파 간의 비판적 공존대신 첨예한 갈등과 반목의 골이 심화되었던 시기에 송시열의 입장

　　二, 亦不似退溪之精切詳懇. 其他又可知也. 明儒唯薛敬軒, 門路最正, 而踐履篤實. 「讀書錄」亦儘親切, 有體認工夫. 然其主張斯道, 發揮闡明, 却不如退溪之有力. 以此知退溪之難也."

4) 眞德秀(1178~1235)는 주자의 再傳弟子로 「大學衍義」를 저술하는 등 주자학을 正學으로 세우는 데 많은 공로가 있었다. 또한 薛瑄(1389~1467)은 정주학에 대한 깊은 이해를 토대로 躬行實踐 방면에 많은 노력을 기울인 인물이다. 농암은 진덕수가 자잘한 훈고해석에 빠져드는 폐단을 극복하고 덕성의 함양을 강조하거나, 설선의 踐履篤實한 실천적 자세를 높이 평가하면서도 지나치게 내면의 수양만을 강조한다는 비판을 곁들이기도 한다(「農巖集」 권 32, 34판 좌 참조).

5) 「農巖集」 권32, 「雜識」 32~33판. "南冥·一齋·聽松·大谷, 一時同有盛名, 南冥尤以師道自任, 門徒之盛, 幾與退溪分嶺南之半. 然南冥實不知學, 只是處士之有氣節者耳. 其言論風采, 雖有聳動人處, 弊病亦不少. 遊其門者, 大抵皆尙氣好異, 甚則爲鄭仁弘, 不甚則爲崔永慶. 荀卿之門出李斯, 未爲無所自也. …… 退溪與南冥書, 辨得學者爲名處, 發明曲盡而旨意深切, 直是箚著他痛處, 亦絶無一毫爭氣, 眞可謂溫厚而明辨, 非養深理明, 何以及此! 學者或不免與人商論, 須以此爲法."

을 변호하는 한 서신에서 다음과 같이 진술한다.

> 예를 들어 靜庵·退溪·牛溪·栗谷은 그 훌륭함이 비슷합니다. 그러
> 나 정암과 퇴계는 黨論이 형성되기 이전에 나셨기에 온 나라가 다
> 으뜸으로 추앙하였고, 우계와 율곡은 당론이 형성된 이후에 나셨기
> 에 으뜸으로 추앙하는 사람이 나라의 반이고 적으로 간주하는 자가
> 나라의 반입니다. 그러므로 정암과 퇴계의 잘잘못은 모든 사람들에
> 게 공공연히 말할 수 있으나, 우계와 율곡의 잘잘못은 다만 서인들
> 과는 말할 수 있더라도 남인이나 소론들과는 말할 수 없습니다.6)

농암은 靜庵과 退溪는 본격적인 黨論이 형성되기 이전의 '온 나라가
다 으뜸으로 추앙하는' 대표적 학자였음을 밝히고 있다. 학자적 양심으
로서 그들의 학문을 공공연히 거론하는 것은 전혀 이상하지 않다고 보
았던 것이다. 오히려 당시 윤선거와 송시열 간의 분쟁으로 인해 "이
광대하고 텅 비어 밝은 마음을 전부 이 한 가지 일(懷尼是非)에 쏟아
넣은 나머지 옹호하고 배척하는 데에 얽매어 온갖 적들을 만들어 내고
있다."7)는 점에서 문제가 있음을 지적하고 있다.

제자 어유봉은 농암의 「四端七情說」을 기록하면서, 그가 지녔던 退
栗에 대한 태도를 다음과 같이 술회하고 있다.

> 대체로 (농암)선생은 율곡이 理氣의 근원을 본 것은 명백하게 꿰뚫
> 었으나 人心과 道心 등을 논한 곳은 약간의 차이를 피할 수 없으며,
> 반면에 퇴계의 互發 논의는 진실로 잘못된 것이지만 깊이 생각하고

---

6) 「農巖集」 권11, 「上仲舅」 16판 우. "且如靜·退·牛·栗, 其賢等耳. 然靜·
退生於黨論之前, 故通國皆宗之, 牛·栗生於黨論之後, 故宗者半國, 仇者半國,
是以靜·退得失, 可公誦於人人, 而牛·栗得失, 只可與西人言, 不可與南少言."

7) 위와 같은 글, 7판 좌. "(夫尼懷之爭, 固是斯文大是非, 爲門生弟子者, 各隨
所見, 因事明辨則可也. 然孰有大於自家身心,) 而今以一箇廣大虛明之心, 全
副部奉, 於此一事, 憧憧攘攘, 不得放舍, 因以生百種."

자세히 탐구하여 自得한 바가 많으니 한결같이 내쳐서는 안 될 것으로 생각하였다. 이에 두 사상가의 논의를 참고하고 합하여 종횡으로 착종시켜 잘잘못을 철저히 규명한 것이 거의 수십여 조목에 이르렀으니, 대부분 이전 학자들이 밝혀놓지 않았던 것들이었다.[8]

위의 인용문에서 암시하듯 농암은 율곡의 학문이 성리학의 기초를 이루는 리기문제 등에서 통찰력을 발휘했다면, 퇴계의 견해는 치밀한 학문탐구과정에서 自得의 묘미를 얻었다고 진술한다. 그러나 율곡의 리기와 심성의 연관성에서 나오는 논리적 불일치 및 (율곡학파의 입장에서) 퇴계의 互發說이 지니는 표현상의 문제를 간과하지 않는다. 조선 전기를 대표하는 두 사상가에 대한 농암의 이와 같은 평가는 양자의 장단점을 종합해 새로운 대안점을 제시하려는 시도이고, 그 결과가 晩年에 저술된 「四端七情說」이다.

그러나 농암의 본의와는 달리 그의 견해는 생존시에도 어느 정도 논란의 소지를 담고 있었다. 특히 그의 「사단칠정설」・「인심도심설」 등이 「農巖集」의 편집과정에서 정식으로 수록되지 못했던 것이 그 대표적 사례이다. 어유봉의 기록에 의하면, 그가 농암이 말년에 기거하던 석실서원을 떠나려고 告謁할 즈음, 병중에 있었던 농암은 한 권의 두툼한 箚錄亂草를 건네주었다. 자세히 검토해보도록 하라는 말과 함께 스승이 보여주었던 글은 바로 사단칠정에 관한 퇴계와 율곡, 그리고 이에 대한 농암 자신의 견해를 피력한 글이었다. 다음날 어유봉은 대략적인 질문 몇 가지를 올리고 물러났고, 「農巖集」 간행 때 「雜識」부분에 편입시키려 하였다. 그러나 이 글이 야기될 쟁론을 우려한 동문들의 만류 때문에 金濟謙의 집에 초고를 감춰두어야 하는 우여곡절을

---

8) 「杞園集」 권32, 「語錄」, 486쪽. "蓋先生以爲栗谷看得理氣原頭, 明白通透, 而其論人心道心等處, 未免少差: 退溪互發之論, 固失矣, 而其深思細繹, 多所自得, 不可一向揮斥. 遂參合兩家之論, 而橫竪錯綜, 究極得失, 幾至數十餘條, 多有前賢所未發者."

겪게 되었다. 1854년 농암의 후손에 의해 보완된 「農巖續集」에 비로소 수록될 수 있었다. 그 사이 어유봉은 「農巖先生四端七情說」[9]이라는 제목으로 관련 자료를 남겼고, 연보가 追刊될 때 농암의 양손자였던 김원행은 구체적인 내용을 요약[10]하기도 하였다.

그렇다면 이 글이 「農巖集」의 편집과정에서 정식으로 수록되지 못한 이유는 무엇인가? 吳熙常에 의하면 權尙夏가 농암의 학설은 율곡의 종지에 어긋난다는 이유를 들어 강력히 삭제할 것을 요청하였기 때문에 문집편찬 과정에서 누락되고 후에 추간되었다는 것이다.[11] 여기서 송시열의 두 高弟였던 김창협과 권상하의 미묘한 갈등과 김창협의 사후에 본격화되는 湖洛論辨의 한 단면을 엿볼 수 있을 것이다. 율곡의 정맥을 자처하는 권상하나 그 계열의 학자들로서는 퇴계설에 대하여 적극적 비판을 개진하지 못하고, 오히려 퇴계의 견해에 동의하는 듯한 인상을 남긴 농암의 글이 수용될 수 없었던 것이다.

2) 理發의 否定과 主理의 含意

일반적으로 주자학에서는 현실적 작용을 의미하는 것이 氣라면, 그 근거로서 理는 情意, 計度, 造作 등이 없는 것으로 규정하고 있다. 그

---

9) 「杞園集」 권32, 「語錄」, 485~490쪽 참조. 어유봉의 기록은 1854년 金洙根이 校正하여 印行한 「農巖續集」의 글과는 편차나 내용 면에서 차이가 있다. 그러나 文章이나 시기적으로 비교해볼 때 어유봉의 기록이 농암의 의도에 보다 충실하다고 판단된다.

10) 「農巖集」 권36, 19~21판 참조.

11) 「老洲集」 권24, 「雜識 II」 2판 우. "農巖四端七情說, 精深微密, 發明眞蘊, 多造退栗所未臻之理, 可謂無窮者義理, 而前賢之所留蘊, 後賢發之也. 曾聞印集之時, 遂庵以其有參差於栗谷, 力主刪去之論, 其後年譜之追刊也, 渼湖雖撮其要而附見, 終不如全文之完備, 殊可恨也." 또는 「臺山集」(「農巖別集」 4권, 22판에서 재인용) "疑貳於栗谷, 而勸刪於原集者, 竊滋惑於黃江諸賢也. 今聞揚先生微言, 而刊落此論, 則是贊孟子而不以養氣性善, 述周子而不以「太極」·「通書」, 其可乎?"

러나 퇴계는 주자가 제시한 無爲한 理의 속성과는 달리 리의 능동성을 긍정한다는 특색을 보여준다. 구체적 감정이나 행위가 없는 理가 어떻게 發(理發說)·動(理動說)·到(理到說)할 수 있는지의 능동성 문제는 리가 우리 인식 활동 바깥에서 독자적으로 움직인다는 것을 부인하는 주자의 원칙과 위배되기 때문이다.[12] 논리적 모순을 감수하고 窮究의 공부가 선행됨에 따라 理가 도래한다는 퇴계의 문제의식은 객관적 진리의 보편타당성과 함께 주체적 진리의 절대적 실현성을 믿는 그의 신념과 연결된다.[13] 먼저 농암의 견해를 退栗과 비교하기 위해서 사단칠정론에 관한 논의의 배경을 간략히 살펴볼 필요가 있다.

　퇴계는 사단이라는 순수한 마음의 형이상학적 근거를 확립하여 칠정과 질적인 구분을 두기 위해 理와 氣로 분속하여 설명한다. 즉 惻隱·羞惡·辭讓·是非 등 네 가지 순수 도덕적 정서인 사단을 仁義禮智 등 理와 연관시킴으로써 인간 본성의 선함을 확고히 보장받으려는 것이다. 그는 사단의 발출근거를 理(性)에 정초시키려는 의도에서 '사단은 理의 발현이고 칠정은 氣의 발현이다'(四端理之發, 七情氣之發)고 주장한다. 그러나 高峰 奇大升(또는 고봉의 견해를 재검토하여 체계화시킨 율곡의 입장)에 의해 그의 견해는 리와 기는 언제나 동반한다는 不相離의 원칙에 위배되므로 氣發의 하나만을 인정해야 된다는 비판을 받게 된다. 리와 연관된 사단에서 현실성이 간과되거나, 기의 범주에 속하는 칠정이 자칫 성과의 연관성이 상실될 수도 있다고 보기 때문이다.

　이에 대해 퇴계는 자신도 그러한 理氣 不相離의 원칙을 거부하지는

---

12) 퇴계는 주자학의 전제를 어긋나면서도 도리 실현의 효율성 및 논리성보다는 그 시대의 안정을 위한 가치관의 확립을 위해 理發·氣發로 의도적인 구분을 한 것이다. 심성론이 중심 주제로 논의된 이유에 대해서는 최영진의 「실학사상을 중심으로 한 유교의 토착화」(「유교사상연구」 17집, 2002) 및 김형찬의 「理氣論의 一元論化 연구」(고려대 박사학위논문, 1996, 55~57쪽) 참조.

13) 윤사순, 「退溪 哲學의 硏究」, 고려대 출판부, 1980, 32쪽.

않지만, 不相雜에 보다 의미를 부여한다.14) 또 사단과 칠정을 나누어 말하는 것은 같은 情이기는 하지만 각각의 의미(所指)와 유래(所從來)가 다르기 때문에 하나로 볼 수 없음을 주장한다.15) 사단이 선한 정만 가려낸 것인데 비하여, 칠정은 선악이 未定하거나 악으로 흐르기 쉬운 정만을 가리킨다고 보기 때문이다. 아울러 사단은 선한 본성에서 발한 정인데 비해, 칠정은 형기가 외물의 감촉을 받고서 마음속에 감동을 준 뒤에 외부 상황에 따라 발현된 정으로 구분해서 본다.

따라서 퇴계는 고봉과의 논변 끝에 '사단은 리가 발현됨에 기가 따르는 것이고, 칠정은 기가 발현됨에 리가 타는 것'(四則理發而氣隨之, 七則氣發而理乘之)이라는 주장을 통해, 사단의 유래가 理에 있는 데 비하여 칠정의 그것은 기에 있다는 理發의 주장을 굽히지 않는다. 이와 같이 사단을 리의 영역에 위치시키는 것은 리의 純粹善이 형이상의 性 차원뿐만 아니라, 현실에서 情으로 발현됨을 논증하여 가치의 실현을 강조하려는 실천적 의도에서 나온 것이기도 하다.16)

그러나 이러한 견해는 정의 발현은 하나뿐이고, 七情이 순수한 도덕적 감정인 사단을 포함해 인간의 정서 전체를 포괄한다고 주장하는 율곡계열의 학자들로서는 수용될 수 없었던 것이다. 농암 역시 理氣의 互發 논의는 잘못이라고 보았다. 앞서 말했던 퇴계와 율곡의 대립적 견해 차이를 理氣의 互發이냐, 一途냐에 초점을 두고 본다면, 그의 주장은 퇴계에 대한 전면적 부정처럼 들린다. 그러나 농암은 사단을 理發이라고 언급한 점에는 동의하지 않지만, 主理17)의 측면에서는 퇴계

---

14) 퇴계는 理氣 不相離의 원칙을 염두해 두면서도 그 근원에서 리와 기는 결국 두 가지임을 강조한다. 만약 사단과 칠정의 구분을 강조하지 않는다면 리와 기의 혼동을 가져오게 될 가능성이 있으므로 理氣 不相雜의 측면을 강조한 것이다.

15) 윤사순, 「退溪의 理氣哲學에 대한 현대적 해석」, 「퇴계학보」 110, 2001.

16) 최영진, 「退溪 理思想의 體用論的 構造」, 「朝鮮朝 儒學思想의 探究」, 麗江出版社, 1988.

의 의도를 적극 반영시켜 나가고 있으므로 논란이 야기되었던 것이다.

농암의 사단칠정과 관련된 내용들 속에서 퇴계의 학설에 대한 구체적 언급은 소략하거나 소극적 변론에 그치고 있다. 먼저 그는 사단과 칠정을 아래와 같이 규정하고, 퇴계의 언급이 지나치게 분석적이라고 비판한다.

> 사단은 理를 주로 말한 것으로 氣가 그 가운데 있고, 칠정은 기를 주로 말한 것으로 리가 그 가운데 있다. 사단의 기는 즉 칠정의 기이며, 칠정의 리는 즉 사단의 리이므로 두 가지가 있는 것이 아니다. 다만 그 이름할 때에 뜻이 각각 주로 하는 바가 있을 뿐이다. 「어류」에 '사단은 리가 발한 것이요, 칠정은 기가 발한 것이다'라는 의미가 이와 같으니, 퇴계의 설이 또한 여기에 가깝다. 그러나 그 추론하는 말이 너무 지나치고 분석이 매우 심해서 두 갈래의 병통이 생기고 말았던 것이다.[18]

위의 인용문은 농암의 「사단칠정설」 첫 부분으로 사단과 칠정의 의미 및 退溪에 대한 비판적 평가를 겸하고 있다. 존재일반을 리와 기의 관계에서 조망하는 주자학의 사유체계에 비추어 농암도 리와 기의 긴밀한 연관을 기초로 사단과 칠정에 각각 의미를 부여한다. 농암이 '사단의 기가 곧 칠정의 기'라는 것은 사단과 칠정이 氣라는 측면에서 동

---

17) 主理와 主氣의 용어사용과 관련된 문제는 李東熙, 「조선조 朱子學史에 있어서의 主理·主氣 용어 사용의 문제점에 대하여」, 「동양철학연구」 12, 1991; 崔英辰, 「朝鮮朝 儒學思想史의 分類方式과 그 問題點 -'主理'·'主氣'의 문제를 중심으로-」, 「한국사상사학」 8, 1997 등에서 집중적으로 검토되고 있다. 이 연구에서는 이상의 논의를 염두에 두고 농암 자신이 직접 사용했던 '主理'와 '主氣'의 용어 속에 내포된 含意를 검토할 것이다.

18) 「農巖續集」 권下, 「四端七情說」 65판 좌. "四端主理言而氣在其中, 七情主氣言而理在其中. 四端之氣, 卽七情之氣, 七情之理, 卽四端之理, 非有二也. 但其名言之際, 意各有所主耳. 「語類」'四端理之發, 七情氣之發', 其意似是如此, 退陶說亦近此. 但其推說太過, 剖釋已甚, 遂成二岐之病耳."

일하게 이해되어져야 하고, '칠정의 리가 곧 사단의 리'라고 말한 것은 칠정과 사단이 모두 理에서 근원하고 있음을 의미하는 것이다. 즉 사단과 칠정이 모두 마음과 관련된 기이며, 동시에 그 근거로서 리가 내재되어 있음을 통해 사단과 칠정을 별개의 두 가지 情으로 간주하지 않는다. 다만 양자의 차이점은 '그 이름할 때에 뜻이 각각 위주로 하는 바[所主]가 있을 뿐이다'고 밝히고 있다. 즉 관점(주안점)에 따라 명명된 개념의 차이를 드러낼 뿐, 사단과 칠정 모두 리와 기의 긴밀한 연관 속에서 설명해야 한다는 것이다.

퇴계 역시 사단과 칠정이 모두 情의 범주에 속한다는 것은 인정하지만, 사단이 뜻하는 순수 도덕적 영역을 강조하기 위해 그 발출 근원과 의미가 칠정과는 같지 않음을 주장한다. 다시 말해 퇴계가 '理發而氣隨之'로 규정한 四端은 리를 주로 하였을 뿐이지 기를 벗어난 리가 아니며, '氣發而理乘之'로 규정된 七情은 기를 주로 하였을 따름이지 기가 리를 벗어나 있다는 것을 의미하지는 않는다.[19] 리를 위주로 하느냐, 기를 위주로 하느냐에 따라 사단과 칠정을 구분하는 것이지, 기 없이 리만 발한다거나 리 없이 기만 발한다고 하는 것이 아니다. 농암이 '사단은 리를 주로 하여 말하고, 칠정은 기를 주로 하여 말한 것'이라는 주안점에 따른 개념규정은 사단은 칠정으로 환원되지 않는다는 퇴계의 사유와 유사점을 보여준다. 그러므로 "퇴계의 학설이 또한 이(『주자어류』)에서 나왔으니 심히 배척해서는 안 될 것이다."[20]라고 하여, 칠정

---

19) 「退溪集」 권16, 「答奇明彦 四端七情第二書」 36판 우~좌. "大抵有理發而氣隨之者, 則可主理而言耳, 非謂理外於氣, 四端是也. 有氣發而理乘之者, 則可主氣而言耳, 非謂氣外於理, 七情是也."

20) 앞의 각주 9)에서 말했듯이 어유봉의 농암 사칠론에 관한 기록은 「農巖續集」에 수록된 내용과 전체적인 맥락은 같지만 약간의 차이를 보인다. 예를 들어 위의 인용문의 마지막 구절의 경우 "퇴계의 학설이 또한 이(『주자어류』)에서 나왔으니 심히 배척해서는 안 될 것이다. 다만 그 추론하는 말이 너무 지나치고 분석이 매우 심해서 두 갈래의 병통이 있음을 벗어나지 못했다."(「杞園集」 권32, 「農巖先生四端七情說」, "退陶說亦出於此, 不可厚非.

과는 다른 사단의 의미부여에 동조한다. 그러나 일방적 동의가 아니라 퇴계의 치밀한 추론과 분석이 사단과 칠정을 별도의 감정으로 양분하는 듯한 병통으로 빠질 수 있음을 놓치지 않는다.

그렇다면 퇴계와 율곡의 갈림길은 다만 표현상의 문제에서만 발생하는 것인가? 먼저 牛溪·栗谷·退溪의 理氣觀에 대한 농암의 논평을 맥락의 흐름에 따라 살펴보기로 하겠다.

우계는 퇴계의 '리의 발동에 기가 따르고 기의 발동에 리가 탄다'는 설을 보고 처음에는 잘못이라고 생각하였다. 그러나 뒷날 주자의 '형기에서 생겨나거나 성명에서 근원한다'는 글을 읽고, 주자도 이미 이와 같이 두 부분으로 나누어 말하였으니 퇴계의 호발설도 혹 맞을 것이라고 다시 의심하여 율곡에게 질문하였다. 그러자 율곡은 다만 '칠정은 바로 인심과 도심의 총체적 이름으로, 인심과 도심은 상대해서 말할 수 있으나 사단과 칠정은 상대해서 말할 수 없다'라고 극언하면서, 주자가 말한 '性命과 形氣'나 퇴계가 말한 '理發과 氣發'은 가리켜서 말하는 것이 본래 같지 않으므로 저것을 끌어다 이것을 증거댈 수 없다는 뜻을 끝내 언급하지 않았으니, 실로 우계의 의문에 대하여 답하지 못한 것이다.[21]

어유봉의 기록에 의한 위의 자료는 율곡과 대비된 퇴계의 사유에 대한 농암의 구체적 이해를 잘 드러내 주고 있다. 우계는 마음을 性命과 形氣로 구분한 주자의 언급에 비추어볼 때 퇴계의 理發과 氣發도 근거

但其推說太過, 剖釋已甚, 不免有二岐之病耳.")고 기술하고 있다.
21) 「杞園集」 권32, 「農巖先生語錄」, (「한국문집총간」 184권) 474쪽. "(先生論牛栗論理氣書曰) 牛溪見退溪 '理發而氣隨, 氣發而理乘'之說, 初以爲非, 後讀朱子 '生於形氣, 原於性命'之言, 復疑朱子旣如此分兩邊說下, 則退溪互發之說, 亦或是耶, 遂問于栗谷. 栗谷但極言 '七情卽人心道心之總名, 人心道心可以相對說, 四端七情不可相對說', 而終不及於朱子所謂'性命·形氣', 退溪所謂'理發氣發', 所指而言者, 本自不同, 不可援彼而證此之意, 實不能答着牛溪之所疑問."

가 있다고 생각하여 율곡에게 질문하였다. 그에 대해 율곡은 칠정은 人心과 道心의 총체라고 언급하면서, 인심과 도심은 상대하여 말할 수 있지만 사단과 칠정은 상대하여 말할 수 없다고 답변한다. 즉 칠정은 마음의 총체이고 사단은 칠정중의 선한 측면이므로 사단과 칠정은 相對되는 것이 아니라 氣發 하나만이 있다는 종래의 자신의 주장을 강조한 것이다. 그러나 농암이 보기에 율곡의 답변은 자신의 논리에 충실하였을 뿐, 주자설에 근사치를 둔 퇴계의 互發 견해도 타당한 측면이 있을 것이라는 우계의 질문에 적실하게 답변했는지는 의문의 여지가 있다는 것이다. 따라서 농암은 율곡이 퇴계와 주자의 구조적 유사성 이면에 있는 본질적 차이를 명확히 설파하지 못했으므로 우계의 의문을 해소시켜주지 못했다고 보았다. 우리는 여기서 농암이 제시한 주자와 퇴계의 견해차이를 좀 더 규명할 필요가 있을 것이다.

대체로 퇴계가 말하는 리기는 마음[心]속에 보존된 理와 氣로써 말한 것이요, 주자가 말한 성명과 형기는 태어나면서 갖추어진 性과 形으로써 말한 것이다. 〈理와 性命은 다름이 없으나, 氣와 形氣의 경우는 크게 같지 않다. 形氣라고 말하는 것은 오로지 耳目口鼻나 四肢百體에 속한 것들을 가리킨 것이다.〉 퇴계가 말한 리발과 기발이라는 것은 사단과 칠정이 생겨나는 것이 마음속의 리에서 발동된 것이냐, 마음속의 기에서 발동된 것이냐를 말한 것이다. 반면에 주자가 말한 형기에서 생겨나거나 성명에서 근원한다는 것은 마음의 허령지각이 형기 때문에 발동하거나 성명 때문에 발동하기도 하는 것을 말하는 것이다. 율곡은 일찍이 이와 같이 명백하게 설파하지 못했으므로 끝내 우계의 의문을 풀어줄 수 없었던 것이다.[22]

---

22) 「杞園集」, 권32, 「農巖先生語錄」, (「한국문집총간」 184권) 474쪽. "蓋退溪所謂理發, 以心中所存之理與氣言之也: 朱子所謂性命形氣, 以人生所具之性與形言之也.〈理與性命, 則無以異矣, 若夫氣與形氣, 則大不同. 所謂形氣者, 專指耳目口鼻·四肢百體之屬也.〉退溪之所謂理發氣發者, 謂四端七情之生, 或發於心中之理, 或發於心中之氣也: 朱子所謂或生或原者, 謂心之虛靈知覺, 或爲形

농암은 퇴계의 理發과 氣發의 주장은 마음의 측면을 리와 기로 나누
어 설명했기 때문에 理氣互發說을 주장했다고 본다. 즉 퇴계의 견해는
사단과 같은 순수 도덕적 감정은 리에서 발동된 마음이요, 칠정은 기
에서 발동된 마음이라는 것이다. 그러나 그러한 농암의 이해가 인간의
마음을 두 갈래로 귀결짓는 듯한 퇴계의 표현상 문제까지 동의하는 것
은 아니었다. 왜냐하면 퇴계가 心 가운데 理와 氣를 나누어 말한 것과,
朱子가 선천적으로 갖추어진 性命과 形氣를 구분한 것이 다른 의미라
고 보기 때문이다.[23] 따라서 앞의 인용문 가운데서 농암은 "理와 性命
은 다름이 없으나, 氣와 形氣의 경우는 크게 같지 않다."라고 구분하였
던 것이다. 즉 본원의 측면에서 리와 성명은 비슷하다고 할 수 있지만,
기의 경우에 있어 퇴계는 心氣의 측면에서 접근한 것이요, 주자는 形
氣의 측면에서 조망했기 때문에 그 실질적 의미는 다르다는 것이다.
심기와 형기의 관점상 차이는 두 갈래의 구조적 유사성을 보이지만 내
용면에서는 많은 차이를 동반한다.

우리 마음에는 「맹자」에서 제시되었던 不忍人之心과 같은 순수 인간
적인 동기에서 유발된 도덕적 마음도 있고, 동시에 신체적 욕구의 영
향에서 나오는 일반적 감정도 있다. 전자와 같은 도덕적 마음이 우리
의 내면에 분명히 보편적으로 실재한다고 확신하는 유학의 관점을 부

氣而發, 或爲性命而發也. 栗谷未嘗如此明白說破, 故終不能解牛溪之所疑也."
23) 주자는 形氣와 性命의 구분을 통해 人心과 道心이라는 자연적 마음과 본
래적 마음을 구분한다(「中庸章句 序文」, "蓋嘗論之, 心之虛靈知覺, 一而已
矣, 而以爲有人心道心之異者, 則以其或生於形氣之私, 或原於性命之正, 而所
以爲知覺者不同, 是以或危殆而不安, 或微妙而難見耳."). 본래적 마음이 性
命의 올바름에서 나오는 도덕적 마음을 뜻한다면, 자연적 마음이란 선천적
으로 주어지는 생물학적 조건으로 耳目口鼻 등과 같은 신체가 여기에 해
당한다. 신체란 타인과 공유할 수 없는 자신만의 것이므로 形氣의 私라고
보았다. 따라서 주자학에서는 形氣 때문에 발현된 마음인 인심과 性命 때
문에 발현된 마음인 도심을 구분하고, 생물적 욕구의 영향을 받는 자연적
마음이 私欲으로 전환되는 것을 막아 천리를 보존하려는 부단한 자기 극
복과정인 수양의 노력을 강조하는 것이다.

정하지 않는다면, 사단의 순수성을 리와 연계시키려는 퇴계의 의도가 무모하게 들리지 않을 것이다. 그러므로 농암은 사단이 칠정과 같은 情에 속하지만 각각의 의미와 유래의 차이를 제시하는 퇴계의 논리를 전적으로 부인하지는 않는다. 다만 사단의 순수성을 확보하기 위해 칠정과 구분되는 정으로 귀결시키는 퇴계의 互發 논리가 마치 우리에게 사단과 칠정이라는 별개의 정이 있는 듯한 표현상의 오해를 남길 수도 있다고 보았던 것이다.

그렇다면 어떻게 그러한 두 갈래의 병통에서 벗어나면서 사단의 의미를 퇴색시키지 않을 수 있을까? 우리는 두 학자가 모두 주리와 주기라는 표현을 사용하지만, 그 표현의 유사성 속에 감추어진 내용의 차이를 통해 이 점을 검토해보기로 하겠다. 농암은 다음과 같이 四端이란 기가 간여하지 않는 상태에서 道理가 드러난 것을 곧바로 지칭한 것으로 보았다.

> 人心에는 리도 있고 기도 있으니, 그 마음이 외부의 대상에 감응하여 氣의 기틀이 발동할 때 리가 타는 것이다. 칠정이란 기의 기틀이 발동하는 측면에 나아가 이름한 것이며, 사단의 경우는 곧바로 그 도리가 드러난 것을 가리킨 것이니 기의 일과는 관계없다. 이른바 기의 일과 관계없다는 것은 사단이 기 없이도 저절로 움직인다는 것이 아니라, 그 말할 때에 이 기를 포함시키지 않았을 뿐이다.[24]

농암은 칠정이란 기의 기틀이 외부의 자극에 의해 발동하는 상태를 지칭하였다면, 사단의 경우는 기와 관계없이 그 道理가 그대로 드러난 것이라고 설명한다. 인간의 순선한 마음의 영역을 의미하는 사단이란

---

24) 「農巖續集」 권下, 「四端七情說」 65판 좌. "人心有理有氣, 其感於外物也, 氣機發動, 而理則乘焉. 七情者, 就氣機之發動而立名者也. 四端則直指其道理之著見者耳, 不干氣事. 所謂不干氣事者, 非謂四端無氣自動也, 言其說時, 不夾帶此氣耳."

일반적인 정감의 표출이 아니라 道理의 순선함이 그대로 현상적인 심리의식 속에 확보되는 경지를 의미한다고 보았던 것이다. 여기서 도리는 기의 본바탕[氣機]이 지향해야 될 올바른 理라는 의미로 이해되기도 하고, 기의 기틀과는 별도의 理 자체를 ㅈ 칭한다고 볼 수도 있다.

전자와 같이 기의 기틀의 이치로 본다면 정감 일반을 표현하는 칠정의 올바른 상태가 사단이 될 것이다. 이것은 율곡이 사단을 칠정 가운데 선한 측면만을 지칭한다고 규정한 것을 상기할 때, 율곡의 사칠구도(즉 '七包四')에서 크게 벗어나는 것이 아니다. 그러나 후자와 같이 道理가 곧장 드러난다는 의미는 우리 인간에게는 칠정으로 환원되지 않는 순수 정감이 존재하며, 그 도덕의 영역이 그대로 표출됨을 의미한다. "사양하고 옳고 그름을 판별하는 마음의 경우는 곧바로 도리에 나아가 말한 것이니, 어찌 일찍이 기와 관계된 것이겠는가? 이로써 본다면 사단이 칠정과 다르다는 것을 알 수 있을 것이다."[25]라는 그의 언급에서 알 수 있듯이, 농암은 내재된 도덕적인 마음이 곧장 드러난다고 보는 후자의 입장에 서있다. 사단을 道理가 그대로 드러난 마음으로 보는 것은 기의 기틀이 발동되는 칠정과 다른 또 하나의 도덕적 심리현상을 의미한다고 할 수 있을 것이다.

농암은 사단과 같은 도덕적 마음은 도리가 현실화된 것이며, 그 조건을 氣의 실제 영향력이 배제된 상태에서 찾고 있다. 또한 그는 '기의 일과는 관계없다'는 부연설명을 통해 정의 범주에 속한 사단이지만 기의 영향력을 받지 않는 상태라고 덧붙인다. 사단은 인간의 심리를 떠난 별도의 마음이 아니라, 기의 활동으로 인한 굴절을 겪기 이전의 상태에서 도리가 곧바로 드러난 것일 뿐이라는 것이다. 따라서 그와 같이 순선하게 드러난 심리현상을 언급할 때는 칠정과는 다른 구분이 필요하다는 것이다. 그러나 이와 같이 기의 영향력에서 벗어났다는 의미

---

25) 위와 같은 글. "若辭讓是非, 則直就道理說, 何曾干涉於氣! 以此推之, 四端之異於七情, 可見矣."

가 곧 사단이 기의 범주에서 이탈하는 것을 의미하지는 않는다. 사단도 우리 인간이 느낄 수 있는 정감의 한 부분이므로 여전히 기의 범주를 벗어난 별도의 정감대가 아니기 때문이다. 농암에게 있어서 기의 간섭이 없다는 것은 실제로 기가 영향력을 미치지 않는 것이요, 도리의 발출이라는 점에서 사단은 기의 한 측면인 악의 요소가 개입될 소지를 차단하는 것이다.

이상에서 농암은 道理가 氣의 일에 간섭당하지 않고 그대로 드러난 상태가 리를 주로 하는 사단이라고 보았다. 즉 사단의 규정이 퇴계처럼 理와의 연관성에서 조망되는 것이 아니라, 氣의 영향력 여부로 전이되는 것이다. 氣의 간섭이 배제된 상태에서 인의예지의 도덕적 마음이 사단으로 드러나고, 그 단서를 통해 理와의 연관을 확인하는 셈이다. 이러한 논리는 기의 간섭을 배제한 상태에서 누구나 사단과 같은 순수한 도덕적 마음이 실재함을 상정할 수 있으므로, 이후 농암 및 그의 학풍을 잇던 洛學계열에서 心의 순수성을 강조해가는 것과 깊은 관련을 지닌다.[26]

다음은 主氣로 표현된 칠정에 관해서도 살펴보기로 하겠다. 농암은 사단이 기의 간섭 없이 도리가 곧바로 드러난 것을 의미한다면, 칠정은 대상과의 감응을 통한 氣의 활동으로 그 氣機의 발동에 나아가 지칭한 것으로 보았다. 따라서 그는 "칠정은 기를 主로 하여 말하지만

---

26) 선의 실현에서 理의 차원이 아닌 氣의 작용 여부(氣不用事의 문제)를 통해 사단에 의미를 부여하는 것은 호학과 낙학 학자들 사이에 논쟁의 실마리를 제공해준다. 물론 栗谷의 경우도 기의 작용이 없다는 의미에서 '氣不用事'를 사용하였다(「栗谷全書」, 권9, 「答成浩原」, 36쪽 우. "發者氣也, 所以發者理也. 其發直出於正理, 而氣不用事, 則道心也, 七情之善一邊也. 發之際, 氣已用事, 則人心也, 七情之合善惡也."). 여기서 율곡이 기가 작용하지 않는다는 것은 기에 의해 엄폐되기 이전의 본래 상태를 지칭한 것이므로 천리에 입각한 마음인 道心으로 본 것이다. 그러나 그때의 氣不用事는 바로 道心으로만 표현되었을 뿐, 농암처럼 人心속에서 도리가 그대로 드러났으므로 사단은 主理라고 설명되지는 않는다.

리가 그 가운데 있다."[27]라고 하여, '主氣'라는 氣에 중점을 두고 칠정을 규정한다. 아울러 농암은 자신이 사용하는 주기란 표현은 칠정에도 리가 내재되거나 리에 근본을 둔다는 의미를 상실하지 않으면서도, 주안점은 기를 중심에 두고 말한다는 것이다. 즉 농암에 의하면 칠정이 절도에 맞는 상황은 곧 리가 그 속에 내재되어 있으므로 리를 빠트린 것이 아니라는 것이다. 그는 유학자들이 도달해야 될 표준인 達道의 의미도 단순한 喜怒哀樂의 정감의 표출이 아닌 中節된 마음이며, 어긋나기 쉬운 氣機의 발동을 이치에 순응하여 올바름을 얻는 것으로 이해한다.[28] 즉 칠정이 氣를 주로 한다는 것은 바로 칠정이 선보다는 악의 측면으로 빠지기 쉽다는 한계를 암시해주고 있다. 비록 리에 근원하지만 방탕하기 쉬운 현실적인 인간의 마음을 제어해야 할 필요성도 있는 것이다. 농암이 다음과 같이 사단을 확충해야 될 마음으로, 칠정을 규제의 대상으로 인식한 것도 이 때문이다.

　　옛날부터 칠정을 논하는 사람들은 모두 경계의 뜻을 두어 사단을
　　오로지 확충으로 말한 것과는 같지 않으니, (칠정이) 기를 주로 하
　　여 말한 것임을 알 수 있을 것이다.[29]

농암은 율곡의 사단과 칠정에 관한 언급에서 '칠정은 선악을 겸했다'・'칠정은 (리와) 기를 겸했다'는 표현이 약간은 오해의 소지가 있

---

27)「農巖續集」권下,「四端七情説」, 65판 좌. "七情主氣言而理在其中."

28) 위와 같은 글, 68판 우~좌. "以七情爲主氣, 栗谷非之. 然此非謂七情不本乎理也. 雖本乎理, 而所主而言者, 則在乎氣耳. 是以子思論大本達道, 不曰喜怒哀樂之發, 是天下之達道也, 而必以發而中節者, 爲達道者, 正以人心氣機之動, 易於差忒, 須是循理而得其正, 然後可謂之達道也. 栗谷却云 '以七情爲主氣, 則子思論大本達道, 而遺却理一邊矣.' 夫七情雖主氣而言, 發而中節, 則理便在此矣.〈'理便在此'句當更商〉何得爲遺理也? 伊川非不知情之本乎理, 而其言如此者, 亦以氣爲主焉耳."

29)「農巖續集」권下,「四端七情説」, 68판 좌. "古來論七情者, 皆有戒之之意, 非若四端專以擴充爲言, 其爲主氣而言, 可見矣."

다고 보았다. 따라서 그는 칠정이 비록 理氣를 겸하고 있는 것이라도 악의 측면으로 기울어지기 쉬우므로, 칠정을 주기로 규정하여 경계의 끈을 놓지 않아야 된다고 주장한다. 아울러 그는 칠정이 理에 순응하는 여부가 선악을 결정하는 관건이므로 主氣로 설정된 칠정도 理에 순응하여 선으로 전환할 것을 촉구했던 것이다. 그러한 시각에서 퇴계가 이미 규제대상으로서 칠정과 확충시킬 사단과의 구별을 알고 있으면서도, 마치 칠정과 사단이 각기 다른 정감대인 것처럼 양분되는 것에 대해 다음과 같이 비판적 입장을 보인다.

> 대체로 칠정은 비록 실제로 리와 기를 겸했으나 요컨대 기로써 주안점을 삼은 것이다. 그 善이란 기가 리에 순응하는 것이고, 그 不善이란 기가 리에 따르지 않는 것이니, 그 선과 악을 겸했다는 것은 이와 같을 뿐이다. 그러므로 애초에 기를 주로 하는 데에 지장이 없을 것이다. 퇴계는 여기에서 (사단과 칠정에 대한) 이해가 있었으나, 이 곳은 지극히 정미하여 말하기 어려운 것이다. 그러므로 분석할 때에 곧 두 갈래가 되어 '氣發理乘·理發氣隨'를 말하는 데에 이르러서는 개념의 착오가 올바른 견해에 허물이 되는 것을 벗어날 수 없었다. 그러나 그의 정밀하고 치밀한 생각에 있어서는 후학들이 또한 살피지 않을 수 없다.[30]

여기서 농암의 퇴계 학문에 대한 신뢰감과 동시에 互發의 표현상 문제가 간과되지 않고 있음을 보여준다. 율곡은 칠정을 主氣로 표현한 것에 대해서 부정적 입장을 취하지만, 농암의 생각에는 칠정은 선과 악의 양면성을 지니므로 규제의 대상이란 의미에서 主氣로 간주했던

---

30) 「農巖續集」 권下, 68판 좌. "蓋七情雖實兼理氣, 而要以氣爲主, 其善者氣之能循理者也, 其不善者, 氣之不循理者也. 其爲兼善惡, 如此而已, 初不害其爲主氣也. 退溪有見於此, 而此處極精微難言, 故分析之際, 輒成二岐, 而至其言'氣發理乘, 理發氣隨', 則名言之差, 不免有累於正知見矣. 然其意思之精詳縝密, 則後人亦不可不察也."

것이다. 즉 농암은 칠정을 기를 주로 한다고 표현함으로써 도덕적 확충의 마음인 사단과 차별화 시켰던 것이다. 그에게 있어 그러한 차별화는 리와의 엄격한 단절을 의미하지 않는다. 왜냐하면 칠정이 절도에 들어맞는 상황을 유도함으로써 "칠정을 비록 主氣로 말하지만 발현되어 중절한다면 리가 곧 그 속에 있다."고 주장하기 때문이다. 농암은 퇴계도 바로 이러한 관점에서 정밀하고 치밀하게 사단과 칠정에 접근했으며, 그 결과 四端을 主理로, 七情을 主氣로 표현하기에 이르렀다고 판단한다. 다만 칠정과 사단의 구분을 통해 명료한 도덕의식을 확보하려는 퇴계의 의도와는 어긋난 결과, 즉 퇴계에게는 인간이 마치 두 가지 정이 있는 것처럼 표현되는 오류가 나타난다고 지적하는 것이다. 따라서 농암은 主理와 主氣로 나누어 보는 퇴계의 의도를 이해하면서도, 그의 理氣互發說이 너무 지나치게 추론하고 분석된 결과, 정을 두 갈래로 나누어 보는 병통이 생겼음을 간과하지 않는다.

그렇다면 농암이 퇴계의 理發說을 부정하면서도 사단과 칠정을 관점에 따라 主理와 主氣로 구분짓는 관점에 부분적 동의를 표명했던 이유는 무엇인가? 그것은 율곡학에서 주장하는 氣發理乘一途說이 기속에 내재된 리의 의미를 간과하지는 않더라도, 현실적 주도권을 氣로 인정해야 하는 측면이 있을 수 있기 때문이다. 율곡의 리기론을 보완·수정하려는 후학들의 노력은 농암 및 그와 관련된 주변 학자들에게서 새로운 경향으로 나타난다. 농암과 친밀한 교분관계를 지닌 趙聖期의 경우, 리가 능동적 작위성이 없다는 점에서 율곡처럼 심의 선악을 기의 청탁으로 귀결짓는다면, 리는 선악에 무관해지므로 있으나마나 한 하찮은 존재로 전락된다고 비판한다.[31] 농암도 바로 그러한 맥락에서 理

---

31) 「拙修齋集」, 권11, 「退栗兩先生四端七情人道理氣說後辨」, 7판 우~좌. "若槩以理無所作爲, 而遂以心之善惡, 只屬乎氣之淸濁, 則是理無所與於善惡, 而所謂理者直是一箇儱侗物事, 有亦可, 無亦可, 烏足爲萬物萬事之樞紐主宰, 而無極之眞, 至虛而至實, 本然之妙, 無適而不然者, 將於何處而可見乎? 栗翁於此, 自欠一段語意, 而其失不待辨說而可知矣."

에 대하여 적극적인 의미부여를 시도한 것이다.

따라서 그는 앞서 살펴보았듯이 사단과 칠정을 주리와 주기로 정의함으로써 기의 간섭 없이 도리가 곧바로 드러나는 리를 주로 하는 四端과, 리와 연관되면서 中節된 상태를 지향하지만 결국 주안점을 기에 두고 있는 七情으로 각각 의미 부여를 하는 것이다. 그 과정에서 농암은 서로 다른 맥락으로 분리될 가능성이 있는 理發이란 용어사용을 자제함으로써, 마치 인간의 마음에는 서로 다른 갈래가 있는 것처럼 보이는 오해의 소지를 해소시키려 노력한다. 또한 그는 主理·主氣에 대한 재검토에 이어 율곡의 논리를 보완하는 과정에서 도덕적 가치의 근거와 그 조건들을 검토해 간다.

2. 栗谷說의 계승 및 보완

농암이 율곡학에 기반하면서도 「四端七情說」을 통해 그의 학설에 대해 비판한 내용은 크게 두 가지이다. 첫째, 사단과 칠정의 긴밀한 연관과 다양성을 통해 도덕영역의 확대를 모색해갔다. 둘째, 선과 악을 기의 선천적 차이로만 이해해서는 안 된다고 보았다. 전자와 같은 주장은 칠정과 구분된 사단의 고유한 의미를 검토하는 것으로 理氣經緯의 논리를 전개하고, 후자는 인간의 도덕 실현 가능 근거를 보편화시켜 보려는 논의로 理氣의 勝負관계를 통해 자신의 논지를 구체화시켜 나간다.

1) 四端·七情의 연관과 다양성: '理氣經緯說'

앞서 퇴계의 학설에 대한 농암의 평가에서 살펴보았듯이, 그도 칠정과 사단은 의미상 차이가 나는 것으로 이해한다. 양자가 의미의 차이

를 보인다는 것은 선악이 겸비된 칠정과 순선함을 의미하는 사단이 독
립된 별개의 영역임을 뜻하지 않는다. 사람의 마음을 구성하는 理・氣
가운데 외부의 자극에 대하여 기의 본바탕[氣機]이 발동함에 리가 그
속에 내재되어 있다는 전제에서 출발하기 때문이다. 이것은 그가 율곡
이 사단과 칠정을 理氣관계로 설명하면서 기가 발현됨에 리가 타고 있
는 하나의 길만이 있다는 사유의 연장선에 기반하고 있음을 보여준다.

성리학자들 사이에서는 사단이란 심이기 때문에 기의 범주에 속하면
서도 기가 아닌 理의 영역의 현실화라는 이중적 성격은 사단과 칠정의
의미문제와 연관되면서 논의의 다변화가 이루어진다. 농암은 순선한 사
단의 실상을 理의 발현에서 찾으려는 접근과는 달리 사단과 칠정의 포
함관계 여부를 통해 양자를 차별화시키려 한다. 儒家 경전에서 情에 관
해 구체적으로 언급하고 있는 것은 「中庸」의 '喜・怒・哀・樂'과 「禮記」,
「禮運」의 '喜・怒・哀・懼・愛・惡・欲', 「大學」 正心章에서 제시된 念
慮・恐懼・好樂・憂患, 그리고 「맹자」의 惻隱・羞惡・辭讓・是非 등 四
端도 모두 情의 다양한 개념을 지칭한다. 「중용」에서 제시된 기쁨・노여
움・슬픔・즐거움 등 이외에도, 두려움・사랑・미움・욕망・우환・측은
함・부끄러움・사양함・판단력 등 다양한 情이 있는 것이다. 따라서 농
암은 정의 범주가 이와 같이 다양하므로 사단칠정논의에서 칠정이 모든
정을 총괄하였다고 생각하지 않는다. 단지 일곱 가지의 정만을 지칭하는
'七情'이 모든 정감의 총합이냐 아니냐의 문제는 사단과 결부시켜 볼 때
중요한 문제를 불러일으킨다. '칠정의 선한 측면이 사단이다'는 율곡학의
입장은 칠정의 연장선상에서 사단을 생각하기 때문에 나온 것이다. 농암
은 칠정이 사단을 겸할 수 있다는 율곡의 견해에 다음과 같은 문제제기
를 한다.

  율곡이 '사단은 칠정을 겸할 수 없지만, 칠정은 사단을 겸할 수 있
  다'라고 말했지만, 실제로는 칠정 또한 사단을 겸할 수 없는 것이

다. 율곡이 비록 공경을 두려움(懼)에 분속해 놓았지만 공경과 두려움은 이미 딱 들어맞지 않으며, 辭讓이라고 하는 것은 칠정에서 또 어디에 분속시켜야 마땅할 것인가? 율곡은 또한 희로애락이 마땅한지를 아는 것을 是非로 생각했지만 이것 역시 시비의 의미를 다한 것이 아니다. 요컨대 성현이 人心・性・情을 논함에 서로 자세하고 소략함이 있는 것이다.[32]

농암은 칠정으로 언급된 구체적 정감이 특정한 사단의 마음으로 이어지지 않는다고 주장한다. 예를 들어 연장자에게 공경하는 인간의 마음은 권위에 대해 두려움을 느끼는 것과 동일한 심리의 연장상태가 아니기 때문이다. 그는 특히 「맹자」에서 언급한 辭讓과 是非의 두 가지 마음은 칠정의 배속을 벗어나는 것으로 보았다. 즉 사단중 남에게 양보하는 辭讓의 마음과 옳고 그름을 판별하는 是非의 마음은 칠정의 영향과는 관련 없는 특별한 도덕적 감정이라고 생각했던 것이다.[33]

율곡은 칠정을 情 전체로 보고 사단이란 정의 선한 측면만을 지칭한 것으로 파악하여, 칠정을 사단과 연계시켰다. 또한 칠정 가운데 선한 측면을 사단으로 규정하려는 논지를 보완하는 과정에서 칠정 역시 사덕에 分屬시켰다. 칠정 속에도 사덕과 직결되는 단서를 발견해서 그것을 사단과 동일시하려는 의도인 것이다. 그러나 농암은 칠정을 인의예지의 四德에 각각 대응시켜 보는 것은 그 타당성을 인정받을 수 없는 자연스럽지 못한 논의라고 주장한다. 농암은 칠정과 구분되는 사단의 순선한 도덕적 심리상태를 확보하기 위해 칠정의 근거를 사단중의 특정한 심리와 대응시키는 것에 반대함으로써 칠정과 사단의 동질화에

---

32) 「農巖續集」 권下, 「四端七情說」 66판 우~좌. "栗谷言'四端不能兼七情, 七情則兼四端', 其實七情亦不能兼四端. 栗谷雖以恭敬屬之懼, 恭敬之與懼, 旣不脗合, 而所謂辭讓則在七情, 又當何屬耶? 栗谷又以知喜怒哀樂之當否爲是非, 而此亦未盡是非之意. 要之聖賢論人心性情, 互有詳略."

33) 「農巖續集」 권下, 「四端七情說」 66판 우. "惻隱羞惡, 尙與愛惡無甚異同, 而若辭讓是非, 則直就道理說, 何曾干涉於氣! 以此推之, 四端之異於七情, 可見矣."

회의적인 태도를 보이는 것이다. 예를 들어 칠정에는 사덕에 분속시킬 수 있는 것도 있지만, 그렇지 않은 것도 존재한다고 보기 때문이다. 그는 이와 같이 칠정을 사덕과 일 대 일 관계로 대응시킬 수 없다는 주장의 근거를 성과 정의 經緯관계를 통해 다음과 같이 설명한다.

> 만약 기쁨(喜)을 가지고 말한다면 부모를 보고 기뻐하는 것은 인의 발현이요, 아주 못된 자를 죽이는 것을 기뻐하는 것은 의의 발현이요, 제사지내는 일을 익히는 것을 기뻐하는 것은 예의 발현이요, 사물의 옳고 그름을 분별하는 것을 기뻐하는 것은 지의 발현이다. 욕망(欲)으로써 말한다면 부모에게 효도하고 싶은 것은 인의 발현이요, 악독한 자를 제거하고자 하는 것은 의의 발현이요, 옛 예법을 실행하고자 하는 것은 예의 발현이요, 옳고 그름을 판별하고자 하는 것은 지의 발현이다. 근심·두려움·즐거움 역시 모두 이와 같으니, 이것이 어찌 오로지 하나의 본성으로만 귀속될 수 있겠는가? 대체로 性은 經이요, 情은 緯로서 經緯가 서로 교차되어 번갈아 體用이 된다. 모름지기 이와 같이 보아야만 비로소 종합적으로 보는 것이요, 또 두루 다하였다고 할 것이다.[34]

인간의 정감대는 단일한 형식으로 귀결되는 것이 아니라, 객관적 상황에 따라 다양한 반응양상을 보이게 된다. 농암은 위의 예문에서 제시하였듯이 부모와의 친밀감·불의에 다한 응징·사회질서(예법)의 체득·옳고 그름에 대한 명석한 판단력 등 다양한 상황에서의 기쁨(喜)이 발생함을 설명한다. 그러므로 칠정의 하나인 기쁨은 仁으로 한정될 수 없다고 보기 때문에 칠정을 사덕으로 분속시키려는 율곡의 견해에

---

34) 「農巖續集」권下, 「四端七情說」67판 우~좌. "今且以喜言之, 則見父母而喜者, 仁之發也; 誅惡逆而喜者, 義之發也; 喜習俎豆之事者, 禮之發也; 喜分別事物是非者, 智之發也. 以欲言之, 則欲孝父母者, 仁之發也; 欲除惡逆者, 義之發也; 欲行古禮者, 禮之發也; 欲卞是非者, 智之發也. 憂懼樂, 亦皆倣此. 此豈可專屬一性? 蓋性爲經, 而情爲緯, 經緯錯綜, 迭爲體用, 須如此看, 方爲活絡, 且似周盡."

반대하는 것이다.35) 그것을 후반부에 서술된 '성은 經이며 정은 緯로 경위가 錯綜되어 서로 체용이 된다'는 주장으로 체계화시킨다.

날줄과 씨줄을 의미하는 經과 緯는 존재 일반을 포괄적으로 설명하기 위해 자주 사용된 개념이다. 예를 들어 旅軒 張顯光은 자신의 학설은 경위설을 통해 理氣·天地·人事 등에 포괄적으로 적용할 수 있다고 보았다. 여헌은 변화 속에 실재하는 항상됨을 理라 하고 변화를 氣로 구분하였으며, 기는 리에서 나오고 리는 기에 행하는 것이 자연스런 經緯로 보았던 것이다.36) 기는 리에서 나온다는 것은 논리적으로 리를 우선시하는 本末論的 측면이고, 리는 기에서 행한다는 것은 작용의 측면으로 체용론적 관계를 의미한다. 이처럼 本末·體用 등은 經緯의 관계를 통해 함축적으로 설명되기도 한다. 또 經緯를 통해 존재일반을 설명하려는 의도는 理와 氣가 분리될 수 없는 긴밀한 연관성을 나타내는 것이다.37)

농암은 經緯의 錯綜, 혹은 道理의 錯綜38)이란 용어를 통해 사단과 칠정의 관계를 설명한다. 여기서 錯綜이란 뒤섞인다는 뜻이 아니라 긴밀한 연관성을 지닌다는 의미로, 經과 緯를 성과 정으로 상치시켜 볼때 서로 분리될 수 없음을 제시하려는 것이다. 그러나 농암이 의도하

---

35) 이에 대해 한원진은 율곡의 의도가 已發과 관련된 성을 지칭하여 분속하였을 뿐, 원래의 의도는 성에서 발현된 것이 칠정임을 의미하는 것에 불과하다고 비판한다(「南塘集拾遺」 권6, 「農巖四七知覺說辨」 10판 좌. "栗谷之以七情分屬四端者, 姑亦取其已發後氣味名色之相合者, 而分屬於性, 以明七情之必發於性耳, 豈謂一屬此性, 不可復屬於他性耶?").

36) 「旅軒先生全書」 권5, 「性理說」 4판 좌. "惟能大著眼目而觀之, 則理在天地之前後, 而先後天地, 終始乎其中; 理在天地之旣位, 而陰陽造化, 終始乎其中; 理在吾人之秉彛, 而德行事業, 終始乎其中. 以其有常而謂之理, 以其有變而謂之氣也, 而氣出於理, 理行乎氣者, 豈非自然之經緯也."

37) 李熙平, 「旅軒 張顯光의 哲學思想 硏究」, 성균관대 박사학위논문, 2000, 60~76쪽 참조.

38) 「農巖續集」 권下, 「四端七情說」 67판 좌. "惡怒雖皆屬義, 然見無禮於其親, 而怒之惡之者, 謂之仁之發, 亦無不可. 其他亦有類此者, 此皆道理錯綜處也."

는 經緯는 리기가 별개의 존재가 아니라는 점에 초점이 있는 것이 아니라, 氣인 칠정과 대응되는 理가 특정한 어느 하나로 귀착되지 않는 점을 주목한 것이다. 칠정은 어느 상황이든지 성과 관련이 되어 있으나, 그때의 성은 四德 가운데 특정한 하나로 귀결시킬 수 없다고 보기 때문이다. 즉 남의 불행에 대해 측은히 여기는 사단의 마음은 仁의 발현이라고 말할 수 있지만, 일반적인 정감은 어떤 특별한 하나의 성이 그 근거로서 확고부동한 자리를 차지하여 드러났다고 생각해서는 안 된다는 것이다.

특히 그가 근거로 제시하는 경위설은 사단과 칠정을 대비해서 설명하는 퇴계설이나 포함 관계로 설명하는 율곡설에서 모두 벗어나 있다. 그러나 경위의 엇갈림을 통해 성과 정을 고정적인 관계로 이해하지 않는 시각은 상황에 따른 차이를 반영해 줄 뿐, 사단과 칠정의 연관성을 포기하는 논의는 아니다. 즉 성과 정의 관계를 긴밀한 연관성 속에서 파악하면서도, 동시에 양자는 일 대 일로 대응될 수 없다는 것이다. 이와 같은 주장은 상황에 대한 포용적인 시각이면서, 동시에 성과 정의 관계에서 다양한 심리적 상황을 도출시킬 수 있다.

2) 氣의 결정적 측면에 대한 懷疑: '理氣勝負論'

성리학자들은 선과 악이 구분되는 원인을 기의 차이와 그로 인한 제한에서 찾고 있다. 율곡은 「人心道心圖說」에서 기의 청탁으로 말미암아 선악이 나누어진다는 취지에서 "善은 맑은 기가 발현된 것이요, 惡은 탁한 기가 발현된 것이다."[39]라고 설명한다. 그가 선악이란 기의 淸濁에서 말미암는다는 주장은 순선한 본성의 내재성[性善]을 전제로 한다. 즉 마음속에 내재된 본성이 정으로 발현되므로 선한 본성이란 정

---

39) 「栗谷全書」 권14, 「人心道心圖說」 5판 좌. "善者淸氣之發也, 惡者濁氣之發也."

을 통해서 확인될 수 있다. 다만 그 본성의 순수함이 정감의 발산과정
에서 악으로 표출되는 현상을 설명하기 위해 맑은 기와 탁한 기로 구
분하여, 맑은 기는 선한 본성을 온전히 구현시키는 것이며, 탁한 기는
선한 본성을 엄폐시킨다고 언급하였던 것이다.

그러나 농암은 기의 청탁에 따라 본성의 구현여부가 달라진다는 율
곡의 견해에 대해 조성기 등이 의문을 제기한 것을 상기하면서,[40] 선
악 도출의 근거를 재검토하고 있다. 기의 淸濁에 따라 선악을 구분하
고 있는 율곡의 언급 속에는 혼탁한 기운을 품부 받은 사람은 애초에
본성의 구현을 제한받아 선이 구현될 기초가 제한된다는 오해의 소지
가 있다고 보기 때문이다.

> 대체로 맑은 기가 발동할 때에 진실로 선하지 않음이 없으나, 선한
> 정이 모두 맑은 氣에서 발동되었다고 말할 수는 없다. 또한 정의
> 악한 것은 진실로 탁한 氣에서 발동된 것이지만, 탁한 기가 발동할
> 때에 그 정이 모두 악하다고 말할 수는 없다. 깊이 체인해 본다면
> 알 수 있을 것이다.[41]

농암은 선과 악의 근원을 청기와 탁기에서 찾는 것을 부정하는 것은
아니었다. 그러나 선악이 모두 기로 인해서 결정된다는 표현에서 자칫
淸氣→善이고 濁氣→惡이라는 식의 경직된 사고를 불러일으킬 수도 있
다고 보았다. 따라서 농암은 "율곡설에서 받아들이기 어려운 점은 다
만 선한 정이 오로지 淸氣에서 나온다."[42]라고 하여, 선한 정의 발현
을 청기로만 한정시키지 않았던 것이다. 왜냐하면 탁한 기운의 소유자

---

40) 「農巖續集」권下, 「四端七情說」69판 우. "栗谷人心道心說, '善者淸氣之發,
   惡者濁氣之發', 曾見趙成卿疑之, 而彼時乍聞未契, 不復深論矣. 後來思之, 栗
   谷說, 誠少曲折."
41) 위와 같은 글, 69판 우. "蓋氣之淸者, 其發固無不善, 而謂善情皆發於淸氣則
   不可, 情之惡者固發於濁氣, 而謂濁氣之發, 其情皆惡則不可. 深體認之可見."
42) 위와 같은 글, 72판 좌. "其未安者, 只在於以善情爲專出於淸氣耳."

라도 특정한 상황에서는 선한 정감을 드러낼 수 있는 경우가 있기 때문이다.

먼저 농암이 제시한 사례를 중심으로 그의 주장을 살펴보기로 하자. 그는 「맹자」에서 제시된 '孺子入井'의 경우, 일반인은 비록 탁한 기가 많고 청기가 적지만 상황에 따라 모두 순선한 감정의 발산이 가능함을 주장한다. 철모르는 어린 아이가 부딪치게 되는 위험 상황에는 누구든지 놀라고 도와주려는 측은한 마음이 저절로 생기는 것이다. 무의식중에 발생하는 이러한 사태에 대해 누구든지 품게 되는 선한 마음은 淸氣를 품부 받은 특별한 의식의 소유자만의 감정이 될 수 없다. 즉 '孺子入井'과 같은 경우는 인간이라면 누구든지 느낄 수 있는 보편적 의식의 순간이므로 탁한 기를 비교적 많이 품부 받은 사람도 그러한 심리적 영향을 배제할 수 없을 것이다. 또한 투모에 대한 天倫의 사례를 다음과 같이 곁들이기도 한다.

성에 뿌리 내린 天理는 외부 자극에 따라 발현되니, 비록 타고 있는 기가 탁하여 맑지 않더라도 그것이 (천리의 발현을) 가릴 수 없을 것이다. 그러나 이것은 또한 보통 사람으로서 말할 따름이다. 매우 고약하고 어리석어 평소에 하는 바가 지극히 무도한 자라도 순간적으로 다른 사람이 자기 부모를 해치고자 하는 것을 본다면, 또한 반드시 불끈 화를 내면서 보복할 것을 생각한다. 그 마음속이 탁한 기로 충만되어 있으니 어찌 다시 조금이라도 청명한 기운이 있겠는가마는, 다만 부자의 사랑이 천성의 가장 중한 것이므로 급박하고 절실한 상황에서 자신도 모르게 진심이 드러난 것이다. 여기서 人性의 선함을 볼 수 있고, 천리가 그치지 않음을 알 수 있을 것이니, 이것이 어찌 맑은 기가 하는 것이라고 말할 수 있겠는가?43)

43) 「農巖續集」 권下, 「四端七情說」 69판 우~좌. "蓋天理之根於性者, 隨感輒發, 雖所乘之氣濁而不淸, 而亦不爲其所掩耳. 然比且以常人言耳. 至於頑愚之甚, 平日所爲, 至無道者, 猝見人欲害其親, 則亦必勃然而怒, 思所以仇之. 彼其方寸之內, 濁氣充塞, 豈復有一分淸明之氣, 特以父子之愛, 於天性最重. 故

위의 인용문은 탁한 기운의 소유자라도 반드시 악한 행위만이 있지는 않음을 설명하는 것이다. 지극히 악한 사람일지라도 부모에게 느끼는 자연스런 정은 상황에 따라 자신도 모르게 돌출되어 나오게 되며, 바로 이 순간에 인성의 고귀함과 천리의 순선함을 확인하는 계기를 찾는 것이다. 따라서 농암은 선한 정이 모두 맑은 기에서 발현되었다거나, 탁한 기의 발현에 그 정이 모두 악하다고 생각하지 않는다. 농암이 탁한 기운상태에서라도 천리의 발현, 즉 선한 정감이 존재한다고 주장하는 것은 현상계에 존재하는 악의 측면을 해소시키기 어렵다는 문제의식에서 출발한다. 그 결과 天理는 濁氣에 의해서도 가려지지 않고 현실 속에 발현된다는 그의 주장은 氣發理乘의 구도 속에 자칫 소홀해질 수 있는 理의 의미를 재검토하는 것이다.

> 理는 비록 情意나 造作이 없다고 말하지만, 북계진 씨가 말한 것처럼 必然・能然・當然・自然함이 있으니, 전혀 주재가 없는 때가 없다. 그러므로 사람의 마음이 움직일 때는 리가 비록 기에 타고 있지만, 기 역시 리에게서 명령을 듣는 것이다. 이제 만약 善惡의 정을 한결같이 기의 淸濁으로 돌린다면 아마도 리의 실체와 성의 순선함을 볼 수 없을 것이다.[44]

현상계의 運動因으로서 氣와 대별된 理는 情意나 造作이 없는 無作爲라고 할 수 있다. 그러나 이것은 리가 아무런 역할도 담당하지 않는 것이 아니라 현상적 속성과 구분할 때 그렇다는 의미이다. 농암이 주자의 학통을 이은 진순의 언급을 통해 리가 지니는 필연성・능동성・당연

到急切處, 不覺眞心發出, 於此可以見人性之善, 於此可以見天理之不容已, 此豈可曰淸氣之所爲哉!"

44) 위와 같은 글, 69판 좌. "理雖曰無情意・無造作, 然其必然・能然・當然・自然, 有如陳北溪之說, 則亦未嘗漫無主宰也. 是以人心之動, 理雖乘載於氣, 而氣亦聽命於理. 今若以善惡之情, 一歸之於氣之淸濁, 則恐無以見理之實體, 而性之爲善也."

성·자연성 등을 인용하는 것은 기속에 내재된 리의 의미를 보다 분명
히 드러내고자 하는 것이다. 따라서 그는 리와 기가 별개의 존재가 아
니라 기 역시 그 속에 내재된 理에게서 명령을 듣는 수동적 위치에 놓
인다고 본다. 인간의 성정문제로 환치시켜 본다면, 선악은 기의 영역에
만 한정된 문제가 아니라 리가 기의 영역 속에서 관계하고 있음을 의미
한다. 따라서 탁한 기의 소유자라도 천리는 가리워짐 없이 발현될 수
있는 연결 통로가 있다는 주장이 나오게 된다. 이와 같이 모든 정감 속
에 내재된 理 스스로의 顯示가 가능하다는 즉장은 기의 청탁에 관계없
이 내재된 理의 실질적 의미를 분명히 하려는 것이다.

그러나 농암이 주장했듯이 청기와 탁기 가운데 어느 것에도 불구하
고 모두 천리가 가리워지지 않고 발휘될 수 있다는 주장은 악이 존재
하는 현실세계에서는 긍정하기 어렵다. 이러한 반론을 예견하듯 농암
은 선한 정이 항상 발현되지 못하는 원인을 천리의 상황에 따른 차등
과 탁한 기의 차이, 그로 인한 양자의 '勝負'를 통해 현실에서 선과 악
의 차이를 설명하고 있다.

> 혹자는 '이와 같다면 선한 정은 마땅히 때와 장소를 막론하고 발현
> 되지 않음이 없을 것인데, 현실에서 그렇지 못하는 것은 왜 그런
> 가?'라고 의심할 것이다. 이것은 다름이 아니라, 天理에는 本然과
> 輕重의 차이가 있고, 濁氣에 分數가 많고 적음의 다름이 있어서 두
> 가지가 번갈아 가며 이기고 지기 때문이다.[45]

탁한 기는 일반적으로 선천적인 정신의 차이를 의미하며, 부모나 백
성 그리고 만물에 대한 사랑은 기의 정도에 따라 차이가 난다고 본다.
고귀한 기의 소유자에서 천박한 기를 타고난 사람으로 내려갈수록 대

---

45) 「農巖續集」권下, 「四端七情說」70판 우. "或疑如此, 則善情宜無時無處而不
發矣. 今不能然者, 何也? 此無他, 天理有本然輕重之差, 濁氣有分數多少之異,
而二者迭爲勝負焉耳."

상에 대한 정감의 폭이 감소된다. 大我적 입장에서 만물에 대한 관심에서부터 점차로 윤리의 기초 토대인 부모에 대한 정감마저도 없어지게 되는 것이다. 그러므로 '탁기의 정도차이'가 선의 실현에 방해가 된다고 보는 것이다. 아울러 천리는 일반적으로 만물에 내재된 보편적 동질성을 의미하지만, 농암은 천리에도 상황에 따른 本然과 輕重의 차이를 두어 설명한다. 즉 천리에도 만물이나 백성을 사랑하는 것보다는 부모에 대한 관심이 일차적이며, 가족관계에서도 형제나 친척보다도 부모에 대한 사랑이 앞서는 것을 天倫의 차이로 보고 있는 것이다.[46]

그러나 농암에 의하면 天理와 濁氣, 두 가지는 고정된 실체가 아니라 상황에 따라 서로 명암을 달리한다. 부모에 대한 배려와 사랑이 커진다는 것은 상황에 따른 천리의 우선순위와 탁한 기운의 감소를 의미한다. 반대의 경우는 천리의 약화와 탁한 기운이 많기 때문에 발생하는 것이다. 이김과 짐을 뜻하는 勝負는 두 대상 사이의 승패를 가를 때 사용하므로, 승부라는 용어는 먼저 서로 다른 두 대상이 존재함을 전제한다. 승부를 가르기 전에 일방적 승세를 판단할 수는 있어도 상대편의 존재자체가 없다면 승부를 논할 필요조차도 없을 것이다. 마찬가지로 천리와 탁기가 승부관계를 갖는다는 것은 탁기와 아울러 천리의 존재를 인정하는 바탕에서 논의되는 것이다. 탁기의 우세 속에 천리가 지닌 선의 가능성이 발현될 소지가 지극히 적더라도 본질적으로 탁기의 상대인 천리 자체가 없다고 할 수는 없을 것이다. 농암은 다만 "氣가 강하고 理는 약하며 올바름이 사악함을 이기지 못하는 것은 그 추세가 그러할 따름이다."[47]라고 하여, '추세'라는 상황의 논리를 첨부하는 것이다.

---

46) 성리학에서 주장한 天理의 節文과 人事의 儀則으로 간주된 禮의 경우를 통해 천리를 차등화시켜 구분한 것이다(「中庸」, 20장. "仁者人也, 親親爲大, 義者宜也, 尊賢爲大. 親親之殺, 尊賢之等, 禮所生也.").

47) 위와 같은 글, 71판 우. "蓋氣强理弱, 正不勝邪, 又其勢然耳."

그가 제시한 일반인의 경우를 예를 들어 설명한다면, 본래 품부 받은 바의 기는 매우 청한 것도 아니고 아주 탁한 것도 아닌 중립성을 지닌다. 상황에 따라 선과 악이 분명히 결정되기 이전인 중립상태는 다양한 정감으로 표출된다. 첫째로 부모의 사랑같이 귀중한 천리의 자극이 오면 탁한 기운이 이겨낼 수 없게 되어 선한 정감으로 발현된다. 반대로 천리가 아닌 외부 대상의 이끌림이 강하다면, 비록 맑은 기운의 소유자라도 감당해낼 수 없으므로 그 발현이 악한 정감이 된다. 둘째로 천리의 자극과 탁한 기가 동등하다면 기가 이겨서 선한 정이 막힌다. 반면에 외부의 자극과 맑은 기가 똑같다면 기는 도리어 이기지 못하고 악한 정이 싹트게 된다.[48)]

농암은 일반인의 淸濁한 기는 악한 정이 비교적 많고 선한 정이 비교적 적으므로 氣强理弱의 추세를 보이게 된다는 점을 인정하게 된다. 천리와 외부의 자극 정도, 그리고 청탁한 기운과의 대응을 통해 '勝負' 관계를 주장하지만, 현실적으로 율곡이 제창했던 청탁의 구분에서 벗어나지 않을 수도 있다. 청한 기운의 소유자가 탁한 기운으로 또는 탁한 기운의 소유자가 청한 기운으로 변모하기는 매우 적다. 왜냐하면 잠시는 가능할지 모르더라도 지속력이 없기 때문이다. 앞서 제시하였듯이 선악의 발산과 관련하여 농암이 단지 율곡의 학설에서 수긍할 수 없는 부분은 '선한 정은 반드시 청한 기운에서 나온다'는 언급에 대한 불만족이었다. 탁한 기운의 소유자라도 천리의 내재성과 발산을 인정해야 된다고 보기 때문에 현실적으로 선의 실현 가능성이 부족한 濁氣

---

48) 「農巖續集」 권下, 「四端七情說」 70~71판의 내용을 참조하여 도식화하면 다음과 같다.

	상 황	결 과
조 건	天理 〉濁氣	선
	外誘 〉淸氣	악
	天理 = 濁氣	선의 차단
	外誘 = 淸氣	악의 발단

를 천리와 연관시켜 주장하는 것이다.[49] 즉 천리와 탁기의 승부관계를 통해 탁한 기운의 소유자에 내재된 천리의 가능성을 완전히 부인하지는 않는다. 그렇다면 이러한 청기와 탁기를 통한 논의가 지향하는 것은 무엇인가? 본성과 관련된 농암의 다음 주장을 살펴보기로 하자.

> 기가 지극히 맑은 자는 절대로 악한 정이 발동되지 않으니, 여기서 본성은 본래 악이 없고 악은 다만 기가 하는 것임을 알 수 있을 것이다. 기가 탁한 자라도 선한 정의 발동이 있을 수 있으니, 여기에서 선이 성에서 근원하여 기가 결국 가릴 수 없음을 알 수 있다. 선과 악은 사람의 마음에서 손님과 주인, 적자와 서자의 구분이 있음을 이에 또한 알 수 있을 것이다.[50]

앞서 승부관계를 논하면서 외부의 자극이 증대하면 맑은 기운의 소유자라도 이겨낼 수 없어서 악한 정으로 발현된다고 주장했음을 상기할 때, 위의 인용문은 모순된 주장처럼 보인다. 그러나 지극히 맑은 기의 소유자를 악한 정감의 발현이 없는 순선 자체로 상정하는 것은 탁한 기운의 개입이 전혀 없는 사단의 발현상태와 유사할 것이다. 농암은 바로 이 지극히 맑은 기운의 소유자에게서 본래의 순선한 본성의 발휘를 볼 수 있다고 간주하고, 악을 기의 책임으로 돌린다. 또한 탁기와 관련된 농암의 주장을 토대로 한다면, 지극히 탁한 기의 소유자에게도

---

49) 이상익은 「畿湖學派에 있어서 退栗折衷論의 특성」(『기호성리학연구』, 한울아카데미, 1998) 211쪽에서 "천리와 탁기가 승부를 겨루는 것이요, 천리는 끝내 탁기에 의해 가려지지 않고 발동한다고 한다면, 천리는 결국 氣에 의존하지 않고 스스로 발동하는 것이 아닌가?"라고 하여, 理氣勝負論에 회의적 반응을 보인다. 그러나 理氣勝負란 本來稟賦, 隨時淸濁, 所感輕重 등 다양한 상황을 고려하여 모든 사람들로 하여금 천리의 실현 가능성을 최대한 확보하려는 농암의 의도를 충분히 반영할 필요가 있을 것이다.

50) 위와 같은 글, 72판 좌. "氣至淸者, 絶無惡情之發, 此見性之本無惡, 而惡只是氣之爲也. 氣之濁者, 容有善情之發, 此見善之根於性, 而氣終有不能蔽也. 善惡之在人心, 其有賓主宗孽之分, 於此亦可見矣."

선한 정의 발현이 있음을 확인할 수 있으므로, 일체의 정감이 기에 의해 엄폐되지 않고 모두 본성에 근거를 둔다는 주장도 성립될 것이다.

천리 또는 외부의 자극에 대한 기의 대응여부를 논하는, 특히 탁한 기운 속에도 천리가 내재되어 있다는 농암의 주장에서 유가가 지향하는 성선의 가능근거를 확보하기 위한 의도라고 할 수 있다. 본성의 순수함을 인식하고 확충해가려는 유학자들의 가치의식을 보편화시켜 나가기 위해서는 탁한 기운의 소유자라도 선의 가능성을 보장받을 필요가 있었다. 따라서 농암은 율곡의 학설을 보충하여 천리는 탁한 기운의 상태라도 어느 순간에는 발현된다고 주장하는 것이다. 그 속에서 퇴계가 확보하고 싶은 사단의 순선한 의미가 부각되는 동시에, 율곡이 주장했던 情을 토대로 구현되는 性善의 가치 실현이 보완되는 측면이 있다.

3. 農巖 四七論의 特徵과 意義

서두에서 언급했듯이 농암에 대한 일반적 평가는 퇴율에 대한 折衷, 또는 그러한 경향을 지닌 학파를 折衷派로 분류하여 왔었다. 농암 스스로도 절충이란 용어[51]를 사용하면서, 주체의 올바른 선택을 적극적으로 촉구하기도 한다. 예를 들어 농암은 「策問」을 통해 후학들에게 理氣心性 등에서 보이는 상충된 진술들에 관해 질문하는 말미에 다음과 같이 '절충'할 것을 주문하기도 한다.

학자들이 성명을 강론하면서 반드시 理氣를 말하는데, 리기란 과연 어떤 것인가? 동일한가, 다른가, 선후가 있는가, 선후가 없는가?

---

51) 「農巖集」 권17, 「與李伯祥」 21판 좌. "時取「朱子書節要」, 子細玩味看, 則聖賢之用, 義理之正, 自當漸次有見於心目間, 而今日小論之是非得失, 亦不待他求, 而可以折其衷矣."

…… 어떻게 하면 이 상반된 주장들을 깊이 궁구하고 분명히 변별
하여 다양한 학설의 同異와 得失이 또한 모두 의심 없이 折衷할
수 있겠는가? 여러분들은 반드시 평소에 이것들을 강론하여 각각
의 의미를 다하고 조리대로 진술하되 형식에 구애됨이 없도록 해
야 할 것이다.52)

위의 인용문에서 그는 理氣에 대한 다양하고 때로는 상반된 언급에
서 같고 다름·옳고 그름에 대한 '분명한 변별'을 촉구한다. 그가 의도
하는 절충이란 선입관이나 형식에 구애받지 않고 스스로의 이성적 판
단을 거쳐 올바른 견해를 세워간다는 의미로 사용하고 있다. 농암이
제시한 문제설정은 훗날 韓元震이 「朱子言論同異攷」에서 理氣의 선후
문제 등을 정밀히 논구한 것이나, 洪大容의 심성에 관한 견해에서도
그대로 이어지고 있다.53) 그렇다면 농암 자신은 퇴·율의 사칠론에 대
하여 어떠한 절충적 태도를 지녔는가?
　본고에서는 퇴계냐, 율곡이냐의 극단적 선택이 오히려 농암사상에
대한 오해를 불러올 수도 있다는 점을 고려하여 퇴율과의 대비적 측면
에서 접근해 보았다. 농암에게는 퇴계와 율곡의 사유가 부분적으로 공
존하면서 선배 학자들의 학문성과를 계승·발전시킨 측면도 있기 때문
이다.54)

---

52) 「農巖集」 권26, 「策問」, 4판 우. "學者之講性命, 必曰理氣, 理氣者, 果何物
　歟? 其同歟, 異歟, 有先後歟, 無先後歟? …… 何以則於此二者, 有以深究明
　辨, 而諸說之同異得失, 亦皆得以折衷無疑歟? 諸生必有素講於此者, 其各悉意
　條陳, 無拘程式."
53) 「朱子言論同異攷」 '理氣篇'. "其論理氣先後, 或言本無先後, 此以流行而言也;
　或言理先氣後, 此以本源而言也; 或言氣先理後, 此以稟賦而言也." 또한 「湛軒
　書」, 「心性問」. "凡言理者, 必曰無形而有理, 旣曰無形, 則有者是何物; 旣曰有
　理, 則豈有無形而謂之有者乎?" 한원진이나 홍대용 등의 理氣관계에 대한 문
　제설정은 위의 인용문에서 제시한 농암의 「策問」에 대한 나름대로의 답변형
　식이라는 점에서 농암이 후학들에게 끼친 영향은 간과할 수 없다.
54) 농암의 스승인 尤庵 宋時烈의 철학적 입장도 율곡의 논점들을 일방적으로

【1】농암은 퇴계가 사단의 근거를 理의 발현으로 언급하면서까지 순수도덕 의식영역을 확보하려 했음에 경의를 표한다. 그러나 사단을 퇴계처럼 理에서 그 유래와 의미를 찾는 것이 아니라, 氣의 영향력이 배제된 상태에서 조명하였다. 즉 기의 간섭이 없는 순수한 상태를 主理인 사단으로, 절도에 들어맞는 칠정으로 유도하기 위해 主氣라는 표현을 사용하기도 했다. 물론 그러한 용어 사용내지 구분이 사단과 칠정이라는 별개의 두 가지 정이 있음을 의미하지는 않는다. 그가 퇴계의 분석이 지나쳐 양자를 갈라놓는 듯한 병통을 지적하는 것을 상기할 때, 하나의 정을 관점에 따라 두 가지로 보는 데 불과하다는 것을 알 수 있다. 이것은 理氣를 두 존재로 생각하는 것에 대한 다음의 비판적 시각에서도 확인된다.

세상에서 '理氣二物'을 말하는 자들은 애당초 리의 실체를 분명히 보지 못하고, 다만 선유들이 말한 '기에는 형체가 있으나 리에는 형체가 없다'는 것만을 알아서, 氣 밖에 정갈로 하나의 존재가 있어 허공에 매달려 스스로 움직일 따름이라고 인식한 것이다. 그렇다면 이것은 말로는 비록 무형을 말하지만 마음속에서 본 것은 실로 유형한 존재와 구별이 없는 것이다. 다만 이전에 귀로 들어 습관화되고 말하는 데 익숙하므로 곧 理가 理되는 근거는 이와 같은 데 불과하다고 말하는 것이요, 일찍이 實體處에서 깊이 생각하고 궁구하여 진실로 그 '무형하면서 유위하고'(無形有爲) '기에 즉하면서도 기가 아닌'(卽氣非氣) 오묘함을 안 것이 아니다.55)

_____

계승했던 것은 아니다. 퇴계와 그의 제자들이 이룩한 학문적 성과들도 적극적으로 수용하는 일종의 보완적 입장에서 그 이전의 쟁점들을 진전시키고 있는 측면이 있기 때문이다(이봉규, 「송시열의 성리학설 연구」, 서울대 박사학위논문, 1996).

55) 「農巖集」, 권32, 「雜識」, 15판 좌. "世言理氣二物者, 初未必灼見理體, 只見先儒說氣有形而理無形, 遂認於氣外眞有一物, 懸空自運爾. 是則口中雖說無形, 而心裏所見, 實無以別於有形之物矣. 但以從來耳聞得慣, 口說得熟, 故便謂理之所以爲理, 不過如此, 而不曾於實體處, 潛玩黙究, 眞見其無形有爲, 卽氣非

농암은 기는 有形하고 리는 無形하다는 의미를 알지 못한다면, 기와 리는 양분되어 '理氣二物'의 오류에 빠질 수도 있다고 경계한다. 그것은 리의 실체를 분명히 보지 못하는 것이고, 氣를 벗어나 별도의 존재를 상정하게 될 수도 있기 때문이다. 理란 현실에 기초하여 정립된 개념으로 물 흐르듯 自然스럽고 當然한 것이지 기를 벗어나 별도의 지표가 될 수 없다는 것이다.[56] 농암은 기의 유형과 리의 무형의 의미를 정확히 인식하지 못하면서 마음속으로 마치 무엇인가 있는 것처럼 인식하는 세태를 꼬집는다. 그 원인을 리의 실체는 '無形하면서 有爲하고'(無形有爲), '기에 즉하면서도 기가 아닌'(卽氣非氣) 오묘함을 알지 못하는 데서 찾는다. 그것은 기의 운동에서 분리되지 않는 근거일 뿐, 결코 理가 어떤 공허한 존재가 아니라는 의미이다.[57] 그렇다고 기와 동치될 수 있다는 의미도 아니다. 즉 "理는 비록 하나의 존재가 기 밖에 세워져 있는 것이 아니지만, 또한 곧바로 기를 理로 생각해서도 안 된다."[58]는 것이다. 이와 같이 본체로서 리가 지닌 순수하고 독특한 가치를 인정하면서도 현실에서 분리할 수 없다는 농암의 견해는 율곡

氣之妙."

56) 위와 같은 글, 16판 우. "理之名, 本因事物而立. 蓋事物之自然當然者, 卽是理故耳. 今且指夫水而言曰：'此流而趨下者理也. 若逆行則非理.' 此特就水上論其自然當然底道理如此, 曷嘗別有一箇物事, 可指名爲理哉! 若其未見水之前, 亦可言其理如此, 則是似理在物先. 然此亦終不離乎水, 且所云其理如此者, 亦只是說耳, 非眞有一箇物事在氣外可標指也."

57) 조남호는 이러한 '無形有爲·卽氣非氣'의 구절에 근거하여, '리의 직접적인 작용을 중시하는 점에서 이황과 같다'고 평가한다.(조남호, 「율곡학파의 리기론과 리의 주재성」, 「철학사상」 13, 서울대 철학사상연구소, 2001) 즉 김창협은 리를 운동성이 없는 것(無爲)으로 보는 율곡학파의 기본 입장에서 벗어나 리를 운동성이 있는 것으로 파악한다고 보기 때문이다. 그러나 이 구절은 문맥상으로 볼 때 리의 직접적인 작용내지는 운동성을 의미하지는 않는다. 운동이라는 발현의 문제가 아니라 理氣不離라는 존재구조의 일치성에 대한 언급이 주된 목적이기 때문이다.

58) 「農巖集」 권32, 16판 우. "理雖非有一箇物事立於氣外, 亦不可直以氣爲理."

의 입장(氣發一途와 理氣之妙 등)과 상통한다고 할 수 있다.

이처럼 농암은 사단과 칠정이 모두 理의 내재성을 지닌 氣이므로 사단과 칠정이 별개의 情으로 구분될 수 없음을 강조하면서, 양자의 차이점은 다만 "그 이름할 때에 뜻이 각각 주로 하는 바[所主]가 있을 뿐이다."라고 밝히고 있다. 이러한 사고는 감각적으로 감지할 수 없지만 보편적으로 실재하는 理에 대한 확고한 인식에서 출발한다. 이름 또는 개념이란 '실재하는 어떤 것'에 대한 암묵적 지칭이며, 실재하는 것 그 자체를 다양한 관점에 따라 설명해내는 데 불과하다. 理氣가 공존하는 현실에서 '이러한 측면은 리의 특징을 지칭하고, 저러한 측면은 기의 요소가 충분하다'라는 등의 관점상의 구별만을 의미할 뿐이다. 따라서 농암은 主理, 主氣로 사단과 칠정을 규정하지만, 결코 리와 기라는 두 갈래의 서로 다른 근원에서 기인한다고 생각하지 않는다. 단지 확충시킬 사단과 경계대상으로서 칠정을 주안점에 따라 차이를 두는 것은 퇴계의 互發이라는 두 갈림길이 심리적 측면에 한정된 설명이라고 보기 때문이다. 즉 形氣와는 달리 리와 기의 두 측면을 지닌 心氣에는 사단과 같은 순수도덕 영역도 있지만 그것이 곧 칠정과 별개의 정으로 간주되어서는 안 된다는 것이다. 그것은 심이 리나 기중 극단적 측면으로 치우쳐 논할 수 없음을 암시하는 것이다. 농암학맥에서 기본적으로 심을 리와 기의 총합이라는 균형 있는 시각에서 접근하려는 전통도 여기서 기인한다.

그러나 농암이 주리와 주기의 의미를 재검토하고 두 가지 정처럼 표현하는 퇴계의 병폐를 지적하였지만, 퇴계가 의도했던 理의 의미를 결코 소홀히 한 것은 아니었다. 이 점은 율곡식 사고가 기속에 내재된 리의 의미를 간과하지는 않더라도 氣發을 통해 氣의 현실적 주도권을 인정해야 하는 측면이 있다는 우려를 반영하는 것이기도 하다. 즉 사단이나 칠정이 情의 표출이라는 동일성에 기초하지만, 사단과 칠정은 그 의미조차 동일하게 볼 수 없었기 때문이다. 특히 사단이 맹자에서

말하는 것처럼 확충이라는 도덕 수행의 지향성을 갖고 있는 개념이기
에, 모든 정서의 통합으로서 칠정과는 구분이 필요하였다.[59] 도덕 실천
의 장에서 살필 때 그 자체 선한 사단은 확충의 요청을, 악에로 흐르
기 쉬운 칠정은 검속의 요청을 받아, 그 각 명칭의 유래와 의미의 지
향이 다르며 상반되기조차 하다는 점에서 양자는 서로 다른 내용과 성
질을 갖는다.[60] 이러한 시각에서, 농암이 칠정의 개념을 기의 기틀이
발동한 상태로, 사단을 기와 관련 없이 그 도리가 드러난 것을 곧바로
지칭하는 것으로 다르게 규정하는 것도 이해될 수 있을 것이다. 농암
은 '사단과 칠정은 다르다'(四端之異於七情)고 하여 사단과 칠정의 '차
이점'을 분명히 명시하기도 한다.[61] 논의의 초점은 농암이 사단과 칠정
과의 차이를 설명하기 위해 설명한 사단의 의미가 '기와 관계되지 않
는'(不夾帶氣) 상태를 지칭한다는 점이다. 이러한 농암의 주장은 사단
을 칠정의 연장선상에서 규정하는 것에 대한 보완의 측면에서 이해해
야 할 것이다. 즉 그의 진술 속에는 퇴계가 주목한 것처럼 사단의 순
수한 도덕적 정서의 실재를 갈망한다고 할 것이다.

---

59) 농암은 「大學」의 '明明德'에서 주자의 '그 발현된 바에 근거하여 밝혀나간
다'('因其所發而遂明之)라는 주석에 주목한다. 그는 일상생활 속에서 명덕
이라는 고유한 덕성의 단초를 발견하고 밝혀나가려는 노력을 학문의 기본
자세로 본다. 그러나 情이라는 같은 마음의 표출도 「맹자」에서 제시한 四
端은 '확충'되어야 할 도덕적 마음으로, 「대학」에서 언급한 忿懥・恐懼・好
樂・憂患 등은 '제약'되어야 할 감정표출로 각각의 의미를 구분한다(「農巖
集」 권31, 「雜識 Ⅰ」, 20판. "'大學」 明明德註, '因其所發而遂明之'一語, 正
指示學者下手用工夫處, 格致誠正修之功, 固當包在其中矣. …… 且明德之發,
無大於四端, 而擴而充之, 卽是明之之事, 「正心章」 所說四者之情, 只說得病
痛, 又與此意不類何也, 當思之").
60) 金基鉉, 「퇴계의 사단칠정론」, 「사단칠정론」, 서광사, 1992, 57쪽.
61) 즉 사양하는 마음이나 옳고 그름을 판별하는 마음은 측은한 애정이나 악
에 대한 분노 등과 구분되는 순수한 도덕적 영역으로 상정된다. 물론 농암
이 제시한 인간이 사회화의 과정을 거치지 않고도 양보하고 옳고 그름을
판별하는 마음을 소유할 수 있는지는 검토의 대상이다.

【2】그러나 농암의 퇴계에 대한 비평, 즉 마음속의 리와 기에서 발동되는 차이가 '극단적'인 언표로 이어졌다는 점이 곧바로 율곡설의 전반적 긍정으로 이어지지는 않는다. 앞서 퇴계의 논리에 대하여 긍정으로 선회하는 우계의 의문을 율곡이 명백히 설파해낼 수 없었다는 지적도 이와 무관하지 않을 것이다. 그는 율곡의 경우 사단과 칠정을 기의 측면에서 비교적 일관성 있게 설명해내고 있다고 보았다. 주지하듯이 "사단은 선일변이라면 칠정은 선악을 겸비하며, 사단이 오로지 리를 말한 것이라면 칠정은 기를 겸하여 말한 것이다."라는 율곡의 주장은 氣發의 측면에서만 접근한 것이다. 그러나 기에 대한 지나친 강조는 자칫 선과 악을 기의 선천적 차이로만 이해할 수도 있다. 이에 대한 보완의 측면에서 후학들이 발췌한 농암의 의도는 주목할 만하다.

(농암의) 사단칠정설은 精粹微密하여 남거나 부족한 바가 없으니, 선생의 글 중 최고 일뿐 아니라 주자 후의 宋・明 및 조선의 여러 유자들이 이치를 말한 것이 무수히 많지만 혹 그보다 앞설 수는 없을 것이다. 율곡과 다른 점은 다만 (율곡의) '칠정이 기를 겸하여 말했다는 것과 기를 주로 한다'는 구절뿐이다. 농암이 말했던 "칠정은 비록 리와 기를 겸하였으나, 그 善이란 기가 리를 따르는 것이요 그 不善이란 기가 리를 따르지 않는 것이니, 애초에 기를 주로 하는 것을 방해하지 않는다."라는 것은 퇴계가 깨닫지 못한 것을 깨달았고 율곡이 발휘하지 못한 점을 발휘하였으니, 다시 살아나시더라도 두 선생은 마땅히 빙그레 웃을 것이다.[62]

---

62) 「農巖別集」 4권, 22판의 「臺山集」 재인용. "四七說, 精粹微密, 無所餘欠, 不直爲斯翁文字中第一, 朱子後宋明及吾東羣儒言理者不翅十百家, 而未能或之先焉. 與栗翁參差者, 只是'七情之兼言氣與主氣'一句而已. 農巖所云 '七情雖兼理氣, 其善者氣之能循理者也, 其不善者氣之不循理者也, 初不害爲主氣'者, 道得退溪之未能道得, 發揮栗谷之未能發揮, 九原可作, 兩賢亦應莞爾而笑也."

위의 인용문은 농암계열 말미에 속하는 洪直弼의 기록이다. 그가 율곡이 칠정에 대하여 '기'만을 겸하여 말했다면, 농암은 '리와 기'를 겸한 학자라고 설명한 것은 「四端七情說」에 수록된 농암의 글을 발췌한 내용[63]이기도 하다. 농암은 리와 기를 겸비한 칠정은 기가 중심이 되어 선악을 표출시키는데 기가 理에 순응할 경우가 선이요, 반대로 理를 거스를 경우가 악이 된다고 하였다. 여기서 주목할 점은 선과 악의 갈림길을 선천적인 기의 차이보다는 氣가 理에 순응하는지 여부에 따라 조명한다는 점이다.

한편 농암은 '선한 정은 오로지 청기에서만 나올 뿐이다'라는 견해를 비판하면서도, 율곡이 지닌 기본 관점에는 수긍한다. 왜냐하면 선악이 모두 기에서 근원하지만 그 단서를 다음과 같이 세분화시켜 볼 수 있기 때문이다.

> 대개 사람 마음의 선악은 모두 기로 인하여 나누어지지만, 그 단서에는 세 가지가 있다. 하나는 본래 품부 받은 상태요, 둘째는 때[時]에 따라 맑거나 탁해지는 것이요, 셋째는 외부 감응에 따른 輕重이다. 이 세 가지를 가지고 서로 참고하여 자세히 살핀다면 그 의미가 충분히 밝혀질 것이다.[64]

농암은 위에서 선악을 결정짓는 세 가지 조건으로 ① 本來稟賦, ② 隨時淸濁, ③ 所感輕重 등을 제시한다. 本來稟賦란 맑은 기운 혹은 탁한 기운처럼 선천적으로 갖추어진 본래의 품부 받은 상태이다. 농암은 여기에 외부적 상황에 따른 대처 반응[隨時淸濁]과 심리적 가변성[所

---

63) 「農巖續集」 권下, 68판 좌. "四端善一邊, 七情兼善惡, 四端專言理, 七情兼言氣.' 栗谷之說, 非不明白. 愚見不無少異者, 所爭只在兼言氣一句耳. 蓋七情雖實兼理氣, 而要以氣爲主, 其善者氣之能循理者也. 其不善者, 氣之不循理者也. 其爲兼善惡, 如此而已, 初不害其爲主氣也."

64) 위와 같은 글, 72판 우. "大槩人心善惡之分, 皆因乎氣, 而其端則有三焉. 本來稟賦一也, 隨時淸濁二也, 所感輕重三也. 以此三者, 參互而曲暢之, 其義盡矣."

感輕重〕 등 다양한 조건을 추가하고 있는 것이다. 앞 절에서 그는 선한 정이 항상 발현되지 못하는 원인을 천리의 상황에 따른 차등과 탁한 기의 차이, 그로 인한 理氣勝負를 통해 현실에서 다양하게 선과 악이 드러난다고 하였다. 예를 들어 부모에 대한 배려와 사랑이 커진다는 것은 상황에 따른 천리의 강화와 탁한 기운의 감소를 의미한다. 이러한 주장들은 그에게 있어서 善과 惡은 고정된 실체가 아니라 외부상황이나 마음에 따라 명암을 달리할 가능성이 크다고 보았기 때문에 나온 것이다.

결국 농암은 율곡이 지녔던 氣의 제약과 극복의 논리를 수용하는 한편,[65] 심리적 가변성과 상황의 다양성 등을 추가변수로 제시하고 있는 것이다. 이와 같이 탁한 기운의 소유자라도 반드시 악한 행위만이 있지는 않다는, 다시 말해 天理는 濁氣에 의해서 가려지지 않고 현실 속에 발현될 수도 있다는 사고는 氣發理乘의 구도 속에 자칫 소홀해질 수도 있는 理에 대한 재검토를 의미한다.[66]

---

65) 선천적으로 품부 받은 상태(本來稟賦)도 선악을 결정하는 중요한 변수 중의 하나이므로, 농암은 이러한 맥락에서 율곡이 청기와 탁기를 중시했다고 긍정적으로 평가하기도 한다(『農巖續集』 권下, 72판 우. "栗谷之說, 以此推之, 亦自可通, 其未安者, 只在於以善情爲專出於淸氣耳. 然此亦須以本稟爲主, 本稟爲主, 故淸者之濁, 濁者之淸, 皆少而不能多, 暫而不能久. 不然則賢愚淸濁, 無復定分, 而聖人之氣, 亦有時而濁矣, 豈理也哉?"). 즉 율곡의 氣質變化論을 생각할 때, 현실은 운명론적 수용대상이 아니라 부단한 자기극복의 필요성을 성찰하는 계기로 활용되는 것이다.

66) 이외에도 인심과 도심을 외부 감응에 따른 결과낳기도 로 보는 농암의 견해는 인심과 도심을 상대적으로 보는(終始說) 율곡의 주장과 괴리감을 한다. 농암은 기의 선천적 영향보다는 외부와의 감응에 따른 심리적 변화・대응에 초점을 두기 때문이다. 즉 사단칠정에서 보이는 견해가 인심과 도심에 대한 주장에서도 일관되게 이어짐을 알 수 있다. 그러나 이와 관련된 구체적 논의는 사단칠정론에 초점을 두는 본 장의 흐름에 혼선을 줄 수도 있으므로 자료 소개 정도에서 그치기로 하겠다.
『杞園集』 권32, 「農巖先生語錄」, (『한국문집총간』 184권) 475쪽. "栗谷人心道心之論, 不無可疑處, 如道心爲氣所掩, 則爲人心之語, 是也, 夫寒而思衣,

이상에서 살펴본 바와 같이 농암에게는 리의 의미가 퇴색되지 않는 범위 내에서 퇴계식 사유를 수용하였고, 동시에 리의 실현이란 기를 통해서 가능하다는 율곡식 사유가 상호 공존하고 있다. 즉 기에 근거하면서도 기의 선천적 측면에서 벗어나 리를 실현시키려는 것은 율곡에서 퇴계로, 또 현실의 이탈가능성을 배제한다는 점에서 퇴계에서 율곡으로 넘나드는 보완과 발전의 양상을 보여주고 있는 것이다. 그러나 최소한 다음의 몇 가지는 퇴계의 互發을 부정하고 율곡학을 견지한다는 점과, 율곡학을 보완해가는 특징을 보여준다.

① 主理의 의미를 氣가 간여하지 않는 상태에서 찾고 있다.
② 퇴계의 互發說을 심리적[心] 차원으로만 한정하고 있다.
③ 선과 악은 선천적 측면으로만 이루어지는 것은 아니다.

따라서 농암을 단순히 퇴율절충 학자로만 규정짓는 것에 그쳐서는 안 될 것이다. 오히려 조선 전기의 퇴계와 율곡의 학설을 綜合하여 이후 전개되는 사상적 흐름을 선도했다는 점에 주목해야 할 것이다. 즉 조선 전기를 대표하는 사단칠정론의 말미와 조선 후기 중심담론이었던 호락논변의 서두를 형성했다는 사상사적 흐름에서 농암을 재조명할 필요가 있을 것이다.[67] 특히 사단칠정에 관한 율곡학의 보완과정에서 부

飢而思食之心, 何嘗爲氣所掩而然者耶? 蓋人心道心, 隨所感而發焉. 飢寒之事, 感則思食思衣之心發, 而名之曰人心; 入井呼蹴之事, 感則惻隱羞惡之心發, 而名之曰道心而已. 若曰爲氣所掩, 然後爲人心, 則聖人氣質淸明, 理無所掩, 其將無人心耶?" 또는 같은 책 478쪽 "論人心道心相爲終始之言曰: 始以道心而終爲人心者, 故非矣, 而始以人心而終爲道心者, 猶若可通. 蓋如飮食之得其正者, 謂之人心之合道心, 而以終始言之, 似無妨矣. 然若細究而論之, 則亦有不然者, 如飢欲食湯欲飮, 則人心之發, 而其撙節推讓之念, 則乃別有道心出來, 而主宰人心處也. 此豈自彼而爲此, 有脈絡之相關, 而首尾之相因者哉? 吾故每曰: 人心占地步甚短, 如霎然之頃, 思食思飮之念, 則人心也, 自是而小流, 則乃人欲而非人心也; 自是而節之, 則乃道心而非人心也."

수적으로 제기된 마음의 문제는 호락논의의 주제 가운데 하나인 인물 성논의와의 연관성을 시사받을 수 있을 것이다. 농암은 선천적 기의 청탁에 주안점을 둔 율곡의 견해에 회의를 품고 다음과 같은 心의 가 변성에 주목하였기 때문이다.

> 다시 생각해보건대 품부 받은 氣의 淸濁은 진실로 각각 본연의 정 해진 분수가 있으나, 한 사람의 기에도 또한 마땅히 맑을 때나 혼탁 할 때가 있다. 형질에 있는 기는 비록 일정하여 바뀔 수 없는 것이 지만, 마음에서 운행되는 경우에는 진실로 유동하고 변화하여 구애 될 수 없는 것이다. 이에 맑은 기운이 많은 자라도 혹 때로는 혼탁 해지고, 혼탁한 기운이 앞서는 자라도 혹 때로는 맑아질 것이다.[68]

농암은 일반적인 시각에서 기의 청탁에 따른 존재일반의 고유성과 다양성을 인정한다. 그러나 각 개별자들이 지닌 심리적 측면은 반드시 위와 같이 기의 선천적 측면에 제약받는 것은 아니라고 보았다. 심리 작용은 유동적이고 변화가능하며 선천적 기의 제한에서 구애될 수 없 는 것으로 보았기 때문이다. 우리는 그가 의도하는 심리적 가변성을 통해―여전히 우리 인간이 기품의 선천적 제약으로부터 완전히 벗어나 는 일이 가능한가라는 의문의 여지를 남기고 있지만[69]―도덕구현의

---

67) 농암의 사상을 단순히 퇴율절충파로만 분류할 경우, 知覺論 등에서 보여주 는 그의 본질적 특성을 간과하기 쉬울 것이다. 본고에서 퇴율의 사칠론과 대비시켜 논의를 시작한 것은 농암 전후의 四端七情論과 湖洛論辨을 매개 시킨다는 측면에서 서술된 것이다.

68) 「農巖續集」 권下, 「四端七情説」 71판 좌. "更思之, 稟氣淸濁, 固各有本然之 定分矣, 然而一人之氣, 宜亦有或淸或濁之時, 蓋氣之在形質者, 雖一定而不可 易, 若其運行於心者, 則固亦流動變化而不可拘矣. 於是乎淸多者或有時而濁, 濁勝者或有時而淸."

69) 이 문제는 이간과 한원진의 논변에서 보다 구체화된다. 이간은 心性一致 를 통해 심의 본체가 湛然虛明할 때 비록 기질에 기반을 둔 性이라도 中 의 실상과 합일될 수 있다고 주장한다. 반면에 한원진은 그러한 심리적 가 변성을 인정하면서도, 고르지 못한 기품의 본래 차이는 여전히 존재한다고

가능성이 여타의 존재자보다 풍부한 인간의 도덕적 위상을 제고하는 하나의 계기를 찾을 수 있을 것이다. 다음 장에서 논의하게 될 人性物性에 관한 논의는 사단칠정론에서 다룬 情에 관한 관심이 심리적 지향기준인 性에 대한 탐구로 이어지는 과정이 될 것이다.

반박한다. 마치 집의 구조는 비슷하더라도 사용한 재료에 따라 달라지듯이, 성인과 일반인의 심리상태는 같지 않다는 것이다(『南塘集』 권10, 10판좌 참조). 여기서 한원진의 주장이 본래 품부 받은 기품의 차이에 주목하여 율곡의 견해를 충실히 계승한 것이라면, 그러한 氣質의 문제는 농암계열에서 心을 강조하면서 지속적으로 직면하게 된 문제였다.

제3장 本性의 普遍性과 具現 可能性

농암의 본성에 관한 견해는 초년과 말년의 불일치한 주장으로 인해 당대뿐 아니라 오늘날의 연구자들 사이에서도 異見이 존재한다.[1] 시기적으로 볼 때, 농암은 초년에 「性惡論辨」을 저술하여 인간 본성의 순선함을 역설하고, 성리학적 시각에서 본성의 문제에 상대적으로 소홀히 하였던 불교에 대해 비판한다. 나아가 본성에 대한 강조를 통해 인간의 고귀성을 확보하기 위한 논리로 인간과 여타 존재자와의 차별성을 강화시킨다. 예를 들어 그는 초년에 송시열에게 올린 한 서신에서 기의 제한으로 말미암아 개체의 본성에도 차이를 가져올 수밖에 없다는 견해를 피력한다. 人物性異論과 유사한 그의 언급은 낙학계열 학자들 내부에서조차 논란을 불러일으켰다. 그러나 이와는 달리 농암의 말년 저작에서는 이전의 주장과는 달리 본성의 동일성에 기초하여 그 구현가능성을 최대한 확대하려는 人物性同論의 내용들도 찾아볼 수 있다. 이와 같이 異論과 同論의 견해가 공존함은 농암사상의 종합적이고 절충적인 측면을 보여주기도 한다. 아울러 농암이 점차 同論의 입장을 정리하면서 洛學의 정체성을 분명히 先導해가고 있음을 암시해준다. 이 장에서는 제 학파의 비판과정에서 농암의 본성에 관한 주장들을 검토하고, 인성물성과 관련된 그의 문제의식을 살펴보기로 하겠다.

---

1) 배종호, 「한국유학사」, 연세대출판부, 1983, 205쪽.: 이병도, 「한국유학사」, 아세아문화사, 1987, 384쪽 등은 농암이 人物性異論의 시각을 지니고 있다고 규정한다. 반면에 김용헌은 「농암 김창협의 인물성론과 낙학」(「인성물성론」, 한길사, 1994) 145~184쪽에서 농암의 견해는 18세기의 인물성동이 논쟁 구도 속에서의 문제의식과는 다르기 때문에 異論이냐, 同論이냐의 문제설정 자체에 회의적 반응을 보이기도 한다.

1. 荀子 및 佛敎의 본성에 관한 비판적 성찰

孔孟으로 연결되는 유학에서 인간의 본성에 대한 신뢰와 추구는 인간을 이해하는 중요한 관건이다. 먼저 농암이 荀子와 불교를 비판하면서 도덕적 본성과 理의 의미를 통해 유학의 기본입장을 확인하는 과정을 고찰해 보기로 하겠다.

1) 荀子의 '認氣爲性'에 대한 비판

理와 그 내재상태인 性에 대한 농암의 확신은 性善에 대한 이해에서 기초한다. 농암은 1670년(20세)에 「性惡論辨」[2]을 저술하여 순자의 性惡說에 대한 비판과 그와 대비된 性善의 믿음을 절대화한다. 순자는 자연상태에서의 인간은 금수와 거의 다를 바가 없는 생활양식을 가지며, 도덕적으로도 문란하여 질서란 찾아볼 수 없다고 하였다. 따라서 성인의 등장으로 말미암아 禮制가 세워지고 형법을 통해 본성을 교정한 후에 도덕적 인간다움을 유지할 수 있으므로, 윤리도덕이란 인위적인 제도의 결과물이라는 것이다. 그러나 농암은 순자의 이러한 견해는 氣로 충만된 현실만을 주목하였다고 비판한다.

> 사람의 본성은 선하니, 순자가 性惡을 말한 것은 氣이지 性이 아니다. 사람이 태어남에 氣는 바탕[質]이 되고 理는 性이 된다. 리는 선만 있고 악은 없으며 기는 선도 있고 不善도 있으니, 사람에게 불선이 있는 것은 氣가 하는 것이다. 그 性의 경우는 渾然한 理이니, 어찌 불선함이 있겠는가?[3]

---

2) 「農巖集」 권25, 「性惡論辨」 17~21판.
3) 위와 같은 글, 17판 좌~18판 우. "人之性善, 荀卿之言性惡也, 氣也, 非性也.

그는 자연적인 원시상태에서 벗어난 도덕적 본성, 즉 形質 등 신체적 조건과 구별되는 도덕적 법칙에 주목한다. 전통윤리 덕목에 근거하여 본다면, 남녀 사이에서 자유를 빙자한 음란, 부자간의 업신여김과 방치, 군신 간의 대립과 반목, 벗들끼리 다툼과 손상을 입히는 일체의 부정적 행위들이 인류의 본연한 모습이라고 생각하지 않는다. 농암은 순자의 '인성은 악하며 선한 것은 인위적이다'는 견해는 氣를 본연의 理와 연관된 性으로 오인하였기 때문이며, 그 결과 만물이 공통적으로 지닌 자연적 본능에 인간을 귀속시키는 결과를 초래했다는 것이다. 성리학의 관점에서 본다면, 인간의 본성은 먼저 氣質에 가리운 바가 있기 때문에 결과적으로 악함이 발생하는 것일 뿐이다. 성인의 경우, 氣는 선하지 않음이 없으니 본성 역시 온전하다고 본다. 따라서 '氣의 不善'에 영향을 받지 않는다면 가정과 사회 윤리가 제자리에 서게 될 것이며, 성인은 인위적인 의도가 배제된 자연스런 본성에 의해 그러한 질서를 실현해나갈 수 있다고 보았다. 즉 가치의 정립은 억지로 규제해서 이루어지는 것이 아니라, 인간 내면에 내재된 고유한 본성에서 실마리를 찾아야 한다는 것이다.

물론 선한 의도라도 인위적 행위는 강제성을 동반하기도 한다. 순자의 "구부러진 나무는 반드시 檃括(바로잡는 틀)이 있어야 곧게 되며, 둔탁한 쇠는 연마된 이후에야 날카롭게 된다. 사람의 본성이 악한 것은 반드시 스승과 법도가 있어야 올바르게 되고 예의를 갖춘 후에야 질서가 생긴다."[4]는 견해는 교육적 측면에서 외적인 기준의 정립과 순화라는 장점이 있다. 그러나 모든 것이 그렇게 의도적인 변화를 보장할 수는 없을 것이다. 반듯이 펼 수 있거나 날카롭게 변할 수 있는 본래의

人之生也, 氣爲質而理爲性. 理者有善無惡, 氣者有善有不善, 人之有不善, 氣之爲耳. 乃若其性, 渾然理也, 何不善之有?"

4) 「荀子」, 「勸學」. "曲木必將待檃括然後直; 鈍金必將待礱磨然後利; 人之性惡, 必將待師法然後正, 得禮義然後治."

성질이 내재되어 있어야만 그러한 의도적인 변화가 자연스러울 것이다. 이러한 측면에서 농암은 '반드시 그러한 이치가 있은 다음에야 변형이 가능하다'고 자신하면서, 나무에 곧게 할 수 있는 이치가 있어서 도구를 사용하여 곧바르게 할 수 있고, 쇠에 날카롭게 할 수 있는 이치가 내재되어 있으므로 연마를 통해 날카롭게 할 수 있다고 보았다.

마찬가지로 사람의 경우도 至善한 본성이 선천적으로 내재되어 있어야만 성인이 선으로 유도할 수 있다는 것이다. 맹자 역시 물이 아래로 흐르듯 선한 본성의 내재로 말미암아 그에 따른 본성의 구현이 가능하다고 보았다. 농암은 신체적 장애를 예로 들어, 정상인은 耳目 등 신체적 조건에 따른 자연스런 감각활동이 이루어지는 것은 하늘로부터 본래 부여받은 좋은 것이라면, 청각·시각장애는 병에 든 것에 불과하므로 본래의 耳目이 지닌 본성이 아니므로 善의 대응의미로서 惡에 속한다고 비유한다. 즉 악이란 잘못되고 병든 상태이므로 성인은 본래의 좋은 신체를 기준으로 하여 그것을 치유하는 의사의 역할을 담당할 뿐이라는 것이다.[5] 농암의 비유 속에서 결코 성인이 지닌 師로서의 역할이 축소되는 것이 아니다. 정상과 장애 사이를 선악으로 분류한 비유는 신체가 정상적인 사람과 같이 선한 본성이 우리 인간에 본래 내재되어 있음을 주장하려는 것이다.

이상의 비유들은 유가의 이상을 실현하는 방법론의 선택에서 순자처럼 他律에 근거한 도덕실현보다는, 맹자의 自律을 통한 도덕의 각성이 더욱 이치에 맞는 자연스런 접근임을 암시하는 것이다. 즉 본성의 필연적 내재성을 역설함으로써 별도의 외적인 강제규범이 도덕의식의 창출로 이어진다고 보는 것이 아니라, 기의 불선으로 인한 도덕의식의 몰지각성을 지적하는 것이다. 이로써 기가 선으로 온전한 구현을 이룬 자를 성인으로 간주하고, 그러한 성인의 자연스런 교화가 도덕의식의

---

5) 「農巖集」 권25, 「性惡論辨」 20판 우. "人性之必善, 猶耳目之能視聽也, 而惡焉者, 其聾盲者也; 聖人者, 其善醫者也; 敎化刑法者, 其湯丸鍼焫也."

자각으로 표출된다는 지도층의 모범과 교화[草上之風]를 통한 德化를
지향하는 것이다.

한편 농암은 기질의 가리움과는 다른 또 하나의 인간의 자연상태인
도덕적 마음을 직시할 것을 요청한다. 자신의 논지를 강화하기 위해
맹자에서 언급한 '孺者入井'의 사례를 통해, 도덕적 충일감은 자연스럽
게 내재된 인간의 정감임을 제시한다. 곧 인간에게는 측은히 여기는
마음 및 辭讓·羞惡·是非하는 본래의 마음인 '四端'이라는 자연적이면
서 동시에 도덕적인 마음 및 이성적인 판단능력을 갖추고 있고, 그를
통해 '性善'의 기초를 정립하려는 것이다. 그는 이러한 도덕적 충일로
이어지는 마음은 외부로부터 엄습하여 취해지는 것이 아니라는 것이
다.6) 도덕적인 마음은 "엄습하여 취하는 것이 아니라 진실로 성의 본
연으로 인위적인 행위와는 무관하다. 이것이 맹자가 말한 성선으로 사
람들이 모두 요순 같은 성인이 될 수 있다는 것이 아니겠는가?"7) 순
자의 성악론 비판에서 보여준 농암의 논리는 말년에 아우 김창흡과 서
신왕래에서도 일관되게 나타난다. 농암은 선을 지향하려는 순자의 의
도에 동의하면서도, 순자처럼 天眞에서 나온 본성의 악함과 예법을 통
한 人爲的 교정노력이 필요하다는 견해에는 부정적이다.8) 즉 性善을

---

6) 농암이 四端說이나 본성은 襲取된 것이 아니라는 등 주로 맹자의 논리를
   통해 리(성)의 선함을 주장하는 것은 주목할 필요가 있다. 「맹자」에서는
   주체적 체험을 통해 본성의 내재성을 체인하고 그것을 확충시켜갈 것을
   주장하는 수양의 공부가 강조된다. 반면에 「중용」에서는 첫머리부터 본성
   의 기원이 天에 있음을 명확히 제시하는 등 구조적 측면에서의 진술이 돋
   보인다. 두 책은 한편으로는 전자와 같이 주체의 자발적인 체험을 강화시
   키고, 다른 한편으로는 후자와 같이 존재 일반의 구조적 양태를 체계적으
   로 제시해주는 장점이 있다. 이러한 상호 보완적 관계는 두 가지를 통합시
   키는 데 혼선을 빚기도 한다. 호학과 낙학 사이에 발생했던 논변도 이와
   무관하지 않을 것이다.
7) 「農巖集」 권25, 「性惡論辨」 21판 우. "夫非襲而取也, 則固性之本然而無待乎
   僞矣. 此非孟子所謂性善, 而人皆可以爲堯舜者乎?"
8) 「農巖集」 권11, 「答子益」, 30판 좌. "大抵得之荀卿之說, 其意雖在於矯性從

자연적 본능과 마찬가지로 인간에 내재된 자연스런 도덕적 본성의 긍정이며, 결코 외재적 규제나 강제를 동반하지 않다고 보기 때문이다. 그는 리에 기초한 도덕적 본성의 선함이란 인간에 내재된 필연적 법칙임을 거듭 주창하고, 순자의 오류는 性과 氣의 구분을 변별하지 못하고 선악의 근본을 탐구하지 않은 것으로 귀결짓는다.

훗날 호학 측 입장을 대변해 주는 한원진은 농암의 「性惡論辨」이 性과 氣의 차이점을 변별해냄으로써 性善說의 확립에 크게 기여했다고 평가한다.[9] 즉 농암의 논리가 순자의 性惡논의를 포함한 여타의 이견들도 아울러 배척하는 효과를 달성했다는 것이다. 선하지 않음이 없는 理와, 선 또는 악의 두 측면이 공존하는 기를 기준으로 볼 때, 순자·양웅·한유 등의 설이 모두 기를 리로 인식하는 오류를 범했다고 보기 때문이다. 그러나 한원진은 기와 리의 변별을 통해 성선을 논증하는 농암의 입장에 동의하면서도, 기와 관련된 성의 개념(氣質之性)을 일축하는 듯한 농암의 견해에는 반대한다. 농암이 '認氣爲性'의 오류에서 벗어나기 위해 리와 연관된 성만을 본연지성으로 간주한다고 생각했기 때문이다.[10] 농암이 순자의 성악설을 비판하면서 제기하였던 性과 氣의 변별문제는 자연스럽게 성리학의 기본토대가 되는 理氣·心性문제로 전이되는 출발점이 되었던 것이다.

禮, 以歸於善, 而要其以聲色淫慾爲出於天眞, 禮法修飭爲生於人爲, 則固與朴說相似矣."

9) 「南塘集」 권29, 「讀農巖性惡論辨」, 20판 좌 참조.

10) 한원진은 그 결과 기질과 연관된 기질지성을 본연지성과는 별도의 성으로 나누어 본다면, 두 가지 성으로 상대화시키게 되는 결과를 초래할 것이라고 비판한다(「南塘集」 권29, 「讀農巖性惡論辨」, 20판 좌. "此說却似專以氣質爲一性, 而與性善相對也. 恐非程張之意. 氣質之性, 非別有一性也. 只此本然之性, 和氣質而有善惡者也. 性之有善惡, 雖由於氣質, 若其謂之性, 則從其理而言也, 非是理爲一性, 氣爲一性, 而相對爲二性也.").

2) 佛敎의 '認心爲性'에 대한 비판

농암의 불교비판은 성리학자들이 지닌 일반적 논의와 맥을 같이한다. 그러나 필자가 주목하려는 점은 性의 결핍을 지적하는 그의 비판적 시각에서 이후 논의하게 될 心이 갖추어야 될 의미와 조건들을 음미해 보는 데 목적이 있다. 성리학자들의 불교비판 논의는 麗末鮮初 이래 지속적으로 진행된 일반적 현상이었으나, 농암만큼 구체적이고 세밀한 비판은 드물었다고 평가되기도 한다.[11] 농암 스스로도 기존 유학자들 사이에서 제기된 闢佛논의가 진정으로 불교의 논지를 이해하고 배격한 것이 아니라고 보았다. 즉 인륜도덕을 저버리고 현실을 도외시하면서 개인의 정신적 평안함만을 추구하는 현실 이탈경향에 대한 비판수준에 그쳤다는 것이다. 예를 들어 중국에서 유가를 재정립하기 위해 불교를 공격했던 韓愈의 노력도 단지 불교의 본원을 직시하지 못하고 외형적으로 드러난 모습을 비판한 것에 불과하므로 결국 잘못된 방향으로 굴절되었다고 평가한다. 아울러 유교와 불교의 미묘한 차이는 朱子에 이르러 명확히 분석되었지만, 동시대 육상산은 禪學을 공격하면서도 그 차이점을 정확히 파악하지 못했다고 보기도 한다. 반면에 유학내부에서 程朱 이래 明代의 羅欽順(1465~1547, 호는 整菴)만은 불교의 의미와 유학의 핵심을 규명하여 儒釋의 차이점을 분명히 한 공로를 인정하기도 한다.[12] 먼저 농암이 儒學에서 性理學의 위상을 설명

---

11) 「老洲集」권25, 「雜識」26판 우. "程失以後, 能言之士, 莫不以闢佛爲家計, 其言甚多. 若論其究極其本, 辨析於幾微毫忽之際, 折其似是之非於片言之間, 似莫能逃其情也, 則鮮有如農巖者, 亦可見硏幾之精也." 농암의 불교비판은 주로 「雜識」內篇(「農巖集」권32)에 집중적으로 수록되어 있다.

12) 「農巖集」권32, 「雜識」30판 좌. "程朱以後, 爲儒釋之辨者, 無如「困知記」之備, 其究極佛氏源委, 與吾道異同處, 詳覈精切. 蓋多前人所未言, 一時如陽明·甘泉之陽儒陰釋者, 皆莫通其情狀. 整菴之一生有功於聖門, 正在此處, 不可誣也."

하는 다음의 주장을 살펴보도록 하겠다.

> 불씨의 학문은 만약 송나라 여러 큰 유학자들이 나오지 않았더라
> 면 진실로 막아내기 쉽지 않았을 것이다. 대체로 맹자 이래 이른바
> 유학자는 訓詁를 전문으로 하는 일에 불과했고, 그 사이에 자질이
> 훌륭한 자는 행실과 의리를 돈독히 하고 재주가 뛰어난 자는 문장
> 을 잘 짓는 데 그쳤을 뿐이다. 천여 년 동안 한 사람도 자기에게
> 있는 本心을 알지 못하였으니, 비유하자면 집집마다 각각 빛나는
> 보배를 간직하고 있으면서도 진흙 속에 버려두고 아무도 찾지 않
> 았던 것과 같다. 어찌 애석한 일이 아니겠는가? 불가에서 홀로 먼
> 저 이러한 의미를 보고서 직접 本心을 가리켜 사람들로 하여금 스
> 스로 구하게 하였다. 그러나 그 구했다는 것도 다만 靈明知覺일 뿐
> 이요, 性命의 실체에 대해서는 알지 못했다. 그러나 그 소견이 자
> 상하고 공부가 정밀하니, 어찌 세속의 유자들이 따라갈 수 있는 바
> 이겠는가?[13]

그는 유학이 지닌 빛나는 보배를 미쳐 발견해내지 못하면서 훈고나
문장, 혹은 실천덕목으로만 한정시켜 이해되어왔던 역사적 측면을 검
토하고 있다. 이러한 평가 속에는 불교가 성리학의 사상형성에 자극제
가 되었음을 간과한 것은 아니었다. 유학 자체 내에 그러한 요소가 없
었던 것이 아니지만, 유학자들이 불교에서 규명하고자 했던 心에 대한
의미를 철저히 인식하지 못한 한계에 대해 반성하는 것이다. 이것은
불교에서 유가의 논리를 절취했다는 我田引水의 오해를 불식시키려는
것이기도 하다. 그는 불교가 지닌 기본 관점을 "불씨의 학문이 心을

---

13) 「農巖集」 권32, 「雜識」 24판 우~좌. "佛氏之學, 若非有宋諸大儒出來, 誠未
易抵當得. 蓋自孟子以來, 所謂儒學者, 不過專門訓詁之業, 而其間質美者敦行
義, 才高者善詞章, 止此而已. 千數百年間, 無一人就自身上理會本心, 譬如人
家各有箇光明寶藏, 而棄在塵土中, 沒人尋覓, 豈不可惜! 佛氏之徒, 獨先窺見
此意, 直指本心, 敎人自求, 雖其所求者, 只是靈明知覺, 而於性命實體未有見
焉. 然其所見之親切, 用力之專精, 豈世之儒者所能及!"

근본으로 생각하는 것은 그럴듯하지만, 그 본체를 말한다면 善과 惡이 모두 空이며, 그 현상을 말한다면 眞과 妄을 구분하지 않는다. 그 설이 비록 수없이 변환되더라도 요컨대 이 두 가지 단서를 벗어나지 못할 것이다."[14]라고 파악한다. 불교에서 주장하는 수많은 언급들에서 현상 계를 바라보는 기본관점이 空에 입각해서 정립된 것이고, 그에 따라 현실의 윤리도덕에 큰 의미를 두지 않는다는 것이다. 농암은 그러한 근거를 유학에서 주장하는 理(性)와, 그 리를 내재하고 있는 心을 통해 불교와 차이점을 선명히 제시한다.

농암은 性에 대한 몰이해를 불교의 큰 단점으로 보았다. 유학(성리 학)에서는 성이란 심의 지향기준으로서 엄연히 존재한다고 보는 데 반하여, 불교에서는 그러한 본성에 대한 자각이 없다는 것이다. 즉 불교의 논리 속에는 심의 연장선상에서 성을 이해하거나 오히려 부차적인 측면 으로 격하시킨다고 비판한다. 농암은 불교에서 말하는 성이란 沙界에 편만되어 있으나 산하대지가 모두 幻影에 속한다고 보기 때문에 결국 空寂한 범위로만 인식할 뿐이라는 것이다.[15] 또 그러한 幻影은 불가에 있어서 심을 밝혀서 제거해야 될 현실로 인식하게 되었다는 것이다. 이 점은 종래 유학자들이 불교를 비판할 때 知覺을 性으로 생각하였다고 하여 심의 지각작용에 초점을 두고 비판한 것과 맥을 같이 한다. 그러 나 농암은 인간이 지향해야 될 본성에 대한 불교 측의 소홀을 지적하면 서 理로 충만된 현실과 그에 대한 인식을 촉구한다. 리를 심으로 여기 고, 그 심을 절대적으로 의존하는 불교의 논리는 리의 보편적 실재성에 대한 부정이라고 생각했기 때문이다. 다음은 그의 저작 중에서 불교가 중시하는 심과 유교에서 강조하는 리를 대비시켜 설명하는 글이다.

---

14) 「農巖集」, 31판 우. "佛氏之學, 以心爲本似矣, 然言其體則善惡皆空; 言其用 則眞妄不辨. 其說雖變幻千百, 要不出此二端."

15) 위와 같은 글, 권32, 「雜識」 31판 우. "佛氏之語性也, 徧滿沙界, 而山河大 地, 皆屬幻影, 則其體雖大, 只一箇空寂圈套耳."

心을 말하면서 '영명하여 어둡지 않음'·'깨어있는 고요한 마음'이라
한 것은 모두 불씨가 먼저 말한 것인데 우리 유학자들이 그 말을 꺼
리지 않고 하였던 것은 그 이치가 같기 때문이다. '뭇 이치를 갖춤'·
'모든 이치가 다 구비되었음' 등은 불씨가 말하지 않았고 오직 유학
에서만 명확히 말하였으니, 같지 않은 바가 바로 여기에 있다.[16]

불씨가 일찍이 성을 말하지 않은 적이 없으나 그 체인하여 본성으
로 삼은 것은 실로 이 마음의 신령스런 知覺이니, 천명과 사물 법
칙의 이치에 대해서는 도무지 아는 바가 없었다. 그러므로 空寂을
본체로 여기고 顚倒를 현상으로 생각한 것이니, 위의 두 가지 병통
이 있게 된 원인은 모두 성을 알지 못한데서 말미암는 것이다.[17]

석씨가 어찌 일찍이 이 理가 간격 없이 가득 차있으며 그치지 않
고 유행함을 알았겠는가! 만약 그가 이것을 알았다면 반드시 理
없는 곳을 찾아서 스스로 편안하려고 하거나, 理 없는 때를 찾아서
제멋대로 하지 않았을 것이다.[18]

이상의 언급들은 모두 불교에서 결여되기 쉬운 性에 대한 인식의 소
홀을 지적한 것이다. 즉 불교에서 空寂을 본체로 보는 것은 천명이 유
행하고 현상과 분리되지 않는 이치에 대한 분명한 자각이 부족하다는
것이다. 농암은 그와 같이 본체(성리학의 입장에서 견지하는 理)에 대
해 이해하지 못하는 주된 원인을 불교에서 강조하는 '心'에서 찾고 있
다. 비록 불교가 오랜 시기 동안 유학에서 드러내지 못했던 本心에 대

---

16) 위와 같은 글, 권32,「雜識」, 25판 좌. "說心而曰靈明不昧·曰惺惺寂寂, 皆
   佛氏之所先道, 而吾儒不嫌於言之者, 以其理同也. 曰具衆理·曰萬理咸備, 佛氏
   之所未道, 而吾儒獨明言之, 則所不同者, 正在於此耳."
17) 위와 같은 글, 31판 좌. "佛氏未嘗不言性, 然其所認而爲性者, 實此心之神識
   靈覺, 於天命物則之理, 了無所見. 故以空寂爲體, 顚倒爲用, 所以有上二者之
   病, 皆由於不識性耳."
18) 위와 같은 글, 30판 좌. "夫釋氏何嘗見理之充塞無間·流行不息哉! 使其有
   見乎此, 則必不求無理之地以自安, 無理之時以自肆矣."

해 주목은 하였으나, '그 추구하는 바는 다만 靈明知覺일 뿐이요, 性命의 실체에 대해서는 알지 못했다'고 비판하는 것이다.[19] 농암이 불교를 비판하면서 거론한 심의 의미를 간추려 보면 다음과 같다.

○ 불교에서는 本心의 靈明知覺만을 구한다.
○ 空의 虛寂상태로 돌이킨다면 靈明妙用이 드러나지 않음이 없다고 한다.
○ 불교에서 심을 靈明不昧・惺惺寂寂라고 말하는 것은 유학의 이치와 같다.
○ 불교는 심의 神識靈覺만을 인식했을 뿐이다.

우리는 농암이 心에 관해 진술한 靈明知覺・靈明妙用・靈明不昧・惺惺寂寂・神識靈覺 등의 언급을 통해 불교에서 강조하는 心에 의미에 부정적 입장을 취하지만은 않았음을 알 수 있다. 기존의 유학자들은 성리학의 토대가 확립되기 이전에 本心에 대한 이해가 없었을 뿐이라고 생각하였으므로, 본심의 각성을 촉구하는 불교의 주장을 일축하지 않았던 것이다. 문제는 불교에서 심의 영명성을 인정하고 밝히려는 노력만을 할 뿐, 본성에 대한 이해가 부차적인 문제로 전락된다는 우려에서 비롯된다. 즉 기존 유학에서 간과해왔던 본심의 중요성을 강조한 불교의 출발점은 인정하지만, 性命의 이치를 보지 못하고 심만을 추구하는 한계가 있다는 것이다. 따라서 농암은 성명의 이치에 근본한 治心이 중요하며, 심과 성의 명확한 구분의 필요성을 제기한다.

그러나 농암이 심과 리의 관계에 대해서 양자의 구분만을 주장하는 것은 아니다. 역설적으로 '明心見性'하려는 불교의 논리가 심과 성의

---

19) 위와 같은 글, 24판 좌. "佛氏之徒, 獨先窺見此意, 直指本心, 教人自求, 雖其所求者, 只是靈明知覺, 而於性命實體未有見焉. 然其所見之親切, 用力之專精, 豈世之儒者所能及!"

상대화를 초래할 수 있으므로 '不離'의 입장에서 접근하기도 한다.

> 주자의 말에 心과 理를 한 가지라고 한 것이 있고, 또한 두 가지라
> 고 한 것도 있다. 한 가지라고 한 것은 불가 때문에 말한 것이요, 두
> 가지라고 한 것은 육상산 때문에 말한 것이다. 心이란 理의 器이며
> 理는 心의 道이니, 리가 아니면 심이 준칙(기준)할 바가 없고, 심이
> 아니면 리는 운용할 수 없다. 그러므로 진실로 서로 떠날 수도 없고
> 또한 서로 섞일 수도 없는 것이다. 석씨는 理를 心의 장애로 생각하
> 여 理를 제거하여 心을 밝히려고 하였는데, 이것은 두 가지 존재라
> 고 판단한 것으로 서로 떠나지 않는다는 묘미를 보지 못한 것이다.
> 그러므로 주자는 한 가지라고 함으로써 바로 잡은 것이다.[20]

위의 인용문은 불교에서 심성을 두 가지로 언표하는 것에 대한 비판
에서 나온 것이다. 그는 종래의 道와 器의 관계를 통해 유학에서 주장
하는 理는 心과 독립된 존재도 아니며, 동시에 심이 지향해야 될 기준
점으로 분명히 내재하고 있으므로 리와 심은 떠날 수도 뒤섞일 수도
없는 긴밀한 상호관계를 통해 설명한다. 즉 '심이란 리의 器이며 리는
심의 道이므로, 리가 아니면 심이 준칙(기준)할 바가 없고 심이 아니면
리는 운용할 수 없다'는 不離不雜의 관계가 제시되는 것이다. 그중에서
농암은 불교의 논리가 理를 심의 장애요인으로 보고 리를 제거하여 심
을 밝히고자 하는 분리상태로 인식하였다고 본다. 따라서 이것은 리와
의 구분을 통해 심을 밝혀가려는 것이므로 양자가 서로 떠날 수 없는
不離의 오묘한 관계임을 이해하지 못하는 것이라고 비판하는 것이다.

또한 농암은 불교가 본래 眞如와 生滅이라는 심의 두 상태를 확연히

---

20) 「農巖集」권32, 26판 좌. "朱子之說, 有以心與理爲一者, 亦有以爲二者. 以爲
　　一者, 爲釋氏言也. 以爲二者, 爲陸氏言也. 蓋心爲理之器, 理爲心之道. 非理
　　則心無所準則, 非心則理不能運用. 是固不容相離, 而亦不容相混矣. 釋氏以理
　　爲心之障, 而欲去理而明心, 是則判以爲二物, 而不觀夫不相離之妙矣. 故朱子
　　以其一者而正之."

구분한 것은 아니라고 이해한다.[21] 다만 심을 하나는 청정한 眞心이라하고, 다른 하나는 혼탁한 垢染·生滅·妄相 등의 마음으로 설명하는것에 의문을 제기한다. 그렇게 된다면 진심과 생멸이라는 심의 두 양상으로 상대화시키는 오해의 소지가 있기 때문이다. 이 점은 불교의「大乘起信論」의 논지가 변화하는 生滅의 세계와 불변하는 眞如의 세계가 어떻게 평등하냐는 문제, 즉 '一心開二門'의 구조[22]에 대한 농암 나름대로의 평가이기도 하다.

그러나 농암은 성리학자의 관점에서 심과 구별된 본체로서의 성의의미에 상대적으로 더욱 초점을 두고 있다. 농암이 보기에 불교의 明心見性의 논리는 결국 심과 성을 상대화시켜 心만을 강조하게 된다고보기 때문이다. 무엇인가 하나를 강조하는 것은 그와 차별화된 다른하나에 대한 인식에서 비롯되기도 한다. 一心을 통해 眞·俗의 中道를취하려는 의도는 이미 서로 다른 존재들에 대한 인정에서 출발하게 된다. 이러한 맥락에서 농암은 심과 리가 하나라는 주자의 언급이 불교를 비판하는데 유효하다고 판단하여, 不離的 측면을 역설한 것이다. 결국 心에 함몰되지 않는 性에 의미를 부여하려는 농암의 의도는 '심만을 보고 성을 보지 못했다' 혹은 '심을 주로 하고 리를 빠트렸다'는 비판으로 이어지면서[23], 심에 내재된 성의 의미를 중시하는 것이 유학의

---

21) 위와 같은 글, 25~26판. "佛氏本不以心性爲二物, 而其言時若有分別處. 如云'是心雖自性淸淨.'; 如云'心眞如是性體, 心生滅是相用'; 如云'依性起相, 會相歸性, 性相無碍, 都是一心.' 凡此皆非於心外別有性, 只眞心卽是性. 但爲與垢染·生滅·妄相等心相對, 故須著如此說. 蓋心是統言卽心, 而言其本體則曰性耳. 朱門人有謂'佛氏之性, 卽儒家之心, 佛氏之心, 卽儒家之情.' 其言遞降一等, 此似與渠所自言者不合, 而朱子以爲然, 或恐非定論也."

22) 불교에서는 오직 一心을 自體로 삼아 顯現할 뿐이지, 결코 사물 밖에 실재하는 실체를 인정하지 않는다. 즉 하나의 마음속에 존재하는 眞如門과 生滅門에는 모두 中道에 의한 空의 의미를 확인하고 理事諸法이 포섭되는구조로 본다(牟宗三 著, 정인재·정병석 공역, 「中國哲學特講」(원제:「中國哲學十九講」), 형설출판사, 1991, 310~341쪽 참조).

23) 「農巖集」 권32, 27판 좌. "此又陸氏之所以同乎釋氏者然也. 蓋其或判心與理

122

특성임을 부각시켜 나가는 것이다.[24]

성리학적 구도에서 性이 理라면 心은 氣의 범주에 속한다. 농암은 앞서 순자의 오류가 '氣와 性을 변별하지 못하여 선악의 근본을 탐구하지 않은 것'으로 비판하였고, 여기서는 영명한 本心의 각성을 촉구하는 불교의 논리 속에 성(리)에 대한 인식의 결여를 지적하고 있는 것이다. 기와 성의 변별·심 이외의 성에 대한 인식 등에 관한 그의 진술은 심성의 합일에 대한 우려가 담겨있다. 심은 리의 도구로서 심이 아니면 리는 운용할 수 없는 점에서 심은 중요한 의미를 지니지만, 동시에 심이 지향해야 될 준칙에 대한 소홀을 방기할 수 없었던 것이다. 그렇다면 그러한 준칙과 기준으로서 자리잡는 (도덕적) 본성은 모든 존재자에게 동일하다고 말할 수 있는가, 나아가 본성의 보편적 내재성을 인정한다면 그것의 실현은 누구나 가능한가? 이와 관련된 논의는 다음 절의 인성과 물성의 동이여부를 통해 검토해보기로 하겠다.

爲二, 或合心與理爲一, 名言雖異, 而究其本, 皆見心而不見理, 要其實, 皆主心而遺夫理, 所以卒同歸於詖淫邪遁, 而亦不可以差殊觀也."

24) 참고로 삼연 김창흡은 念佛歌를 지을 정도로 山僧들과 돈독한 관계를 지녔다고 한다.(유호선, 「17C 후반~18C 전반 京華士族의 불교수용과 그 詩的 形象化」, 고려대 박사학위논문, 2002.) 그는 僧徒들로부터 進士大監이란 존칭을 받는 등 다른 성리학자들과 비교해 볼 때 상대적으로 불교에 대해 호의적 반응을 보였던 것이다. 그러나 그 역시 농암과 같은 맥락에서 心과 그 지향점인 理와의 차이를 통해 유학과 불교를 명시하려는 성리학자로서의 자세를 견지해간다(「三淵集」, 권19, 「答時淨問目」, 39판 우. "儒釋之所欲明者心之一字, 則儒之主理用功而心體自明, 釋氏主心用功而理致全昧者, 其故何也? 心者神明者也, 理則有準則條理. 以神明挾傍其準則條理, 有若相扶相載而行, 則終始着實, 而無脫空之患. 徒養其虛圓之神, 而不能以理爲準則, 雖能炳煥四達, 超忽無礙, 而其所處事裁物, 終欠著落, 以其能照而不能入, 能虛而不能實故也.").

2. 人性과 物性의 동일성 여부

1) 農巖 初年의 人物性異論

　理에 기초한 본성의 내재 및 性善의 확신은 호락논변 이면에 성리학자들이 보편적으로 지니고 있었던 공통적 인식토대이다. 농암은 '初年'[25)]에 유배 중이던 송시열을 자주 찾아가 의견을 교환하였으며, 1678년에는 「서경」・「중용」・「맹자」 등에서 의심난 주석이나 처신에 관해 조목별로 질문하기도 하였다. 그중 이후 湖學과 洛學의 학자들 사이에 논란이 되었던 것은 「中庸」 首章과 관련된 그의 問目(「上尤齋中庸疑義問目」) 내용이다. 총 6조목으로 구성된 내용에서 낙학의 일반적 경향과는 달리 농암이 호학의 주장처럼 人物性異論의 입장을 취하고 있으므로 이와 관련된 해석상의 논란을 야기시켰던 것이다.

　「중용」은 주자가 四書로 분류하여 정리한 이후 성리학에서 매우 중시하던 책이다. 특히 首章 첫 머리에서 언급한 "天命之謂性, 率性之謂道, 修道之謂敎."라는 15자 속에 드러나는 天・性・道・敎 등의 개념은 유학 사상을 이해하는 관건이자 총강령이다. 湖洛論辨 과정에서도 이 구절의 해석과 관련된 학파의 견해차이가 드러나기도 한다.[26)] 그중 다

---

25) 필자가 '초년'에 주목하는 것은 김창흡・어유봉 등이 제시하듯이 농암 말년의 견해나 저작들과 차별성을 강조하기 위해서이다. 즉 그의 말년의 저작들에서는 초년과 상반된 견해가 제시되고, 후학들은 이에 근거하여 호학과 대별되는 낙학의 특성을 견지해가기 때문이다.

26) 일반적으로 人物性同論者들의 典據를 「中庸」 首章 朱子註의 각 개체 속에 내재된 理는 보편성을 지니고 있으므로 人과 物의 本然之性은 동일하다는 언급에서 찾는다. 반면에 人物性異論의 전거는 「孟子」, 「告子章句」上 '生之謂性章'의 氣稟으로 인해 본성이 차이난다는 朱子의 주석을 부각시킨다. 그러나 동일하게 異論을 주장하는 한원진 역시 그 典據를 同論에서 주장하는 「中庸」 首章의 '天命之性'에 대한 朱子註에 바탕을 두기도 한다(「南

음의 명제는 성의 근거를 천에서 정초지었다는 점에서 특히 주목된다.

　하늘이 명한 것을 성이라 한다.[天命之謂性]

　천의 보편성이 개체의 본성으로 내재화되었음을 언명하고 있는 위의 구절에서 주자는 '命'을 천이 음양오행을 통해 만물을 변화하고 생육함에 기로써 형체를 이루어주고 리 또한 부여해 준 것이 마치 명령하는 것과 같다고 해석한다.27) 종래에는 리와 성의 개념차이28)에도 불구하고 주로 '성이 곧 리(性卽理)'라는 양자의 동질성 측면에서 논의되었다. 그러나 하늘이 만물에게 기와 리를 부여해주었다는 것은 氣(質)를 갖춘 모든 존재에게 부여된 理인가, 아니면 각각의 기질의 차이에 따라 저마다에게 부여해준 理인지가 문제되어진다. 다시 말해 기(질) 속에 부여된 '理'의 성격을 어떻게 규정하느냐에 따라 논의의 방향은 달라지는 것이다. 만약 '천명'을 글자그대로 '천이 명한 것'으로 해석하여 理 자체를 의미하는 천의 속성이 개체에 명령하듯이 그대로 내재된 것이라고 하면, 이때의 性은 천리의 본체와 차이가 없는 동질성을 유지하게 된다. 따라서 인간이나 동물에게는 기질에 따른 정도의 차이를 보일 뿐이므로 五常의 덕을 골고루 지닌다는 '人物性同論'의 洛論 주장으

　　塘集」卷10, 「答李公擧」 23판 우～좌. "此註(中庸章句)當爲性異之證, 而不當爲性同之案. …… 性與道同乎異乎? 以爲異則非敢知, 以爲同則人物之道異矣, 性安得同乎?"). 그러므로 낙학(동론자)과 호학(이론자)의 구분점을 경전과 그에 따른 주자의 주석차이로만 단정지어 보려는 것은 오해의 소지가 있다.

27) 「中庸章句」 1장의 주석. "天以陰陽五行化生萬物, 氣以成形, 而理亦賦焉, 猶命令也."

28) '性卽理'에 대해 주자의 제자인 北溪陳氏는 理란 천지 간 인물의 公共의 理를 두루 말한 것이라면, 性은 나에게 있는 理로써 천에게서 받은 도리이며 내가 소유하는 것이라고 구분하고 있다(「中庸章句大全」 首章 小註. "北溪陳氏曰: 性卽理也, 何以不謂之理而謂之性? 蓋理是泛言天地間人物公共之理, 性是在我之理, 只這道理受於天, 而爲我所有, 故謂之性.").

로 기울어지게 된다. 반면에 '天命'을 '천이 개체의 특성에 따라 그 속에 부여된 것'이라 하여, 이미 개체라는 다양성을 바탕으로 그 속에 담겨진 천의 속성을 性이라 규정할 수도 있다. 즉 성이란 다양한 개체의 기질적 차이를 전제로 하여 그 속에 부여된 각각의 理를 지칭하므로 저마다의 개체가 지닌 본성의 차이가 선천적으로 다르다는 주장도 성립될 수 있을 것이다. 따라서 인간이나 동물의 차이를 선천적으로 구별할 수 있다는 湖論의 '人物性異論' 주장이 제시되는 것이다.

그러나 '天命之謂性'에 대한 주자의 주석어서는 "사람과 만물이 각각 그 부여받은 바의 리를 얻음으로 인하여 健順五常의 德을 삼았다."[29]라고 포괄적으로 주석하고 있다. 이 구절은 性이란 하늘로부터 부여받았다는 性卽理의 근거로서 자주 원용되는 구절이지만, '각(各)'의 의미와 그 각자에 부여받은 리로 인해 성립된 덕성의 구체적인 설명은 생략되어 있다. 이에 대한 해명은 理의 동일성은 인정하지만, 性과 理의 동질성을 확보할 수 있는가, 즉 性卽理를 전제로 하는 성리학의 근거에 대한 명확한 이해를 요청하는 문제이다. 이와 관련하여 농암은 하늘로부터 부여받은 리가 현상계에서 차이가 없는지에 대해 송시열에게 다음과 같이 질문한다.

> (「중용」) 제1장의 주석에 "사람과 동물은 각각 하늘이 부여해 준 理를 얻음으로 인하여 健順五常의 덕을 삼는다."라고 하였습니다. 이것은 만물이 생겨날 적에 각각 五性을 온전히 하여 다시 사람과 구별이 없다는 것을 말하는 것입니까? 아마도 그렇지 않을 듯 합니다. 사람과 만물이 태어날 적에 본래 하나의 理를 동일하게 얻어 생겨나지만, 이미 이루어진 性[成性]은 치우치거나 온전한 차이가 없을 수 없습니다. 예를 들어 벌이나 개미들이 君臣관계를 유지하고·호랑이나 승냥이는 父子관계를 유지하여 仁하거나 義가 있지

---

29) 「中庸章句」 1장 註. "人物因各得其所賦之理, 以爲健順五常之德."

만, 단지 五性 가운데 하나만을 품부 받았을 뿐입니다. 다른 것들
에 미루어보아도 모두 그러합니다. 이것이 어찌 천명이 고르지 못
해서이겠습니까? 그 氣에 통하거나 막히는 것이 있어서 理가 그에
따라 치우치기도 하고 온전하기도 하는 것일 뿐입니다.[30]

  농암은 人과 物이 선천적으로 理를 동일하게 얻었다는 점은 긍정하
지만, 개체가 性을 이룬 이후에도 역시 동일한지에 대해 의문을 표시
한다. 예를 들어 사람은 仁義禮智 등 도덕적 본성을 전부 갖추었다는
것은 의심의 여지가 없지만, 여타의 존재자들은 그렇지 못한 현실을
지적하는 것이다. 동물들이 지닌 자연적 본능 가운데 벌이나 개미 등
은 군집 생활 속에서 상호 친밀감을 유지하는 것이 仁과 비견되고, 호
랑이나 이리 등 사나운 동물들도 그들 내부에서 일정한 위계질서가 있
는 것은 義로 유추될 수 있다. 그러나 그러한 것은 긍정적인 측면에서
조망된 일부분일 뿐, 결코 인간과 같은 숭고한 도덕적 본성을 온전히
갖추었다고 볼 수 없다는 것이다. 농암은 그 원인을 천명 자체가 고르
지 못해서 그런 것이 아니라, '기에 통하고 막힘이 있어서 그에 따라
리가 치우치고 온전하게 된다'고 진술한다. 보편적인 근원성을 의미하
는 리(一理)는 만상에 그 자신을 顯現시키면서 그 자신의 정체성을 유
지하지만, 현상계의 參差不齊한 기의 제약으로 인해 개체의 본성이 저
마다 동일할 수 없다는 것이다. 이것은 근원적 리를 보편적 一者로 정
의하는 이상, 현상계의 특수성은 氣로 설명할 수밖에 없는 주자학의
기본전제에서 도출된 것이다.
  또한 농암은 기질의 차이로 인해 그 속에 내재된 리도 만물이 저마

---

30) 「農巖集」 권12, 「上尤齋中庸疑義問目」, 18판 좌. "第一章註 '人物因各得其
  所賦之理, 以爲健順五常之德.' 此謂萬物之生, 各全五性, 更與人無別耶, 抑恐
  有不然者. 人物之生, 固同得一理以生. 然旣成性矣, 不能無偏全之殊. 如蜂蟻
  之君臣, 虎狼之父子, 或仁或義, 只稟得五性之一耳. 推之他物皆然. 此豈天命
  之不均哉! 亦其氣有通塞而理隨以偏全耳."

다 다르다는 인성과 물성의 차이를 「孟子」의 '生之謂性章'에서 주자가
풀이한 다음과 같은 진술에서 근거를 찾기도 한다.

> 생각건대 性이란 사람이 하늘에서 얻은 바의 理이며, 生이란 사람
> 이 하늘에서 얻은 바의 氣이니, 성은 形而上者이며 기는 形而下者
> 이다. 사람과 동물이 태어날 적에 이 성을 두지 않음이 없고 역시
> 이 기를 두지 않음이 없다. 그러나 氣로써 말하면 지각하고 운동하
> 는 것은 사람과 동물이 다름이 없는 듯하지만, 理로써 말한다면 仁
> 義禮智의 품부를 어찌 동물이 얻어서 온전히 하겠는가? 이것이 사
> 람의 본성이 선하지 않음이 없고 만물의 영장이 되는 근거이다.[31]

농암은 주자의 주석 중 "理로서 말한다면 仁義禮智의 품부를 어찌
동물이 얻어서 온전히 하겠는가?"라는 구절에서 인성과 물성의 차이를
명확히 설명한 것으로 보았다. 현상계의 차별성을 기로 돌리고 그에
따라 개체에 내재된 性이 차이난다는 점에서 권상하는 기질지성에도
선악이 항존한다는 근거로 활용하기도 한다.[32] 또한 농암은 성의 條目
이 지니는 의미를 분석함으로써 다음과 같이 인성과 물성의 차이점을
주장한다.

---

31) 「孟子」, 「告子章句 上 '生之謂性章'」 주석. "愚按性者人之所得於天之理也,
生者人之所得於天之氣也. 性形而上者也, 氣形而下者也, 人物之生, 莫不有是
性, 亦莫不有是氣. 然以氣言之, 則知覺運動, 人與物若不異也; 以理言之, 則
仁義禮智之稟, 豈物之所得而全哉! 此人之性所以無不善, 而爲萬物之靈也."
32) 「寒水齋集」 권13, 「勉齋說一條」, 24〜25판 참조. 나아가 그는 '기질에서 벗
어날 수 없다면 인간의 도덕적 본성은 어디서 확보될 수 있을까?'라는 회
의적 질문을 가정하여, 氣不用事인 미발상태의 특정 상태를 제시한다. 즉
기질지성이 본성의 선함으로 직결되기 어려운 난점을 해명하기 위해 미발
상태에서는 기가 작용하지 않으므로 리는 스스로 밝은 모습을 유지할 수
있다고 말한다. 이와 같이 미발에서 (기의 청탁에 따른) 기질지성이 존재
하느냐의 여부는 호락논변의 중요쟁점 가운데 하나였다.

그렇다면 이 장(「중용」 1장 주자의 주석)에서 말한 것은 만물이 각
각 오성을 갖추어서 더 이상 사람과 구별이 없다는 것이 아니라, 사
람과 만물이 동일하게 이 理를 얻어 性으로 삼는데, 성의 조목에 이
다섯 가지가 있을 뿐임을 말한 것입니다. 대체로 동물은 본래 이 다
섯 가지를 온전히 할 수는 없지만 다섯 가지 외에 다시 별도의 성도
없으므로, 사람과 동물을 함께 거론하여 하나의 성을 똑같이 부여받
았다고 말한 것입니다. 그 통하고 막히며 치우치거나 온전한 차이가
없을 수 없지만, 여기서는 논할 겨를이 없었을 뿐입니다.[33]

위의 인용문에서 그가 만물공통의 기준이자 내재화된 理를 부인하는
것은 결코 아님을 알 수 있다. 사람과 만물이 동일하게 리를 얻어 성
으로 삼았다는 주자의 일반적 주석에는 동의하지만, 개체의 본성에는
통함과 막힘, 치우침과 온전함에 따른 차이를 간과해서는 안 된다는
것이다. 당시 논쟁이 되던 개념을 원용하면, 繼善으로서의 동질성은 인
정하면서도 동시에 成性의 차이성을 구별하고 있다고 할 것이다. 성리
학자들의 시각에서 보면, 인간의 본질 또는 도덕적 본성으로서의 性은
天道・天命이 내재화된 실체로서 선천적으로 본래 '이루어진 성[成性]'
이다. 「주역」에서 '成性存存, 道義之門'이라고 제시하였듯이, 천도가 개
체에 내재하여 이루어진 성을 보존하여 잃어버리지 않는 것이 道義라
는 지향점에 이른다는 수양의 노력 및 도덕적 당위법칙이 정립된다.[34]
그러나 인간 이외의 여타 존재자로 범위를 확대시켜 본다면, 그 '이루
어진 성'은 선천적인 기질의 차이로 인해서 개체마다 다양한 형태와
각자의 지향점을 지니게 된다. 이러한 측면에서 사람과 만물이 지닌

---

33) 「農巖集」 卷12, 「上尤齋中庸疑義問目」, 19판 우. "(是故朱子於「孟子」'生之
爲性章', 論之曰: '以理言之則仁義禮智之稟, 豈物之所得以全哉.' 卽此一語,
剖判甚明矣.) 然則此章所云, 非謂萬物各具五性, 更與人無別也, 亦言人物同
得是理以爲性, 而性之目有是五者耳. 蓋物固不能全此五者, 而五者之外, 更別
無性, 擧人物而言, 同此一性. 若其通塞偏全之分, 未嘗無也, 而此不暇論耳."
34) 최영진, 「유교사상의 본질과 현재성」, 성균관대 출판부, 2002, 133쪽.

리의 동일성을 인정하면서도 성의 조목을 세분화시켜 그 차이점을 규명하려는 농암의 진술도 이해될 수 있을 것이다.

위와 같은 농암의 주장에 대하여 송시열은 "「장구」에서는 대체로 인간과 동물이 동일하게 이 성을 얻었다는 취지로 말했으나, 「혹문」에서 비로소 치우치거나 온전한 차이를 자세히 갈했으니, 종합적으로 보아야 그 의미가 다할 것이다."[35]라고 답한다. 즉 관점에 따라 본성의 동일성과 차이성을 동시에 설명해낼 수 있다고 답했을 뿐이고 구체적으로 단언하지 않았던 것이다. 훗날 김원행은 송시열의 중립적 태도를 호학 측에서 자신들의 전거로 삼는 것에 대하여 불만을 토로하기도 한다.[36] 그러나 초년의 농암 주장이 낙학과 대비된 호학의 견해와 일치된다는 측면을 피할 수 없을 것이다. 예를 들어 한원진은 "형체를 이룬 기가 다르고 부여받은 바의 리 또한 다른즉, 사람과 동물의 본성은 다르다."[37]라고 인성과 물성의 차이를 분명히 하였다. 즉 '性'이라 명명할 수 있는 것은 氣로 인해 구체화된 상태에서 그 속에 내재된 리를 지칭한다고 보기 때문에 기의 차이에 근거한 리의 차이를 역설하여 '因氣質' 개념을 내세우게 된다.[38] 만약 다양한 기로써 구체화되지 않

---

35) 「宋子大全」, 권93, 5판 우. "「章句」槩言人物同得此性之意, 而「或問」始詳言偏全之異, 合而觀之, 其義乃盡."

36) 「渼湖集」 권8, 「答金天根」 10판 우. "尤翁所答, 雖若無明白剖破, 而善看之, 則蓋亦無疑. 所謂「章句」槩言人物之同, 「或問」詳言偏全之異'者, 安知非以「章句」爲專論本然, 「或問」爲兼論氣質, 以是而爲論性之義大備耶? 未信其必爲湖說之證也."

37) 「경의기문록」 권2 「중용」 11판 좌. "成形之氣不同 所賦之理亦異 則人物之性不同矣"

38) 졸고, 「南塘 韓元震의 「中庸」註釋에 관한 연구」, 「한국사상사학」 13, 1999. 因氣質의 因이란 말미암다·의지하다 등의 원인이나 근거를 뜻한다. 그는 또 다른 표현으로 '隨·兼·由' 등의 용어를 사용함으로써 성의 개념설정에 일차적인 조건이 기질에 근거하고 있음을 주장한다. 그러나 주의할 점은 인물성 異論의 주장이 氣質 자체에 강조를 두고 있지 않다는 점이다. 오히려 기질의 차이로 인하지만 동일한 種안에 있는 구체적인 개별자들이

앉다면 그것은 여전히 리 자체일 뿐 아직 성이라 할 수 없기 때문이
다. 한원진은 바로 그러한 맥락에서 농암의 주장을 자신의 논지를 보
충하는 과정에서 재인용하기도 한다.[39] 이처럼 인물성논의와 관련된
초기의 농암 주장은 호학 측에서 반론의 증거로 삼을 정도로 그의 견
해는 훗날 낙학의 주장과는 거리가 있었던 것이다.

이상에서 농암이 초기에 인간과 만물의 본성이 다르다는 견해를 지
니고 있음을 검토해보았다. 性은 氣에 기초하여 정립된다는 정의에 충
실함으로써, 기의 通塞이라는 현상계의 차별적 양상에 따라 그 속에
내재된 리도 역시 偏全의 차이를 드러낸다는 것이다. 따라서 기존의
농암의 인성물성론과 관련된 연구성과는 주로 이 저작(「上尤齋中庸疑
義問目」)에 근거함으로써 그의 사상을 人物性異論으로 단정지었던 것
이다.[40] 그러나 낙학의 많은 학자들이 그들 이론의 근원을 농암으로
소급하고 있듯이 농암의 학설은 낙학의 뿌리이며, 그 주요 핵심내용
가운데 하나는 인물성동론이 자리하고 있다. 만약 농암의 본성에 대한
견해가 앞서 검토한대로 인물성이론을 견지하고 있다면, 인물성동론을
주장하는 후학들로서는 딜레마에서 벗어나기 힘들 것이다.[41] 앞 장의
「四端七情說」에서 농암에게는 퇴계와 율곡의 종합적이고 절충적 측면
이 있듯이, 그의 인성물성에 관한 견해에서도 異論과 同論의 견해가

지향해야 될 또 명확한 표준의 설정을 확보하려는 것이다. 즉 이러한 개체
류마다의 차이에 근거하여 失性하지 않고 각 개체가 지향해야 될 본연에
대한 지향목표를 설정해 두는 것이기 때문에, 그 근거와 결론으로서 인간
과 동물의 본성이 선천적으로 다르다는 차이점을 주장하게 되는 것이다.

39) 「南塘集」 권11, 41판 좌. 여기서 한원진은 「중용문목」에서 제기된 농암의 글
전체를 인용한 후, "어찌 초목·금수가 모두 오상의 전체 덕을 구비하였다
고 생각하여 사람과 같지 않음이 없다고 말하는가?"라고 이간을 비판한다.

40) 예를 들어 이병도의 경우는 「한국유학사」(아세아문화사, 1987) 385쪽에서
호락논의가 본격화되기 이전시기는 農巖뿐 아니라, 尤庵·玄石·遂庵 등이
모두 人物性異論을 주장했다고 보고 있다.

41) 김용헌, 「農巖 金昌協의 人物性論과 洛學」, 「인성물성론」, 한길사, 1994,
147쪽.

부분적으로 공존해 있었다. 그러므로 농암의 인물성에 관한 논의가 단순히 人物性異論에서만 그치는 것이 아니라, 人物性同論의 측면에서도 접근할 필요가 있다.

2) 洛學내부의 비판적 논의

농암이 人物性異論의 색채를 피력했다는 사실은 후대뿐 아니라 당대에서도 많은 논란이 야기되었던 문제이다. 그러한 주장은 농암의 동생이자 낙학의 계승 발전에 중요한 역할을 담당하였던 삼연 김창흡을 중심으로 불거져 나왔다. 그러나 당시 서울 경기지역 학자들의 논의는 권상하와 그의 후학들에 의해 진행되었던 湖學내부의 논의와는 별도로 이루어졌다. 이 논쟁은 농암 형제의 문인들인 이현익, 어유봉, 박필주 사이에서 주로 논의 되었다. 인물성동이문제와 관련하여 볼 때, 1715년 正庵 李顯益(1678~1717)은 杞園 魚有鳳(1672~1744)과 함께 금수의 五常문제와 미발시의 기질에 선악이 있는지 여부에 관해 논의하였다. 두 사람은 농암 사후 스승으로 모시고 있던 김창흡에게 질정을 구하게 되었고, 김창흡은 어유봉의 견해를 지지하면서 낙학의 입장을 명확히 다져간다. 예를 들어 어유봉의 견해를 지지하던 김창흡은 1716년 어유봉·金時佐·金時敏 등의 제자들과 함께 積石庵(삼각산)에서 독서하고 20여 일간 주야로 토론을 가지기도 하였다. 이들 낙학내부의 논변 양상은 마치 권상하가 문하생인 한원진과 이간의 질정을 받고 한원진의 입장을 지지함으로써 한원진의 견해가 호학을 대표하는 주도적 위치로 부상하는 것과 비슷하게 전개된다. 이는 호학 내에서 이간이 낙학의 입장을 대변해 주었다면, 낙학 내에서는 이현익이 호학의 입장을 담당했다는 것을 의미하기도 한다.[42]

---

42) 문석윤, 박사학위논문, 115~121쪽 참조.

김창흡은 이현익과 어유봉의 논란의 전말과 그에 대한 질정을 요청받고 저술한 「籤論李顯益禽獸五常說」에서 사람과 만물의 본성이 같다는 어유봉의 주장을 지지한다. 어유봉은 개별 사물에 있는 리는 비록 그 기질을 따라 치우침이 없을 수 없으나, 그 본체의 혼연함은 애초부터 온전하지 않은 적이 없다고 보았다. 리의 본체는 기의 偏全 때문에 더하거나 덜하는 것이 없다고 생각하기 때문이다.[43] 이러한 견해는 앞서 살펴본대로 인물성 異論의 입장을 지녔던 농암의 주장과는 상반된 것이었다. 그러나 이현익은 농암이 우암에게 보냈던 진술을 근거로 반론을 제기한다. 만물에 부여된 천명의 측면에서 말한다면 健順五常은 존재일반에 보편적으로 갖추어진 것이지만, 사람과 物이 생성된 후로부터 말하면 사람은 건순오상을 갖추었지만, 物은 그렇지 못하다고 보기 때문이다.[44]

이에 대해 김창흡은 어유봉의 견해를 지지하면서 이현익이 근거로 삼는 농암의 견해는 정설이 아닌 초년 미정설이라고 변론한다. 그는 자신에게 수학하였던 李載亨을 방문해 그가 그려 보냈던 天命圖를 중심으로, 인물성론과 관련된 토론을 한 후 1717년 다음과 같은 견해를 피력한다.

대체로 낙학 학자들 사이에서 人과 物이 품부 받은 五常이 같으냐 다르냐의 새로운 논의가 있는 것은 權遂庵으로부터 나온 것이니, 우리들은 다만 「중용」 수장 주석만을 믿고 새로운 견해를 따르지 않을 것입니다. 그림[天命圖] 중에 橫生이나 倒生한 것도 모두 오상을 머금고 있다는 것은 「중용」의 취지에 꼭 들어맞는 것으로 매우 통쾌하다고 생각됩니다. 돌아가신 형(농암)께서 이 항목을 논하면서도 또한 「맹자장구」를 자세히 보지 못하여 막힌 곳이 있었으니, 감히 初年 未定說로 돌리고 따르지 않으려고 합니다. 尤齋(송시열) 선

43) 「杞園集」, 권15 李仲謙에게 답한 7편의 편지글 참조.
44) 「正庵集」, 권5, 1판 우 참조.

생도 여기에 대하여 또한 적확한 답을 내리지 않았습니다.[45]

작고한 형의 문집(「農嚴集」) 가운데 우암에게 질정한 五常說은 본래 확정되지 않은 설로서 편집할 때에 뒤섞여 실린 것이니 빠져야될 것입니다. 나와 그 문도 중 안목 있는 자들은 감히 그 글을 지워버리려고 합니다.[46]

김창흡이 형의 견해가 初年 未定說이라는 완곡한 표현으로 옹호한 것은 농암사상이 그 후 변화가 있음을 암시한다. 마치 주자의 中和說에서 中和舊說을 초년의 未定說이라하고 中和新說을 定論으로 규정하듯이, 未定이란 말은 아직 정론으로 확정하기 이전의 다양한 사상적 편력에 지나지 않는다는 의미로 사용한 것이다. 그렇다면 농암의 정론이 무엇이냐를 고찰하기 이전에 후학들의 반응을 구체적으로 검토해 볼 필요가 있을 것이다.

우리는 농암의 사상을 직접 계승한 제자 어유봉이 권상하에게 편지를 써서 五常說에 관한 자신의 견해를 밝히는 글에서 그러한 의혹이 해소될 실마리를 찾을 수 있을 것이다. 어유봉의 「연보」에 의하면, 권상하 문하의 이간과 한원진이 '금수에게 五常이 갖추어졌는가, 갖추지 않았는가'[禽獸五常具不具]를 놓고 쟁론을 벌였다. 그들은 각각 하나의 설을 주로 하면서 권상하에게 질문을 하자, 권상하는 두 측 모두 긍정하면서도 상당히 한원진의 설에 치우쳤다. 당시 어유봉의 의견이 호학측에 제대로 전달되지 못한 상황이고, 농암의 견해 역시 초년의 오상설과 만년에 개정된 정론이 모두 문집에 수록됨으로써 학자들의 혼동

---

45) 「三淵集」 권19, 19판 좌~우. "蓋洛中有五常之稟人物, 有同異底新論, 出自權遂菴, 鄙輩只信「中庸」首章註, 而不從新論矣. 圖中以橫生倒生者, 均冒五常, 脗合於「中庸」之旨, 覽者以爲大快. 亡兄論此一款, 亦未活看「孟子章句」, 而有所拘滯, 敢謬以初年未定說, 而以爲不可從. 尤齋於此, 亦無的答矣."

46) 위와 같은 글, 21판 좌. "亡兄集中, 五常說所質于尤翁者, 自是未定之說, 而編摩時混載, 爲可欠. 翁與其門徒有眼目者, 輒敢判捨之矣."

을 가져오기도 하였다.

어유봉은 천명의 전체를 함유한 本然의 理와 기품에 따른 乘氣의 理에 대한 종합적 인식을 통해 양자의 갈등을 봉합하려 한다.[47] 즉 그의 견해는 삼라만상에 두루 내포된 태극본체가 존재일반에 보편적으로 내재된 본성으로 인정하는 데서 출발한다. 그러나 만물에 내재된 이치는 기품에 따른 통함과 막힘 등의 편차를 보이므로 偏全大小의 구별을 간과하지 않는다. 반면에 기로 환원될 수 없는 리의 특징을 고려할 때, 리는 여전히 리이고 기는 여전히 기라는 양자의 본질적 차이를 통해 본체의 온전함을 망각하지도 않는다. 주자와 율곡의 언급에서 그 근거를 찾은 그는 "그 차이점은 기를 타고 있는 이치요, 공통점은 본연의 리이다."(蓋其異者, 乘氣之理, 而其同者, 本然之理也.)라고 주장한다. 본연의 측면에서 공통성만을 알고 기와 연관된 차이점을 무시하는 것은

---

47) 이하의 내용은 「杞園集」(「年譜」 권1, 508쪽)에 수록된 어유봉의 다음과 같은 진술을 토대로 작성된 것이다. 그의 주장은 이후 서울 경기지역 낙학계열 학자들에게서 공통적 인식으로 자리한다고 판단되므로 길지만 전체 원문의 내용만을 소개하기로 하겠다.
"太極本體, 沖漠無眹, 而陰陽五行之理, 已悉具於其中, 雖初無仁義禮智之名字, 而五者體段, 合下完具, 是乃天命全體也. 人物之所得以爲性者, 莫非此箇全體, 則所謂健順五常, 豈有一物之不具哉? 但理之在物, 隨其氣稟, 而互有通蔽, 故不能無偏全大小之別. 此朱子所謂 '氣有許多, 故理亦有許多'者也. 理雖墮在氣中, 而理自理·氣自氣, 不相挾雜, 故偏全大小雖不一, 而其本體之全, 則未嘗不自若也. 此栗谷所謂 '理通氣局'者也. 蓋其異者, 乘氣之理, 而其同者, 本然之理也. 徒知本然, 而不察乘氣之異, 則迷分殊; 但言乘氣, 而不原本然之同, 則昧本然. 程子所謂 '不明不備'者, 正謂此也. 是故從古賢聖之論性, 有分人物而言者, 有合人物而言者. 故朱子釋「孟子」則曰 '仁義禮智之稟, 豈物之所得以全哉?' 又曰 '知覺運動之蠢然者, 人與物同, 而仁義禮智之粹然者, 人與物異.' 釋「中庸」則曰 '人物之生, 各得其所賦之理, 以爲健順五常之德.' 又曰 '在天在人, 雖有性命之分, 而其理則未嘗不一. 在人在物, 雖有氣稟之異, 而其理則未嘗不同.' 此兩說者, 各有所主, 理不相悖, 則固不可偏廢, 而亦不可混言也. 「大全」黃商伯問正疑彼此之逕庭, 故朱子以 '一原異體'兩下說破. 其曰 '理同而氣異'者, 「中庸章句」意也; 其曰'氣猶相近而理絶不同'者, 「孟子集註」意也. 若不察乎此, 而必以理絶不同, 說一原之性, 則豈朱子之本旨哉?"

分殊된 현실에 미혹된 것이요, 역으로 차이점만이 부각되고 공통성을 잊는다면 大本을 알지 못한다고 생각하였기 때문이다.

그는 맥락의 차이에 따른 상반된 진술은 주자의 주석에서 불일치한 양상으로 나타난다고 설명한다. 예를 들어 「맹자」 주석의 경우가 인과 물의 차이점에 중점을 둔 표현이라면, 「중용」 주석은 양자의 공통점을 부각시킨 것이다. 「맹자」가 고자의 반론에 직면하여 지각운동하는 것은 모든 존재가 동일하지만 도덕적 본성은 인간만의 고유한 특성임을 논파한 점을 상기할 때, 주자의 주석은 동물에 비하여 상대적으로 인간의 영명성과 고귀함이 강조될 것이다. 반면에 「중용」은 천과 인물의 관계처럼 존재일반의 구조적 특성에 주목한 것이다. 건축물의 정밀한 설계도처럼 이미 짜여진 일정한 틀처럼 사람과 여타의 존재는 모두 하나의 원리, 洛學에서 그 원리는 어느 존재든지 빠짐없이 이치로 충일된 태극본체 혹은 천명전체로 규정되며, 그 결과 모든 존재는 동일한 본성의 소유자임을 긍정하는 것이다.[48]

이와 같이 하나의 理이지만 관점에 따라 乘氣한 理와 本然한 理는 달라질 수 있으므로 어유봉은 최종적으로 주자가 언급한 '一原異體'를 기준으로 삼아 두 설을 절충한다. 즉 「중용장구」처럼 리는 같으나 기는 다른 경우와 「맹자집주」에서처럼 기는 같으나 리는 절대 다른 경우가 있다는 것이다. 같은 측면과 다른 측면을 동시에 조망해야 된다는 그의 주장은 한원진과 이간의 대립적 견해를 지켜보면서 다소 한원진의 입장에 동의하였던 권상하의 견해와는 불일치한다. 왜냐하면 권상하의 주장은 (기품의 차이에 따라, 혹은 기의 측면에서 볼 때) 그때의 리는 절대로 같지 않다고 보기 때문이다. 따라서 그는 권상하의 견해

---

48) 김창흡의 경우, 「중용」과 「맹자」에서 주자의 주석이 불일치하다고 지적하는 것은 '全'자에 대한 몰이해에서 비롯된 것으로 보았다. 즉 도리를 온전히 발용하느냐의 여부가 인과 물의 차이를 동반할 뿐, 「맹자」와 「중용」의 실질적 의미는 같다고 생각하기 때문이다(「三淵集」 권19, 21판 참조).

에서 주자의 '一原異體' 의미가 異體와 一原의 혼동으로 이어지는 것을 감지했던 것이다. 아울러 권상하가 농암의 견해를 통해 자신의 입장에 힘을 얻고자 하였으나, 어유봉은 이마저도 비판적인 자세를 보인다. 왜냐하면 다음과 같이 스승 농암의 본성에 대한 견해는 초년과 말년의 입장 차이를 보여준다고 재반박하기 때문이다.

> (수암께서) 「農巖問目」을 인용하여 말씀하신 글은 그 논의가 대체적으로 명백하지만, 만약 자세히 주자의 취지를 검토해본다면 역시 약간의 착오를 피할 수 없을 것입니다. 대체로 그(농암)가 「집주」와 「장구」를 인용하여 '물은 이 다섯 가지를 온전히 할 수 없고 다만 다섯 가지 성 중의 하나만을 얻었을 뿐이다'고 한 것은 바로 이른바 만물의 제각기 다른 몸과 氣稟이 같지 않다는 측면에서 말한 것이요, 저 천명의 본연한 성을 말한 것이 아니기 때문입니다. 그렇다면 아마도 이 글은 바꿀 수 없는 정론이 될 수는 없을 듯하며, 더욱이 만년에 저술된 「書辨」·「雜識」의 설에 저절로 이와 같지 않은 것이 있지 않습니까?[49]

어유봉은 송시열에게 올린 「중용문목」의 내용을 농암의 초년 미정설로 보는 김창흡의 견해에 동의한다. 이와 같은 맥락에서 농암의 입장을 변호하는 것은 金元行이나 吳熙常[50] 등에서도 확인되는 낙학계열 학자들의 일반적 인식이었다. 위의 인용문에서 「書辨」이라는 것은 농암이 만년에 박세당의 견해를 비판한 편지글인 「與權有道論思辨錄」을 가리키며, 「雜識」란 농암이 평소 품었던 사색의 단편들을 모아놓은 철

---

49) 「杞園集」 권1, 「年譜」, 509쪽. "下敎, 引農巖「問目」曰云云, 此論大體明白, 而若細勘朱子之旨, 則亦不免少差. 蓋其引「集註」, 證「章句」, 而謂物不能全此五者, 只稟得五性之一'云者, 正所謂萬物異體, 氣稟不同之意, 而非所以語夫天命本然之性者矣. 然則恐此不得爲不易之定論, 況晚年所著「書辨」·「雜識」之說, 自有不如此者乎?"

50) 「老洲集」 권25, 「雜識」 26판 좌. "農巖於性說, 果有初晚之異焉. 其上尤齋一書, 卽初年說, 蓋深疑乎人物性同異也. 其「與權有道論思辨錄」書, 卽晚年定論."

학성이 풍부한 자료들이다. 어유봉은 구체적 설명 없이 두 편의 자료를 제시하면서 종래 인물성 異論은 농암의 입장을 대변하는 것이 아니라는 점을 분명히 한다. 다음 절에서는 두 자료를 중심으로 인성과 물성에 관한 농암의 견해를 재검토해보기로 하겠다.

3. 본성의 동일성과 具現 차이

1) 朴世堂의 人·物 분리에 대한 비판

농암의 본성관에 변화를 보여주는 자료는 1704년에 작성된 朴世堂의 「思辨錄」에 대한 비판서와 「雜識」[51] (특히 그의 성리설이 주로 언급된 內篇 Ⅱ) 등에 산재되어 있다. 그가 작고한 때가 1708년임을 상기할 때, 두 글은 주변 동료들과의 쟁론과 사상적 편력을 거친 이후의 晩年 定論이라 할 것이다. 그중 농암의 주된 비판대상이었던 「사변록」은 14년 동안의 장기적인 저술의 결과물로 유가경전 전반에 걸쳐 재검토를 시도한 註解書[52] 이다. 박세당의 주석 내용은 주자학에 기초한 당시 학술계의 일반적 접근에서 이탈한 경향이 크다는 점에서 많은 논란을 불러일으켰다. 당시 조선에서 주자학은 거의 교조적 경향을 띠고 있었으며, 노론과 소론의 갈등양상이 표면화되었던 상황을 고려할 때 그 파

---

51) 「農巖集」에 수록된 「雜識」는 內篇 3편(권31~권33)과 外篇 1편(권34) 등 총 4편으로 구성되어 있다. 「내편Ⅰ」은 1678~1679년, 「내편Ⅱ」는 1706년, 「내편Ⅲ」은 1690~1691년에 각각 작성된 것이다. 그리고 주로 詩·碑誌 등 문학비평과 관련된 내용이 수록된 「외편」은 1678년에 저술되었다.

52) 이 책은 「대학」(1책)「중용」(1책)「논어」(1책)「맹자」(2책)「상서」(4책)를 거쳐 「시경」(5책 미완성)을 연구하던 중병을 얻어 그치고 말았다. 아울러 그는 「사변론」 이외에도 당시 학자들 사이에 이단시되어 왔던 도가의 「新註道德經」과 「南華經註刪補」 등의 저술도 남기고 있다.

장은 더욱 컸던 것이다. 결국 주자학 강화를 통한 사회질서의 재건을 도모하려는 노론계 학자들의 격렬한 비판 앞에 尹鑴·朴世堂 등은 斯文亂賊으로 내몰리면서 공공의 비판대상이 되었다.

그러나 오늘날에 있어 학문적 성향이 주자학과는 달리 새로운 경전 주석을 시도했다[53]는 점에서 사문난적으로 몰아세운 반대 측 견해를 굳이 답습할 필요는 없을 것이다. 그보다는 당시 노론 측의 비판적 논의가 어떠했는가를 검토함으로써 그들의 사상적 갈등을 읽어내는 것도 유효한 시도라고 생각된다. 그에 대한 농암의 비판서로는 「與權有道論思辨錄辨」과 「與權有道再論思辨錄辨」이 있으며, 두 서찰은 문집의 한 권(卷15)을 차지할 정도의 큰 비중을 두고 있다. 이 연구 1장 시대적 배경에서 간략히 살펴보았듯이 박세당은 「李景奭神道碑銘」을 통해 송시열을 간접적으로 비방하였고, 주자와는 다른 입장에서 경전을 해석한 「思辨錄」은 노론 학계의 강한 비판을 받았다. 숙종은 당시 노·소론의 분쟁원인을 제공한 「사변록」을 儒臣들에게 검토하게 하였으며, 그 결과에 따라 모두 불사르도록 명하였다. 이 일에 직접 관여한 인물이 권상하의 동생인 권상유였으며, 주자학적 시각에서 그 이론적 근거를 적극 제공하고 철저한 비판을 가했던 인물이 바로 농암이었다. 그러므로 농암의 박세당 비판은 그의 견해가 주자학과는 다른 방향으로 전개되는 것에 대한 우려와, 송시열에 대한 학문적·정치적 방어를 통해 노론 측의 위상을 강화시켜나갔던 것이다.

농암의 비판내용, 특히 이 글은 농암 본성관의 변화를 규명하려는 의도에서 작성된 것이지만, 기존의 연구에서는 농암의 박세당에 대한 비판을 陽明學과 연계시켜 이해하기도 한다.[54] 그러나 농암이 박세당

---

53) 박세당과 관련된 기존의 연구는 주로 自主的 혹은 反朱子學의 경향 내지 탈주자학적 해석의 독창성 등으로 평가되었다. 안병걸, 「17세기 조선조 유학의 경전해석에 관한 연구」, 성균관대 박사학위논문, 1991 참조.

54) 조남호, 「김창협 학파의 양명학 비판: 智와 知覺의 문제를 중심으로」, 『철학』 39, 한국철학회, 1993; 조남호, 「나흠순의 철학과 조선학자들의 논변」,

을 지목하면서 양명학으로 변질될 우려가 있다는 비판을 곧바로 '박세당=양명학자'라는 관점에서 이단시했다고는 볼 수 없을 것이다. 주자학으로부터의 이탈이 곧 양명학으로 간주될 수 없으며, 퇴계 이래 이단으로 규정되어 부정적 시각으로 점철된 양명학을 박세당이 옹호했던 것도 아니다. 오히려 그는 유학과는 다른 老莊學에 심취하였으나, 노장에 대한 그의 이해도 전통적인 도가의 입장을 벗어나 유학의 현실적인 內實 측면에서 접근하기도 했다.[55] 그러나 결과적으로 「사변록」의 편찬을 통해 주자학을 추종하던 당시의 금기에 저촉되고, 나아가 노장사상의 장점을 취해 유학의 보강을 주장함으로써 점차 자기 시대의 斯文으로부터 이탈되었던 것이다.[56] 만약 농암이 양명학에 대해 비판적 태도를 적극적으로 취하려 했다면, 같은 시대 양명학의 거두였던 하곡 정제두(1649~1736)의 학문[57]으로 직접적인 비판의 화살이 돌아갔어야 했을 것이다. 그러나 농암의 정제두에 대한 직접적인 비판은 없으며, 陸王學에 대한 비판적 태도는 박세당이 아니라 주로 「雜識」와 趙聖期

서울대 박사학위논문, 1999; 조호현, 「농암 김창협과 숙함 김재해의 사상적 대립 연구」, 서울대, 석사학위논문, 2000 등 참조. 즉 정치적으로 노론에 속해 있던 김창협과 그 학파들이 소론을 공격하기 위해서 그들이 양명학에 동조적이라고 주장하는 등 異端비판을 통해 자신들의 黨論을 公論化하려는 시도라고 보는 것이다.

55) 배종호, 「박세당의 格物致知論」, 「이을호정년기념논총」, 1975.
56) 이성무, 「조선시대 당쟁사」, 동방미디어, 2000, 96쪽.
57) 정제두의 학문적 성향은 양명학 좌파에서 보여지는 사회규범의 무시와 욕망의 극대화보다는 체제의 안정과 점진적 개량을 추구하는 양명 우파적 경향을 보여준다. 즉 겉으로는 주자학자처럼 보이면서 속으로는 양명학을 추종하는 형식적인 陽朱陰王의 태도보다는 심성학이라는 유학의 공통분모 아래 주자학과의 대립보다는 상호 연대성을 유지하고 통일성을 지향했던 것이다(윤남한, 「조선시대의 양명학 연구」, 집문당, 1982; 이형성, 「다카하시 도루의 조선 유학사 연구의 영향과 그 극복」, 「한국사상사학」, 제14집, 2000, 참조). 이와 같이 양명좌파의 과격한 성향들이 조선조에 이르러 수정·보완의 과정을 겪었기에 양명학에 대한 김창협과 조성기 등의 완화된 수긍의 태도가 이어졌던 것이다.

와의 서신왕래 과정에서 보여진다.[58] 따라서 농암의 박세당에 대한 적극적인 비판을 양명학의 비판과 직접적으로 연관시키는 것은 유보해야 할 것이다.

박세당은 주로 당시 성리학자들의 태도에서 나타나는 空理空論을 꺼리면서 尹拯 이래 면밀하고 실천을 높이면서 '着實工夫'를 추구하는 소론 측의 학문경향을 보여주었다. 당시 소론은 송시열이 세도를 점유한 이래 노론보다 상대적으로 불우한 처지에서 관학에 대해 일종의 반감과 반발에서 異說을 제시하였고, 이는 주자학에 얽매이지 않는 학문태도로 이어졌던 것이다. 그러나 남인계의 윤휴와 소론계의 박세당은 노론으로부터 박해를 받기는 했으나 아직 주자학 이외의 다른 학문을 적극적으로 표방한 것은 아니었다. 다만 자신들의 사사로운 견해로 때로 주자와 다른 입장에서 경전을 해석하고 주장한 것에 불과하였다.[59] 다시 말해 박세당의 「사변록」에 대한 농암의 비판 내용도 그 초점이 양명학에 있었던 것이 아니었다. 박세당은 만물과 인간의 다름을 통해 양자를 구분하고, 객관적 상황에 따른 인간의 주체적 대응자세를 주장하기도 한다. 그러나 이러한 견해는 본성에 갖추어진 천리의 보편적 내재성에 주목하여 동물과는 달리 인간의 도덕 구현능력을 절대화시키려는 농암 및 그의 학맥에서는 수용될 수 없었다.

또한 농암과 박세당의 사상적 갈등양상에서 문제의 초점은 일부에서 제기하듯이 양명학과 관련된 지각논의에 있지도 않다. 농암이 보완의 측면에서 권상유에게 보낸 박세당 비판서는 대부분 본성과 미발논의에 국한되어 서술되고 있다.[60] 특히 「맹자」의 '盡心章'이나 「중용」 수장의

---

58) 노론 측의 정제두와 관련된 자료는 농암의 부친 김수항(「文谷集」)이나 그의 처남이었던 이희조(「芝村集」) 등의 문집을 통해 참고할 수 있다. 또한 陸王學에 대한 비판적 태도는 이 연구 1장 2절 김창협과 조성기의 교류부분에서 간략히 서술하였다.

59) 다카하시 도루, 이형성 역, 「조선유학사」, 예문서원, 2001, 295~296쪽 참조.

60) 처음 편지글은 25조목으로 구성되었고, 그 뒤 40조목 등을 보충하였다. 내

'性'을 중심으로 보여주는 농암의 치밀한 분석은 그의 박세당 비판의 핵심처가 무엇인지를 구체화시켜준다. 이와 같이 본성에 대한 몰이해를 통렬히 비판하는 농암의 견해는 그의 입장을 계승하던 후학들에서도 공통적으로 이어진다. 예를 들어 조선조 농암의 학맥에서 마지막 위치에 서있었던 艮齋 田愚(1841~1922)는 호락논쟁 이전의 인성물성에 관한 논의를 「讀湖洛前人物性說」[61]로 정리한다. 그는 먼저 주자의 「중용장구」 주석에 기초한 중국의 성리학자들의 회의적 반응을 검토한 후, 조선조에서는 박세당을 거론한다. 즉 박세당이 저술한 「사변록」의 내용을 변파하는 과정에서 농암의 구체적인 비판이 있었음을 명시함으로써, 호락논쟁 이전시기의 인성과 물성 동이여부에 관한 논의가 박세당과 농암 등에 의해 비로소 논점으로 부각되고 있음을 제시하는 것이다. 이 점은 농암의 박세당 비판의 중점이 인성과 물성에 관한 논의였음을 반증하는 것이라 생각된다. 이하는 본성문제와 관련된 농암의 주장을 박세당의 비판과정을 통해 구체적으로 살펴보기로 하겠다.

박세당은 「사변록」(특히 「中庸」 수장의 해석)을 통해 기존 성리학계의 일반적 인식과는 다른 주장, 즉 性卽理라는 명제를 통해 현상계의 모든 존재에 천리가 보편적으로 내재되어 있다는 것과는 다른 견해를 피력한다. 예를 들어 그는 다음과 같이 '마음의 밝음'[心明]을 통해 성을 설명하고 있다.

용이나 형식상으로 볼 때, 두 편지 모두 본성문제와 미발논의가 직접적으로 거론된 「中庸」에 대한 비판적 조목이 상대적으로 많은 영역을 차지하고 있다.

61) 「艮齋集」 前編, 권14 「讀湖洛前人物性說」, 40판 좌. "我朝朴世堂, 亦嘗妄論朱子四書註釋之誤, 而著爲「思辨錄」, 胡亂改定, 而其中亦以「庸」註人物性同爲非, 而有所譏評者焉. 〈自朝家取其錄而辨斥之 權瀟溪主其事, 以其說往復質正於農巖, 而其槩今見於「農巖集」.〉 …… 未審, 湖中諸君子於諸人, 妄論「庸」註之說, 將如何立論而痛闢之也. 此自是一重疊子之倚閣不得者, 區區竊爲諸君子憂之."

性이란 마음의 밝음[心明]이 받은 바의 천리로서 태어남과 더불어
갖추고 있는 것이다. 하늘에는 빛나는 이치가 있어 物이 이에 맞추
어 법칙을 삼는데, 이 이치와 법칙이 사람에게 수여된 것이 그 마
음의 밝음이 된다. 사람이 이미 천리를 받았으니, 그 마음을 밝힌다
면 사물의 마땅한지 여부를 고찰할 수 있을 것이다. 만약 사물에
대처하고 응함에 반드시 이것을 따를 수 있다면 혹시라도 거스름이
없을 것인즉, 사물에서 시행함에 통달하여 막힘이 없을 것이다.62)

위의 인용문에서 제시되듯 박세당은 성을 리로 보는 주자학의 틀에
서 벗어나 본성이란 '心明'이 받아들인 天理라고 규정한다. 인간의 마
음속에 내재된 천리를 인식하여 사물의 타당성 여부를 평가하고 적절
한 대처를 수행한다고 보는 것이다. 그는 또한 '리가 심에서 밝아진 것
이 성이 된다'(理明乎心爲性)라고 하여, 心과 性의 연계성을 설명한다.
性卽理의 차원에서 천리의 내재화를 인식함으로써 인간의 도덕적 본성
의 정립과 주체적 실천을 확보하려는 것은 성리학자들의 보편적 인식
이었다. 그러므로 박세당이 주장한 천리의 내재화와 그의 실현을 위한
심의 강조는 어느 정도 용인될 수 있을 것이다.63)

문제는 그가 성을 규정하면서 人과 物을 아우르는 주자의 통합적 인
식을 수용하지 않는다는 점이다. 농암은 학문(성리학)의 본령인 '성과
도는 인과 물에 공통적이다'는 시각에서 박세당이 萬物에 보편적으로
내재된 天理의 실재성을 인정하지 않는 것을 가장 큰 폐단으로 지적하
고 있다. 그것은 다음과 같은 본성관의 차이에서 기인한다.

---

62) 「中庸思辨錄」 '天命之謂性'註. "性者心明所受之天理, 與生俱者也. 天有顯理,
物宜之而爲則, 以此理則授與於人爲其心之明. 人旣受天理, 明於其心, 是可以
考察事物之當否矣. 苟處事應物, 能必循乎此, 無或違焉, 則其行於事物也, 有
通達而無阻滯也."
63) 물론 박세당의 이와 같은 인간주체의 실천 강조는 인간에 내재화된 천리를
기초로 전개되는 것 인만큼, 훗날 丁若鏞(1762~1836)이 '性嗜好說'을 통해
실천과정에서 획득되는 본성의 주장과 동일한 맥락에서 이해할 수는 없다.

사물이 비록 밖에 있긴 하지만 그 당연한 이치는 한 가지도 나의 본성 안에 갖추어져 있지 않은 것이 없습니다. 그래서 '만물이 모두 나에게 갖추어져 있다'라고 한 것인데, 지금 박세당은 다만 외물과 내가 서로 연관되어 있다는 뜻만 말하고 그 이치가 내 본성 안에 갖추어져 있다는 것을 말하지 않았습니다. 이는 아마도 天命·率性의 이치에 대해 전혀 아는 것이 없기 때문에 그러한 것이니, 깊이 논변할 가치가 없습니다.[64]

농암이 보기에 박세당은 인간과 만물의 분리를 통해 인간만이 천리를 소유한 존재라고 생각하는 편협된 오류에 빠져있다는 것이다. 물론 농암도 나와 외물의 교감을 통한 연관성을 인정하고 있지만, 그보다는 사물의 당연한 이치가 한 가지라도 결핍됨 없이 우리 자신에게 갖추어져 있다는 점을 부각시킨다. 농암은 그러한 오류는 '物'에 대한 개념의 불명확성에서 비롯된 것이라고 지적하기도 한다. 박세당은 '物이 사람에게서 취한 것인가, 아니면 사람이 物에게 나누어 준 것인가?'라는 반문을 통해 주체가 중심이 된 대상에 대한 대응을 주목한다.[65] 이때의 物이란 인과 구별된 초목·금수 등을 의미하는 것으로 대상을 처리하는 사람의 주체적 역할에 대한 강조로 이어진다. 그러나 농암은 物의 의미를 이와는 달리 인간의 행위 일반에 관계되는 모든 대상과 상황을 포괄하는 의미로 해석한다. 즉 군신·부자 등의 사회윤리나 처신의 행동 속에서 지켜야 될 규범 등 인간사 전반에서 접하게 되는 日用事物을 통칭하여 物로 규정하는 것이다. 인과 물이 보편적 이법(天理) 하에 존재하기 때문에 사람이 접하는 모든 상황들 속에 시공간적인 제약

---

64) 「農巖集」 권15, 19판 우. "事物雖在外, 而其當然之理, 無一不具於吾性之內. 故曰 '萬物皆備於我.' 今某只說得外物與我相關之意, 而不曾言其理之具於吾性, 此蓋於天命率性之理, 全無所見而然, 不足深辨也."

65) 위와 같은 글, 8판 좌~9판 우. "彼所謂物將取之於人乎, 人將分而與物乎者, 固不足多辨, 而辨語中人與物之性云云者, 似費間說話矣. …… 大抵彼於子思性道之說, 專認以爲人所獨得, 而物不與焉."

을 받지 않는 道를 확인하고 체험할 수 있다는 논리이다. 따라서 그는 인과 물의 분리를 통한 인의 주체적 대응과 수양을 강조하는 박세당의 주장을 수용할 수 없었던 것이다. 인과 물이 동일하게 性과 道를 받은 것이지, 박세당의 견해와 같이 物을 포함시키지 않고 오로지 사람만이 얻은 것이라고 볼 수 없다고 생각했기 때문이다. 인과 물을 상대화시키지 않으려는 사고는 萬物一原의 토대에서 나온 것이다. 농암은 재차 권상유에게 보내는 편지에서 天命之性과 관련하여 다음의 내용을 첨부할 것을 건의한다.

> 이는 「중용」에서 가장 중요한 뜻인데 논변은 오히려 소략한 것 같
> 으니, 이제 대략 다음과 같이 추가하시기 바랍니다. "생각건대 박
> 씨가 '性'자를 풀이한 것은 말뜻이 애매하여 이해할 수 없는 것이
> 있다. 성이란 만물이 근원을 같이하는 것으로 사람만 부여받은 것
> 은 아니므로 「장구」에서 '天命之性'을 해석할 때 반드시 인과 물을
> 겸하여 말하였다. 그런데 지금 박씨는 오직 '사람에게만 수여해주
> 었다'라고만 말하여 '物'을 빼뜨렸으니, 이는 하늘이 명한 성을 사
> 람만 소유하고 사물은 함께하지 못한다는 뜻으로서 성과 명의 이
> 치를 전혀 알지 못하는 것이다."[66]

농암은 사람은 만물과 기품의 차이에도 불구하고 본성이란 측면에서는 동일하게 하나의 근원으로 소급시켜 人과 物의 분리를 허용하지 않는다. '천명지성은 인과 물을 겸하여 말한 것이다'는 주장을 통해 인과 물의 상관관계 이전에 우리 인간에 내재된 본성의 소중함을 일깨우는 것이다. 이와 같이 근원의 동일성을 뜻하는 '一原'에 대한 강조는 낙학 계열 학자들에게서 보이는 공통적 특징 중의 하나로 이어진다. 반면에

---

66) 위와 같은 글, 25판 우~좌. 此是「中庸」第一義, 而辨語尙似草草, 今欲略添修日 "按某所解性字, 語意黙昧, 有未可曉者. 而性者萬物之一源, 非人之所獨得也. 故「章句」解天命之性, 必兼人物而言, 今某只言授與於人, 而遺却物字, 是天命之性, 人獨有之, 而物不得與也, 是全不識性命之理矣."

박세당의 견해는 인간을 포함한 만물이 공통적으로 본래 天理를 갖추고 있다는 종래의 관점과는 다른 것이므로 노론계열 성리학계에서는 公敵의 대상이 되었다. 박세당은 위에서 살펴보았듯이, 하늘의 밝은 이치는 만물에서는 마땅함의 법칙이 되고, 사람에게는 마음의 밝음[心明]이 얻은 것이라고 하였다. 사람이 태어남과 동시에 이미 천리의 순선함을 받았으며, 그것을 마음의 밝음이라고 이해하는 것이다. 이것은 天理의 보편성을 인정하는 것으로 인류의 근본적인 선함에 대한 동의로 볼 수 있다. 그러나 동시에 그가 제기하였던 '마음의 밝음'은 인간과 만물의 구분을 논하는 근거로 자리잡는다. 만물도 천리에 따른 자연계의 법칙에 적용을 받지만 인간과 같은 (밝은) 마음이 없다고 보기 때문에 인간존재를 차별화시켰던 것이다.

물론 박세당도 만물이 비록 성을 갖추고 있으나, 사람과 동일시 할 수 없는 질적인 차이가 있음을 지적한다.[67] 사람은 五常의 덕을 갖춘 존재이고 物이 지닌 본성은 그렇지 못하다는 것이다. 그러므로 그는 인간이 주체가 되어 대상인 사물의 마땅함을 고찰하고 상황에 따른 조치를 취해야 된다고 주장하는 것이다. 또한 그는 「중용」의 경우도 사람을 가르치기 위한 책으로 사람은 교화의 대상이자 인식능력의 소유자라는 주체적 의미를 강조하기도 한다.[68] 그러나 이와 같이 선천적으로 천리가 온전히 내재된 인간만이 心明을 통해 성을 인식하고 그것을 통해 사물의 법칙을 이해하고 처리할 수 있다는 논리는 性卽理의 체계와는 다른 양상을 지닌다. 다시 말해 모든 존재는 성의 동일성에 기초하여 보편성을 확보한다고 보는 것이 아니라, 심명을 통한 인간의 인식과 실천행위를 통해 인간 역할의 강조는 인간과 만물의 분리를 제시

---

67) 「中庸思辨錄」 '天命之謂性'註. "雖物亦有性, 但其爲性也, 與人不類, 無以稱乎五常之德, 兼言物, 非「中庸」之指故也."

68) 위와 같은 글. "註言'人物各循其性之自然爲道', 今亦但言人者, 何也? 「中庸」言人而不言物. 夫「中庸」之爲書也, 以敎人而非以敎乎物. 人可敎也, 物不可敎: 人能知道, 物不能知道也."

하는 것이다.

농암은 문자나 의미상으로 볼 때 박세당이 주장한 '心明'의 개념은 생소하고 터무니없는 것으로 간주한다.[69] 아울러 이러한 견해는 性에 대한 이해가 부족하기 때문이며, 그 결과 人과 物을 분리하는 오류에 빠졌다고 본다. 농암은 주자가 「中庸章句」의 天命之性에 대한 주석에서도 인과 물을 겸하여 말한 것을 상기시킨다. 만약 박세당같이 인간과 만물을 분리하여 인간의 주체적 역할만을 강조한다면, 만물에게는 천명지성이 없게 된다고 오인할 수 있을 것이다. 그렇게 된다면 도덕규범과 자연규범의 연속성에 기초하여 格物致知와 居敬窮理의 방법으로 객체를 매개로 주체의 리에 이르려는 성리학의 진리추구과정에 혼선을 빚게 되기 때문이다. 즉 성리학 일반에서 볼 때 본성이란 만물이 공통적으로 지니고 있는 근원이므로 인간만의 특성으로 규정할 수 없다는 것이다.

농암이 이상과 같이 인간과 만물의 분리 경향에 대해 강도깊게 비판한 것은 평소 박세당과 같은 사유에 대한 拔本塞源의 의미가 크다. 권상유를 통한 본격적인 논변에 앞서 그는 1703년 李子三에게 보내는 한 편지에서 "樓院(박세당)의 일은 실로 斯文의 큰 변고인데 그의 편을 드는 자들이 온 세상에 널려 있어 인심이 이와 같은 데 빠져드니 다시 무슨 말을 하겠습니까? 논변할 가치조차 없습니다. 저는 그에 대해 논

---

69) 박세당을 비판하면서 농암이 인용한 구절에서 박세당은 성의 개념을 '마음의 밝음이 받은[受] 바의 천리'라고 언급한 것을, 농암의 글에서는 '마음의 밝음이 주는[授] 바의 천리'(心明所授之理)로 잘못 인용하고 있다. 또한 다른 인용문, 예를 들어 浩然之氣에 대한 반박에서도 박세당의 「사변록」에서는 "호연지기는 義·道와 배합되어 (道義의 구현에) 도움을 준다."('浩然之氣, …但得義與道配合而爲之助')라고 기록한 반면, 농암은 "道義가 기에 배합되어 보조적 위치에 놓이게 된다."(권15, 3판 우. '道義爲配合於氣, 而爲之助')라는 구절을 통해 양자의 전도현상이나 문장사용의 잘못을 지적하기도 한다. 이러한 사례들은 농암이 박세당의 글을 직접 보지 않고 이차 자료를 통해 비판하고 있다는 느낌을 준다.

변해 본 적은 없지만, 그 설이 천박하여 육상산이나 왕양명처럼 오래
도록 세상을 미혹시키지는 못하더라도 한 시대의 世道와 風俗에 끼치
는 해는 심하다고 생각합니다. 강력히 배격한 뒤에야 후생들이 나아갈
방향을 헤매지 않게 할 수 있습니다."[70]라고 토로한다. 그가 박세당의
학설에 대해 그토록 거부감을 보인 것은 노론계 주자학자들의 이단배
격을 통한 정통성 수호와 관련이 깊다. 즉 인류가 지향해야 될 준칙인
본성에 대한 소홀은 자칫 방종으로 이어질 수 있다고 보기 때문이다.
따라서 박세당에 대한 비판의식은 모든 현상을 외부와의 교감에 따른
情의 발현으로 간주하게 되어 천리를 망각하고 정에 따라 방종하게 될
것이라는 任情縱欲[71]까지 이어진다.

(박세당이) 이 장(思無邪)에서 논한 것은 더욱 사리에 어긋나니
분명히 논변하고 통렬히 비판하지 않을 수 없습니다. 사람 마음에
서 思慮가 발동할 때에 그 올바른 것은 천리의 본연에서 나오고,
사특한 것은 기품과 물욕의 혼탁한 데서 나오므로 언행으로 발현
될 때에 선이란 바른 것이 되고 악이란 사특한 것이 됩니다. 그런
데 지금 천리와 인욕 및 선과 악을 따지지 않고 대체로 정의 발현
되는 곳에 가식과 허위가 없는 것을 사특함이 없다고 하였으니, 이
것은 비록 걸과 도척처럼 거리낌 없이 정욕이 내키는 대로 하여
[任情縱欲] 천리를 소멸시킨 경우조차 가식과 허위가 없다는 이유
로 사특함이 없다고 할 것이며, 군자가 정욕을 절제하여 부지런히
예의를 행한 경우는 도리어 사특하다고 할 것이니, 그 폐단이 이르
지 않는 곳이 있겠습니까?[72]

---

70) 「農巖集」 권17, 12판 좌, 참조.
71) '任情縱欲'은 거리낌 없이 情欲에 내맡기는 것으로 본체를 올바르게 체인
내지 구현하지 못하는 상태를 비판할 때 사용하며, 주로 양명학자들의 극
복대상이기도 하였다(崔一凡, 「霞谷 鄭齊斗의 工夫論에 관한 연구」, 「동양
철학연구」, 30, 2002 참조).
72) 「農巖集」 권15, 「與權有道論思辨錄辨」 4판 우~좌. "此章所論, 尤極悖謬,
不可不明辨痛斥. 夫人心思慮之動, 其正者, 出於天理之本然, 而邪者生於氣稟

148

앞서 농암이 박세당을 비판하는 주장 가운데 天理는 인간만이 아니라 만물에 보편적으로 내재되었음을 역설했던 것을 살펴보았다. 특히 그는 '性·道는 오로지 사람만이 홀로 얻는 것이요, 物은 함께 할 수 없다'는 인성과 물성의 본질적인 차별을 박세당이 지닌 근본적 오류라고 보았던 것이다. 그렇다면 양측 주장이 다른 방향으로 전개된 이유 및 그 의미는 무엇인가? 농암이 주장하듯 과연 박세당은 종래 성리학들이 공통적으로 견지하고 있던 천리의 실재성에 대해 무지하다는 것인가? 필자는 인과 물의 균열을 용납하지 않으려는 것은 양측 모두 공통된 문제의식이었다고 생각한다. 다만 박세당의 경우 물보다는 사람의 주체적 의지에 의해 주변 대상이 순화되고 올바르게 자리할 수 있다는 측면에서 인과 물의 상관관계에 초점을 둔 것이다. 따라서 그에게는 긴밀한 상관관계에서 외물을 대하는 사람의 주관적 태도가 중요하게 자리잡는다. 그러나 주관적 태도는 도덕주체의 심화를 가져오는 긍정적 계기도 되지만, 감정에 따라 제멋대로 방종하게 되는 부정적 측면도 무시할 수 없을 것이다. 바로 이러한 정의 방임에 따른 부정적 영향 때문에 농암은 박세당의 견해가 '나의 본성 안에 천리가 내재되어 있다'는 것을 망각했다고 비판하는 것이다. 본성에 내재된 천리의 실상에 순일하여 한 터럭이라도 인욕의 사사로움으로 섞이지 않는 참다운 진리의 구현이 필요함을 촉구한 것이다.[73] 다시 말해 주체와 관계맺는 타자와의 상관관계에 치중하기보다는 천리와 연관된 주체의 심리상태를 우선적으로 파악하는 것이 중요하다는 것이다.

人과 物, 나와 타자와의 조화로운 만남을 위해서 시도된 두 가지 사

物欲之濁穢. 故其發於言行也, 亦善者爲正, 而惡者爲邪. 今也不問理欲善惡, 而槩以情之所發, 無修飾虛僞者, 爲'無邪', 則是雖如桀跖之任情縱欲, 以滅天理者, 亦將以其無修飾虛僞, 而謂之無邪, 而君子之節情制欲, 勉循夫禮義者, 反爲邪矣. 其流之弊, 將何所不至哉?"

73) 위와 같은 글. "(程子)所謂無妄, 正以其純乎天理之實然, 而無一毫人欲之私以雜焉耳. 蓋天理則實, 而人欲則妄也."

유 방향은 결과적으로 서로 다른 양태로 귀결된다. 하나는 박세당처럼 物을 대상화하여 人의 주관적 태도를 중시하는 경향과, 다른 하나는 농암처럼 본성에 깃들어 있는 천리에 대한 인식을 토대로 자연스럽게 대상과 하나 될 수 있다는 사유가 그것이다. 전자는 인성과 물성의 구분으로 나타나고 주관적 감정에 따라 자의적 방종으로 흐를 가능성도 있다. 반면에 후자는 인성과 물성의 동일함에 기초하여 천리의 내재화된 상태를 구현할 수 있도록 내면에 침잠하면서 타자에 대한 관심과 관계가 형식화될 소지도 있다. 그러나 박세당의 인성과 물성이 다르다는 주장은 농암 이후 본격화된 호락논변에서 호학 측의 주장과 반드시 일치하지는 않는다. 박세당이 주로 나와 관계맺는 타자와의 상관관계에서 인과 물이 다르다는 태도를 보였다면, 한원진 등 호학 측에서는 기질의 선천적 차이에 근거하여 각 존재의 본성이 원래가 다르다고 주장하기 때문이다. 즉 호학에서는 기질은 선천적인 차이를 내포하고 있으며, '본성은 기에 내재된 리'(性卽在氣之理)라는 근거에 따라 인과 물의 본성이 다르다고 본다. 이 경우 천리의 보편적 내재성에 대한 조금의 회의도 없으며, 타자와의 합일 주체인 인간만의 고귀한 도덕의지가 보다 엄〈밀화되고 규범화되어진다.

호학 측의 '氣質'의 차이에 근거[因]하여 인간과 물은 본성의 차이를 드러낸다[74])는 주장과는 달리, 인성과 물성의 본질적 동일성을 확신하는 농암의 주장은 이후 낙학의 토대를 강화시켜주는 논거가 되기도 한다. 또한 농암이 박세당의 비판에서 주로 언급하였듯이 인과 물에 내재된 천리의 동질성에 대한 강조는 호락논변에서 보여주는 시간적 격차(未發·已發)에 따른 '氣質'의 문제가 적극 고려되고 있지는 않다.[75])

---

74) 한원진은 이러한 맥락에서 다음과 같이 性三層說을 제시한다. 「南塘集」 권 11, 「擬答李公擧」 9판 좌. "理本一也, 而有以超形氣而言者; 有以因氣質而名者; 有以雜氣質而言者. 超形氣而言, 則太極之稱是也, 而萬物之理同矣; 因氣質而名, 則健順五常之名是也, 而人物之性不同矣; 雜氣質而言, 則善惡之性是也, 而人人物物又不同矣."

양측 모두가 천리는 만물에 보편적으로 내재되어 있다는 신념에 기초하여 논의를 전개하고 있다. 이점은 호락논의에서 쟁점이 되었던 인물성동이논쟁과 직접적인 연관성이 없는 것처럼 보이기도 한다. 앞 절에서 김창협이나 어유봉 등이 주장했듯이 농암의 초년주장은 人物性異論임을 살펴보았다. 그러나 상대적으로 말년의 주장이 人物性同論이라고 확정할 수는 없을 것이다. 후학들의 그러한 평가는 농암 사후 10여 년이 흐른 이후에 나온 것이며, 李柬이 주장하는 同論과도 일정한 차이를 보이기 때문이다. 즉 이간은 금수도 오상을 전부 갖추었으므로 인과 물이 지닌 본성의 동질성을 주장한다. 반면에 농암 이하 낙학계열에서 조망하는 본성이란 천명의 본연한 측면에서는 동일함을, 만물 異體의 측면에서 기품의 차이를 고려한 차이성이라는 양 측면을 견지해가고 있기 때문이다. 그러나 인간을 포함한 만물은 천리의 내재화로 인해 동일한 본성을 갖추고 있다는 농암의 주장은 문제의 방향설정이라는 점에서 낙학 측이 同論을 확고하게 견지하면서 자신들의 이론적 토대를 구축해가는 바탕이 되기에 충분하다고 생각된다.76) 즉 농암 이

---

75) 이 점은 '氣不用事'의 검토를 통해 현실화되기 이전의 기질적 제한이란 무의미하다고 보는 한원진의 견해를 염두에 둔 것이다. 아울러 농암의 주장 속에는 호락논의의 쟁점 중 일부인 성인과 일반인의 마음이 동일한지에 관한 구체적 논의도 결여되어 있다.

76) 김용헌은 「농암 김창협의 인물성론과 낙학」(「인성물성론」, 한길사, 1994) 157쪽에서 "농암이 박세당의 사변록을 논파하는 것은 당시 성리학계의 공동과제로서 그의 주된 관심사는 주자학의 옹호였지 인물성동이의 문제가 아니었다. 그러나 농암이 일관되게 모든 성이 하나의 근원에서 나왔다는 점을 강조하는 것은 주목할 필요가 있다. 현실적인 성의 차별성보다는 만물의 근원으로서의 천명의 성을 강조하다 보면 언제든지 인물성동론으로 넘어갈 수 있는 길이 열리기 때문이다."라고 하여, 낙학의 인물성동론으로의 경향이 농암의 본성론에 이미 배태되었다고 설명한다. 필자도 농암과 낙학의 연계성에는 기본적으로 동의하지만, 농암의 사상을 동론과 이론의 분석틀로만 한정될 수는 없을 것이다. 낙학계열과 호학계열의 나눔과 사상적 격차 이전에 농암과 박세당의 논의에서 보여주었던 선행된 문제의식은 후학들에게 결코 간과될 수 없었을 것이기 때문이다.

래 낙학계열에서는 현실로 표면화되기 이전의 보편적 동질성을 확신하
고, 그러한 동질적 본성을 현실에서 구현할 수 있느냐의 여부가 바로
여타의 존재와는 구별되는 인간의 고귀성을 확인하는 기준으로 보기
때문이다.

이상에서 농암의 박세당에 대한 비판의 핵심은 정치적 문제 이외에
본성관에 대한 이견차이에서 비롯되었으며, 본성에 내재된 천리의 인
식을 중시하는 농암의 주장도 살펴보았다. 박세당처럼 타자에 대한 주
체적 대응을 강조하려는 견해는 대상과의 상관관계에서 주관적 태도가
중시된다. 그러나 농암은 이러한 태도가 인간 본성에 대한 몰이해로
자칫 감정의 방임으로 이어질 수 있으므로 천리의 내재화인 본성에 대
한 명료한 인식과 그 구현을 적극적으로 주장하게 된다. 인과 물, 나와
타자와의 균열을 허용하지 않으려는 농암의 입장은 인성과 물성이 동
일하다는 주장에 큰 의미를 부여하였고, 그의 견해는 낙학계열 학자들
의 보편적 믿음으로 자리하였다. 그러나 인성과 물성의 동일함을 주장
하면서도, 동시에 인간의 도덕적 우월성을 확보하려는 농암의 견해가
단지 선언적 의미로 끝나지 않기 위해서는 여타의 존재자와 차이나는
인간만의 특성이 좀더 해명될 필요가 있을 것이다.

2) 본성의 구현여부에 따른 人·物의 차이

농암은 「맹자」에서 언급되었던 동물과의 차이가 '거의 드물다[幾希]'
의 의미를 통해 인간이 지향해야 될 본성의 기준과 그 구현을 적극 강
조한다.

152

생각건대 人과 物이 생겨남에 氣를 같이 하고 理를 같이 하지만,
인간은 형기의 올바름을 얻어서 그 본성을 온전히 할 수 있고, 物
은 형기의 치우침을 얻어 그 본성을 온전히 할 수 없으니, (인간과
여타 존재자가) 다른 까닭은 다만 여기에 있을 뿐이다. 그러므로
(인과 물의 차이가) '거의 드물다'고 한 것으로 「맹자집주」에 이
의미를 충분히 드러냈다. 지금 (박세당처럼) 곧바로 그 성이 다르
다고만 말한다면 아마도 '거의 드물다(幾希)'의 의미를 알 수 없을
것이다.77)

위의 인용문에서는 농암은 선천적인 동질성과 후천적인 차별성을 동
시에 언급하고 있다. 선천적인 동질성이란 인간을 포함한 모든 존재자
의 원초적 상태를 논리적으로 말할 때, 리와 기를 동일하게 품부 받았
다고 보는 것이다. 이 구절에서는 존재일반을 구성하는 기초를 리와
기로 삼는 성리학자의 일반적 시각일 뿐, 리 또는 기의 성격이 구체적
으로 명시되고 있지 않다. 지각작용할 수 있는 가능성의 측면에서 동
일한 기를 품부 받았다고 말할 수 있으며, 동시에 만유에 내재된 보편
적 근거로서의 리가 존재일반에 내재함을 의미하기 때문이다. 그러나
뒤이어 진술하는 후천적인 존재양상은 개체마다의 현실적인 차별성을
드러내준다. 형기의 온전성 여부에 따라 인과 물이 지닌 形氣의 차이
가 그 속에 내재된 리의 차이를 의미하느냐, 아니면 형기의 차이로 인
해 구현되는 양상이 다르냐는 것이 호락논변에서 쟁론78)의 시발점을

77) 「農巖集」, 권15, 「與權有道再論思辨錄辨」 18판 우. "按人物之生, 同氣同理,
而人則得形氣之正, 而能全其性, 物則得形氣之偏, 而不能全其性, 所以異者,
只在於此. 故曰幾希, 「集註」發明此意盡矣. 今直言其性不同, 則殆無以見幾希
之意矣."
78) 호락논쟁의 중요한 주제인 人物性同異論과 연관시켜 본다면, 형기의 차이
가 리의 차이를 동반하기 때문에 기질에 근거한 리가 성이라는 개념에 입
각하여 인성과 물성의 차이를 주장하게 된다. 반면에 개체에 내재된 리의
실현양상에 주목한다면 인과 물의 차이의 원인을 형기에 돌리지만, 결국
인과 물은 동일한 리의 내재성에서 출발해야 한다는 인성과 물성의 동일

형성하기 때문이다.

농암은 위의 인용문에서 진술하였듯이 孟子가 금수와는 다른 인간다움의 특성을 진술하면서 '幾希'라고 한 점과 그에 대한 주자의 해석에 주목한다. 「맹자」에서는 "사람이 금수와 다른 것이 거의 드무니, 서민은 버리고 군자는 보존한다."[79]라고 언명한다. 이 구절에 대하여 주자는

> '幾希'란 적음이다. 인과 물이 태어남에 동일하게 천지의 리를 얻어 성으로 삼고, 동일하게 천지의 기를 얻어 形을 삼는다. 그 다른 점 은 그 사이에서 유독 사람만이 형기의 올바름을 얻어 그 본성을 온전하게 둘 수 있어서 조금 다르게 될 뿐이다. 그러나 인과 물이 구분되는 근거는 실로 여기에 있다.[80]

라고 주석한다. '거의 드물다'는 것은 아주 적고 미세하지만 인과 물에는 분명한 차이점이 있음을 의미한다. 주자는 '幾希'에 대하여 적다 (少)라고 풀이하고 사람과 금수와의 조그마한 차이점을 설명하였다. 天地로부터 理와 氣를 품부 받아 性과 形을 이룬다는 점에서 모든 존재들은 동일하지만, 형기의 온전함과 치우침에 따른 차이는 사람만의 독특성을 보장해준다고 보았던 것이다. "오직 사람만이 그 가운데 형기의 올바름을 얻어 그 성을 온전히 할 수 있다."는 조그마한 차이는

함을 주장하게 된다. 물론 이러한 논의가 형기의 차이를 넘어 각 개체 내에 내재한 리를 구현하고자 하는 성리학자들의 공통된 인식과 열망에서 출발한다는 점을 망각해서는 안 될 것이다. 문제는 다만 선천적 차이로 인한 존재의 성격규명을 제한시켜 볼 것이냐, 그 차이를 넘어서 만물에 내재된 동일성의 기초에 보다 역점을 둘 것이냐는 주안점의 차이에서 비롯되는 것이다.

79) 「孟子」, 「離婁章句 下」 19. "孟子曰: 人之所以異於禽獸者, 幾希, 庶民去之, 君子存之."

80) 맹자의 윗 구절에 대한 주자 주석. "幾希少也. 人物之生, 同得天地之理, 以 爲性, 同得天地之氣 以爲形, 其不同者, 獨人於其間, 得形氣之正而能有以全 其性, 爲少異耳. 然人物之所以分, 實在於此."

여타의 존재자와는 다른 인간의 도덕성에 대한 믿음을 확신시키는 근거가 된다. 아울러 이러한 차이점을 직시하는 군자는 내재된 본성을 잃지 않고 보존하려고 살얼음 밟듯이 戰戰兢兢하는 수양의 태도가 모델로 제시된다. 반면에 그렇지 못한 서민들의 경우는 이름만 사람일 뿐, 실제로는 금수와의 실질적인 차이가 없는 감각적 정감으로의 탐닉에 젖어들게 된다는 것이다. 동일한 맥락에서 주자는 고자의 '生之謂性'이란 주장에 대한 맹자의 비판에 적극 동의하면서 관점에 따른 사람과 만물의 차이를 설명하기도 한다.[81] 이러한 주장들은 여타의 존재자보다 고귀한 인간의 도덕적 본성에 대한 자각과 적극적인 신장을 도모하려는 性理學의 방향성을 보여준다.

농암은 인과 물의 미세한 차이점(幾希)에 주목함으로써 금수와 구별되는 인간다움의 실상을 규명하는 단서로 활용하려는 것이다. 그는 주자의 해석이 '매우 정밀하고 타당하므로 아마도 다른 견해를 받아들일 수 없을 듯하'는 적극적인 동의를 표한다. 그러나 농암의 '기희'에 대한 재음미는 후대에 인성과 물성의 다름을 주장하는 것으로 오해되거나 초년 견해의 연속에서 나온 것이라는 비판적 견해가 대두된다. 예를 들어 녹문 임성주는 농암이 진덕수를 비판하면서 사용한 '幾希'에 대한 이해가 인물성 異論을 주장하는 것으로 초년의 주장과 별 차이가 없다는 반론의 근거로 활용한다.[82] 이것은 앞서 언급하였듯이 초년의 「中庸問目」이나 말년의 '幾希' 등에 나오는 주장들이 모두 인물성 異論을 주장하는 호학과 차이가 없음을 말하는 것이다. 그렇다면 낙하계열의 학자들이 그들 이론의 근원적 뿌리로 확신하는 농암의 최종 주장까지도 자신들이 견지하는 인물성 同論과 괴리감을 보이게 되는 모순에

---

81) 본 장 각주 32번 참조.
82) 「鹿門先生文集」, 권19, 19판 좌. "「農巖雜識」中論此有二段, 前則似以人物之性爲同, 後則似以人物之性爲不同. 其論「大學衍義」人之異於禽獸一章, 極明白通透, 而在前說之後, 後說之前, 蓋其晚年改初年說, 無疑."

직면하게 될 것이다. 이에 대한 해명은 농암 개인의 사상적 경향 및 낙학의 성향에 대한 이해와 직결되므로 농암의 진술에 대한 자세한 검토가 필요할 것이다.

「雜識」에 수록된 내용은 眞德秀의 '사람과 物이 균일하게 하나의 心을 지닌다'는 주장에 대한 비판적 시각에서 전개된 것이다. 진덕수는 "사람과 동물은 서로의 차이가 멀지만 맹자가 '거의 드물다'고 한 것은 사람이나 동물이 모두 동일한 마음이 있기 때문이다. 사람은 보존할 수 있고 동물은 보존할 수 없으니, 같지 않은 것은 오직 이것일 뿐이다."[83]라는 보편적 동질성에 기초한 수양의 필요성을 역설하였다. 이러한 주장은 주자가 「孟子集註」에서 인성과 물성의 차이를 통해 인간의 도덕적 본성 및 수양을 강조하는 것에 비추어 볼 때, 의도는 동일하지만 내용에 있어서는 큰 차이를 보인다. 그러므로 농암은 진덕수가 '주자의 의도를 살피지 않은 것인가? 아니면 이미 알고 있으면서도 고의적으로 자신의 설을 만든 것인가?'라고 의문을 제기하면서 아래와 같이 인간과 금수의 차이점에 대해 설명한다.

> 자세히 맹자를 살펴보건대, 먼저 '사람이 금수와 다른 것이 거의 드물다'고 말하고, 이어서 '일반 사람은 이것을 버리고 군자는 보존한다'고 하였다. 이는 군자가 보존하는 바(所存)와 일반 사람들이 버리는 바(所去)가 다만 금수라는 대상[物事]과 다르다는 이유일 것이다. 비록 명확히 心性 등을 말하지 않았더라도 그 의도는 진실로 분명한 것이다. 진덕수의 견해 같다면, 윗 구절도 보존하거나 버린다는 의미요, 아랫 구절도 보존하거나 버린다는 뜻이니, 결국 보존하는 것과 버리는 것이 어떤 것인지 알 수 없을 것이다.[84]

---

83) 「大學衍義」. "人之與物相去亦遠矣, 而孟子以爲幾希者, 人物均有一心, 人能存而物不能存, 所不同者, 唯此而已."

84) 「農巖集」 권32, 41판 좌. "竊詳「孟子」, 先言人之所以異於禽獸者幾希, 繼言庶民去之, 君子存之, 是君子之所存, 庶民之所去, 只是箇所以異於禽獸底物事而已. 雖不明言心性等字, 而其意固躍如矣. 若如眞說, 則上句也只是存之去之

「맹자」의 관점에 비추어 볼 때, 군자와 서민들의 보존하거나 망각하는 차이는 수양의 노력이 부족하기 때문이다. 그러므로 수양의 노력을 통해 선천적 도덕의식의 내재성을 확충하려는 것은 유학자의 일반적 심리태도이다. 그러나 농암이 보기에 진덕수의 사람이나 동물이 (본래) 모두 동일한 마음이 있으나 사람은 보존할 수 있고 동물은 그렇지 못하다는 논리는, 만물 공통의 보편적 동일성 측면에 기초하여 수양의 차이에서 인과 물을 구분할 뿐이다. 농암이 비판하려는 것은 바로 보존하고 확충하려는 수양의 노력 이전에 인과 물의 선천적 차이에 대한 그의 소홀한 논리전개를 문제 삼는 것이다. '군자가 보존하는 바(所存)와 서민들이 버리는 바(所去)'라고 하였듯이 보존할 것과 버려야 할 것이라는 구체적 내용과 그의 속성에 대해 관심을 둘 것을 요청하는 것이다. 즉 인과 물의 차이를 가름하는 준거의 필요성 및 도덕적 본성에 대한 인식이 보다 명확히 제시되어야 한다는 것이다. 이와 같이 여타 존재자와 차이나는 인간다움의 지향기준과 근거의 확보는 성리학자들의 확고한 도덕의식의 정립으로 이해될 수 있다. 또한 농암은 문장 해석에 있어서도 진덕수는 그러한 본질적 측면을 소홀히 하였기에 위 문장과 아래 문장이 중복되는 동어 반복 형태로 이해하였다고 비판하면서, 그는 다음과 같이 진덕수의 주장을 수용할 수 없음을 밝힌다.

그(진덕수)가 말한 (사람과 만물은) '균일하게 한 마음을 두었다'는 것은 어떤 마음을 가리켜 말한 것인지 알 수 없다. 만약 인의예지의 (도덕적) 마음이라면, 금수가 태어남과 동시에 진실로 이 마음을 온전히 갖출 수 없으니, 사람과 더불어 균일하게 있다는 것은 말해서는 안 될 것이다. 만약 지각하고 좋아하고 미워하는 (자연적) 정감이라면, 비록 금수라도 역시 이 마음을 버릴 수 없을 것이니, 동물이 보존할 수 없다고 말해서는 안 될 것이다. 이것이 또한

之意, 下句也只是存之去之之意, 竟不見所存所去者爲何物."

이치에 막힘이 있으니 따를 수 없다.[85]

여기서 농암은 仁義禮智 등은 인간만이 지닌 도덕적 마음이고, 지각하고 好惡하는 정감의 표출은 모든 존재 일반에 공통적으로 보이는 것이라고 주장한다. 주자가 인간만이 지닌 도덕적 본성의 고귀성을 역설하였듯이, 농암도 '기희'를 통해 인과 물은 도덕적 차이와 감각의 동질이라는 두 측면을 언급하였던 것이다. 바로 이어지는 「雜識」의 뒤 구절에서 道心과 人心의 차이를 설명하는 것[86]과 연관시켜 볼 때 더욱 그러하다. 현실적으로 지각하고 好惡하는 정감의 표출은 不善 또는 惡의 그릇된 방향으로 흐를 수 있다. 농암은 그러한 악의 원인을 기의 淸濁不齊한 차이로 돌리는 성리학의 구도를 견지하면서도, 그것은 性의 本然한 모습이 아님을 다음과 같이 주장한다.

천하에 성을 벗어난 존재는 없으니, 무릇 不善이란 것도 또한 모두 성이 발동된 것이다. 성은 본래 순선하지만 그 발동에 불선함이 있는 것은 기가 치우친 것이요, 기가 치우치므로 리 또한 치우친다. 인이 유약해지고 의가 잔악해지고 예가 공손해지고 지가 사특해지는 것은 모두 치우침의 잘못이요, 성의 본연이 아니다. 그러나 성 가운데 만약 인의예지가 없다면 이른바 柔弱・殘暴・足恭・權譎이란 것이 또한 어디에서 발현되겠는가? 여기서 불선한 것도 또한 모두 성임을 알 수 있을 것이다.[87]

---

85) 위와 같은 글. "其所謂均有一心'者, 未知指何心而言. 若是仁義禮智之心, 則禽獸之生, 合下固不得全具此心. 不當說與人均有; 若指知覺好惡之情, 則雖禽獸, 亦不曾去了此心, 不當說物不能存. 此又於理有礙, 不可從也."

86) 「農巖集」卷32, 「雜識」42판, 우. "心物也, 性則也. 道心雖原於性, 而亦不可直謂之則. 蓋旣曰心, 則亦只是箇虛靈知覺底物, 特其所感動者, 義理之公耳. 以此而言, 道心是物之循乎則者也. 人心則物而已矣. 其聽命乎道心, 則中乎則而爲善, 不聽命乎道心, 則失其則而爲惡矣."

87) 위와 같은 글, 14판 우. "天下無性外之物, 凡不善者, 亦皆性之發也. 性本善而其發有不善者, 氣之偏也, 氣偏理亦偏矣. 仁之爲柔弱, 義之爲殘暴, 禮之爲

현실적으로 존재하는 不善함의 원인을 氣의 편차로 돌리지만, 그 근거는 여전히 리와 연계성을 지닌다고 보았던 것이다. 이러한 관점은 성의 순선함 자체에 의문을 제기하는 것이 아니라, 오히려 기질로 인한 현상적 차별성에도 불구하고 굴절되지 않는 준칙과 근거로서의 性이 항상 실재한다는 신념적 표현을 의미하는 것이다. 또한 기의 편차에도 불구하고 그것은 성의 본연한 모습의 왜곡일 뿐이라는 농암의 주장은 존재 일반에 내재된 보편적 동일성의 기초를 의미하는 것이기도 하다. 우리는 앞서 그가 "인과 물이 생겨남에 기를 같이 하고 리를 같이 하지만, 사람은 형기의 올바름을 얻어서 그 本性을 온전히 할 수 있고, 物은 형기의 치우침을 얻어 그 본성을 온전히 할 수 없다. (人과 物이) 다르다는 근거는 다만 여기에 있을 뿐이다."[88]라는 진술을 살펴본 적이 있다. 본성의 본연한 모습이 현상계에 투영된다는 그의 관점에 근거한다면, 현실적 차이성은 기질의 다름에 따른 실현가능성의 차이로 이해될 수 있을 것이다. 즉 부여받은 형기의 차이에 따라 본성을 온전히 할 수 있는 가능성이 충분한 사람과 그렇지 못할 수밖에 없는 物의 차이를 선명히 하고 있는 것이다. 선천적인 형기의 차이가 구현 양상의 차이로 이어진다는 그의 언급은 동일한 리와 기(五常과 五行의 동일성)에 기초하여 전개된 것이다.

그러나 사람은 기운의 정통한 것을 품수함으로써 그 안에 갖춘 五常의 온전함을 발휘할 수 있지만, 사물은 기운의 편색한 것을 품수함으로써 그 안에 지니고 있는 오상의 온전함을 발휘할 수 없고, 혹 그 일부만을 발휘할 수 있을 뿐이라고 본다. 주목할 점은 기가 올바르냐 치우쳤느냐에 따라 보편적으로 내재되었다고 보는 五常을 발휘하는 데

足恭, 智之爲權譎, 皆偏之過也, 非性之本然. 然性中若無仁義禮智, 則所謂柔弱殘暴足恭權譎者, 又何自以發乎? 此可見不善者亦皆性也."

88)「農巖集」권15,「與權有道再論思辨錄辨」, 18판 우. "按人物之生, 同氣同理, 而人則得形氣之正, 而能全其性, 物則得形氣之偏, 而不能全其性. 所以異者, 只在於此."

차이가 난다고 하는 점이다. 기의 편전여부에 따라 오상의 구현여부가 달라지지만, 선천적인 구조적 측면에 국한받지 않고 내재된 본성의 구현이라는 지향과정을 중시하는 것은 낙학계열 성리학자들의 공통적 의식이었다. 이와 같은 견해는 결과적으로 동물들과 구분하여 인간의 도덕실현의 가능성을 보다 강화시켜 나간다는 점으로 이어지기 때문에 관심을 요하는 부분이다.

이상에서 농암이 주장하는 '幾希'나 '性의 본연함'을 통해 인간의 고귀한 본성의 내재성과 그러한 목표를 이루기 위한 수양의 노력을 엿볼 수 있다. 아울러 그가 '인간의 권위'를 확립하려는 성리학자로서의 공통적 지향점에 대한 확신과 지향태도를 분명히 견지하고 있으며, 이러한 주장은 인성과 물성의 동질성 여부를 논하는 낙학계열 학자들이 공통적으로 지니고 있는 굳건한 토대이다.[89] 예를 들어 이러한 사상은 농암의 아우이자 그의 사상을 계승 발전시키는 데 중요한 역할을 담당하였던 삼연 김창흡에게도 두드러지게 나타난다.

김창흡은 具(갖춤)와 全(온전함)의 구별을 통해 온전히 하고 있지 않다는 것은 발용처에 따라서 말한 것이요, 본래부터 갖추지 않았다고 말한다면 주자의 뜻이 아니므로 具와 全자는 마땅히 구별해야 한다고 주장한다. 그는 물은 비록 오상을 온전히 하고 있지는 않지만, 그것은

---

89) 농암의 주장 속에는 훗날 호학과 낙학으로 대립되는 쟁점의 실마리와 그로 인한 단점도 암시받을 수 있다. 주지하듯이 낙학에서는 개체에 내재된 리의 실현양상에 주목하여 인과 물의 차이의 원인은 形氣에서 비롯되지만, 결국 인과 물은 동일한 리(五常)의 내재성에서 출발해야 하기 때문에 인성과 물성은 동일하다는 주장을 전개한다. 그러나 동질성의 강조가 현실적인 본성내지 본심의 같음만을 주장한다면, 그들의 의도와는 다르게 인간 존재에 대한 지나친 낙관으로 흐르거나, 심지어 반대 측에서 주장하듯이 '모든 존재는 佛性을 지닌다'는 불가의 주장으로 오연될 가능성도 배제할 수 없을 것이다. 그렇게 본다면 존재일반에 내재된 理를 직관함으로써 인간이 지향해야 될 명확한 준칙의 설정 및 그에 기준한 수양의 지향점이 분명히 제시되어야 한다는 농암의 기본 입장과 배치되는 결과라고 할 것이다.

글자 그대로 온전히 하고 있지 않다는 뜻일 뿐이지 오상을 갖추고 있
지 않다는 말이 아니라고 보았다. 왜냐하면 온전히 하고 있다[全]라든
가, 온전히 하고 있지 않다[不全]라는 것은 현실로 드러나는 발용처에
따른 구분일 뿐 본성의 본질에 대한 언급이 아니기 때문이다. '갖추었
다[具]'는 것은 구조적인 측면에서 리가 보편적으로 동일하게 내재되
었음을 의미하는 것이므로 사람을 포함한 만물은 모두 오상을 지니게
된다는 해석이 가능해진다. 김창흡에게 있어 '온전하다[全]'는 것은 主
動的으로 지향하는 목표점에 완전히 도달하는 것을 의미한다. 마치 曾
子가 임종에 즈음하여 제자들에게 자신의 손과 발을 열어보게 하여 부
모에게서 받은 몸을 보존함이 온전한지 확인해보는 철저한 자기관리를
연상해볼 수 있다.[90]

　　具와 全을 구분시킨 김창흡은 具의 측면에서 인간과 만물이 지닌 오
상(본성)의 동질성을 확인하는 한편, 맹자에서 제기된 全의 의미는 형
체가 부여된 이후라는 제한적 의미로 이해한다.[91] 이와 같이 오상의
동일한 내재성을 의미하는 具의 측면은 현실세계에서 구현 가능성에
따른 차이인 全과 不全의 차이로 이어진다. 즉 완벽하게 정통한 기운
이 지닌 본래의 가능성을 실현시켰을 때가 '온전함[全]'의 상태이고,
그러한 이상적인 모습에 도달하지 못하였을 경우가 '치우침[偏]'의 상
태이다. 따라서 현실에서 구현가능성 여부에 따른 偏全의 차이가 발생
하고, 그 가운데 기질의 우수성을 품부 받은 사람은 본성 실현의 가능

---

90) 「論語」, 「泰伯」. "曾子有疾, 召門弟子曰: "啓予足, 啓予手. 詩云 '戰戰兢兢,
如臨深淵, 如履薄氷.' 而今而後, 吾知免夫, 小子!" 주자는 이 구절에 대하여
身體髮膚는 부모에게서 받은 것으로 증자는 보존함이 온전한 것으로써 제
자들을 경계시킨 것으로 풀이하였다.

91) 「三淵集」 권19, 21판 우. "五常之理, 人物同稟與否, 誠使粗通文理者, 誦味
「中庸」'人各得所賦之理'以下六七字, 則豈至把太極爲兩截乎? 只坐礙「孟子」告
子之註解, 粹然仁義之性, 物豈得以全之, 而未能融通以全字, 推上於稟賦之初,
而不知從分形以後, 觀其偏塞者, 發用道理之有不全云爾. 「中庸」之原初, 「孟
子」之詳末, 何嘗矛盾哉?"

성이 크기 때문에 만물의 영장으로서 고귀성을 보장받을 수 있다고 보는 것이다. 이와 같이 오상의 보편적 내재성[具]에 기반한 온전한 구현가능성[全]을 확신하는 인간(본성)에 대한 신뢰는 농암 형제 이후 낙학계열의 기본 방향으로 정립되었다.

제4장 未發과 知覺論議를 통한

心의 강조

未發과 知覺에 관한 논의는 心과 관련된 문제로 유가에서 지향하는 이상적 인격체인 聖人에 도달하기 위한 修養의 기초를 이룬다. 조선조 성리학자들은 中和說을 통해 미발에 관한 주자 사상의 곡절에 대해 숙지한 상태였지만, 心性문제에 대한 다양한 견해가 착종되면서 활발한 논의가 이루어진다. 미발은 실재하는 마음의 영역인가? 실재한다면 心의 어떤 상태를 지칭하는 것이며, 모든 인간은 동일한 체험의 경지를 터득할 수 있는가? 이러한 미발의 실재성과 미발 공부의 필요성은 순선을 지향하는 인간의 원초적 의식상태를 지향·구현하려는 낙학계열 학자들의 주된 관심이었으며, 미발상태에 영향을 줄 수 있는 氣質에 대한 해명이 적극적으로 모색되기도 하였다.

또한 지각은 智라는 본성과 긴밀한 연결고리를 가지면서도 여전히 마음의 활동범주에 속한다. 따라서 知覺과 智의 개념 및 범주는 心·性 문제와 깊은 관련을 가지면서 농암을 중심으로 閔以升, 金昌翕, 李喜朝 등 주변 학자들 사이에 보편적 담론을 형성하였다. 농암은 '知覺은 心의 작용이다'는 문제의식 속에 심성의 관계를 재조명하면서 조선 주자학의 한 특성을 보여주었다. 따라서 이 장에서는 미발에 대한 강조와 구현의 노력, 그리고 지각논의를 통해 '卽心指性'으로 대표되는 농암의 심성관을 고찰함으로써, 그동안 이 연구에서 주목해왔던 '心'의 의미를 총괄적으로 정리하는 계기를 마련할 것이다.

1. 未發의 實在와 그 의미

1) 未發의 實在

농암의 제자인 宋堯和는 젊었을 때 병환 중에 있던 스승을 찾아뵈었다. 그의 기록에 의하면 농암은 병이 심했음에도 불구하고, 오히려 종일토록 자세를 가다듬고 앉아 있었다. 불편할 텐데 몸을 좀 편안히 가지는 것이 어떠냐고 권하자, 농암은 "내가 학문하면서 얻은 것은 다만 '危坐' 한 구절이다. 이제 이것을 버린다면 장차 어찌 올바른 태도로써 죽음을 맞이할 수 있겠는가?"라고 하면서 자세를 흐트리지 않았다. 그 말을 듣고 송요화는 자신의 경우와 비교하여 크게 뉘우쳤다고 회고하고 있다.[1] 또한 말년까지도 농암은 李顯益과 더불어 本領에 대한 공부를 논하면서 敬의 실천에 정진하였다. "내 스스로 생각건대, 반평생의 병통이 모두 本領에서의 공부가 부족한 데에 있었네. 근래에 들어 상당히 敬과 靜을 실천하는 데 뜻을 두고 있지만 뭔가 소득이 있다고는 할 수 없네. 이제 그대가 이 문제를 일깨워 주어 서로 勸勉하면서 다소나마 늘그막의 보람을 거둘 수 있게 되었으니 정말 기쁘다네."[2]

농암이 병환 중에도 자세를 가다듬었다는 '危坐'란 「中庸」에서 제시하는 喜怒哀樂이 발현되기 이전의 기상이 어떠한지를 마음속으로 체험하려는 성리학자들의 대표적인 수양방법에 속한다. 특히 「중용」을 추숭하였던 성리학자들에게 정감으로 느끼기 이전의 근원적 힘을 체험하려

---

1) 「農巖別集」 권4, 「諸家記述雜錄」, 16판 우. "宋公堯和「遺書」曰, 公少時往拜
   農巖先生, 農巖時已沈疾, 而猶終日危坐. 問: '何不自便, 以養病體, 而必危坐
   也.' 答: '以吾爲學所得, 只是危坐一節, 今╲此棄之, 則將何以藉手歸死耶'云
   矣. 鄙人年來病甚, 全然放廢, 及見此, 懼然驚愧矣."〈出閔遇洙「貞庵集」〉.

2) 「農巖集」 권16, 「與李顯益」 26판 좌. "協亦自思, 半生病痛, 都在本領欠工夫,
   年來頗有意於敬靜, 而謂之有得則未也. 今得吾友提警及此, 庶幾相與勉力, 少
   收桑楡之功, 幸甚幸甚."

는 未發의 의미는 각별한 것이었다. 그들은 喜怒哀樂이 발현되기 이전의 상태를 마음으로써 체험하여 中의 실체가 저절로 드러나게 하려 하였으며, 그 방법으로 '危坐'의 수양 자세를 중시하였다. 농암이 비록 병환 중에 있었지만 자세를 가다듬고 미발의 기상을 체인하려는 공부를 멈추지 않았던 것도 바로 이러한 의식의 연장선상에서 이해해야 할 것이다. 未發이란 용어는 「中庸」 首章의 다음과 같은 문장에서 제시된다.

> 喜怒哀樂이 발동되지 않은 것을 中이라 하며, 발동되어 모두 절도에 맞는 것을 和라고 말한다. 中이란 천하의 大本이며 和란 천하의 達道이다.[3]

위의 인용문에 의하면 未發을 中으로 已發을 和로 설명하여 미발과 이발이 中和의 문제로 전환된다. 즉 희로애락이라는 마음의 대표적 정감이 작용하기 이전의 본연한 모습을 未發 상태인 中이라 하고, 발현되었을 때 절도에 맞게 되었을 때를 已發 상태인 和로 제시하고 있다. 그러한 未發과 已發의 문제가 본격적인 철학적 중심과제로 부각되는 대표적인 예는 中和舊說에서 中和新說로 이어지는 朱子의 中和說을 통해서이다.[4]

주지하듯이 주자는 초년에 심의 끊임없는 활동 속에서 본체인 성이 드러난다는 張栻의 견해에 동조한다. 心은 끊임없는 의식의 흐름인 已

---

3) 「中庸」 首章. "喜怒哀樂之未發, 謂之中; 發而皆中節, 謂之和. 中也者, 天下之大本也; 和也者, 天下之達道也."

4) 주자의 中和舊說에서부터 中和新說로의 전환과정과 관련된 논의는 국내외 많은 학자들의 관심대상이었다. 대표적으로 주자학을 유학사에서 別子爲宗이라 주장하는 牟宗三의 견해도 바로 이 점을 집중적으로 논구하여 도출된 결론이다(「心體與性體」 참고). 또한 주자의 中和說에 대한 이해는 조선후기의 주요 학술 논변이었던 湖洛論辨의 주제와도 직결되는 조선조 성리학을 이해하는 중요한 관건의 하나로 자리잡는다(졸고, 「南塘 韓元震의 中和說에 관한 연구」, 성균관대 석사학위논문, 1996).

發상태에 있고, 그 본체로서 미발상태를 性으로 보았던 것이다. 그러나 40세를 전후한 시기에 주자는 미발을 사려의 발생 이전이라는 존재론적 이해로부터, 내면에서 참다운 의식으로 깨어 있는 상태라는 수양론적 입장으로 인식이 전환되게 되었다. 그는 역동적인 현실에서 혼란스러운 마음을 바로잡기 위해서 그 기준이 되는 미발본체의 자리를 마련하고자 했던 것이다. 따라서 中和新說에서는 미발의 개념은 인식주체가 아직 인식대상과 접촉하기 이전일지라도, 그 속에는 심의 寂然不動한 體가 갖추어져 있는 상태라고 보았다. 심에는 已發에서 발현되는 情 이외에도 未發상태의 性을 통섭(포괄)한다는 心統性情의 철학체계를 지니게 되었던 것이다. 아울러 심을 통한 미발과 이발의 이어짐은 먼저 본령인 미발을 확인하고 그 기상을 체인하려는 성리학자들의 수양론으로 정립되었다.

그러나 주자의 中和에 관한 논의는 제 개념들의 농축이라고 할 수 있는 핵심개념이기 때문에 조선조 성리학자들 내부에서도 여전히 논란의 소지가 있었다. 예를 들어 농암의 아우로서 낙학의 종지를 이어주던 김창흡은 「중용」에서 제시하는 미발의 의미는 가장 중요한 개념이자 정밀한 논의이지만 이해하기 어려운 難題임을 고백하기도 한다.5) 앞 절에서 박세당에 대한 당시 노론 학계의 거센 비판과정에는 미발에 관한 논의도 상당부분 포함되어 있다. 농암은 박세당을 비판하는 과정에서 '의리도 모르고 문장도 알지 못한다'6)고 감정적인 비평도 주저하지 않는 등 박세당의 견해가 당시 지식인들에게 던진 파장의 정도를 체감케 해준다. 특히 미발의 의미를 학문의 큰 근본으로 삼고 있는 농

---

5) 「三淵集」권21, 「答李顯益」15~16판. 그러나 오희상은 농암은 사단칠정설에, 삼연은 미발설에 큰 장점이 있다고 평하기도 한다(「老洲集」권24, 「雜識」33판 우. "農巖之四七說, 三淵之未發說, 後來儒者鮮有臻斯理者, 庶可謂發前人未發也乎!").

6) 「農巖集」권15, 「與權有道論思辨錄辨」3판 우. " …… 不但不成義理, 文義亦不通."

암의 입장에서는 의식의 동적인 활동 영역만을 인정하여 미발을 부정하는 듯한 태도를 취하는 박세당의 입장은 용납될 수 없었던 것이다. 그렇다면 박세당의 견해 중에 주자학을 존숭하던 학자의 시각에서 볼 때, 구체적으로 어떤 점이 그토록 비판의 대상이 되었는가?

박세당은 종래 성리학자들이 지녔던 천리를 보존하려는 공부가 무의미하다고 주장한다. 왜냐하면 천리의 본연함이 이미 우리 인간의 마음 속에 갖추어져 있으므로 애써 찾거나 보존하려는 태도는 출발부터 잘못이라고 보기 때문이다.

> 저 천리의 본연함은 이미 우리 본성의 덕이 되어 마음속에 갖추어 졌으니, 비록 떠나려고 해도 결국 떠날 수 없는 것이다. 그런데 지금 그것이 존재하지 않을까 걱정하여 반드시 보존하고자 하거나, 떠나지 않을까 걱정하여 떠나지 못하게 하고자 한다면, 사람들로 하여금 그 마음을 잘못 사용하도록 하는 것이 아니겠는가?[7]

그는 천리와 분리되지 않는 것이 본연한 인간의 모습이라고 규정하고, 특정한 의식상태를 미발로 규정지우려는 태도 자체는 잘못이라고 보았다. 즉 우리 마음과 처음부터 분리되지 않는 천리는 실현되는 것이지 노력을 통해 발견되는 것이 아니라는 것이다. 그의 미발상태에 대한 부정은 천리와 인간의 본성 사이에 그 어떠한 경계도 허용하지 않는다는 전제에서 비롯된다. 애초부터 '천리의 본연함이 우리 본성의 덕이 되어 마음속에 갖추어졌다'는 그의 진술은 '性卽理'를 토대로 하는 성리학자들과 큰 차이가 없어 보일 수도 있다. 그러나 박세당은 내재된 보편적 理를 인식할 수 있는 존재를 '인간'으로만 제한한다. 이는 인간 이외의 여타 존재자들[萬物]의 공통적 자산이자 보편적 원리로

---

7) 「中庸思辨錄」 '戒愼乎其所不睹, 恐懼乎其所不聞'節. "彼天理之本然者, 旣爲吾性之德, 而具於吾心之內, 蓋有雖欲離之, 而終不可離者. 今乃憂其不存, 而必欲存之, 憂其或離, 而欲使之不離, 無乃敎人以枉用其心也."

상정된 理의 의미를 재해석한 것이다. 이 점은 의식의 순선한 특정상태를 지칭하는 미발의 의미를 인정하지 않는 것과 관련이 있으므로 세심한 주의가 필요할 것이다. 이미 천리의 내재상태에서 그것을 의지적 활동을 통해 실현시키는 동적인 영역만을 인정하고 있기 때문이다.

박세당은 천리의 실현을 위한 수양방법에서도 성리학자들과 동일하게 敬이란 용어를 사용하지만, 그의 경우는 일상의 動적인 상태로 국한시켜 이해한다. 비록 의식이 발현되지 않는 상태인 미발을 인정하더라도 그것은 이미 의식작용의 정지상태이기 때문에 결국 그는 己發의 動상태만이 존재한다고 본다. 이 점은 의식의 발현상태에서 절도에 꼭 들어맞는 적실성과 성실성만을 추구하는 것으로서, 역으로 靜의 때에는 敬을 통한 內省의 노력이 반드시 필요하지는 않다는 주장이다. 이와 같이 미발에 대한 부정적 견해는 때와 장소를 불문하고 動과 靜을 관통하여 지녀야 할 자세로 보는 기존의 성리학적 견해를 견지하는 학자들로부터 강한 도전을 받게 된다. 주자학에서는 靜의 상태로 구분된 戒懼의 상태에서도 역시 敬의 수양공부를 통한 심의 主宰를 인정해야 한다고 보기 때문이다.

그렇다면 박세당의 미발에 대한 부정은 靜의 영역에 대한 放棄로서 己發의 動상태만을 인정하는 왜곡을 낳게 되는 셈이다. 다시 말해 종래 의식의 발현여부를 둘러싼 미발과 이발의 논의, 그리고 감정의 발현 이전인 미발상태에서 순선한 의식을 확보하려는 자체가 무의미해지는 것이므로 농암은 다음과 같이 비판한다.

> 대체로 그(박세당)의 논리대로라면 사람은 태어나서 죽을 때까지 그 마음은 진실로 動만 있고 靜이 없는 것이다. 그렇다면 「樂記」에서 말한 '人生而靜'이나, 「易」에서 말한 '寂然不動'은 모두 공허한 말이 될 것이다. 비록 하나의 일이라도 귀에 들어오지 않거나 하나의 대상이라도 눈에 접함이 없더라도, 이 마음의 사려와 헤아림은

한 순간도 멈춘 적이 없다.[8]

농암은 박세당의 경우와 같이 의식의 動적인 측면에 집착해 마음의 끊임없는 연속성만을 강조하는 폐단을 지적하고 있다. 위의 인용문에서는 비록 주자의 '中和說'에 대한 언급은 없지만, 박세당의 견해는 주자가 지녔던 초년의 中和舊說과 유사함을 느끼게 해준다. 즉 박세당의 미발에 대한 부정적 견해는 심리적 안정보다는 외부 대상과의 관계 속에서 감지되는 초조함과 일관성의 상실로 이어질 수도 있다고 보았던 것이다. 따라서 농암은 주자가 마치 中和舊說에서 中和新說로 전환할 필요성을 느꼈던 것처럼, 박세당의 견해는 動적인 의식 상태만을 염두해 두는 것이므로 "湛然虛靜한 상태에서 천리 본체를 보존할 수 없다."[9]라고 비판하면서 다음과 같이 혹평한다.

> 未發문제는 바로 학문의 큰 근본이다. 그는 꿈에서조차도 이러한 경지에 이르지 못했으면서도 멋대로 異說을 내고 선현들을 배척하니, 그 말이 심히 잘못되었다.[10]

또한 농암은 박세당 비판의 명을 받은 권상유의 논리가 주자의 학설을 인용하지만 주자의 정확한 의도를 포착하지 못하는 한계를 지적하기도 한다. 그렇다면 농암이 견지하였던 미발의 의미는 무엇인가? 다음 절에서는 농암으로 하여금 확고한 신념과 자신감을 갖게 했던 미발

---

8) 「農巖集」 권15, 「與權有道論思辨錄辨」 32판 우. "蓋如某之論, 則人自由生至死, 其心固有動無靜. 「樂記」所謂'人生而靜', 「大易」所謂'寂然不動'者, 皆爲虛語, 而雖其一事不入乎耳, 一物不接乎目, 而此心之思慮計較者, 未有一息之暫停也."

9) 위와 같은 글, "如此則方寸之間, 又何能湛然虛靜, 而有以存養其天理之本體哉?"

10) 위와 같은 글, 9판 우. "未發之義, 乃是學問大根本. 彼不曾夢到此地位, 而輒肆異說, 譏斥前賢, 其言之悖謬甚矣."

개념에 내포된 두 가지 의미를 살펴보기로 하겠다.

2) 未發의 두 측면: '境'과 '心'

농암은 미발과 관련된 박세당의 견해에 대한 비판 이전에도 그의 동료 및 문하생들과 이 문제에 관해 많은 의견을 교환한다. 그의 族姪이자 문인이었던 金時佐(字는 道以)와 수차례 주고받은 편지에서도 미발과 관련된 문제가 중심을 이룬다. 그중 1698년에 보낸 한 서신에는 趙正綱이 김시좌에게 보낸 편지내용에 문제가 있음을 느끼고, 조군의 공부가 진실된 體認이나 實心으로 진리를 구하려고 노력하는 것에서 나온 것이 아님을 알게 되어 자세히 변론하게 되었다고 말하기도 한다.11) 잘못된 부분을 정확히 변설하는 것이 문하의 학풍 진작에 도움이 된다고 판단했기 때문이다. 아울러 농암은 편지의 말미에 洛下의 학자들이 이 '致中'문제에 대해 명확히 이해해야 할 것을 강조하였고, 湖中의 권상하에게도 이 논변에 대해 알리면서 자문을 구하는 등12) 이 문제를 특히 중시하기도 하였다.

일반적으로 已發과 대별하여 未發을 말한다면, 의식의 진행 이전의 심리적 평정[靜]의 상태일 것이다. 그러나 겉으로 안정의 상태를 취하고 있더라도 심리적 갈등과 혼동상태를 겪고 있다면, 그것은 미발의 본래 모습이 아닐 것이다. 미발에서 요구되는 평정이 단순한 외형적인 의식의 정지상태만을 의미하지 않는다면, 이에 대한 보다 분명한 설명이 있어야 할 것이다. 농암은 외부대상과의 접촉 이전의 의식상태만을 미발로 여기는 誤判을 다음과 같이 지적한다.

---

11) 「農巖集」권19, 「答道以」, 9~14판 참조.
12) 1702년 재차 권상하에게 편지를 보내면서, 趙正綱이 김시좌에게 보낸 '致中'문제에 관한 자신의 편지를 동봉하면서 의견을 구하기도 한다.

그(조정강)가 靜이라고 말하는 것은 잠시 대상과 접촉하지 않고 일에 대응하지 않는 것으로써 말한 것이지, 애초에 未發 경지를 가리키는 것이 아니다. 그 마음속에 사욕으로 꽉 막혀 사악하고 어두움으로 가득 채워져 있어서 다시 虛明湛一한 기상이 없다면, 이것이 어찌 참다운 고요함을 얻어서 子思가 말한 미발에 견줄 수 있는 것이겠는가? 이제 이것으로써 미발상태에 치우치고 기울어짐이 있다는 증거로 여긴다면, 너무 조잡하고 소략할 것이다.[13]

외형적으로 안정된 고요한 상태라고 하더라도 그 속에 사욕으로 얽매여 꽉 막힌 모습이라면, 이는 결코 「중용」에서 언급하는 喜怒哀樂의 未發 상태가 아니라는 것이다. 만약 평정의 상태 속에 감추어진 私欲의 상태를 지향하는 것이 미발이라면, 그러한 미발상태는 유가의 본령이라고 생각하지 않기 때문이다. 즉 외부 대상과 접촉 이전의 동요됨이 없는 고요한[靜] 상태만을 유지하는 것 자체가 미발의 본래 상태라고 할 수 없다는 것이다. 주자가 초기에 "이연평의 靜坐의 수양방법이 불교의 坐禪入定과 비슷하다."[14]고 비판하면서, 動靜을 관통하는 敬의 방법을 제시하려는 것도 바로 이러한 맥락에서 이해될 수 있을 것이다. 따라서 농암은 다음과 같이 외면적 안정이면에 天命本體로 충일된 상태가 전제되어져야 함을 강조한다.

---

13) 「農巖集」 권19, 「答道以」 10판 좌. "其言靜, 亦姑以不接物不應事而言, 初非指未發境界也. 彼其方寸之間, 私欲滯固, 邪暗鬱塞, 無復有虛明湛一氣象, 此豈得爲眞靜, 而可以擬於子思所謂未發者哉? 今乃以是而爲未發前有偏倚之證, 則其亦太粗疎矣."

14) 「朱子語類」 권103, "李先生靜坐, 又似坐禪入定." 주자는 외면적 공부방법 뿐만 아니라 내면적 수양을 강조하고, 또한 그 두 방면을 모두 포괄하는 敬의 이론에 간화선의 정신집중법을 운용하여 그 모든 과정을 융합시켜 內聖外王의 유가이상을 추구하였다. 그러나 수양의 실질적 내용에 있어서는 당시 유행하던 불교의 수양법과는 차별화된다. 주자는 불교(특히 선불교)의 깨달음은 초월적 자유를 지향할 뿐 구체적이고 일상적인 정황에서 선택적인 윤리적 삶의 준거를 마련해주지 않는 점을 강하게 비판하기 때문이다(윤영해, 「주자의 선불교비판 연구」, 민족사, 2000).

> 대체로 子思가 未發의 中을 말한 것은 다만 已發과 상대하여 공평
> 하게 설명한 것이다. 그 본의는 사람들이 이 사려가 아직 싹트지
> 않았을 때에 나아가. 천명본체가 치우치거나 기울어짐이 없는 것을
> 인식하도록 하는 것이다. 사려를 거치는 순간 이 마음은 이미 치우
> 치고 기울어져서 渾然한 在中의 본체로 돌이킬 수 없다.[15]

위의 인용문에서 제시한 것과 같이 농암은 「중용」에서 언급한 미발
상태란 사려가 아직 싹트지 않았을 때 천명의 본체상태가 마음속에 충
만된 상태로, 치우치거나 쏠리는 심리적 갈등을 느끼지 않는 것으로
보았다. 반면에 이발상태는 사고의 작용이 진행되는 단계로 '在中'의
본체로 볼 수 없는, 즉 미발과는 상대적인 개념으로 보았다. 따라서 미
발상태란 치우치거나 기울어지는 심리적 동요가 없는 虛明湛一한 기상
으로 충만된 상태를 의미하는 것이므로, 단지 고요한 심리상태만으로
는 불충분하다고 보는 것이다.

그러므로 농암은 미발개념의 성립에 필요한 두 가지 측면. 즉 외면
적 안정과 더불어 혼연한 천리로 가득 찬 虛明湛一의 기상까지 포함시
켜 논의하는 것임을 알 수 있다. 단순한 심리적 고요함만으로는 無意
味하며, 본체의 밝음으로 충일된 상태가 필요하다는 것이다. 미발의 개
념과 관련된 이와 같은 두 측면은 이후에도 호락논변에서 용어사용의
선택만을 달리할 뿐 끊임없이 재반복되는 기본 구도이다. 예를 들어
湖學의 한원진의 견해와 대립하여, 李柬은 미발에 외부와의 교감여부
이전인 不中底未發과 혼매하거나 방종이 없는 湛然虛明한 상태의 大本
底未發로 구분하고, 本心의 회복을 통한 후자를 진정한 의미의 미발의
식으로 간주하여 미발의 본지를 선명하게 부각시켜 나간다.[16]

---

15) 「農巖集」 권19, 「答道以」 10판 좌. "蓋子思言未發之中. 只是與已發相對平
說. 其意本欲人就此思慮未萌處, 認取天命本體無所偏倚. 蓋纔涉思慮, 則此心
已有偏倚, 而非復渾然在中之體矣."
16) 「巍巖遺稿」 권12, 「未發辨」 27~28판 참조.

농암이 미발의 의미를 강조하는 것은 마음의 주체성과 무관하지 않다. 요동치는 심리적 갈등을 잠재워줄 수 있는 기준점으로서 심의 主宰性을 미발에서 확인하려는 것이기 때문이다. 이 문제로 넘어가기 전에 당시 미발과 관련한 쟁점이었던 '不視不聞과 未發의 일치성 여부'를 살펴보기로 하겠다. 이 문제는 앞서 제기한 미발의 두 상태, 즉 외부사물과의 접촉이 없는 상태와 실질적인 마음의 평정 상태를 만족시킬 수 있는 대안의 탐구과정에서 나온 것이다. 농암이 宿患의 재발로 작고했던 1708년 이현익에게 최후의 편지를 보내는데, 그는 서두에 "죽고 사는 일은 일반적인 일이지만, 진리에 대한 깨달음이 없이 몽몽하게 삶을 마친다는 것이 또한 한탄스러울 따름이다."[死生固常事, 而恐卒於泯泯無聞, 亦可爲慨惋耳.]라고 말하면서, 미발과 관련하여 자신의 견해를 피력한다. 그는 자신과 이현익 사이에 미발에 관한 공감대가 형성되었지만, 오직 '不視不聞과 未發同異之辨'에 관해서는 다음과 같은 면밀한 검토의 필요성을 제기한다.

'보이거나 들리지 않는 것이 곧 미발이 되지는 않는다'는 것은 새로운 설에 가깝지만, 자세히 생각해본다면 진실로 의심할 수 없을 것입니다. 대개 '보이지 않는바·들리지 않는바'라고 말하는 것은 사물이 아직 앞에 이르지 않아서 귀와 눈에 아직 보거나 들리는 바가 없는 것이니, 이것은 경계[境]로써 말한 것입니다. '기쁨·노여움·슬픔·즐거움 등이 드러나지 않는다'는 것은 마음이 적연하여 사려의 싹이 움직임이 없는 것이니, 이것은 마음[心]으로써 말한 것입니다. 그러므로 두 가지 언표는 본래 같지 않습니다."[17]

---

17) 「農巖集」 권16, 28판 「答李顯益 別紙」 우~좌. "不視不聞之不便爲未發, 此近創說. 子細推之, 固無可疑. 蓋所不視所不聞云者, 事物未至乎前, 而耳目未有所視聞也, 此則以境言也. 喜怒哀樂未發云者, 方寸寂然, 而無思慮之萌動也, 此則以心言也. 二者立語, 自是不同."

「중용」에서는 "도란 잠시도 떠날 수 없으니, 떠날 수 있다면 도가 아니다. 그러므로 군자는 보이지 않는 바에서 戒愼하고, 들리지 않는 바에서 恐懼한다."라고 말한다. 여기서 '보이거나 들리지 않는다'는 표현은 도를 떠나지 않고 유지하려는, 즉 도처에 존재하는 도를 체인하고 그것과 분리되지 않으려는 군자의 수양방법을 설명하면서 제시된 말이다. 농암은 이 구절에서 계신하고 공구한다는 수양의 자세는 대상이 아직 이르지 않아서 실제로 귀와 눈 등의 감각이 이루어지기 이전의 상태로 이해한다. 그는 不都不聞의 상태를 주관과 관계를 맺기 이전의 객관상태일 뿐이라고 간주하고, 그것을 '境'으로 설명한다. 즉 우리 주변에서 객관적으로 존재하는 대상들일 뿐 직접적인 주관과의 만남 이전이라고 보는 것이다. 예를 들어 서서히 동터오는 새벽녘의 아침이 객관적 상황이라면, 아침 일찍 일어나 직접 그 새벽의 신선한 공기를 들어마시는 것은 주관과의 구체적 관계가 시작되는 순간들이다. 상황이 객관적 존재양태를 의미한다면, 기쁨·노여움·슬픔·즐거움 등은 주관적인 심리적 작용이다. 뛰어나거나 모자라거나 모든 사람들은 아름다운 햇살이 솟아지는 따사로운 늦가을의 정경에 처할 수 있다. 그러나 이것은 단지 객관적 상황에 대한 고려일 뿐, 지금 논의하고 있는 미발의 순수 의식 상태와는 다르다. 미발이란 조금의 흔들림 없는 심리적 의식의 平靜상태이다. 일반인은 이러한 경지를 지속시키기가 어렵다는 제한을 받는다. 반면에 유가의 지향점인 성인은 그 심리적 갈등을 넘어서 항상 지속적으로 寂然한 평정 속에 순수한 자신을 실현시켜 나갈 수 있다고 보았다.

> 그러므로 성현의 경우에 나아가 말한다면 不覩不聞은 즉 미발의 경지라고 할 수 있지만, 일반인의 경우에서 말한다면 不覩不聞이 곧 未發의 경지가 될 수 없습니다.[18]

---

18) 「農巖集」권16, 「答李顯益 別紙」 28판 좌. "是以就聖賢分言, 則不覩不聞,

주관과 관계맺기 이전인 객관상황은 모든 사람에게 동일하지만, 심리적 상황에서 볼 때는 성인과 일반인은 차이를 드러낸다는 것이다. 즉 성인은 외부 상황여부에 따른 변동 없이 미발경지를 유지하는 반면, 일반인은 외부와의 감응 이전부터 이미 혼란된 심리상태를 지닐 수도 있다.(그런 마음 상태를 지닐 수도 있다는 것은 순간적으로 떠오르는 순선한 마음의 평정이 있다는 점을 무시하는 것은 아니다.) 농암이 보기에, 이현익의 오해는 바로 '聞覩'와 '視聽'을 구분하지 못한 데서 발생한다고 생각한 것이다.

> 내 생각에 그대의 의견은 聞·覩를 視·聽과 같은 것으로 보는 듯하므로 여기(不覩不聞은 未發이 아니다)에 의심이 없을 수 없는 것입니다. 그러나 이 두 가지는 또한 분별이 있습니다. 대개 視와 聽은 마음의 작용이 귀와 눈으로 드러나서 사물에 행해지는 것입니다. 그러므로 <u>視聽과 視聽하지 않는 것은 곧 已發과 未發의 구분이 됩니다.</u> 반면에 聞과 覩의 경우는 다만 사물과 耳目이 서로 접하는 상황이므로 마음의 일과 간여되지 않습니다. 그러므로 聞覩와 聞覩하지 않는 것을 이발과 미발로 분속하는 것은 마땅하지 않습니다. 두 가지의 차이에 나아가 자세히 관찰한다면 不覩不聞이 곧 미발이 되지 않는다는 것은 자연히 의심이 없을 것입니다.[19]

위의 인용문은 농암이 앞서 제기했던 '不覩不聞과 未發은 다르다'는 자신의 주장을 정당화시키기 위해 또 다른 예시를 든 것이다. 이것은 대상과 감각기관의 대응상태를 의미하는 상황설정과, 마음의 구체적 반응

則是未發境界: 就衆人分上言, 則不覩不聞, 不得更謂未發境界."

19) 「農巖集」권16, 「答李顯益 別紙」28~29판. "竊想明者之意, 似以聞覩作視聽一般看, 故不能無疑於此. 然此二者, 亦有分別. 蓋視聽是心之用, 發乎耳目, 而行於事物者也. 故視聽與不視聽, 便爲發未發之分. 若聞覩則只是事物與耳目相接之境, 不干心事. 故不當以聞覩與不聞覩, 分屬發未發. 就此二者, 審細稱停, 則不覩不聞之, 不便爲未發, 自可以無疑矣."

을 통해 미발의 의미를 강화시켜 보려는 의도에서 나왔다. 보고 듣는다는 감각작용은 이미 심리과정을 거쳐 직접적으로 능동적으로 보고 듣는(視·聽) 구체적 양상으로 전이된다. 이 경우 마음의 已發이냐 未發이냐는 의식의 발현여부를 논할 수 있다. 반면에 다른 한편으로는 수동적으로 들린다거나 보인다(聞·覩)의 경우처럼 다만 대상과 감각기관 사이의 대면상황을 반영할 수도 있다. 농암은 이 경우는 구체적인 반응 이전의 상황설정만을 의미하므로, 已發과 未發을 구분하여 논할 수 없다고 보았다. 不覩不聞을 미발에 대한 상황설정으로 한정하여 이해하는 것은 구체적인 심리 반응 이전의 객관상태를 곧바로 未發로 단정하는 것에 대한 보류이다. 아울러 이러한 구분은 외부 대상과의 교감 이전 상태에서 성인이 지닌 미발의 순선한 심리상태를 확보하는 단서이기도 하다.

여기서 농암이 不覩不聞이나 聞·覩 등을 통해 규정한 '상황'설정은 기품의 차이라는 객관조건을 의미한다면, 未發이나 주관적 반응인 視·聽 등은 '심리'라는 주관의식의 반영으로 기품의 차이를 넘어선 인간의 주체적 의지를 강조하는 것이다. 이러한 논리는 이후 전개되는 湖洛論辨과의 연관성을 생각해 볼 수 있다. 호론이 氣質, 비록 기가 작용하지 않는 상태[氣不用事]라고는 하지만 결국은 기질의 제한이라는 상황의 측면에 주목했다면, 반면에 낙론에서는 적어도 미발에서는 그러한 선천적 상황의 측면이 아닌 심리적 측면으로 관심을 돌려 심리적 체험을 통한 천리와의 합일을 강조하는 것이다. 이것은 호론이 聖凡이 지닌 기질의 선천적인 차이를 기반으로 하여, 그 실현과정에서 성인과 범인의 마음은 언제까지나 차별적 양태로 드러난다는 주장과 관련된다. 반면에 상황이 아닌 심리적 측면에서 접근하는 낙학의 논리는 다르다. 그들에 따르면 성인과 범인은 심리적 평정 정도의 차이에도 불구하고, 미발의 심리상태는 변화가능한 '心'의 한 측면이므로 인간의 주관적 의도에 따라 결과적으로 동일한 구현양상으로 귀결될 수 있음을 주장하는 것이다.

2. 未發공부와 聖·凡의 동일성

1) 未發工夫와 敬

일반적으로 미발의 상태는 순선한 본체 자체를 체인하여 자기화시키는 것을 의미한다고 할 수 있다. 그렇다면 미발이라는 순선한 본체의 경지는 어떻게 접근할 수 있는가? 의식의 발현 이전이라는 미발상태를 논리적으로 본다면, 그러한 상태에 도달하려는 의식이 가미되는 순간은 이미 미발이라고 말할 수 없는 모순에 직면하게 된다. 의식의 발현인 已發이 아니면서도, 미발로의 지향점을 찾아가려는 과정에서 직면하게 되는 이 난제를 해명하는 것은 미발논의와 관련된 중요한 주제이다. 이 문제는 인식 차원에서 이해되는 것이 아니기 때문에 수양의 문제, 즉 '보존하고 기른다'는 存養의 문제로 전이된다.

'戒懼'(戒愼恐懼)와 '愼獨'의 관계는 미발과 이발의 그 아스라한 경계선에 대한 논의의 실마리가 된다. 「중용」에서는 "道란 일상생활(현상)과 잠시도 떠날 수 없으니, 떠날 수 있다면 도가 아니다. 그러므로 군자는 그 보이지 않는 곳에서 삼가고, 그 들리지 않는 곳에서 두려워한다."는 戒愼恐懼와 더불어, "어두운 곳에서보다 더 잘 보이는 곳이 없으며 미세한 일보다도 더 잘 드러나는 것이 없으므로, 군자는 그 자신에 대하여 삼가 한다."라는 '愼獨'의 수양을 이어서 제시한다. 주자 이전에는 계구와 신독의 도덕수양이 하나의 일로 간주되었으나, 주자에 이르러 두 가지 영역으로 분리된다. 즉 양자는 동어 반복이 아니라 계구는 靜의 상태에서, 신독은 動의 상태에서의 공부방법을 각각 지칭한다고 보는 것이다. 이러한 구분에서 볼 때 '보이거나 들리지 않았을 때 삼가고 두려워하라'는 계구의 의미는 미발공부와 직결되며, 隱微하게나마 드러나는 단서에서부터 신중하게 대처하는 愼獨은 動인 已發의 상태와 관련시켜 볼 수도 있다.

그러나 道는 현상계에서 잠시라도 떠날 수 없다는 사유에서 볼 때, 동과 정의 분리는 수용하기 어렵게 된다. 정할 때의 공부와 동할 때의 공부라는 상황에 따른 구분일 뿐, 그 속에 내재된 도리는 일관된다고 보기 때문이다. 농암의 다음과 같이 동과 정을 아우르는 포괄적 관계 설정은 그러한 이해에서 나온 것이다.

> 주자의 (계구와 신독을 구분한) 설은 또한 戒愼恐懼가 오로지 고 요할 때의 공부라고 생각한 것은 아니다. 子思의 의도를 미루어보 건대, 도는 잠시라도 떠날 수 없으므로 군자는 일상에서 사물을 응 접할 때부터 戒愼恐懼하지 않음이 없으며, 눈에 하나의 사물이라도 접하지 않거나 귀에 하나의 일이라도 들어오지 않더라도 또한 조 금의 게으름이 없도록 하는 것이다. 이것이 바로 統體공부이며 動 靜을 관통하여 말한 것으로, 아래 문단의 愼獨이 오로지 幾微에 나 아가 말한 것과는 같지 않음을 말했을 따름이다.[20]

농암은 정과 동의 두 가지 공부가 완전히 별개로 존재하는 것이 아 니라, 양자를 긴밀한 연관 속에서 동정을 관통하는 합일점을 도출하고 자 했다. 계구는 동정을 구분할 때 정에 속하지만, 동과 정을 아우르는 統體공부라는 점에서 신독과의 차별성을 지니게 되는 것이다. 그는 계 신공구의 자세가 일상의 사태에서 응접의 중심에 서 있고, 객관대상과 관련을 맺기 이전에도 여전히 그 의미를 지닌다고 이해한다. 어떤 대 상이나 상황과 직면하기 이전이더라도 조금의 게으름도 허용치 않으려 는 노력은 동정을 관통하는 기준이 되며, 일부가 아닌 전체의 모습을 그대로 드러내며, 일상생활에서 사물을 응접할 때부터 戒愼恐懼하려는

---

20) 「農巖集」 권15, 「與權有道再論思辨錄辨」 28~29판. "然朱子之說, 亦非以戒愼 專作靜時工夫. 蓋推子思之意, 以爲道不可須臾離, 故君子自其平常日用應事接 物之處, 無所不戒愼恐懼, 以至於無一物之接乎目・無一事之入乎耳, 而亦不敢 少懈. 此乃統體工夫, 通動靜而言, 與下文愼獨專就幾微處而言者, 不同云耳."

수양의 공부가 필요함을 제시한다. 이러한 논리는 신독에 대한 경시가 아니라, 신독 이전의 정신세계에 대한 긍정과 그에 따른 수양노력의 필요성을 암시한다.

농암의 계구를 정점으로 하는 수양노력은 박세당이 지닌 미발의식의 부정에 대한 비판의 주요 기준이기도 하다. 박세당의 경우는 계구와 신독의 구분이 필요 없다는 주자 이전의 학설을 지지한다. 농암은 그러한 견해는 일상에서 부딪치는 상황에 대한 주체의 노력만이 의미를 지닐 뿐이므로 계구와 신독의 차별성을 인정하지 않으려는 시도라고 이해한다. 만약 박세당의 주장대로 心明[21]을 통해 외부 대상과의 관계에서 마땅함을 고찰하고 조치한다면, 대상과의 관계 이전인 靜의 상태에서 계구한다는 언급은 무의미해지고 말 것이기 때문이다. 이것은 성리학자들의 주된 관심의 상태였던 未發에 대한 부정으로 이어짐을 의미하는 것이다. 그러므로 농암은 박세당의 의도가 '사람의 마음에는 원래 寂然한 미발의 상태가 없다'는 것으로 간주하고, 그 오류를 바로 잡을 필요성을 절감하게 된다. 계구와 신독의 연관성과, 동정을 관통하는 중심으로 계구를 정립하려는 노력도 그러한 의도에서 나온 것이다. 아래의 장문의 내용은 그러한 농암의 입장을 잘 반영해준다.

그(박세당)의 말뜻을 자세히 살펴보면, 마치 사람의 마음에는 원래 寂然한 미발의 상태가 없다고 생각한 것이니, 그 잘못됨이 더욱 심하다. 사람의 마음에 동과 정이 있는 것은 하늘에 음과 양이 있는 것과 같다. 한번 體하고 한번 用하고 서로 對待하며 번갈아 순환하여 서로 없을 수가 없는 것은 이것이 바로 자연의 이치이다. 그러

---

21) 박세당은 하늘의 밝은 이치는 만물에서는 마땅함의 법칙이 되고, 인간에게는 마음의 밝음[心明]이 된다고 보았다. 그가 제기된 '마음의 밝음'은 인간과 만물의 구분을 논하는 계기가 된다. 사람이 태어남과 동시에 이미 천리를 받았기에 그 마음에서 밝은 것이며, 심이 받아들인 천리의 순선함이기에 곧바로 마음의 밝음이라고 이해하는 것이다(본문 3장 3절 참조).

나 일반인의 마음은 물욕이 주가 되므로 일이 있든 없든 마음이 항상 함부로 움직여서 虛靜한 때로 돌이키기가 드물다. 오직 성인의 마음만이 혼연한 천리이므로 사물이 이르지 않더라도 사려가 싹트지 않고, 마음속이 지극히 虛하고 지극히 靜하여 비록 귀신이라도 틈새를 엿볼 수 없다. 이것이 바로 적연한 미발의 본체이며, 이른바 천하의 大本이라는 것이다. 일[事]과 대상[物]이 다가섰을 때 이치로써 순응하여 조금의 어긋남도 없으니 大用·達道가 여기에서 행해지고, 일의 응함이 그쳐 곧바로 寂然하여 고요해서 그 본체로 돌아가는 것이다. 군자가 보거나 들리지 않는 데서 戒懼하는 것이 정말로 이와 같이 된 다음에야 이 마음의 본체를 보존하고 기를 수 있어서 천하의 대본을 세울 것이다. 그렇지 않다면 비록 사물이 이르지 않더라도 이 마음이 함부로 움직이는 것을 벗어날 수 없으니, 발현된 바가 비록 선하더라도 본체는 자연히 정립될 수 없을 것이다. 이것이 주렴계에게 '主靜'의 설이 있게 된 것이고, 정자가 말한 '전일하지 않으면 곧바로 완수할 수 없고, 모이지 않는다면 발산할 수 없다'는 것도 또한 이 뜻이다. 그(박세당)는 이것을 알지 못했으므로 곧 주자의 未發說에 의심을 둔 것이다.[22]

농암은 動과 靜을 아우르는 포괄적 의미에서 未發을 규정한다. 외부의 자극에 이끌려 물욕에 빠져드는 일반인들의 의식상태는 虛靜한 심리적 안정감을 유지하는 데 제약을 받게 된다. 반면에 유가가 지향하는

---

22) 「農巖集」 권15, 「與權有道再論思辨錄辨」 29판 우~좌. "且詳其語意, 似以人心爲元無寂然未發之時, 則其誤尤甚. 夫人心之有動靜, 如天之有陰陽, 一體一用, 互爲對待, 迭相循環, 而不能以相無者, 此乃自然之理也. 但衆人之心, 物欲爲主, 故有事無事, 心常妄動, 鮮復有虛靜之時. 唯聖人之心, 渾然天理, 故事物未到, 思慮不萌, 方寸之間, 至虛至靜, 雖鬼神莫能窺其際, 此卽寂然未發之體, 而所謂天下之大本者也. 及其事至物來, 以理順應, 無所差忒, 則大用達道, 於是乎行, 而事應旣已, 則輒又寂然而靜, 以復乎其本體焉. 君子之所以戒懼乎不覩不聞者, 正爲其必如此, 然後爲有以存養此心之體, 而立天下之大本耳. 不然則雖事物未至, 而此心不免妄動, 所發雖善, 而本體無自以立矣. 此周子所以有主靜之說, 而程子所謂不專一則不能直遂, 不翕聚則不能發散者, 亦此義也. 某惟無見於此, 故輒有疑於朱子未發之說."

성인의 심리상태는 천리로 혼연하기 때문에 동과 정을 넘나드는 절대적 안정감과 주체성을 확보할 수 있다는 것이다. 외부 자극이 없는 고요한 상태에서라도 사려가 싹트지 않는 지극히 虛靜한 심리상태를 유지하며, 또한 이 의식의 발현 순간에는 천리에 순응하여 조금의 오차도 허용하지 않는 적절성과 유연성을 발휘한다는 입장이다. 위의 인용문에서는 이러한 정과 동의 자연스런 적응, 특히 動의 기준이 되는 靜의 확립을 위해 군자는 평소 存養省察(또는 涵養)하여 본체의 정립에 노력해야 한다는 당위성까지 제시되고 있다. 존양의 방법이 바로 계구라고 보는 것이므로, 미발에 대한 의미는 계구의 스양방법과 분리될 수 없는 것이다. 성리학에서 미발의식을 통한 본체의 정립은 天의 속성과 일치되는 인간의 본성에 대한 확인이자, 주체정립을 위한 중요한 기초가 되는 것이다. 아울러 미발에 관한 의식을 망각한다면,「중용」에서 제시하는 '喜怒哀樂未發之謂中'이나,「주역」에서 언급했던 '寂然不動' 등의 의미를 되살릴 수 없을 것이라는 난점의 해결과도 연관된다.

계신공구의 공부가 靜일변도가 아닌 動靜을 통관하는 공부라는 것은 미발의 실재성을 확보하려는 농암의 주장을 강화시켜 준다. 그는 雜著의「戒愼恐懼通貫動靜說」[23]에서 이 문제를 보다 철저히 분석하고 있다. 주자의 '항상 공경하고 두려워하라(常存敬畏)'는 해석을 통해 본체가 현실화된 정감으로 연계되는 근거를 찾고 있는 것이다. 즉 계신공구는 고요할 때의 특정영역에 한정되는 공부가 아니라, 동과 정을 관통하는 전체공부로 이해하고 있는 것이다. 또한 이것은 농암이 계신공구를 통해 어떤 경지에 도달하려 한다는 의미에서의 공부가 아니라 조심하여 보전한다는 의미에서 미발에서의 공부를 인정하는 것이다. 미발의식은 사려의 발생 이전 상태라는 존재론적 이해로부터, 외부세계와 인간의 내부에 충만해 있는 유가의 이념을 지향하는 의식의 깨어

---

23)「農巖集」권25,「戒愼恐懼通貫動靜說」36〜38판 참조.

있는 상태라는 수양론적 이해가 필요하다.24) 농암 역시 戒愼恐懼를 통해 어떤 경지에 도달하려 한다는 의미에서의 공부가 아니라 조심하여 보전한다는 의미에서의 미발 공부를 인정하는 것일 뿐이다. 앞에서 이미 이 문제가 성인과 일반 사람이 원초적 의식 상태에서도 동일한 의식의 소유자인지를 논하는 문제였다는 것을 살펴보았었다.

그러나 여전히 미발의 靜상태에서 이루어지는 戒懼라는 미발에서의 공부가 성립될 수 있느냐는 난점에 부딪친다. 미발과 관련하여 농암과 많은 의견교환이 있었던 이현익은 미발공부에 대한 회의를 표명한다. 앞서 살펴본 不覩不聞과 未發에 관한 쟁점 이면에는 미발상태에 대한 부정이 아니라, 미발공부에 대한 그의 회의가 담겨있다고 할 것이다. 농암의 사후에도 여전히 박필주(1680~1748)와 그 문제에 관해 지속적인 의견을 교환하기도 하는데, 이현익은 미발은 공부에 따른 결과라는 입장을 견지한다.25)

농암의 진술 속에는 미발과 관련하여 미발공부의 무의미성을 제시하기도 하고, 미발공부의 필요성을 역설하기도 하는 등 상반된 입장을 표명함으로 혼란스러워 보인다. 그러나 그가 미발공부가 필요 없다는 것은 미발 본체에 대한 부정적 시각을 교정하기 위해서 역설적으로 제시된 말이다. 그는 이현익에게 보낸 편지에서 "미발의 때라도 역시 병통이 있으므로 모름지기 힘을 써서 치유해야 한다."는 일부 학자들의 견해가 있기 때문에, 미발공부를 부정한 것이라고 해명한다. 당시 미발

24) 이봉규는 「송시열의 성리학설 연구」(서울대 박사학위논문, 1996) 160~161 쪽에서 미발에서 마음의 주재기능이 확보되고 견지되어 간다는 측면에서, 송시열의 견해가 성리학적 본성의 동일성과 보편성을 우선적으로 강조하는 洛論의 입장에 가깝다고 주장한다.

25) 이현익과 박필주와의 의견 교환은 문석윤의 박사학위논문(127~133쪽)에서 정리되어 있다. 박필주는 이현익과의 미발논변 이외에도, 호학 측 윤봉구와 聖凡의 기질에 관한 논의 등을 통해 李縡의 견해를 지지하는 등 洛學의 입장을 견지하고 있다. 아울러 그는 1742년 형조참판에 임명된 후 이재와 한원진을 천거하는 등 낙학과 호학의 중재역할을 담당하기도 한다.

공부를 해야 한다는 일부의 견해는 병통을 지닌 미발이기에 그러한 미
발의 불순함을 제거해야 한다는 의미이므로 자신이 생각하는 미발의
개념과는 맞지 않기 때문이다. 그러므로 농암은 미발에 대한 부정적
시각을 불식시키기 위해 '미발에서는 공부할 수 없다'는 부정론을 제시
한다.[26)]

그러나 또 다른 한편으로 미발의 순수성을 확신하는 농암으로서는
미발을 지향하려는 목표가 퇴색될 수 없었다. '평생 본령의 공부에 힘
쓰고자 했다'는 농암의 미발에 대한 지향은 계구를 통한 보존노력이
그 대표적인 경우이다. 즉 미발의 공부를 표현하는 계구의 의미는 미
발공부와 깊이 연관된다.

> 戒懼라 말하는 것은 또한 학자로 하여금 敬으로서 이것을 (미발상
> 태에서) 간직하고 지켜서 함부로 움직이는 바가 없도록 할 따름이
> 다. 미발의 본체가 여전히 병통을 지니고 있으므로 공부하여 다스
> 림을 기다려야 한다는 것을 뜻하는 것이 아니다. 그러므로 주자는
> '미발에서는 본체의 자연함을 애써 찾을 필요가 없으나, 이때를 당
> 면하여 敬으로서 보존하여 이 기상으로 항상 보존하여 잃지 않도
> 록 해야 한다. 이로부터 발현된 것은 반드시 절도에 맞을 것이다'
> 라고 말했으니, 오직 이 한 구절은 명백하고 적확하니 마땅히 바뀔
> 수 없는 정론으로 삼아야 한다.[27)]

---

26) 「農巖集」 권16, 「與李顯益」 26판 좌. "未發上不可下功, 鄙意正爲金趙諸君
    '未發時亦有病痛, 須待用力醫治'云者而發耳. 若如來論寂寂不起思慮, 惺惺不
    入昏昧, 正朱子所謂'敬而存之'者, 此意何可無也. 所論稍簡說話文字, 專著於
    本領工夫, 鄙意亦未嘗不然. 但講論義理, 到大段得失是非之際, 亦不得不多.
    惟不當切切於枝葉細小處耳."

27) 「農巖集」 권16, 「與洪錫輔」 7~8판. "若其言戒懼, 則亦欲學者敬以持守乎此,
    不令有所妄動而失之而已, 非謂未發之體, 猶帶病痛, 而却待用力醫治也. 是以
    朱先生嘗曰: '未發之前, 本體自然, 不得窮索. 但當此時節, 敬以存之, 使此氣
    象, 常存而不失. 自此而發者, 其必中節矣' 惟此一語, 明白的確, 當爲不易之
    定論."

　　농암은 미발의식은 비록 사려나 어떤 행동을 통해 얻어지는 특별한 경지가 아니며, 다만 敬으로서 이 상태를 보존해가는 방법을 사용할 수 있다고 보았다. 경으로서 이러한 기상을 지켜나간다는 것은 미발상태에 어떠한 병통이 있어서 치유나 개선의 필요성을 상정하는 것은 아니다. 다만 주자도 언급하였듯이 본체의 자연함이 드러나 주체와 동일하게 되는 이 원초적 의식상태를 보존하고 지켜나간다면, 已發의 경우에도 순조롭게 中節하게 될 것이라는 주장에 기초하고 있는 것이다. 戒懼를 통해 설정된 미발공부의 영역은 다시 敬의 개념으로 전이되면서 주체의 심화를 강조하게 된다.

　　농암의 계구와 신독의 구분과 연관은 미발의식을 통한 주체의 확립에 대한 복선에 해당된다. 농암은 미발의식의 보존노력을 ‘中和論辨’과 관련된 주자의 많은 언급 중에서 두 서신(林擇之에게 답한 편지글과 「未發已發說」)에 근거하여 설명한다. 두 언급이 ‘가장 명백하고 정확하여 이 논의의 판단기준이 된다’고 보기 때문이다. 차례로 인용해보기로 하겠다.

　　① (주자가) 임택지에게 답하기를, 謹獨할 수 없다면〈注: 선생은 이때에 戒懼와 愼獨을 같은 일로 보았기에 이렇게 말한 것이다.〉 비록 사물이 아직 이르지 않더라도 진실로 이미 혼란되고 어긋나서 다시 미발의 때로 돌아올 수 없다. 그러므로 이미 이른바 中이라는 것에 이를 수 없으므로 그 발현은 반드시 어긋나고, 또한 和라고 이르는 바에 이를 수도 없는 것이다.[28]

　　② 「未發已發說」에서 말하기를, 미발의 중이란 본체의 자연함이니,

---

28) 「農巖集」 권19, 「答道以」 12판 우. “答擇之曰: 不能謹獨〈先生於此時, 以戒懼與愼獨爲一事. 故其說如此.〉 則雖事物未至, 固已紛綸膠擾, 無復未發之時. 旣無以致夫所謂中, 其發必乖, 而又無以致夫所謂和.”〈此上又云, ‘未感物時, 若無主宰, 則亦不能安其靜, 只此便自昏了天性, 不待外物之引然後差也.’ 竊嘗所聞, 未感物者, 非謂思慮未萌也. 言其不與事物相接耳. 雖不與事物接, 而此心若無主宰, 則便自妄動, 不能安其靜也. 此意亦自明白.〉

애써 찾을 필요가 없다. 그러나 이때를 당하여서는 敬으로서 보존하여 이 기상으로 하여금 항상 보존되고 잃지 않도록 한다면, 이로부터 발현되는 것은 반드시 절도에 맞을 것이다. 그러므로 정자는 여기에 매번 경으로서 잃지 말라고 말한 것이다.[29)]

주자가 ①의 편지에서 주장하는 것은 미발의 상태에서 계구로 표현되는 수양의 노력을 하지 않는다면 혼란되고 어긋나서 이미 미발의 中이라 규정할 수 없고, 또한 已發상태의 和라고 할 수도 없다는 것이다. ②의 편지에서도 미발의 中 상태를 애써 찾으려는 노력은 하지 않더라도 항상 '敬으로서 보존하여 잃지 않도록 노력하는 것'이 中節로 이어지는 계기가 된다고 보는 것이다. 농암이 두 인용문을 통해 의도하는 것은 미발의 상태란 아무런 노력도 기울이지 않는 靜으로 간주되는 오해를 막고자 하는 것이다. 비록 사려의 싹이 아직 트지 않는 것이 미발이라고 규정되지만, 암울한 혼란으로 가득 차 있을 수도 있기 때문이다. 따라서 그는 주자가 "외부대상과의 감응 이전에도 심의 '主宰'를 통해 靜의 상태를 유지해야 한다."[30)]는 주장을 통해, 심의 미발상태에서라도 主宰가 없다면 천성의 혼란을 자초하기 때문에 中의 현실적 구현이 和라는 등식은 성립되지 않는다고 생각하였던 것이다. 농암은 주자의 두 견해를 통해 미발상태란 일차적으로 사려의 발생 이전인 至靜의 모습뿐만 아니라, 致中으로 될 本體임을 강조한다.

---

29) 「農巖集」 권19, 「答道以」 12판 우~좌. "其未發理發說曰: '未發之中, 本體自然, 不須窮索. 但當此之時, 敬以存之, 使此氣象常存而不失, 則自此而發者, 其必中節矣. 故程子於此, 每以敬而無失爲言."

30) 위와 같은 글, 「答道以」 12판 우. "此上又云, 未感物時, 若無主宰, 則亦不能安其靜, 只此使自昏了天性, 不待外物之引然後差也. 竊詳所聞, 未感物者, 非謂思慮未萌也, 言其不與事物相接耳. 雖不與事物接, 而此心若無主宰, 則便自妄動, 不能安其靜也. 此意亦自明白."

이 마음의 미발이란 치우치고 기울어진 것이 없으며, 이른바 致中
이란 진실로 이 미발의 본체를 보존하여 함부로 움직여 잃지 않도
록 하는 것일 따름이다.[31]

미발상태에 치우치거나 기울어진 심리적 동요가 없는 성인과 달리,
일반인은 사욕이 앞서기 때문에 외부 대상과의 교감 이전에도 마음속
이 항상 혼탁하고 흔들려 虛靜한 상태가 부족하다고 보기 때문이다.
농암은 외부와의 교감 이전인 미발상태에서 심의 主宰력을 확보한다면
함부로 흔들리는 마음도 없어서 안정된 상태를 유지할 수 있다고 보는
것이다. 즉 단순한 의식의 발휘 이전상태가 반드시 심리적 안정으로
이어지지 않는다고 할 때, 본체의 체현을 위해 마음의 주재성이 강조
되는 것이다. 이것은 사려가 발생하기 이전의 마음을 주재력을 지닌
또 다른 마음이 규제한다는 것을 의미하지는 않는다. 외부와의 감응이
일어나기 전의 의식상태에서 강한 마음의 주재력을 발휘하도록 애쓴다
면 치우치고 기울어지는 마음의 동요를 겪지 않는다고 보는 것이다.[32]
致中의 노력은 미발의 본체를 보존하는 수양의 자세를 동반한다. 이
것은 그가 미발의 실재성을 부정하는 박세당의 논의에 맞서 미발상태

---

31) 위와 같은 글, 「答道以」 12판 좌. "以此心之未發者爲無偏倚, 而所謂致中者,
亦是存此未發之體, 勿令妄動而失之而已."

32) 미발에서의 靜이란 단순한 외형적 안정만을 의미하지 않고, 심의 주재적
의미가 결부되어야 한다는 논의는 미발개념과 관련하여 하나의 논점이 되
고 있다(『農巖集』 권16, 「答洪錫輔」 8판 우~좌. "其答林澤之書, '不能安其
靜' 一句, 語意尤明. 蓋所謂未感物者, 非眞未發也, 特言其不與物接耳. 雖不與
物接, 而此心若無主宰, 則便自妄動, 此所謂'不能安其靜'也. 觀下文'事物未至,
而固已紛綸膠擾, 無復未發之時'者, 意益可見. 凡此皆以當靜而不能靜爲病, 豈
謂其旣靜矣, 而猶有昏昧之病耶? …… 蓋曰心者兼理氣, 故未發則昏沈, 旣發
則奔馳, 氣使然也. 是則知人心之昏由於氣, 而不知纔被氣昏. 此心便動, 則其
未察者一也. 又曰心之所以主宰者, 動靜皆然. 靜時有所存主, 則不昏沈, 是知
不昏沈爲靜時主宰之功, 而不知不昏沈則所以爲靜而當靜而能靜, 乃是主宰之
功, 則其未察者二也.").

에서 계구의 노력이 필요함을 강조하는 것과 맥을 같이 한다. 그렇다
고 이러한 미발의 공부자세가 심의 미발을 어떤 특정한 상태로 대상화
시켜 놓고 탐색하는 것을 의미하는 것은 아니다. 농암이 계구의 수양
자세를 통해 미발에 대한 심리적 체험을 강조하는 것은 敬의 의미와도
직결된다.

> 미발의 본체는 지극히 虛靜하므로 放縱이란 글자를 쓸 수 없을 뿐
> 만 아니라, 昏昧라는 글자 역시 쓸 수 없다. 만약 미발에도 여전히
> 혼매한 것이 있다고 말한다면, 자사가 어찌 곧 미발을 中이라고 하
> 였겠는가? 그가 戒懼를 말한 것도 또한 학자들로 하여금 이것을
> 敬으로서 간직하고 지켜서, 함부로 움직여 잃는 바가 있지 않도록
> 할 따름이다. (그 의미는) 미발의 본체에 여전히 병통이 있어서 힘
> 을 기울여 다스려야 한다는 것이 아니다.[33]

계구는 이발과 미발을 관통하는 것으로 그 실제적 공부양태를 莊整
齊肅·戰兢洞屬이라 하여 조금의 방심도 허용하지 않는 것이다.[34] 敬
의 의미 역시 動靜을 아우르는 의미로 사용된다. 농암의 "「중용」의 계
구신독은 경의 실제 일로 이보다 큰 것이 없다."라는 자세는 의도적
개입이 아니라, 敬으로서 보존하고 굳게 지켜나가려는 수양노력과 결
부되는 것이다. 농암은 동정을 관통하는 계구와 그를 집약시킨 敬을
통해 모든 행위나 심리의 근본으로 귀결시켰던 것이다.[35]

---

33) 「農巖集」 권16, 「答洪錫輔」 7판 좌. "夫未發之體, 至虛至靜, 不但放縱字著
不得, 卽昏昧字亦著不得. 若曰未發而猶有昏昧者, 則子思何得便以未發爲中
哉? 若其言戒懼, 則亦欲學者敬以持守乎此, 不令有所妄動而失之而已, 非謂未
發之體猶帶病痛, 而却待用力醫治也."

34) 「農巖集」 권25, 「戒愼恐懼通貫動靜說」 37판 좌. "蓋所謂戒懼者, 卽莊整齊
肅·戰兢洞屬, 儼然如有所畏不敢怠忽之謂. 此箇意思, 不但於事物未至, 思慮未
發時爲然. 凡於日用言行起居動作之際, 無不當然. 朱子以爲全體工夫者此也."

35) 「農巖集」 권25, 「戒愼恐懼通貫動靜說」 36~38판 참조.

결국 농암이 종래 성리학자들의 '敬으로서 보존한다'는 명제를 이어받아 戒懼나 敬을 강조하는 것은 미발상태에 대한 절대적 긍정과 지속의 필요성을 의미한다. 인간의 본성이 지니는 순선함의 가치에 대한 인식을 거쳐 그 상태를 지속적으로 간직하려는 자세는 실제적 의식행위가 아니라, 미발의 본체를 '보존'하여 우리 마음속에 실재화되는 심리의 한 측면에서 접근하는 것이다. 이와 같이 미발이란 객관적 상황보다는 실질적인 마음의 평정이 중요하다는 농암의 인식은 주체의식의 심화로 이어지고, 낙학계열 성리학자들의 미발체험에 대한 자신감을 형성하는 배경이 되었다.

2) 聖·凡의 동일과 具現의 차이

그렇다면 지금까지 언급했던 純善한 마음의 영역인 미발상태는 인류의 보편적 심리로 자리잡을 수 있는가? 즉 인류는 누구나 차등 없이 외형적이고 심리적인 평정상태를 유지할 수 있는가? 이 문제는 앞서 제기했던 미발의 개념규정과 긴밀히 연관되는 것으로 '외부 대상과의 접촉이 없는 상태에서 인류는 보편적 도덕의식의 상태가 가능한가'라는 인간존재에 대한 이해와 관심으로 문제를 심화시켜 나가는 것이다. 만약 그러한 동질적인 가능성이 없다면 미발상태의 심리의식은 현실이 아닌 이상향으로 제시되는 관념에 그칠 수도 있다. 농암의 견해는 긍정과 부정, 즉 성인과 일반인의 동일한 미발의식상태를 인정하는 동시에 양자의 차별성을 주장하기도 한다.

첫째, 농암은 인류가 지향하는 성인의 미발의식상태를 긍정적으로 조망하고 있다. 이는 앞서 언급한 박세당 등의 견해나 그와 비슷한 학자(예를 들어 김시좌의 '일반인은 원래 靜의 때가 없다'와 같은 견해)들에게서 보이는 직간접적인 미발의식의 부정에 대한 비판적 성격을 담고 있다. 박세당은 만약 순간적으로 모든 사려가 발생하지 않는 마치 空과 같은 의식 상태는 마음속에 선 또는 악이 존재할 틈이 없다는 주장을 한다. 찰나적 순간에 이루어지는 상태에서 미발의식을 경험한다고 하지만, 그것은 기존 성리학자들의 의도와는 무관하다는 것이다. 이러한 부정적 태도는 성인과 보통 사람들의 순선한 심리적 차이여부를 미발상태를 통해 논의할 가치가 없다는 해석으로 이어질 수 있다. 반면에 농암은 보통 사람들이 지닌 흐릿한 심리상태를 인정하면서도, 우리 인간이 지향해야 될 성인의 경우를 망각한 처사라고 비판한다. 농암은 성인의 미발의식을 다음과 같이 기술한다.

> 성인의 경우는 아직 사물과 접하지 않았을 때도 이 마음은 적연하여 다시 조금의 사려도 있지 않는 것은 항상된 모습이다. 어찌 특별히 순간적인 상태이겠는가? 다만 그(박세당)가 아직 이 경계를 보지 못했을 뿐이다.36)

농암은 성인의 선한 마음의 지속성과 일반인의 순간적인 심리적 안정상태와는 구별해야 된다고 주장한다. 비록 시간적 격차에 따라 순간적이냐, 지속적이냐의 구분이 있기는 하지만, 성인의 경우는 그 격차를 뛰어넘어 寂然不動한 미발의 상태를 항상 지속적으로 유지한다고 이해하는 것이다.

아울러 농암은 미발상태에서 인간에 내재된 보편적 동질성을 확보하려는 시도에서 天命之性의 내재성을 제기한다. 만약 보통 사람들이 미발의 靜상태를 의미하는 中이 없다고 가정한다면, 이는 일반인에게 天命之性이 동일하게 내재한다고 말할 수 없기 때문이다. 따라서 농암은 인간이 지닌 미발의식의 보편적 동일성을 다음과 같이 주장한다.

---

36)「農巖集」권15,「與權有道再論思辨錄辨」30판 참조.

지금 '일반인은 원래 靜의 때가 없다'고 말한다면, 너무도 지나친 것이다. 만약 '일반인의 미발은 中이 되기에 부족하다'고 한다면, 이것은 천명지성이 일반인에게 있어 도리어 치우치거나 기울어짐이 없을 수 없는 것이니, 그 대본을 알지 못하는 것이 너무 심하지 않는가?[37]

이러한 견해는 미발상태의 순선함에는 아무런 병폐가 없고, 따라서 별도의 치유노력도 필요하지 않다는 미발공부의 무용론까지도 제기될 수 있다. 그가 주장하는 천(리)의 내재적 보편성은 훗날 호론의 비판에 대해 낙학에서 제기하는 주요한 반론의 근거가 되기도 한다. 그러나 현실적으로 존재하는 인간에게는 미발의식의 보편성이 심리적 실재로 다가서지 않는다. 오히려 박세당의 주장처럼 삽시간에 그런 경지를 체험할 수는 있지만, 그것은 선악이 보장되지 않는 순간적인 상태에 불과할 수도 있다. 그러한 점에서 성리학자들의 미발의식은 이론의 보완이 필요하였고, 그 결과 인간의 가치의식을 심화시키려는 노력이 다양한 각도에서 조명되었다.

둘째, 농암은 미발의 상태에서 성인과 일반인의 심리적 동일성을 인정하지만, 동시에 양자의 차이점에 대해서도 다음과 같이 말한다.

생각건대 보통 사람의 마음은 私欲이 主가 된다. 그러므로 비록 아직 대상과 접하지 않았더라도 마음속이 항상 저절로 어둡고 흔들려 虛靜한 때가 매우 적다. 오직 성인만이 그렇지 않아서 바야흐로 사물이 아직 이르지 않더라도 이 마음은 진실로 寂然하여 함부로 움직임이 없어서, 비록 귀신이더라도 그 틈새를 엿볼 수 없다. 사물이 다가옴에 이르러 이치로써 순응하여 조금의 잘못이나 얽매임

---

37) 「農巖集」권19, 「答道以」13판 우. "今謂衆人元無靜時, 則固太過, 而若謂衆人之未發, 不足以爲中, 則是天命之性, 其在衆人, 却不能無偏倚矣. 其爲不識大本, 顧不甚哉!"

이 없은즉 그 본체의 虛靜한 것이 또한 自若하지 않음이 없다. 성
인이 일반인과 다른 점과 일반인이 성인에 미치지 못하는 구분은
바로 여기에 있다.[38]

일반인도 진실로 아직 사물과 접촉하지 않아서 눈과 귀에 들리거
나 보이는 바가 없는 때가 있다. 그러나 그 마음속이 망념으로 뒤
범벅되어 있다면 미발이라고 말하는 것은 잘못이다. 오직 성현만이
때와 장소를 막론하고 계신공구하지 않음이 없으니, 이때에는 이
마음이 적연하여 한 생각이라도 함부로 흐트러짐이 없는 것이다.[39]

위의 두 인용구에서 볼 수 있듯이, 농암은 미발상태일지라도 성인과
보통 사람의 차등적 심리를 기술한다. 靜의 상태는 일반인도 지닐 수
있는 것이지만, 私欲이나 망념 때문에 성인의 寂然하고 虛靜한 마음과
는 다르다고 이해하는 것이다. 즉 대상과 접하거나 일에 대응하지 않
는 것이 곧 미발의 진정한 의미라고 생각하지 않는 것이다. 농암이 생
각하기에 일반인은 외부 대상과의 접촉이 없는 상태일지라도 虛靜한
본체의 순수 도덕의식 상태를 지닐 수 없다고 본다. 미발상태일지라도
흔들리고 갈등에 사로잡히기 쉬운 것이 보통 사람의 심리상태라면, 그
와는 달리 오직 성인만은 어느 때이든 심리적 동요 없이 본래의 모습
을 확보해 갈 수 있다고 본다. 그러나 그는 다음과 같이 보통 사람들
이 지니는 미발의식을 전면 부인하지는 않지만, 상실의 측면에서 성인
과의 차등을 두기도 한다.

---

38) 위와 같은 글, 「答道以」 10판 우~좌. "竊詳思之, 常人之心, 私欲爲主, 故雖
其未與物接, 而方寸常自昏擾, 絶少虛靜時節. 惟聖人不然, 方其事物未至, 此
心固寂然, 未嘗妄動, 雖鬼神亦有不得窺其際者矣. 及事至物來, 以理順應, 無
所流失, 無所滯累, 則其本體之虛靜者, 又未嘗不自若也. 聖人之所以異於衆人,
衆人之所以不及聖人, 其分正在於此."

39) 「農巖集」 권16, 「答李顯益 別紙」 28판 좌. "衆人固亦有未與物接, 而耳目無
所聞覩之時. 然其方寸之中, 妄念紛如, 則謂之未發不可也. 惟聖賢無時無處,
而不戒愼恐懼, 則當此時節, 此心寂然無一念之妄動矣."

'일반인은 미발상태가 없다'고 말하는 것은 다만 대강의 설명이다. 만약 자세히 추론해본다면 일반인도 역시 미발의 때가 있다고 할 수 있지만, 곧 잃어버려서 대본을 확립할 수 없을 뿐이다.[40]

농암이 '대강' 말했을 경우에 보통 사람의 경우 미발의식이 없다고 한 것은 성인에 대비시킨 상대적 표현이다. 이와 같이 미발상태에서 성인과 대비된 일반인의 심리적 동요상태를 지적하는 것은 일반인의 정감에 대한 우울한 판단이며, 동시에 그 상태를 벗어나 성인의 심리 상태로의 전이를 촉구하는 계기도 된다.

이상에서 고찰해본 바와 같이 농암은 성인과 보통사람의 미발의식이 동일함과 다름의 두 가지 명제를 제시하고 있다. 이것은 동일한 존재에 대하여 동일한 관계를 동시에 긍정하며 부정할 수 없다고 하는 배중률을 범하는 것처럼 보여질 수도 있다. 그러므로 농암의 견해를 비판하는 호학 측에서는 천리의 내재화상태인 본성개념을 상기시키면서 기품에 따른 人과 物의 차별뿐만 아니라, 성인과 일반인의 심리적 차이를 주장하게 된다. 이 점은 앞서 말한 不覩不聞 등과 같은 객관적 '상황'의 측면을 반영한 것으로 보인다. 반면에 낙학에서는 천리의 보편적 내재성으로 인해 성인과 범인의 미발의식은 동일하지만, 일반인은 성인에 비하여 본성의 상실 가능성이 크다는 점에 주목한다. 그러나 본성을 잃을 수도 있다는 자각을 통해, 다시 본성으로의 회복과 확충은 유학자들의 수양의 기초를 형성하기도 한다. 따라서 낙학에서 성인과 일반인의 차이를 분별해내지만 실제로 양자의 차이를 극복하여 성인과 합일하려는 '심리'적 측면의 강화로 이어지는 것이다.

우리는 이미 농암의 미발에 대한 진술에서 객관적 상황과 주관적 심리라는 두 요소가 중시되었음을 살펴보았다. 성인과 보통사람의 동질

---

40) 위와 같은 글, 26판 우. "所謂衆人無未發, 只是大綱說. 若細推之, 則衆人亦容有未發時節. 但隨卽失之, 不足以立大本耳."

성 여부를 평가하는 자리에서도 이러한 기준은 여전히 유효하다. 양자의 동일성이란 객관대상과 교접하기 이전의 상태이므로 차별성을 찾을수 없고, 둘 사이의 차이점은 심리적 충일감의 지속여부에 따라 동일하다고 할 수 없기 때문이다. 그리고 농암이 상황과 심리에서 주로 심리적 측면을 통해 미발의식을 규정하듯이, 여기서도 양자의 차이에 대한 인식과 그 격차를 줄여 본성의 적실한 구현을 도모하려는 의식이엿보인다.

또한 여기서 미발의 의식상태에 대한 개인적 승인여부를 떠나서, 당시 성리학자들이 지닌 미발 의식이 '모든 인간에게 동일한 의식의 체험으로 다가서는 보편적인 현상인가, 아니면 성인과 일반인의 차이에따라 다른 것인가?'라는 담론이 형성되는 실마리를 찾을 수 있을 것이다. 즉 본성의 개념규정에 대한 차이에 영향을 주는 氣質의 선천적 제한이 미발의 실현에 장애요인이 되는가? 만약 최후의 순간까지라도 기질의 영향에서 벗어날 수 없다면 인간에게 있어 미발실현은 하나의 이상이지 않겠는가? 비록 그러한 선천적 굴레를 안고 살아가는 것이 실제의 모습이더라도, 어떠한 방식으로 인간에게 내재된 순선함의 실마리를 유지하고 확충해나갈 것인가? 등의 철학적 문제에 직면하게 된다. 18세기 이후 본격화되는 호학과 낙학의 논의에서 이 문제는 피해갈 수 없는 출발점이자 귀착점이며, 그러한 논의가 활성화되는 계기를 농암과 그의 주변 인물들에서 찾을 수 있을 것이다.

3. 知覺論議와 即心指性의 心性觀

知覺이란 인간의 인식 작용·과정 및 그를 통해 획득되어진 인식의 내용 등을 통칭한다. 그러한 심리활동은 철모르는 어린 아이가 우물에 빠지려는 순간, 아무런 대가나 목적 없이 저절로 발동되는 도덕적 마음도 포함되어 있다. 유학에서는 특히 후자처럼 도덕의식과 생명의지로 충만된 마음의 靈明한 知覺능력을 인간 이해의 중요한 요건으로 삼는다.

농암은 심성관계를 이해하는 중요한 문제로 '知覺은 心의 작용이지 智의 작용이 아니다'라는 주장을 통해 당시 지각논의의 담론을 형성하는 구심적 역할을 담당했다. 그는 이를 통해 노론과 소론의 분기과정에서 주자학으로부터 이탈되던 당시 사상계의 동향을 선회하고 학파의 결속을 다져간다. 기존의 농암 및 낙학계열의 지각문제와 관련된 연구들은 주로 양명학에 대한 비판과 소화라는 측면에 주목하였다.[41] 그러나 心의 문제를 다룬다는 측면에서 양명학적 문제의식과도 연관되지만, 당시 주자학자들은 심과 성의 나눔[不雜]과 합침[不離]이라는 주자학의 관점을 토대로 성과 정을 포괄하고 매개시키는 心의 의미를 강화시켜 나갔다. 특히 '卽心指性'으로 대표되는 농암의 심성관이 지각논의를 통해 도출되었다는 점은 그동안 이 연구에서 주목해왔던 심의 의미를 총괄적으로 재검토하는 계기가 될 것이다. 먼저 知覺論議[42]의 발단배경과 농암이 주변 동료들과 전개하였던 논변과정을 통해 심을 중

---

41) 기존의 지각과 관련된 연구로는 김태년, 「洛論系의 知覺論 연구」, 고려대 석사학위논문, 1993; 조남호, 「金昌協 學派의 陽明學 批判: 智와 知覺의 문제를 중심으로」「철학」 39, 한국철학회, 1993; 문석윤, 「朝鮮後期 湖洛論辨의 成立史 연구」, 서울대 박사학위논문, 1995, 58~87쪽; 김태년, 「지각」 (「조선유학의 개념들」, 예문서원, 2002) 등이 있다. 김태년은 논의의 전개과정을 통해 조선의 주자학자들이 양명학적 문제의식을 어떻게 소화했느냐는 관점에서 접근하며, 조남호는 박세당의 비판과정에서 왕양명의 致良知說내지 少論에 대한 비판이라는 측면에 주목한 반면, 문석윤은 지각논의를 湖學과 대비된 낙학의 심성론이라는 측면에서 조망하였다. 근래 김현의 연구에서는 지각논의가 心을 중시한다는 측면에서 양명학적 문제의식과의 연관성을 검토하기도 하였다(김현, 「조선 후기 未發心論의 心學的 전개」, 「민족문화연구」 37, 2002).

42) 이 연구에서 智와 知覺의 관련성을 주로 다루면서도 필자가 '知覺'論議로 명명한 것은 농암 및 낙학계열에서 지각으로 대표되는 心의 문제를 중시한 점을 염두해 두었기 때문이다.

시하는 낙학계열의 사상적 경향을 살펴볼 것이다.

1) 知覺論議의 발단과 전개

지각논의의 발단은 성리학의 출발로 여겨졌던 「大學章句」의 첫 페이지에서부터 시작된다. 주자는 모든 사람들은 선천적으로 仁義禮智의 본성을 부여받았다고 진술하면서 각각의 개념에 대하여 정의한다. 즉 理의 내재화인 性을 세분하여, 仁이란 溫和慈愛의 도리이며, 義란 斷制裁割의 도리이며, 禮란 恭敬撙節의 도리이며 智란 分別是非의 도리라고 풀이하였다.[43] 이러한 개념규정은 유학의 대표적 특성이 仁으로 설명되지만, 동시에 仁·義·禮·智 등 각 덕목의 구분과 상호연관성을 설명하면서 세분화된 것이다. 그러나 여러 주석서에서 주자가 제시한 덕목들을 검토할 때, '智'와 관련된 해석은 다른 개념들에 비해 혼동을 불러일으키기도 한다. 사랑(愛)과 관련된 것이 仁이듯이, 智의 속성인 옳고 그름을 分別하는 것은 마음의 知覺활등과 깊은 연관을 지닌다. 그러나 仁·義·禮 등 여타의 본성들도 실제로는 모두 마음의 지각에 기초하여 情으로 현실화되기 때문에 知覺과 智와의 관계가 문제되었다. 예를 들어 철모르는 어린 아이가 우물에 빠지는 것을 마음에서 지각하는 순간, 내재된 본성이 아무런 대가나 목적 없는 惻隱한 情으로 드러나는 계기를 이룬다. 그렇다면 마음의 지각활동은 智와 관련이 있을 뿐만 아니라 여타의 본성들과도 연관성을 지니게 된다. 바로 여기서 마음의 지각을 본성의 일부인 智로만 연관시키는 것에 의문이 제기되고, 그러한 계기를 통해 심성관계가 재검토되었던 것이다.

---

43) 「朱熹集」 권74, 「玉山講義」(四川敎育出版社, 1997, 3896쪽) "盖仁則是箇溫和慈愛底道理; 義則是箇斷制裁割底道理; 禮則是箇恭敬撙節底道理; 智則是箇分別是非底道理."

그러나 주자의 설명이 불충분하다고 판단한 후학들의 보충설명은 오히려 '智'와 관련하여 새로운 문제를 불러왔다. 먼저 「대학장구」序文 小註에 기록된 그들의 주장을 소개하면 다음과 같다.

> 운봉호 씨(胡炳文)는 말하기를, 주자가 「四書」에서 인이란 '마음의 덕이요 사랑하는 이치'라고 하며, 의란 '마음의 규제요 일의 마땅함'이라고 하며, 예란 '천리의 절도 있는 문체요 인사의 본보기'라고 주석하여 모두 體와 用을 겸하였지만, 유독 智에 대해서만 명확한 해석이 없었다. 주자의 의도대로 보완하여 말해본다면, '智는 마음의 神明으로 모든 이치를 묘합하고 만물을 주재하는 근거이다'라고 하였다. 또한 번역심 씨(沈貴珆)는 "智는 천리 동정의 기틀을 함유하고, 인간사 옳고 그름의 귀감을 갖추고 있다."라고 말하였다.[44]

위에서 호병문은 仁의 개념이 '마음의 덕·사랑의 이치'와 같이 體·用 관계로 대구를 이룬다는 점에 착안하여, '智는 마음의 神明함으로 모든 이치를 묘합하거나 만물을 주재하는 근거이다'라고 규정하였다. 이러한 정의는 위에서 주자가 '시비를 분별하는 이치'를 智라고 정의한 것과 비교해 볼 때 미묘한 차이점을 드러낸다. 논의의 흐름을 이해한다는 측면에서 간단히 두 입장을 살펴보면, 智는 仁義禮智라는 본성 가운데 하나이고 性卽理라는 명제에 따라 智도 理의 한 범주에 속한다. 즉 理는 현실화된 정감의 구체적 표현이 아니라 그 근거로서 자리하고 있으므로 氣의 범주에 속하는 心과는 차이를 요한다. 그러한 차이에 대한 명확한 인식은 성리학자들이 경계하던 주안점이기도 하였다. 예를 들어 「論語集註」를 통해 우리에게 비교적 익숙한 구절인 '孝悌는 仁을 실행하는 근본이 된다'는 구절에서 孝悌와 仁과의 관계가 문제될 수 있다. 왜냐하면 성과 심의

---

44) 「大學章句」 序文의 小註. "雲峯胡氏曰: 朱子「四書」釋仁曰 '心之德·愛之理'; 義曰 '心之制·事之宜'; 禮曰 '天理之節文·人事之儀則', 皆兼體用, 獨智者未有明釋. 嘗欲竊取朱子之意以補之曰: '智則心之神明, 所以妙衆理, 而宰萬物者也.' 番易沈氏云 '智者, 涵天理動靜之機, 具人事是非之鑑.'"

구분이 필요하듯이, 효제라는 구체적 실천행의와 그 실천의 근거가 되는
仁은 동일한 위상을 지닐 수 없기 때문이다. 만약 본성차원에서 본다면
효제는 인을 실현시키는 다양한 실천덕목 가운데 중요한 하나일 뿐이다.
그러므로 효제가 인을 실행하는 근본이라고 말할 수는 있어도, 곧바로 인
의 근본이 효제라고 단정할 수 없었다.45) 이러한 사례가 주자의 『論語集
註』에 소개되면서 일반적 인식으로 자리하였다면, 智와 知覺 문제도 같은
맥락에서 해명될 수 있을 것이다.

　다시 한번 미묘한 해석의 차이를 보이는 두 주장의 핵심을 정리하면
다음과 같다.

　　㉠ 智는 옳고 그름을 분별하는 도리이다. (주자의 해석)
　　㉡ 智는 심의 神明함으로 모든 이치를 묘합하거나 만물을 주재하는
　　　　근거이다. (호병문의 해석)

　주자가 智에 관해 해석한 ㉠의 주장 속에는 '옳고 그름을 분별하는'
일체의 심리활동과 '그러한 도리'로서 본성은 구분되어 있다. 반면에
농암의 견해에 의하면, 호병문이 제기한 ㉡의 주장에는 智가 곧 '심의
神明'이며, 나머지 진술은 그 靈覺한 속성을 묘사하고 있다는 것이다.
전자는 내 마음속에 내재된 본성이 燦爛한 실재성을 지니며, 그 본성
은 이치이므로 심이 곧 성은 아니라는 견해이다. 즉 심과 성은 긴밀한
관계를 맺고 있지만, 양자는 본질적으로 환원되지 않는다고 할 수 있
을 것이다. 반면에 후자와 같이 '智는 心의 신명함으로' 시작되는 그의
진술을 – 물론 그가 문장의 끝에 '所以' 두 글자를 사용했듯이 智를 일
반적인 심의 작용으로 이해한 것은 아니지만46) – 농암은 성리학의 개념

---

45) 『農巖集』 권33, 「雜識」, 1판 좌. "伊川解『論語』, 發明聖人言意, 有極精微處.
　　如論孝弟爲仁之本曰: '爲仁以孝弟爲本, 論性則以仁爲孝弟之本. 孝弟是仁之
　　一事, 謂之行仁之本則可, 謂是仁之本則不可.' 此是就爲字上看出意思."

규정에 비추어 문제점을 다음과 같은 제기한다.

> 생각건대 두 설(호병문과 심귀보의 주장)은 다만 心의 知覺만을
> 말한 것으로 智자와는 아무런 관계가 없다. 智는 바로 마음의 옳고
> 그름의 理로 확연하여 準則이 있는 것이고, 知覺은 이 마음의 虛靈
> 한 작용으로 신묘하여 헤아릴 수 없는 것이다. 지각을 오로지 智의
> 작용으로만 생각하는 것도 옳지 않은데, 더구나 곧바로 (심의 지각
> 을) 智라고 말하는 것이 옳겠는가? 또한 智는 리인데 (호병문처
> 럼) '뭇 이치를 묘합한다' 또는 (심귀보처럼) '천리를 함유한다'라
> 고 말한다면, 이것은 리로써 리를 묘합하고 리로써 리를 함유하는
> 꼴이니, 더더욱 타당하지 않을 듯 하다.[47]

위의 인용문에서 농암은 본성이 지니는 옳고 그름의 이치와 마음의
허령한 작용을 구분짓는다. 지와 지각에 대한 이러한 개념규정에 동의
한다면, 호병문의 주장은 心인 知覺과 性인 智의 차이점에 대한 몰이해
와 理의 개념과도 불일치를 보이게 된다. '뭇 이치를 묘합하거나 만물
을 주재한다' 등 智가 실질적 정감의 표출인양 진술하는 것은 無形·無
爲한 理의 개념과 어긋나기 때문이다. 즉 준칙으로서의 理와 그것을 현
실화시키는 心의 운용과정 사이에 명확하지 못한 측면이 있다는 것이

---

46) 한원진 역시 호병문이 '認氣爲理'나 '以理妙理'의 실수가 있다는 농암의 견해
에 동의하면서도, '所以'를 理의 의미로 보아서는 안 된다고 비판한다(「經義
記聞錄」 권1, 「大學」 4판 우~좌. "此於智字義, 未有所明, 而反有認氣爲理·以
理妙理之失矣. 洲老(*농암을 지칭한 것임)蓋嘗深辨其非, 而或者擧'所以'字爲
難, 則洲老不能破其說, 豈偶未察耶? 胡氏雖加所以字, 實承神明而言, 則所謂所
以者卽神明也, 神明卽氣也, 何求於認氣爲理之失也. 旣以神明爲智, 而又以爲妙
衆理, 則以理妙理, 又如何諱? 得「孟子」, 「盡心」註曰 '心者人之神明, 所以具衆
理, 而應萬事者也.' 此所以字, 亦可作理字看耶?").

47) 「農巖集」 권14, 「答閔彦暉」 1판 우~좌. "竊謂兩說, 只說得心之知覺, 與智
字不相干涉. 智乃人心是非之理, 確然而有準則者也; 知覺則此心虛靈之用, 神
妙而不可測者也. 夫以知覺專爲智之用, 猶不可, 況直以言智可乎? 且智則理
也, 而謂之妙衆理·謂之涵天理, 則是以理妙理·以理涵理, 恐尤未安也."

다. 따라서 농암은 '智는 마음의 옳고 그름의 이치로 확연하여 準則이 있는 것', 그리고 '知覺은 마음의 虛靈한 작용으로 신묘하여 헤아릴 수 없는 것'이라 하여, 지와 지각의 경계선을 분명히 주장하는 것이다.

우선 주자와 호병문이 풀이한 두 가지 정의에 대한 판단은 보류하겠지만, 두 논의는 모두 심과 성의 관계문제로 이어지면서 논의의 폭과 깊이를 더해간다. 농암이 智의 개념과 관련된 두 학자의 불일치한 진술에서 문제점을 제기한 것도 바로 심성의 관계를 명확히 설정하려는 의도에서 나온 것이다. 그는 ⓛ의 '마음의 신명은 뭇 이치를 묘합하거나 만물을 주재하는 것이다'는 것은 심(의 知覺)에 대한 설명은 될 수 있어도 그 자체가 智에 대한 정의로는 걸맞지 않다고 생각했다. 아울러 마음의 지각과 본성의 지를 혼동하는 것은 단순한 개념상의 차이가 아니라, '심을 성으로 생각하는[認心爲性] 간과할 수 없는 결과를 초래한다고 보았던 것이다.[48] 이외에도 농암은 호병문의 견해가 대부분 심도깊은 성찰에서 나온 것이 아니라는 회의적 시각을 지닌다.[49] 이것은 앞으로 논의하게 될 심성의 구분, 즉 준칙으로서의 성과 운용작용의 심을 구분하여 '심의 측면에 나아가 성을 지칭해야 한다'[卽心指性]는 농암의 심성관으로서는 수용될 수 없었다.

1697년, 閔以升(1649~1698: 字는 彦暉, 호는 誠齋)은 기존의 智에 대한 개념규정에 부정적 태도를 보였던 농암의 箚記내용을 보고 반론을 제기한다. 민이승은 호병문의 견해를 적극 지지하면서 둘 사이에 논의가 본격화되었던 것이다. 농암은 평소 민이승의 학문태도는 지엽적인 것에 얽매이지 않고 자신감 넘치기는 하지만, 편협된 아집에 사로잡혀 타인의 말에 귀 기울이지 않는 局促滯陋의 병폐가 있음을 지적

---

48) 「農巖集」 권14, 「答閔彦暉」 8판 좌. "雲峰之認心爲性"
49) 위와 같은 글, 8판 좌. "嘗見「四書」小註 雲峰諸說, 非無可取, 而類皆從文義訓詁上, 差排推演, 備禮說過, 全無質愨精深自得意思. 今不暇一一指摘, 而大槪如此, 要可見其非朴實頭學問, 固未保其說之無差也."

한 적도 있었다.[50] "지각의 의미와 관련된 논의는 본래 지극히 정미하여 그 구분이 털끝만한 차이에 있으니 경솔하게 주장을 내세울 수 없다."[51]는 조심스런 자세를 취하면서, 농암은 5, 6차례의 서신왕래를 통해 적극적으로 자신의 입장을 변론해간다.[52] 그 과정에서 智와 知覺의 개념에 대한 재검토를 시작으로 심성론 일반까지 이르는 포괄적인 논의가 이어졌다.

민이승의 주장은 현전하는 자료가 없기 때문에 자세히 드러나지 않지만, 대체로 농암과의 논의에 소극적 자세를 보인듯하다. 농암은 민이승과의 논변과정에서 느낀 감회를 제자 金時佐[53]에게 "지와 지각의 구분에 대해서는 한번 나의 주장을 펴서 사람들의 의혹을 풀어주지 않아서는 안 되겠네. 나는 전에도 이미 이 문제에 관해 생각한 적이 있었고, 근래에 다시 깊이 연구하여 그 의미가 더욱 분명해졌네. 그리하여 가슴속에 이미 완성된 설이 있으나 미처 글로 옮기지 못하고 있었을 뿐이네."[54]라고 토로하기도 한다. 그러나 민이승의 소극적 대응에 실망한 농암은 민이승과의 마지막 편지에서 "저의 소견은 이전에 이미 다 피력하여 더 이상 드릴 말씀이 없으며, …… 논의 과정에서 저와 상당히 일치된 의견에 접근했는데도 시원하게 지난날의 잘잘못에 대해 한

---

50) 「農巖集」권13, 「答李同甫」22판 우. "彦暉, 務以高簡自持, 不爲支蔓, 其精深竣潔, 固有可喜, 而似不免局促滯陋之病, …… 覺彦暉之脫略傳註, 不肯下心, 好立己見, 不盡人意, 此意思殊於道理有礙."

51) 「農巖集」권19, 「答道以」, 26판. "至於知覺之義, 本極精微, 其辨有在於毫釐間者, 不宜輕易立說."

52) 「農巖集」권14에는 민이승에게 보내는 6편의 편지글이 모두 수록되어 있다. 그중 1697년에 작성된 첫 번째 편지인 「答閔彦暉」(1~6판)에는 농암의 비판적 논점이 포괄적으로 소개되어 있다.

53) 김시좌는 농암의 문인으로 선생의 遺文을 수집하고 선별하여 「農巖集」의 편차를 정하는 일에 주도적 역할을 담당하는 등 농암과 친밀한 교류가 있었던 愛弟子였다. 특히 그와의 서신왕래 속에는 지각과 관련된 논의의 전말과 쟁점이 비교적 자세히 기록되어 있다.

54) 「農巖集」권19, 「答道以」, 15판 좌, 참조.

마디 말씀이 없으시니, 지금 제가 여러 말을 한들 합치될 가망이 있겠습니까?"라고 서운함을 드러내기도 하였다.[55]

이후 민이승과의 논변을 계기로 촉발된 지각과 관련된 논의는 농암 주변 학자들의 보편적 담론을 형성하였다.[56] 이것은 후술하게 될 논의들의 배경을 이루므로 같이 소개하기로 하겠다. 농암은 자신과 민이승 사이의 논변과정을 주변 동학들에게 알리면서 문제의식을 공유하고자 하였다. 그가 제자인 김시좌에게 보냈던 편지글에서 "민이승의 편지에 대한 논평은 큰 줄거리는 옳은 것 같네. 그 가운데 나의 편지에서 미처 언급하지 못했던 점들도 있는데, 자네가 그러한 생각을 해내는 것은 매우 쉽지 않은 일이네."라고 하면서, 아우 金昌緝이 민이승의 견해에 대해 논변한 두 조항을 자신의 별지 내용과 동봉하기도 한다. 또한 이와는 별도로 金昌翕과 이희조에게도 편지를 보내 논의의 전말을 소개하기도 하였다.[57] 이 모든 서신교환이 1697년 한 해에 이루어졌던 점은 농암이 당시 논변의 중심에 서 있었지만, 그 이면에는 金時佐·金昌緝·金昌翕·李喜朝 등의 자유스러운 학문토론과 교류[58]가 뒷받침되었음을 보여주는 것이다.(물론 이희조의 異見에서 보여주듯이 모두의 견해가 같았던 것은 아니다.)

---

55) 『農巖集』 권14, 「答閔彦暉」, 29~32판. 김시좌에게 보낸 글은 그러한 심정이 더욱 드러난다. "檜浦(민이승)의 편지는 가면 갈수록 더 기묘해진다고 할 수 있네. 그러나 그 말뜻을 자세히 살펴보면, 옛 설의 잘못을 이미 깨닫고 생각을 바꾸어 나의 말을 따르는 것 같네. 다만 지난날의 견해는 잘못되었고 지금의 견해가 옳다는 뜻을 분명히 말하려 하지 않으니, 그와 같은 행태는 매우 좋지 않은 것 같아 한탄스럽네."(권19, 3~4판) 그러나 1698년, 민이승이 세상을 떠났다는 소식에 농암은 그의 죽음을 애도하면서 논의가 지속되지 못하는 안타까움을 드러내기도 한다.

56) 김태년, 「낙론계의 지각론 연구」, 고려대 석사학위논문, 1993.

57) 김시좌에게 보낸 글은 『農巖集』 권19, 「答道以」, 1판; 김창흡과 김창집에게 보낸 글은 『農巖集』 권11, 「與子益敬明」, 28판(이에 대한 답장은 『三淵集』 권17, 「上仲氏」 7판); 이희조에게 보낸 글은 『農巖集』 권13, 「答李同甫」, 24판 좌에 각각 수록되어 있다.

58) 이경구, 「김창협의 학풍과 호락논쟁」 『한국사론』 36, 1996.

　　민이승의 死後 대표적인 논변은 1705～1706년 즈음에 농암과 이희조(1655～1724: 字는 同甫, 호는 芝村) 사이에서 이루어졌다. 그들은 직접적인 토론 과정 이전에 김시좌를 통해 자신들의 의견을 교환하였다. 김시좌는 일찍부터 스승 농암과 민이승 사이의 논의전말을 지켜보았으며, 스승의 답장을 대필하여 쓰기도 할 정도였다. 이희조도 농암과 본격적인 지각논의를 하기 전에 김시좌에게 편지를 보내 자신의 견해를 피력하기도 하였다. 농암은 李喜朝에게 '知覺'에 대한 이전의 견해 가운데 미흡한 점을 조목별로 보충하면서 자신의 견해를 진술한다. 이 편지는 한 해 전에 농암의 견해를 6조목으로 세분화하여 지적한 이희조의 주장에 대한 비판적 성격의 답장이다.

　　이희조는 이단상의 아들로서 농암과는 처남 사이이면서 동시에 절친한 학문적 동반자였다. 농암은 평소 吐血症으로 고생하였는데 이즈음은 현기증세까지도 보이면서 병마에 시달렸으므로 직접 만나 토론하지는 못했다. 이희조의 서신에 대하여 대략 초고를 작성했으나 난잡한 서체라고 생각하여 이듬해 제자들로 하여금 精寫해서 보낸 것이다. 이희조와 주고받은 지각논의는 농암이 작고하기 2년 전인 시점으로 지각과 관련된 마음의 문제가 비교적 분명한 윤곽을 드러내주고 있다. 농암은 편지의 서두에 朴弼周와 金直卿 사이에 벌어졌던 지각에 관한 논의들을 상기시키면서, 그들의 주장은 그다지 볼 것이 없지만 참고자료로 이용하면서 자신의 견해에 대한 검토를 요구하기도 한다. 이러한 점들은 당시 지각에 관한 논의가 보편적 담론의 성격을 지니면서 많은 학자들의 관심을 끄는 주제였음을 암시해준다. 그들 사이의 논변은 지각과 情의 관계, 지각의 본체와의 연관성 등 性과는 구별되는 '心'의 의미와 특성이 다양한 각도에서 논의되어진다.

　　이와는 별도로 김창흡은 형의 입장을 변호하는 측면에서 「論智字說」을 쓰고, 魚有鳳은 「智與知覺辨」을 써서 스승의 학설을 변호하기도 한다. 반면에 그의 사후 문집이 간행되자, 湖學의 권상하가 이를 보고 매우 불합리하게 생각하여 제자 한원진과 더불어 누차 변설하였다. 이러한 논의는 호락논변 중 특히 미발에서의 지각문제와 긴밀한 연관을 지니면서 논의의 흐름을 멈추지 않았던 것이다. 이상에서 살펴보았듯이 농암은 智는 是非의 理인 본성의 하나이고, 知覺은 虛靈한 心의 작용이므로 지와 지각은 구별하여야 한다고 보았다. 그는 그러한 관점에서 호병문의 智에 대한 해석과 그를 지지하던 민이승의 견해는 心인 知覺을 性인 智로 설명하는 것에 불과하다고 비판하였고, 이러한 견해차이는 주변 동학들의 관심을 불러일으키는 계기가 되었다. 다음 절에서 민이승의 견해에 대한 구체적 비판내용을 검토해 보도록 하겠다.

2) 智와 知覺의 구분과 연계

(1) 智와 知覺의 구분: '認心爲性'의 비판

호병문의 智의 정의와 관련된 진술에서 심성의 혼돈을 감지한 농암은, 같은 맥락에서 그의 견해를 지지하던 민이승을 비판한다. 민이승이 심성의 분변에 철저하지 못한 결과 여타의 견해들이 모두 어긋난다고 생각했던 것이다. 농암은 호병문의 설에 대한 판단이 민이승과 '논쟁의 근본'이 되고, 왕복 서한에서 서로 합치되지 못하는 원인으로 지적한다.[59] 아울러 비록 여러 설들이 논의되고 있지만 결국은 다음과 같이 '심과 성에 관한 변론'으로 초점이 모아짐을 밝히고 있다.

> 지금의 쟁론에서 큰 요점은 두 가지이니, '理와 性이 같으냐 다르냐와 性과 氣를 구분하느냐 합하느냐' 입니다. 이것은 의리의 큰

---

59) 「農巖集」 권14, 「答閔彦暉」 6판 좌. "胡說是非, 正今日論議之根本, 而未得歸一.": 위와 같은 글, 4판 좌. "來論主張雲峯深力, 其說雖多, 要似於心性之辨, 蔽之未精, 而其他推說, 又不無可疑者."

근원처로 본래 진실로 깨닫기가 쉽지 않으며, 또한 명백히 분석하
기도 쉽지 않은 것입니다.[60]

농암은 표면상 지각문제를 논하였지만, 실은 지각과 관련된 心性관
계를 통해 그의 기본입장을 토로한 것이다. 그러므로 심성 문제의 핵
심을 정확히 간파하지 못한다면, 기타의 학설들은 의혹의 증폭만을 낳
게 된다고 보았던 것이다. 리와 성, 성과 기의 동일성(혹은 연관성) 여
부를 묻는 문제는 理氣心性에 기초한 성리학 논의의 본령을 이룬다.
이러한 목표를 원활히 설명하기 위해 많은 소제가 등장하는데, 知覺에
관한 논의는 양자의 관계를 설명하기 위해 사용된 중요한 개념 중의
하나였던 것이다.

앞서 언급했듯이 호병문의 '智는 심의 神明함으로 모든 이치를 묘합
하거나 만물을 주재하는 근거이다'라는 주장은 '心의 神明'이 곧 智라는
오해의 소지를 불러일으켰다. 농암은 그러한 智에 대한 정의가 실제로
는 심의 지각이 지닌 특성을 '形容'하는 데 불과하다고 비판한다. 본질
과 그것의 기상을 형용하는 것과의 차이를 망각하여 본성인 智를 지각
의 특성으로 동일시하는 것은 주자학의 심성관계에 혼란을 초래한다고
보기 때문이다. 농암이 주로 근거하는 주자의 주장은 다음과 같다.

ㅇ 智란 분별의 이치로 그것이 발현되어 시비가 된다.
  (「論語或問」: '智則別之理也, 而其發爲是非.')
ㅇ 智는 是非를 분별하는 도리이다.
  (「玉山講義」: '智則是箇分別是非底道理')

위에서 인용한 주자의 두 주장[61]에 따르면 천하의 모든 일에는 是

---

60) 위와 같은 글, 18판 우. "今日所爭, 其大要有二, 理性之同異也, 性氣之分合
也. 此是義理大原頭處, 本不易眞實見得, 亦不易明白部判."

非가 있으며, 그것을 분별하는 도리가 智이다. 즉 시비는 분별적 판단
의 결과이며, 그것을 분별하는 것은 그 도리로서 智에 말미암은 것이
다. 그러므로 농암은 준칙과 운용의 측면에서 지와 지각을 다음과 같
이 구분하여 이해한다.

> 智는 바로 마음의 옳고 그름의 理로 확연하여 準則이 있는 것이고, 知
> 覺은 이 마음의 虛靈한 작용으로 신묘하여 헤아릴 수 없는 것이다.[62]

농암은 마음의 옳고 그름을 분별하는 준칙으로 智(의 理)를 제시하
면서, 虛靈하고 神妙한 마음의 활동과 상대화시킨다. 지를 심의 신명함
으로 정의한 호병문의 견해와 비교해볼 때, 리의 범주로써 지의 의미
가 그 준칙으로서 부각되는 것이다. 또한 농암은 지와 지각을 심성관
계로 환원시켜 다음과 같이 주장하기도 한다.

> 智는 시비의 理로 다섯 가지 본성의 하나이고 知는 靈覺의 오묘함
> 으로 오로지 심의 작용일 뿐입니다. 그러므로 시비의 理는 진실로
> 허령지각한 (심의 지각) 작용에서 발현되는 것이니, 싸잡아 하나로
> 생각해서는 안 될 것입니다.[63]

知覺이 心이고 氣라면 智는 性이고 理로서 양자의 구분이 필요함을
주장하는 그의 진술은 理氣心性 문제와 연관되면서 논의의 본령을 이
룬다. 理와 性, 性과 氣의 관계를 원활히 설경하기 위해 많은 소제가

---

61) 이외에도 智에 대한 주희의 다양한 정의가 있는데, 본문에서는 「農巖集」
   중 그가 심성관계에 초점을 두고 반복적으로 제시된 위의 두 주장에 초점
   을 두었다.

62) 「農巖集」 권14, 「答閔彦暉」 1판 우~좌. "智乃人心是非之理, 確然而有準則
   者也; 知覺則此心虛靈之用, 神妙而不可測者也."

63) 「農巖集」 권14, 「答閔彦暉」 2판 좌. "智者是非之理, 而居五性之一, 知者靈
   覺之妙, 而專一心之用, 是非之理, 固發見於靈覺之用, 而要不可渾而一之也."

등장하는데, 智와 知覺에 관한 논의도 그중의 하나였던 것이다. 논의과
정에서 표면상 지와 지각의 문제가 대두되지만, 실제로는 心性에 대한
각자의 견해를 반영해준다. 위에서 지각을 심의 측면에서 조망하고 그
지향기준으로 智를 제시하려는 농암의 주장은 주자학적 시각에서 심성
에 대한 오해를 줄이려는 노력에서 나왔던 것이었다.

　그렇다면 민이승이 지와 지각의 개념상 혼동을 자아내는 호병문의
견해를 지지하였던 이유는 무엇인가? 농암에 따르면,[64] 민이승이 心의
신명함을 智로서 해석하는 견해에 동조하는 것은 그 나름대로 이유가
있을 것으로 추측한다. 민이승은 智를 주자처럼 시비를 분별하는 이치
로 해석하는 것보다는 '神明'으로 해석하여 光明한 자기색체를 보여주어
야 된다고 생각했기 때문이다. 즉 仁義禮智에 관한 구체적 설명이 불충
분하다면 성리학에서 강조해오던 '性卽理'가 공허한 메아리로 비추어질
수도 있다는 우려에서 나온 것이다. 따라서 그의 주장은 智가 지닌 분
별의 측면을 부차적인 것으로 간주하고, 본성의 하나인 智를 심의 神明
으로 명료화시킴으로써 성의 추상화 경향을 경계했다고 할 것이다.

　그러나 농암은 민이승의 주장을 편견과 아집이라고 일축하면서 심의
신명이란 본성의 기상과 의미를 형용하는 것에 불과하다고 주장한다.
민이승의 견해처럼 본성인 智를 심의 신명으로 간주하는 것은 심이 지
향할 준칙에 소홀한 측면이 있었기 때문이다. 같은 맥락에서 理에 대
한 분명한 자각이 부족하다는 비판은 他家학설의 비판 요지이기도 하
다. 예를 들어 불교의 경우 本心에 관해서 주목은 하였으나, '그 추구
하는 바는 다만 靈明知覺일 뿐이요, 性命의 실체에 대해서는 알지 못
했다'고 비판한다.[65] 즉 본심에 대한 각성을 촉구하는 불교의 주장[66]

---

64) 현존하는 민이승의 문집은 찾을 수 없으므로, 농암이 인용한 내용을 토대
　로 간접적으로 그의 사상적 경향성을 살펴본다는 한계가 있다. 이하의 추
　론은 위의 책, 25~26판의 내용을 토대로 작성하였다.

65) 「農巖集」 권32, 「雜識」 24판 좌. "佛氏之徒, 獨先窺見此意, 直指本心, 敎人
　自求, 雖其所求者, 只是靈明知覺, 而於性命實體未有見焉. 然其所見之親切,

을 전면적으로 부정하지는 않지만, 불교에서는 심의 영명성을 인정하고 밝히려는 노력만을 할 뿐 본성에 대한 이해가 부차적인 문제로 전락되었다는 것이다. 이처럼 심성이 지니는 位相의 정립과 명료한 구분을 통해 양자의 혼동을 경계하였던 것은 그의 심성론이 견지하는 기본 바탕이었다. 이 점은 性과 心, 혹은 道와 器의 구분을 강조하는 아래의 글에서도 확인된다.

> 성이 아니면 심에 준칙이 없고 심이 아니면 성은 운용될 수 없으니, 이것이 심과 성의 차이입니다. 두 가지는 서로 떨어질 수 없으며 또 서로 섞일 수도 없습니다.[67]

성의 개념은 理가 形氣 가운데 내재된 상태를 지칭하는 것이므로 그 내재된 리의 측면을 중시하느냐, 혹은 形氣에 기초한다는 점에서부터 논의를 전개할 것이냐는 성리학자들 사이에서 다양한 異見이 발생하는 출발점이 된다.[68] 농암은 성이 비록 形氣 가운데 내재된 상태이고 형기에 의존하여 발동되는 것이지만 형기와 성의 구분을 분명히 한다. 그러한 견해는 본질적으로 기에 속하는 심의 경우에도 그대로 적용된다. 즉 심에도 허령지각한 속성이 있지만, 그것을 티의 본체와 동일시해서는 안 된다는 것이다. 예를 들어 심을 통해서 비록 그 자신을 드러내는 성이지만 태극이 음양과 동일시 될 수 없듯이 심과 성의 차이점을 혼동

用力之專精, 豈世之儒者所能及!"

66) 그의 불교비판은 주로 「農巖集」 권32, 「雜誌 II」에 수록되어 있다. 예를 들어 불교에서는 '本心의 靈明知覺만을 구한다'(위의 책, 24판 좌)·'불교에서 心을 靈明不昧·惺惺寂寂라고 말하는 것은 유학의 이치와 같다'(위의 책, 25판 좌)·'불교는 心의 神識靈覺만을 인ㅅ했을 뿐이다'(위의 책, 31판 좌) 등등.

67) 「農巖集」 권14, 「答閔彦暉」 2판 우. "非性則心無所準則, 非心則性不能運用, 此心性之辨也. 二者不能相離, 而亦不容相雜."

68) 졸고, 「南塘 韓元震의 中庸註釋에 관한 研究」, 『한국사상사학』 13, 1999.

해서는 안 된다는 것이다. 반면에 농암이 이해한 민이승의 견해는 다음과 같은 측면에서 심성의 혼돈을 자아내게 되었다고 비판한다.

> 지금 (그대는) 성이란 형기에 떨어져 있으므로 심에 담겨져 발용되어지는 것이라 생각하여, 마침내 심을 성으로 말해도 지장이 없다고 하였으니, 이것은 음양을 태극으로 부를 수 있다는 것이다. 옳은 말인가?[69]

즉 성이란 형기에 떨어진 상태로 심에 담겨져 발현되는 것이므로 민이승은 양자의 뚜렷한 구분이 무의미하다는 입장을 취한 듯 하다는 것이다. 농암은 그러한 설명은 단지 심의 靈覺과 리의 본체인 성이 서로 떠날 수 없다[不離]는 외형적이고 피상적인 점에만 착안한 것으로 이해한다. 오히려 본질은 사랑할 대상이나 일상적 생활보다는 사랑하는 이치나 일처리의 마땅함 등 비가시적인 측면에서 찾아야 한다고 보았기 때문이다. 즉 심과 성의 섞이지 않는[不雜] 相異性에서 본성의 특성을 도출시켜 내려는 것이다. 전자처럼 서로 떠날 수 없다는 것이 시공간적 일치성을 뜻하는 것이라면, 후자의 서로 뒤섞이지 않는다는 것은 성이 그와 다른 속성인 형기에 의거하여 정의되지만 그 자신의 고유한 특성을 여전히 관철시켜 나가고 있음을 의미한다. 따라서 성을 심과 구별하여 특별한 의미부여를 하지 않으려는 민이승의 견해는, 심과 성의 명료한 분변을 통해 준칙(性)과 운용(心)의 묘미를 찾으려는 농암으로서는 수용할 수 없었던 것이다.

(2) 智의 分別과 내재성

민이승은 농암에게 보낸 편지에서 호병문의 견해에 적극 동의하고

---

69) 「農巖集」 권14, 「答閔彦暉」 5판 좌. "今以性墮在形氣, 爲心之所盛貯發用, 而遂謂其不妨以心言性, 則是陰陽可喚做太極也, 其可乎?"

그 설을 다양한 방식으로 변론한 듯하다. 그러나 특히 '是非得失을 분별하는 것은 事理에서 나오며 智에서 나오는 것이 아니다'[70]라는 그의 언급은 논란의 단서가 되었다. 시비득실이 사태의 일단이라면, 그것을 판단하고 분별하는 것은 우리 마음의 작용에서 나온다. 성리학에서는 그 마음의 작용이 보편화되는 것은 심이 아닌 천리에 기인한다고 보았다. 그러나 위에서 제시한 민이승의 주장대로라면 시비득실을 분별하는 것은 객관적 사물에 존재하는 원리로 우리 자신의 지각주체와는 관련이 없게 된다. 예를 들어 민이승은 거울이 그 대상이 되는 아름다운 무엇을 비출 수는 있으나 거울이 대상을 아름답게 하였고 말할 수는 없다고 비유한다. 즉 智는 단지 주어지는 대상에 따라 밝게 비추기만 할 뿐이므로 分別을 智의 특성으로 연관시켜서는 안 된다는 것이다.

이에 대해 농암은 어떤 대상이 아름답거나 추하다고 인식하는 것은 이미 거울자체에도 대상 사물을 분별하는 원리가 내재되어 있기 때문으로 보았다. 대상이 지니는 아름다움과 추함을 인식할 수 있는 원리와 기준이 거울에 있듯이, 마찬가지로 시비득실을 판단하는 분별성은 지각하는 대상에 있는 것이 아니라, 그것을 지각하는 주체와 관련지어 생각해야 된다는 것이다. 민이승처럼 시비를 판단하는 理(智)에 주목하지 않는 설명 속에는 준칙으로서의 理가 지니는 의미가 퇴색될 가능성이 있음을 제기한다. 즉 민이승은 옳고 그름은 어디까지나 대상 그 자체에 있고, 판단주관은 마치 거울이 대상을 있는 그대로 비추듯이 대상의 옳고 그름을 비추어내기만 하면 된다는 것이다. 그러나 농암이 보기에 결과적으로 본성의 공허함을 보완하려는 그의 의도와는 달리, 대상의 옳고 그름을 판단하는 일차적인 인식기준이 우리에게 내재된 性인 智에서 멀어져갔다고 비판한다. 즉 민이승과 같은 견해는 그가 神明하고 靈覺스런 마음의 작용을 감지하고는 있지만, 그것은 심의 신

---

70) 「農巖集」 권14, 「答閔彦暉」 4판 우. "其下又却云, '是非得失之別, 出於事理, 而不出於智,' 則又似以朱夫子之訓爲未然者."

명에만 주목한 것으로 분별 속에 담긴 理의 의미를 소홀히 한 것이라
비판하는 것이다. 따라서 농암은 광명을 智라고 생각하는 것은 다만
그 기상을 형용하는 것일 뿐 그 자체를 성으로 생각하지 않는 것이라
고 판단한다.[71)]

이상에서 민이승은 智의 속성인 분별에 별다른 의미를 두지 않기 때
문에 일체 행위의 기준을 판별하는 근거를 事理에서 찾으면서, 결과적
으로 우리의 마음은 외부 대상에 따라 반응하는 수동적 위치로 남게
되었다. 그러나 외부의 시비에 관계없이 우리 마음속에 항존하는 도덕
적 판단력 – 농암에게 있어 그 판단은 分別이라는 智의 고유한 속성과
관계된다 – 을 통해 심의 의미를 재검토하려는 농암으로서는 적극적 해
명이 필요했고, '能'과 '所'의 개념이 제시된다. 다음과 같이 그에게 있
어 '분별'이란 사태에 대한 옳고 그름의 합리적 처리(인지·인식)능력
이라면, '시비'는 옳고 그른 객관적 상황 자체를 뜻하기 때문이다.

> 그(민이승)가 말하기를 '분별의 이치는 인의 사랑함과 의의 마땅함
> 과는 같지 않다'고 하였는데, 더욱더 말이 안 된다. 別자는 비록 是非
> 에 나아가 말한 것이지만, 別과 是非는 진실로 能과 所의 구분이 있
> 다. 주자의 이른바 '是非를 분별한다'는 것이 어찌 是非를 智로 생각
> 하였겠는가? 仁으로써 말한다면 부모를 친애하고 타인을 사랑하고
> 만물을 사랑하는 것이 모두 인의 시행인데, (대상이 되는) 부모·타
> 인·만물이 없다면 사랑함이 시행될 바가 없을 것이다. 그러나 인을
> 사랑으로 해석한 것이 어찌 부모·타인·만물을 인으로 생각한 것이
> 겠는가? 智를 別로 해석한 것이 어찌 이것과 다르겠는가?[72)]

---

71) 위와 같은 글, 28판 우. "此(민이승)其失, 專在於以光明言智, 而不知此光明
   者, 只屬氣象意思, 而非所以言性也."
72) 「農巖集」 권11, 「與子益敬明」, 28판. "其言'別之理, 未若仁之愛·義之宜', 尤
   不成說. 別字雖就是非上說, 然別與是非固有能所之分. 朱子所謂分別是非者,
   曷嘗以是非爲智耶? 以仁言之, 愛親愛人, 以及於愛物, 皆仁之施, 無親與人物,
   則愛無所施矣. 然以愛訓仁者, 豈以親與人物爲仁耶? 智之訓別, 何以異此."

농암은 '能'과 '所'의 차이를 분별하는 것이 지각과 관련된 문제의 핵심처로 보았다. 주체의 능동적 행위는 '能'에 해당되며 우리가 감각적으로 느끼고 인식하며 행동할 수 있는 모든 활동영역이 여기에 포함되어 있다. 반면에 '所'는 인식과 행위가 가능토록 하는 객관적 대상이다. 예를 들어 꽃이 아름답다고 할 때, 꽃이 객관대상인 所라면 그 꽃을 보고 아름답다고 느끼는 것은 주관의 能에 해당될 것이다.[73] 仁으로써 만물을 사랑하는 것이지 반대로 만물이 사랑하는 것은 아니라고 보았다. 마찬가지로 내면에 갖추어진 智를 바탕으로 시비를 판단하는 것이지 시비자체가 판단하는 것은 아니라는 것이다. 거울의 비유에서도 거울은 단지 대상을 수동적으로 비추는 것뿐만 아니라, 거울에는 이미 비춰질 대상의 시비를 판별할 수 있는 원리가 내재되어 있으며 대상과의 만남으로 인해 그 원리가 비로소 판별로 드러난다는 것이다. 이러한 몇 가지 사례를 통해 농암은 '분별은 能이고 시비는 所이다'고 주장한다.[74]

농암이 智의 특성인 '분별'에 주목하여 分別과 是非에는 진실로 能과 所의 구분이 있다고 주장함으로써 주변 학자들의 주목을 받았으며, 특히 김창흡의 논리는 이를 보강해준다. 농암은 지각과 관련된 민이승과

---

73) 이것은 실제로 농암이 박세당을 비판하면서 사용한 사례이다(「農巖集」, 권 15, 「與權有道論思辨錄辨」 5판 우. "中庸以道理言, 精一以工夫言. 惟精一, 然後可以爲中庸, 若以精一爲工夫, 則是昧於能‧所之辨矣. 〈朱子與呂子約書有云: 元德訓道爲行, 以所能‧爲能來喩. 訓學爲義理之蘊, 以能爲所能也. 如今小兒看花折柳, 看與折字是能, 花柳是所能, 此不可亂也.〉"). 이와 같이 농암이 중용의 도리[所]와 그에 도달하려는 공부[能]를 所와 能으로 구분한 것은 박세당이 性보다는 心을 강조하려는 것을 막으려는 의도에서 나왔다

74) 그의 能과 所의 주장을 간단히 정리하면 다음과 같다.

	能	所
仁	친밀한 마음 (愛)	친해야 될 대상 (親‧人‧物)
智	시비의 분별 (別)	옳고 그른 상황 (是非)
비유	예쁘거나 추함을 분별할 수 있는 거울	예쁘거나 추한 상태

의 논변을 이어가면서, 동생 김창흡과 김창집에게도 동시에 편지를 보내 논의의 전말을 소개한다. 김창흡은 민이승이 형의 견해에 心服하지 않은 이유를 '分別'의 의미에 대한 상대의 몰이해에서 찾았다. 민이승은 분별과 시비를 엄밀히 구분하지 않고 모두 객관대상인 '所'로 귀결시켰을 뿐, 주관의 능동적 관련부분인 '能'에 의미부여를 하지 않았다고 본 것이다.[75] 따라서 김창흡은 分別을 能으로, 是非를 所로 각각 구분하여 다음과 같이 정리한다.

> '能'과 '所'로써 말한다면, 인으로써 만물을 사랑하는 것이므로 만물이 사랑은 아니며, 의로써 일을 헤아리는 것이므로 일이 마땅함은 아니며, 智로써 시비를 분별하는 것이므로 시비가 분별은 아니다. 그러므로 분별은 '能'이 되며 '所'가 되지 않음이 또한 분명하다. 그(민이승)의 뜻을 살펴보건대, 분별과 시비를 통틀어 '所'로 귀속시켜 '분별은 친절하지 못하니 神明으로 바꾸는 것만 같지 못하다'라고 한 것 같다.[76]

김창흡의 진술은 사유의 기본 틀이 형인 농암과 동일하면서도, 좀더 세련되고 종합적인 통찰로 이끄는 측면이 있다. 우리는 仁으로써 만물을 사랑하며 義로써 사태를 헤아리는 것이지, 역으로 만물이 우리를 사랑하고 사태가 우리를 조정시키는 것은 아니라는 것이다. 김창흡은 그러한 논리로 우리 내면에 지닌 智로써 是非를 분별하는 것이며,

---

75) 『三淵集』 권17, 「上仲氏」 7판. "閔書喜得披展, 所恨未洒落. 蓋似心允而口不服, 其中申論分別一段, 依舊儱侗. 研尋兩日, 莫得其要領. 更取前書而參考之, 則'是是非非, 出於事理, 而不出於智'云者, 分明以分別與是非, 渾歸之'所', 而不以爲'能'也. 然此引出多少葛藤, 終沒巴鼻, 弟竊悶焉. 戲爲小駁, 寫在四片紙矣. 追聞敬明之言, 兄主亦以能所, 辨其分別一段, 恐此八九分中窾. 雖有未盡破者, 亦不多矣."

76) 위와 같은 글, 7판 좌. "以能所言之, 仁以愛物, 物非愛也; 義以度事, 事非宜也; 智以分別是非, 是非非分別也. 是則分別之爲能, 而不爲所, 亦明矣. 竊觀其意, 似是渾分別與是非而屬之所焉, 曰'分別不親切, 不如易以神明'."

시비가 분별을 주도하는 것은 아니라고 보았다. 왜냐하면 분별은 주체의 능동적 행위인 能에 속하고, 시비와 같은 객관적 상황인 所와는 다르기 때문이다. 그러한 시각에서 민이승의 경우는 분별과 시비, 즉 능과 소를 혼돈하여 다 같이 객관적 상황인 所로 귀결시켰기 때문에 분별과 智와의 관련성이 부정된 것이라고 비판한다. 농암 형제처럼 분별과 시비의 차이를 분명히 하려는 논리는 지각을 통해 智와 연관된 心의 특성을 보다 분명히 드러내주고 있다. 시비를 분별하는 현실적 힘은 마음에 달려있으며, 그 마음을 통해 상황에 대한 옳고 그름을 판단할 수 있기 때문이다. 그들에게 있어 그러한 분별의 능동적 주체인 마음은 도덕본성인 智와 연관되어 있으므로 단순한 심리활동으로 간주할수 없었던 것이다. 이 점은 낙학에서 심의 본체에 대한 강조와 그에 대한 신뢰감을 형성하는 바탕이 되었다.

이상에서 농암은 智란 시비를 '분별'하는 도리라는 견해를 지지하면서, 그 분별의 의미 속에서 지각과의 연관관계를 적극 모색하고 있다. 시비를 분별하는 것은 智에 내재된 원리의 구현이자, 동시에 심의 범주에 속한다는 것이다. 민이승의 경우에는 심의 신령함을 통해 본성의 공허함을 경계하려는 본의와는 달리, 판단의 최종 근거를 외부대상에 둠으로써 판단주관인 마음은 부수적 위치로 전락될 가능성이 있었기 때문이다. 반면에 농암은 智에 근거한 分別을 통해 옳고 그름을 분별하는 준칙으로 智를 부각시킨다. 동시에 그러한 분별은 심의 본체에 접근하는 일차적 계기가 된다. 그러나 '분별의 理'를 智의 특성으로 주장하는 농암의 견해는 지각과 관련된 다양한 논의의 출발점이 되었을 뿐이다. 그와의 짧은 논변을 통해 농암은 지와 지각을 구분하고, 그 근거로서 주자가 제시하였던 分別의 理를 智의 특성으로 부각시키는 등심성문제를 재조명하는 계기를 마련했던 것이다. 끝으로 살펴볼 '지각은 心의 작용이지 智의 작용이 아니다'는 주장은[77] 그의 심성관이 지니는 특징을 잘 보여준다.

3) 心의 知覺과 卽心指性의 含意

(1) 知覺의 本體와 作用

민이승과의 논변 이후, 지각을 현실적인 심리작용으로 국한시켜 이해할 것이냐의 문제가 농암과 李喜朝 사이의 논의에서 중심을 이룬다. 1706년, 농암은 이희조에게 보낸 편지에서 '知覺'에 대한 이전의 견해 가운데 미흡한 점을 조목별로 보충하면서 자신의 견해를 밝히고 있다.[78] 시기적으로 볼 때 이희조와의 지각논의는 농암이 민이승과의 논변을 거치면서 자신의 사상을 명료히 했으며, 주변 학자들과 충분한 의견 교환을 거친 상황에서 전개된 것이다. 이희조가 지각의 현실적 심리작용에 중점을 두고 이해했다면, 농암은 '지각이 體와 用을 겸한다'는 입장에서 다음과 같이 진술한다.

> '知覺이 體와 用을 겸하고 寂과 感에 통한다'는 것은 굳이 옛 글에서 찾을 필요 없이 다만 내 마음에서 깊이 체득하고 연구해 보면 알 수 있을 것입니다. 그러나 우선 옛 글을 가지고 말한다면 '지각이 어둡지 않다'라는 한 마디 말뿐만 아니라, 예를 들어 呂子約에게 보낸 미발에 관해 논의한 글에서도 '심에는 知가 있다'·'심에는 思가 있다'라고 분별하여 말한 것이 매우 명백하니, 이 마음이 발동하기 이전에 진실로 본래부터 지각이 있음을 알 수 있을 것입니다. 또 潘謙之에게 보낸 편지에서 '심의 지각은 理를 갖추고 情을 실행한다'는 것 또한 체와 용을 겸하여 말한 것입니다. 대체로 리를 갖출 수 있는 것은 지각의 체이며, 정을 실행할 수 있는 것은

---

77) 이병도는 「한국유학사」(아세아문화사, 1987) 274쪽에서 "종래의 학설은 지각이 智의 用이라고 하여 아무도 이의를 제기하지 않았는데, 농암에 이르러서야 이러한 학설이 창도된 것이다."라고 평가하고 있다.

78) 「農巖集」 권13, 「與李同甫」(丙戌:1706년) 30~41판: 「芝村集」 권8, 「答金仲和」(乙酉:1705년) 9~16판 참조.

지각의 용이니, 그 뜻이 더욱더 분명합니다.[79)]

위의 인용문에서 농암은 우리 마음에는 지각이라는 심리작용뿐 아니라 지각의 본체도 존재함을 다양한 사례를 통해 제시하고 있다. 그러나 지각은 현실화된 마음의 한 측면을 드러내므로 이희조처럼 '지각이란 심의 妙用이다'는 주장은 지각에 대한 일반적 견해를 대변해준다. 그와 같이 지각을 用의 측면으로 국한시켜 이해하는 것은 생동하는 현실 속에서 실제로 감지되고 느껴지는 動的인 마음의 작용에서만 지각의 실재성을 확인하려는 태도이기도 하다. 마음의 움직임 속에서 지각이 의미를 지닌다고 보기 때문이다. 물론 농암도 지각의 동적인 측면에서 情을 벗어나 별도로 知覺處를 논할 수는 없다는 점에는 동의하지만, '知覺이 아니면 情이라는 것도 없다'는 점을 다음과 같이 강조한다.

제가 '知覺이 아니면 情이 될 수 없고, 情을 벗어나 별도로 知覺을 말할 곳이 없다'라고 말했는데, 이것은 관점에 따른 상호관계[離合]를 말한 것입니다. …… 이제 다만 '지각이 아니면 정이 될 수 없다'는 한 구절을 자세히 음미해 보기 바랍니다. 그렇게 하면 저절로 主客이 對待하니 하나로 혼합될 수 없다는 것을 알 수 있을 것입니다. 그리고 이른바 '정을 벗어나 별도로 지각을 말할 곳이 없다'는 것도 '지각의 용은 정에서 볼 수 있고 그 외에는 더 이상 별도로 지각의 작용을 볼 수 있는 곳이 없다'라는 말이니, 정을 곧 지각이라고 한 것은 아닙니다."[80)]

---

79) 「農巖集」 권13, 「與李同甫」 31판. "知覺之兼體用·通寂感, 不必求之古書, 只就吾心, 深體黙玩, 則可見矣. 且以古書言之, 不獨'知覺不昧'一語, 如與呂子約論未發書, 以'心之有知', 與'心之有思', 分別言之, 不翅明白, 可見此心未發, 固自有知覺矣. 卽如潘書所云'心之知覺, 具此理而行此情.' 亦自兼體用說. 蓋能具此理者, 知覺之體也, 能行此情者, 知覺之用也, 其義尤分明矣."

80) 「農巖集」 권13, 「與李同甫」 31판 좌~우. "鄙說非知覺則無以爲情, 而情外無別討知覺處. 此正是離合說. (來諭於此旣以爲誠然, 而却有疑於會動是知覺之說. 恐所謂誠然者, 實未見其然耳.) 今只請詳味 '非知覺則無以爲情'一句, 自

즉 지각과 정은 긴밀한 연관을 지니지만, '지각=정'으로 대응시켜 본다면, 인간이 느낄 수 있는 지각은 현실적 감정차원으로 제한되기 때문이다. 그렇게 되면 농암이 주장했듯이 지각의 체라는 본체와의 연결가능성이 퇴색될 것이다. 아울러 움직임[動]이 없는 정지상태[靜]에서 - 예를 들어 나무나 돌과 같이 아무런 지각이 없는 존재 - 를 가정한다면 비록 외부의 접촉이 있더라도 그 정감을 현실화시킬 수 없을 것이다. 따라서 농암은 覺과 情의 미묘하고 근소한 차이 속에서 심의 지각이 지니는 의미를 도출시키고, 이희조에게 "마음의 움직임은 진실로 情이지만, 그 움직일 수 있는 근거는 지각이 아니고 무엇이겠는가?"라고 반문하는 것이다.

농암은 지각의 체와 용을 고려하여 지각개념을 대상에 대한 인식과 자각 등 마음이 지닌 동적인 작용으로만 국한시켜 보지 않고, 본체계와 현상계를 연계하는 포괄적이고 종합적인 시각에서 접근한다. 지각은 바로 우리 마음의 全體와 妙用으로 밝고 신령스러워 어둡지 않아서 寂然과 感應을 통하고 성과 정을 주관한다고 생각하였기 때문이다.[81] 만약 이희조처럼 지각은 심의 오묘한 작용일 뿐이라고 본다면, 지각의 본체가 의미를 잃게 되어 감응과 상대되는 적연함이나 정으로 발산 이전인 性과의 관련근거도 희박할 가능성이 있다. 이희조의 본래 의도는 심과 성·정의 분별에 충실하면 그만일 뿐, 굳이 심의 지각을 문제 삼을 필요까지는 없으므로 지각을 작용 측면으로만 제한했던 것이다. 그러므로 농암처럼 지각의 體·用구조를 통해 心의 위상을 찾아보려는 것, 즉 심의 중요 특성 중의 하나인 지각 자체에서도 본체와 연결될 근거를 살펴 心과 性의 접합점을 찾아내려는 의도와는 마찰을 일으켰다.

見其賓主對待, 不容混合爲一. 所謂'情外無別討知覺處', 亦曰知覺之用, 只於情上見之, 此外更無別塗見得知覺作用處云耳, 非便以情爲知覺也."

81) 「農巖集」 권19, 「答道以」, 28판 좌. "知覺乃是人心全體妙用, 昭昭靈靈, 不昏不昧, 通寂感而主性情者也."

또한 농암이 마음이 발동되기 이전인 未發에서 실재하는 지각의 본체를 적극적으로 강조하는 것은 순선한 마음의 본체를 확보하기 위해 나온 것이다. '虛靈'과 '知覺'에 대한 설명에서도 그러한 의도가 잘 드러난다. 먼저 허령지각의 속성을 지닌 심체 속에 그 준칙으로서 본체가 단절 없이 적절한 관련성을 유지한다고 보는 농암의 논리부터 살펴보도록 하겠다.

> 생각건대 심이라는 것은 본래 體質이나 方所도 없으며, 또한 저절로 神妙하여 헤아릴 수 없는 것이니, 이것이 虛靈 두 글자가 정립된 이유로서 애초에 동정과 체용의 다름이 없다. 그런데 지금 다만 내재되어 있는 體가 형상으로 볼 수 없다는 것만을 알고, 用이 사물에 응하는 것도 애당초 흔적이 없다는 것을 알지 못했으니,〈[視箴]에 '사물에 응하여 자취가 없다'고 말함〉 그 '虛'자를 너무 대충 본 것이다. 더구나 '靈'자의 뜻이 靜쪽에만 국한되지 않는다는 것은 더욱 명백하여 알기가 쉬운데 지금 이것을 살피지 않고 이것까지 아울러 마음이 발동하기 이전의 體라고 하였으니, 이것이 어찌 虛靈의 오묘함을 아는 자라고 할 수 있겠는가?[82]

텅 비어 신령스러운 마음의 상태인 '虛靈'은 주자의 주석[83]에서 나온 말이다. 그러나 虛靈不昧 또는 虛靈知覺은 그 말 자체가 또 하나의 함축된 의미를 담고 있어, 그것을 이해하는 과정에서 많은 논란이 야기되었다. 심에 초점을 두고 주석한 것이지만, 그 속에는 성과 정을 포

---

82) 위와 같은 글, 31판 우. "竊嘗謂心之爲物, 本無體質方所, 而又自神明不測, 此虛靈二字之所以立, 而初非有動靜體用殊者也. 今也但見其體之在中者, 無形可見, 而不知其用之應物者, 未始有跡〈「視箴」云 '應物無跡'〉 則其看得虛字已麤矣. 況靈字之義, 不止於靜一邊, 尤明白易見者, 今不察此, 而並以爲此心未發之體, 此豈爲識虛靈之妙者哉!"

83) 「大學」, '明德' 朱子의 주석. "明德者, 人之所得乎天, 而虛靈不昧, 以具衆理而應萬事者也.";「中庸章句」序文, "心之虛靈知覺, 一而已矣."

괄하는 통합체로서 이해되기 때문이다. 성의 측면에서 허령이 체에 속한다면, 어둡지 않다는 지각의 속성은 용으로 인식될 수도 있다. 그러나 농암은 종래 허령과 지각을 체와 용, 또는 정과 동으로 양분하는 것에 동의하지 않는다. 심의 특성의 하나인 허령이 구체적 형상이나 시공간의 위치를 점유하는 가시적인 것으로 생각하는 듯한 인상을 남기기 때문이다. 위의 인용문에서 농암은 虛와 靈을 구분하여 설명했지만, 결과적으로 허령의 개념 속에는 체와 용, 동과 정을 동시에 내포하는 것으로 보았다. 물론 虛靈이 심의 작용에도 관여하지만, '심의 본체'까지 포함하는 체와 용의 덕을 형용하는 개념으로 이해하였기 때문이다. 그는 또한 '지각'의 개념을 심의 체와 관련지어 다음과 같이 설명하기도 한다.

> 지각에 있어서도 또한 본래 심의 온전한 체가 밝고 신령스러운 것을 가리켜 말한 것이다. 이는 비록 사물이 이르지 않고 사려가 싹트지 않더라도 마음속에 본래 항상 밝아 어둡지 않아서, 귀와 눈의 총명과 신체의 자태를 모두 주재하고 관리하여 어둡고 혼란하지 않도록 하는 것은 모두 이것(지각) 때문이다. 그런데 지금 지각을 말하면서 오로지 심이 만물에 감응하여 움직이는 것만 말하였으니, 어찌 지각의 뜻을 충분히 알았다고 할 수 있겠는가.[84]

농암은 허령을 체와 용의 겸비로 설명하였듯이, 지각 역시 외부 대상과의 감응으로만 한정시켜 이해하지 않는다. 대상과 감응하는 已發 상태에서 심이 작용하는 것 이외에도 그 어느 때든지 지각은 존재한다고 보기 때문이다. 즉 사물이 이르지 않고 사려가 싹트지 않는 것으로

---

84) 「農巖集」, 권19, 「答道以」 31판 좌. "至於知覺, 本亦指此心全體昭昭靈靈者而爲言. 是雖事物未至, 思慮未萌, 而方寸之中, 固somebody了然不昧, 凡其耳目之聰明, 身體之容儀, 皆有以主宰管攝, 而不昏不亂者, 皆是物也. 今說知覺, 專以此心感物而動者言之, 則又豈足以盡知覺之義哉."

묘사된 未發의 상태에서 심의 온전한 체가 밝고 신령스러운 상태를 유지할 수 있는 것도 지각 때문으로 보았다. 미발상태에서 지각의 본체가 밝게 존재하기에 이발상태에서 외부와의 자연스런 감응이 가능하다고 이해하는 것이다. 이러한 견해는 그가 미발과 이발을 자유롭게 넘나드는 심의 특성을 설명하는 계기로 적극 활용된다.

> 대체로 심의 虛靈知覺은 동정을 통하고 체용을 겸한다. 허령의 체는 지각이 미발의 때에 존재하는 것이고, 허령의 용은 지각이 이발의 때에 드러난 것이지, 두 가지가 있는 것이 아니다.[85]

위의 인용문에서 농암은 동과 정, 체와 용을 두루 관통하는 허령과 지각을 통해 심의 작용뿐 아니라 심의 본체까지도 통합적으로 설명하고 있다. 미발의 상태에서 지각의 체가 지니는 가능성은 허령의 체와 연결되고, 이발의 상태에서 지각이 실제로 작용하는 것은 허령이 자취 없이 사물에 호응한다는 것이다. 따라서 그는 허령과 지각을 별개의 두 가지 존재로 간주하지 않기 때문에 '허령하여 지각할 수 있다.'거나 '허령한 지각' 등으로 연결지어 사용한다. 그러나 한편으로 허령과 지각을 다음과 같이 구분하기도 한다.

> 虛靈이라는 것은 심의 덕을 형상한 것이고,〈다만 '허령' 두 글자만으로 심의 체와 용의 덕이 다 드러난다.〉知覺이라는 것은 그 실상을 가리킨 것이다.〈심이 심되는 까닭은 오직 '지각'때문이다.〉[86]

전자처럼 허령을 심이 지닌 덕을 형상하였다고 보는 것은 광명하고

---

85) 「農巖集」, 권19, 「答道以」, 31판 우. "大抵心之虛靈知覺, 貫動靜而兼體用, 虛靈之體, 卽知覺之存於未發者; 虛靈之用, 卽知覺之見於已發者, 非有二也."

86) 위와 같은 글, 32판 우. "虛靈云者, 狀其德也.〈只虛靈二字, 盡此心體用之德〉知覺云者, 指其實也.〈心之所以爲心者, 只是一箇知覺而已.〉"

어둡지 않는 지각의 속성에 주안점을 둔 것이요, 후자처럼 지각이 심의 실상을 가리켰다는 것은 실질적인 지각상태를 염두해둔 것이다. 그러므로 심의 본체가 지닌 특성은 用까지도 관통하는 허령과 體까지도 겸비하는 지각이 맞물리면서 그 의미가 부각되는 것이다. 다만 '심이 심되는 까닭은 오직 지각 때문이다'라고 밝혔듯이, 성과 정을 주체적으로 매개해주는 구체적 기능을 지각에서 찾았을 뿐이다. 그러므로 앞서 농암이 이희조에게 "바로 우리 마음의 全體와 妙用이 밝고 신령스러워 어둡지 않아서 寂然할 때나 感應할 때를 관통하여 성과 정을 주관한다."라고 주장했던 것도 지각의 체가 심에서 차지하는 비중에 대한 강한 믿음을 표시한 것이다. 그러나 미발에서의 지각이 실제로 작용하는 지각을 의미한다고 볼 수 없기에, 실제적인 사고의 진행이 없는 심리 발현 이전에도 지각의 존재(본체)를 설정하는 것은 논란을 불러일으키기도 하였다. 예를 들어 후학들에 의해 미발에서 지각은 실재하기보다는 지각하는 이치가 있을 뿐이라는 견해, 동일한 표현을 사용하더라도 심이 아니라 리에 따라 변별가능한 지각이 존재한다는 등의 의견이 제시되기도 하였다.[87]

　이상에서 살펴보았듯이 농암은 지각은 현실적인 심리작용뿐만 아니라 미발의 심리상태에서도 지각의 본체가 존재한다고 보았다. '지각이

---

87) 예를 들어 농암의 제자였던 어유봉은 허령은 동정의 구별이 없음을 인정하지만, 미발에서 지각이 존재한다는 것보다는 미발의 때에도 지각의 理가 없는 것은 아니라고 하는 정도에 그치면서, 지각의 본체를 미발에 설정하는 것에 의문을 제기한다(「農巖集」 권19, 32판: 같은 책, 「答魚有鳳」, 권20, 22~23판 참조). 지각과 관련한 어유봉의 견해는 이간의 견해와 일맥 상통한 측면이 있다. 이 문제에 대하여 한원진과 더불어 호학의 주장을 적극 전개했던 윤봉구는 「知覺體用辨」을 통해 지각의 항존성을 주장하였다(「鳳巖集」 권9, 「知覺體用辨」, 15판. "知覺以用言則可, 以體言則不可云云. 遂以知覺不昧之句, 釋作所當知覺之理不昧云云, 尹(윤회)李(이간)諸友說也. 德昭則以爲知覺如鏡之照, 雖在物未到之時, 光明之體常在. 故人心未感之時, 本自有知覺之不昧者, 何嘗冥然, 都無知覺乎. 這知覺是體, 若夫其事物之來, 知之覺之者是用云云. 力主朱子所謂但有知覺在, 何妨爲靜之說矣.").

體·用을 겸비하고 寂·感을 관통한다'는 포괄적 인식은 虛靈과 知覺의 사례를 통해 충분히 그의 의도를 관철시키기도 하였다. 이와 같이 지각의 작용뿐 아니라 지각의 본체를 설정함으로써 결과적으로 순선하고 영명한 마음의 특성을 지각을 통해 도출시켰던 것이다. 그렇다고 그 마음이 곧바로 본성을 의미하지는 않는다. 허령지각한 마음은 본성과 긴밀한 관련을 맺으면서도 理인 본성으로 환원될 수 없는 氣에 속하기 때문이다.[88]

(2) '卽心指性'의 심성관

앞서 '분별'이라는 심의 특성이 智의 한 속성을 나타내는 것이며, 지각에 체와 용이 있음을 통해 심의 영명한 특징을 도출하는 과정을 살펴보았다. 농암은 심의 포괄적 구도로 성과의 일정한 관계 속에 심체의 모습을 그려나갔다. 그렇다면 심성정의 관계에서 심은 어떻게 자리매김할 수 있는가? 이 문제는 지금까지의 지과 지각에 관한 논의가 심성문제로 귀결되는 지점이다.

주자가 「仁說」에서 '지각은 智의 작용이다'라고 언급한 진술이 학자들 사이에서 거의 定論처럼 이해된 것은 선천적 도덕능력을 겸비한 지각의 특성을 고려했기 때문이다. 그러나 지각이 지와 연계되지만 지각은 결국 心의 작용이라는 측면에도 주목해야 한다는 것은 농암이 해명

---

88) 그러나 기의 영향에서 심의 자율성을 확보하려는 농암의 시도는 주목해야 할 것이다. 이와 관련하여 앞서 살펴보았듯이 「四端七情說」에서 선천적 기의 청탁에 주안점을 둔 율곡의 견해에 회의를 품고 심리적 가변성에 주목하기도 한다. 그러나 이 문제는 여전히 우리 인간이 기품의 선천적 제약으로부터 완전히 벗어나는 일이 가능한가라는 의문의 여지를 남기고 있다.(「農巖續集」 권下, 「四端七情說」 71판 좌. "更思之, 稟氣淸濁, 固各有本然之定分矣. 然而一人之氣, 宜亦有或淸或濁之時, 蓋氣之在形質者, 雖一定而不可易, 若其運行於心者, 則固亦流動變化而不可拘矣. 於是乎淸多者或有時而濁, 濁勝者或有時而淸.")

하고자 했던 주안점이었다. 농암은 지각을 智의 작용으로 보는 일반론을 바꾼다는 것이 어려운 일이라고 판단했기에, "나는 감히 크게 입벌려 말한 적이 없었고, 우선 이 문제를 한 쪽으로 제쳐두고 다른 의리가 점차 밝아진 뒤에 다시 어떠한지를 알아 정론을 삼는 것도 늦지 않을 것으로 생각한다."라고 하면서 신중한 자세를 취했다. 그러나 그의 주장대로 지각의 용뿐만 아니라 지각의 체를 심의 범주로 귀결시키려는 논리는 성과의 분리를 초래할 수도 있었다. 즉 심이 체와 용을 가지고 지각할 수 있다고 하지만, 결국 그 심의 근거는 역시 성에서 찾아야 한다는 의문이 제기되는 것이다. 만약 그렇지 않다면 심과 성의 단절로 귀결될 것이기 때문이다. 농암의 주변 학자들뿐 아니라 훗날 한원진 등이 농암의 견해에 기본적으로 동의하면서도 지각의 유래를 지의 작용과 연관하여 규명하려는 시도가 지속적으로 이어졌던 점도 바로 여기에 있었다.

그렇다면 심과 성의 단절을 겪지 않고도 심의 본체가 지닌 虛靈知覺한 특성이 그의 철학에서 어떠한 의미를 지니는가를 해명할 필요가 있을 것이다. 일반적으로 심은 心統性情의 구도 속에서 성정을 통합(또는 통섭)하는 구도에서 접근한다. 그러한 구도 속에서 심은 자칫 성과 정을 매개시키는 형식적(부차적) 요소로 남을 수도 있다. 지각의 체가 심에 존재함을 통해 심의 靈明한 특징을 도출한 농암도 일반적인 心統性情의 구도에서부터 심의 의미를 찾아간다. 먼저 그는 자신의 심성변론에서 주자의 다음 구절을 유력한 근거로 활용하고 있다.

주자가 潘謙之에게 답하는 글을 보면 "性은 다만 리이고, 情은 유출되어 발동하는 것이며, 心의 知覺은 즉 리를 갖추고 정을 실행시키는 것이다. 知로써 말한다면 옳고 그름의 이치를 아는 근거는 智이며 性이고, 옳고 그름을 알아서 옳고 그름을 판단하는 것은 情이며, 이 리를 갖추고 옳고 그름을 깨닫는 것은 心이다."라고 하였습

니다. 이 설은 심성의 분변에서 그 정미함을 다하여 더 이상 세부
적인 분변이 필요 없으니 만년의 定論인 듯합니다.[89]

심통성정 구도에 의하면 리인 성과 그로부터 발현되는 정은 그 자체
로 긴밀한 연관을 지닌다. 정감으로 표출되는 근거를 내면에 갖추어진
성에서 찾아 '성이 발하여 정이 된다'[性發爲情]는 해석은 성리학 일반
론에 속한다. 다만 그 정의 발현 근거를 성으로 정초시키는 과정에서
다양한 입장차이가 발생했던 것이다. 그러나 성에서 정으로 이어지는
매개체인 심에 대한 관심은 농암 이전에는 상대적으로 적었다. 농암은
지각논의를 통해, 옳고 그름을 판단하는 근거인 智(性)를 갖추는 동시
에 현실에서 그러한 본성을 구체화시키는 情을 깨닫는(覺) 心의 역할
을 강조한다. 본체인 性과 구체적 심리활동인 情을 상호 매개시키는
心은 마치 지각이 어둠을 밝히는 것이 촛불이라면, 그 촛불을 들고 구체
적으로 상황을 파악하는 사람에 비유하기도 한다. 형체가 없었던 것은
아니지만 촛불이 비춰지는 방향에 따라 그 형체가 비로소 드러난다.
같은 원리로 심은 단순히 성정을 매개시키고 통합시키는 중개역할만을
담당하는 것이 아니라, 성을 갖추고 정을 실행시키는 현실적 역할 속
에서 심의 의미에 명료성을 더하는 것이다. 그가 '심이 심인 까닭은 오
직 지각 때문이다'[90]고 강조하는 것은 성과 정을 주체적이고 구체적으
로 매개해주는 심의 지각을 충분히 고려했기 때문이다.

농암은 지각논의를 통해, 특히 호병문과 그의 견해에 동조하는 민이
승의 오류는 지각이 心의 작용이라는 것에 대한 몰이해에서 비롯된 것

---

89) 「農巖集」 권14, 「答閔彦暉」 3판 좌. "乃見朱夫子答潘謙之書有曰: '性只是
理, 情是流出發用處, 心之知覺, 卽所以具此理而行此情者也. 以知言之, 所以
知是非之理, 則智也性也; 所以知是非而是非之者情也; 具此理而覺其爲是非
者心也.' 此說於心性之辨, 極其精微, 銖分粒剖, 更無去處, 殆是晚年定論."〈그
러나 「朱熹集」 권55, 「答潘謙之」 (四川敎育出版社, 1997, 2754쪽)에는 밑줄
친 以知言之의 知자가 智자로 되어 있다.〉
90) 「農巖集」, 권19, 「答道以」, 32판 우. "心之所以爲心者, 只是一箇知覺而已."

으로 판단했다. 나아가 그가 민이승의 논리를 '심을 성으로 인식하는' 것을 오류라고 판단한 것은 성은 심을 통해서 자신을 드러내지만, 그렇다고 해서 심과 성이 동일한 범주로 간주될 수 없다고 보기 때문이다. 앞의 인용문에서 주자가 심을 '심의 지각'이나 '옳고 그름을 자각하는 것'으로 구체화하여 性·情과는 차별화시켰다고 이해한다. '옳고 그름을 아는 리'가 性이라면 그러한 성이 유출되어 운용한다는 측면에서 '옳고 그름을 알아서 실제로 옳거나 그르다고 하는 것'은 情에 속한다고 보기 때문이다. 이로써 시비를 판별하는 도리인 지와 시비를 자각하는 지각은 동일선상에서 이해할 수 없다고 주장하는 것이다. 농암이 지각과 지를 구분하여, 知覺이 心이고 氣라면 智는 性이고 理임을 주장하는 다음의 진술은 그의 핵심이기도 하다.

> 智는 시비의 理로 다섯 가지 본성의 하나이고 知는 靈覺의 오묘함으로 오로지 심의 用일 뿐입니다. 그러므로 시비의 리는 진실로 영각한 (지각의) 작용에서 발현되는 것이니, 싸잡아 하나로 생각해서는 안 될 것입니다.[91]

지와 지각, 또는 성과 심의 구분을 강조하였던 이유가 여기에 이르러 분명해진다. 다시 말해 지각은 심의 작용에서 나오는 것이요, 그 근거를 심이 따르고 행동해야 될 智에서 찾아서는 안 된다는 주장은 심과 성의 오해를 줄이려는 노력에서 나왔음을 보여준다. 지각의 체와 용은 모두 심의 범주에 속한다고 보기에 '지각은 지에 속한다'는 주장이 용납될 수 없었던 것이다. 따라서 지각의 근거를 심에서 찾아 '지각과 지의 구분'을 역설하는 농암은 심과 성의 관계에 대하여 다음과 같이 진술하게 된다.

---

91) 「農巖集」 권14, 「答閔彦暉」 2판 좌. "智者是非之理, 而居五性之一, 知者靈覺之妙, 而專一心之用, 是非之理, 固發見於靈覺之用, 而要不可渾而一之也."

듣건대 性이란 心이 갖추고 있는 理이며 심이란 성이 담겨있는 그
릇[器]이라 하였습니다. 仁義禮智는 이른바 성으로 그 본체는 지극
히 정미하여 볼 수 없고, 虛靈知覺은 이른바 심으로 그 작용은 지
극히 오묘하여 측량할 수 없습니다. 성이 아니면 심이 준칙(기준)
할 바가 없고 심이 아니면 성을 운용할 수 없으니, 이것이 심과 성
의 구분입니다. 두 가지는 서로 떨어질 수도 없으며 또한 서로 섞
일 수도 없습니다. 그러므로 심성에 대해 말하는 자가 심의 측면에
나아가 성을 가리킨다면(卽心指性) 옳지만, 심을 성으로 인식해서
는 안 됩니다. 儒者의 학문에서 마땅히 정밀히 따지고 분명히 분별
해야 할 것이 이것보다 앞선 것이 없습니다. 이에 대해 혹시라도
어긋나면 불가(釋氏)의 견해로 떨어질 것입니다.[92]

심의 지각은 두 가지 의미를 내포하고 있다. 하나는 智와 연관된 분별
(別)의 理이고, 다른 하나는 神妙靈覺한 心의 자각적 속성이다. 전자의
측면에서 볼 때 五性의 하나인 智와 연관을 갖는 것은 분명히 愛·宜·恭
등이 아닌 知覺이므로 '지각은 智에 속한다'는 견해가 타당성을 지닌다.
그러나 농암은 그와 같은 의미에서 지각을 조망하지 않는다. 오히려 후자
처럼 심의 범주에서 虛靈知覺한 본체의 속성에 주목했던 것이다. 김창흡
역시 농암의 이러한 접근방식 때문에 당시 논의를 심과 성에 관한 논의,
혹은 道와 器를 분변하려는 변론으로 파악하고 있다.[93]
  따라서 위의 인용문에서 제시한 '심의 측면에 나아가 성을 가리켜야
한다'[卽心指性]는 주장[94]에서 심이란 바로 허령지각한 본체의 특성을

---

92) 「農巖集」 권14, 「答閔彦暉」 2판 우. "蓋聞之, 性者心所具之理, 心者性所寓
    之器. 仁義禮智, 所謂性也, 其體至精而不可見, 虛靈知覺, 所謂心也, 其用至
    妙而不可測. 非性則心無所準則, 非心則性不能運用, 此心性之辨也. 二者不能
    相離, 而亦不容相雜. 是故語心性者, 卽心而指性則可, 認心以爲性則不可. 儒
    者之學所當精覈而明辨者, 莫先於此. 於此或差, 則墮於釋氏之見矣."
93) 「三淵集」 권25, 「論智字說」, 21판 좌 참조.
94) 농암은 양자의 긴밀한 관계를 표시하는 비슷한 표현을 자주 사용한다. 「農
    巖集」 권14, 「答閔彦暉」 26판 좌. "是故善言性者, 卽氣而認性, 而不認氣爲性

지칭하는 것이다. 그러한 허령지각한 마음을 염두해 두기에 성과 정을 매개시키고 통합하는 주재적인 의미에서 심을 특성화시킬 수 있었던 것이다. 비록 기에 속하는 심이지만 그때의 심은 일반적인 기가 아니라, 순수하고 정화되어 영명성까지 담보한 精爽으로서의 기이다. 그 靈覺한 지각상태인 심의 측면에서 無形의 본체인 性을 확인하려 했던 것이다.

心과 性의 만남은 성리학자들이 즐겨 사용해왔던 '不離'와 '不雜'의 관계에서 설명될 수 있다. 곧 '성은 심에 갖추어진 리요, 심은 성이 머무는 그릇이다' 혹은 '성이 아니면 심이 준칙할 바가 없고 심이 아니면 성이 운용할 바가 없다'는 등의 설명이 그러하다. 마치 「논어」에서 '사람이 도를 넓힐 수 있는 것이지 도가 사람을 넓히는 것이 아니다'라는 언급을 통해 도의 실현주체로서의 인간의 능동적 역할을 강조하는 것과 마찬가지이다. 도를 실현시키는 일차적인 계기를 우리 마음속에 있는 靈覺한 지각의 본체에서 찾아, 그러한 마음을 준칙으로서 성과 일치시키려는 주체적 노력을 촉구하는 것이다. 사람의 마음은 각성이 있으나 道體는 無爲하며, 마음이 본성을 다할 수 있으나 본성은 그 마음을 검속할 줄 모르기 때문이다. 다만 농암의 '卽心指性'의 논리에서 주목되는 점은 (성과 심의 不離냐 不雜이냐를 따지기 이전에) 허령지각을 심의 특징으로 명시한다는 점이다. 즉 일반적인 마음의 작용과는 달리 미발상태라도 분명히 내재되어 마음에서 분리될 수 없는 허령지각한 심의 본체를 견지하는 것이다. 따라서 농암은 卽心指性의 논리를 통해 허령지각한 마음의 본체에 나아가 본성을 인식하는 것이 심과 성의 관계를 올바르게 이해하는 유가의 핵심으로 파악하고 있는 것이다. 이러한 심체에 대한 인식이 있었기에 미발에 대한 적극적 논의가 활성화되면서 현실적 노력으로 이끄는 계기가 되며, 농암을 통해 洛學系列에서 심을 강조했던 실마리를 찾을 수 있는 것이다.

也; 因用而指體, 而不指用爲體也.": 「農巖集」 권32, 「雜識」 15판 좌. " …… 卽氣非氣之妙." 등등.

앞서 살펴보았듯이 심이 지닌 지각의 본체를 강조했던 것은 미발상
태가 인간의 의식에 구체적이고 특정한 상태임을 긍정하는 것이다. 미
발의 때에 함양공부를 강조하는 것도 바로 虛靈하고 知覺의 가능성이
내재된 心을 통해 주체 속에 살아 숨쉬는 理(性)의 의미를 재검토하는
계기를 마련한 것이다. 이것은 주자학에서 강조되온 理(性)의 의미가
心의 문제로 초점이 전이되었음을 의미한다.95) 그러나 농암이 지각논
의를 통해 보여주었듯이, 理(性)는 주체인 심과 분리된 지향점이었다.
그가 시도했던 知覺과 智의 분리는 심과 성의 구분을 염두에 둔 것이
요, 미발상태에서 지각의 본체가 가능태로 존재한다는 것은 심의 함양
을 통해 본체와의 합일 가능성을 모색하는 것이다. 결국 농암은 지각
논의 과정에서 '심의 측면에 나아가 성을 가리켜야 한다[卽心指性]'는
주장을 통해 심을 토대로 주자학을 재조명하였다고 할 것이다.

농암 이후 호락논변이 본격적으로 전개된 이유도 지각논의와 무관하
지 않을 것이다. 한원진 등 호학 측에서는 '지와 분리되지 않는 지각'
이라는 점에서 심보다는 그 근거로서 성을 중시한다. 반면에 농암의

---

95) 조선 후기 心을 강조하던 경향은 서울·경기지역 학자들의 한 특성이기도
  하다. 예를 들어 조성기의 학문은 心 가운데 있는 천리를 매우 강조하는
  수양론으로 전개되며, 이는 邵翁의 象數學의 영향에서 心의 역할을 중시한
  것으로 보기도 한다(조성산, 「조선 후기 洛論系 學風의 形成과 經世論 硏
  究」, 고려대 박사학위논문, 2003, 58~69쪽 참조). 또는 李柬·李縡·任聖
  周 등 일부 낙학계열 학자들의 학문경향을 朱子學의 계승발전 측면보다는
  陸王學과 관련된 心學化 경향과 관련시키기도 한다(김현, 「조선 후기 未發
  心論의 心學的 전개」, 「민족문화연구」 37, 2002). 그러나 理의 보편성을 강
  조하거나 心體의 순선함 등은 주자학자들도 공유하는 공통된 의식이다. 따
  라서 심의 역할에 대한 주목이 곧바로 주자학에 대한 변용내지 이탈을 의
  미한다고 볼 수는 없을 것이다. 심학의 구체적 구성과 형태가 육상산과는
  다를 뿐, 실제로 朱熹의 기본관점 또한 心學이기 때문이다(金春峰, 「朱熹
  哲學思想」, 東大圖書公司, 1998, 269쪽). 이 연구에서 주목하였던 농암도
  理의 내재성에 대한 절대적 확신을 바탕으로 心을 통한 본성으로의 합일
  과 그 실현가능성을 중시하는 등 주자학적 토대에서 심을 중시하는 낙학
  계열의 일반적인 경향을 대변해주고 있다.

맥을 잇는 낙학에서는 '허령지각한 심의 본체로서 지각'에 초점을 둠으로써 본성 그 자체보다는 본성의 실현을 위한 심의 본체를 더욱 강조하면서 논의의 폭과 깊이를 더해갔다. 필자의 생각으로는 기존의 호락논변에 관한 연구가 역사적 측면이나 외형적 논리만으로 접근하는 것에 한계가 있다고 본다. 예를 들어 호락논변에서 單指나 兼指 등 관점에 따라 성을 개념화하는 것에 주목하는 것은 호학 측에서 보여준 일방적 시각에서 문제를 접근하는 것이다. 따라서 낙학 측에서 중시했던 심의 의미를 고려하여 공평한 안목에서 접근할 필요가 있을 것이다. 성과 심의 초점에 따른 극단적 불일치, 예를 들어 한원진과 이간의 경우는 합일될 수 없는 평행선을 달리게 된다.

이상에서 서울·경기지역 낙학계열 학자들의 사상적 배경이 되었던 농암의 卽心指性의 논리를 살펴보았다. 智의 정의가 담고 있는 미묘한 해석의 차이, 지와 관련된 分別의 내재성, 그리고 본체와 작용에 두루 관계된 지각의 의미를 통해 심에서 성을 지향하는 일련의 과정을 검토하였다. 그의 주장에서는 虛靈知覺의 속성을 지닌 심의 본체적 측면에서 심에 대한 신뢰와 그 지향기준으로 성을 명시함으로써 심의 자기구현을 도모하려는 자세가 두드러진다. 한편 심과 성의 합일을 지향하기 위해서는 氣의 영향력을 최소화시킬 필요가 있었으므로 심과 기질의 문제가 적극 고려되고, 明德의 개념이 지속적인 주제로 이어졌다. 그와 같이 性情의 포괄적 주체로서 심에 대한 균형적 시각을 유지하려는 논의는 농암 이후 李縡·金元行·吳熙常·田愚 등 낙학계 학자들의 주된 관심사였다. 반면에 그와 같은 심에 대한 중시는 氣로부터 이탈하여 공허해질 수 있음을 지적하는 호학 측의 주된 비판에 직면하게 되었다.

제5장 農巖思想의 비판과 계승

농암의 사후, 노론계열 내부에서는 호학과 낙학으로 대별되는 사상적 분기 현상이 뚜렷해지고, 그 결과 조선 후기 성리학사를 빛낸 湖洛論辨이 본격화되었던 시기로 이어진다. 近畿지역의 낙학계열은 농암의 사상을 직접적으로 계승하면서 다양한 논의를 전개시켰던 반면, 충청도 일대의 학자들은 그와는 다른 방향에서 자신들의 색체를 보여주었다. 이 장에서는 앞서 살펴본 농암의 사상을 기반으로 호학 측과 낙학 측의 비판과 전개양상을 살펴보고자 한다.

기존의 호락논변에 관한 연구에서는 주로 韓元震과 李柬 두 학자 사이의 치밀한 논변이 주목받아왔다. 그들의 논리적인 사유의 진행과정에서 상대의 장점과 단점을 동시에 보여주고 있으며, 논리적 모순을 해소하기 위한 다양한 논의의 진전을 찾아볼 수 있기 때문이다. 그러나 그 이면에는 性卽理에 기초한 성리학자로서 인간 본성의 고귀성 및 순수함에 대한 믿음, 未發의 中을 향한 의식의 순화과정 등은 논변의 전개양상 이면에 놓여있는 커다란 공통분모이다. 마치 퇴계와 율곡이 견해 차이를 보이지만, 자연과 인간을 분리시켜 보지 않는 성리학적 사유구조, 持敬을 통한 내성적인 자아수련 등 합일의 영역이 큰 것과도 같다. 권상하와 김창협이 송시열의 두 高弟였다는 점에서 알 수 있듯이, 두 학자의 견해는 후학들에게 공동의 관심영역으로 중첩되었다. 후학들의 사상적 차이점은 그러한 공통분모에 대한 입장을 충실히 이해한 바탕 위에서 갈려졌던 것이다. 이 장에서는 한원진과 이간의 농암사상에 대한 批判과 變容的 측면, 그리고 李縡와 金元行의 繼承的 측면을 검토해봄으로써, 역으로 농암의 사상을 재정리하는 계기를 삼고자 한다.[1]

1. 南塘 韓元震의 批判的 見解

권상하의 문하에서 농암의 학설에 대해 적극적인 비판이 이루어지지는 않았지만, 낙학의 중심적인 방향성을 제시하였던 농암의 견해가 그대로 수용될 수는 없었다. 특히 한원진의 경우, 농암사상에 대한 비판은 다른 학자들과는 달리 비교적 구체적이고 풍부하다. 그가 권상하에게 보낸 편지에서 농암의 知覺說을 집중적으로 거론한「上師門」(1711년) 이외에도,「讀農巖性惡論辨」(1713년)·「對農巖集中理氣問」·「農巖四七知覺說辨」(1717년) 등이 있다. 이즈음이 그의 논적이었던 이간과 격론이 벌어졌던 시점2)임을 감안할 때, 농암에 대한 비판은 낙학과 관련된 비판적 견해와 무관할 수 없을 것이다.

1) 農巖의 四端七情說에 대한 비판

한원진은 율곡학설에 기반하여 농암의「사단칠정설」을 조목별로 분석 비판하면서, 농암이 퇴계의 입장에 동조하는 경향을 보이므로 수용할 수 없다는 태도를 분명히 밝힌다.

이 기록에서 대체로 율곡의 견해는 실질을 봄에 착오가 있고 퇴계의 견해는 개념에 착오가 있다고 하였으나, (농암의 견해대로 말한

1) 본 장은 후학들 각자의 견해나 상호 대립적 견해에 대한 타당성을 검토하려는 데 목적을 두고 있지 않다. 다만 호학과 낙학의 학자들 사이에서 조망된 농암사상을 검토하는 데 도움을 받고자 하는 것이기에 각 개인의 사상에 대해서는 간략한 소개라는 한계를 지니게 될 것이다.

2) 한원진과 이간 사이의 왕복서한은 주로 1711~1716년 사이에 전개된다. 전인식의「李柬과 韓元震의 未發五常論辨 硏究」(한국정신문화연구원 박사학위논문, 1999) 76~78쪽 도표 참조.

다면) 퇴계는 바로 보아서 개념의 미세한 착오도 없다고 하는 것
이 또한 논리에 맞을 것이다. 그러나 농암이 '사단의 선한 것은 리
가 기에 간섭당하지 않는다는 것이며 칠정의 선한 것은 기가 리를
따르는 것이니, 선 가운데 또한 리를 주로 하느냐 기를 주로 하느
냐는 발동의 차이가 있다'라고 하였으니, 그 설의 착오는 단지 개
념에만 있는 것이 아니다. 그가 (퇴계의 뜻을) 취하면서 자세히 살
피지 않았던 것이니, 경계하지 않을 수 있겠는가!3)

한원진은 퇴계가 主理와 主氣의 용어사용을 통해 사단과 칠정의 의
미를 설명했던 것을 상기하면서, 율곡의 시각으로 퇴계를 비판하는 과
정 속에 자연스럽게 농암의 견해를 비판해 간다. 농암은 '사단이란 칠
정중의 선한 것일 뿐이다'라는 율곡의 종지를 확고히 견지하지 못한
체, 사단과 칠정을 주리와 주기라는 발현의 차이로 나누어보는 퇴계의
용어사용을 그대로 답습하는 오류를 범했다고 간주했기 때문이다. 한
원진은 선한 정의 발현은 비록 理를 중심으로 말할 수는 있어도, 실제
로는 발동의 권한이 모두 기에 있으며 리는 단지 그 자리에 타고 있을
뿐으로 본다. 다만 그 속에서 선이란 리의 直遂에서 발현되었기 때문
에 리를 중심에 놓고 설명할 수 있으며, 악이란 기의 영향 아래서 생
겨난 것이므로 기가 중심이 되었다는 관점상의 차이만을 인정할 뿐이
다. 이와 같이 한원진은 관점과 실질에 따른 차이를 통해 氣發一途라
는 입장을 견지해갔던 것이다.

앞서 살펴본 바와 같이 농암은 "사단은 理를 주로 말한 것으로 氣가
그 가운데 있고, 칠정은 기를 주로 말한 것으로 리가 그 가운데 있다.
사단의 기는 즉 칠정의 기이며, 칠정의 리는 즉 사단의 리이므로 두

---

3) 「南塘集拾遺」, 권6, 「農巖四七知覺說辨」 13판 좌. "此錄蓋以栗谷之說爲實見
之差, 退溪之說爲名言之差, 而以退溪之正見, 無名言之微差者, 又有所處者矣.
然所謂 '四端之爲善者, 理之不干氣也, 七情之有善者, 氣之能循理也, 而於善
之中, 又有主理主氣之異發者.' 則其說之差, 不特在名言之間而已矣. 擇之不審,
可不戒哉!"

가지가 있는 것이 아니다. 다만 그 이름할 때에 뜻이 각각 주로 하는 바가 있을 뿐이다."[4]라고 하여, 사단과 칠정을 주리와 주기로 대별시켜 설명하지만 동시에 양자는 긴밀한 연관관계에 있음을 주장하였다. 즉 사단과 칠정은 의미의 차이는 있지만 별도의 두 가지 존재가 아니기 때문에, 표현에서 리를 주로 하는 사단과 기를 주로 하는 칠정으로 구분하였던 것이다. 한원진은 이러한 진술 속에는 사단은 리를 주로 하는 것으로 순선한 선이라면 칠정은 기를 겸한 선이라고 할 수 있으니, 인간에게는 사단의 선과 칠정의 선이라는 서로 다른 두 가지 선을 인정하게 되는 오류를 범한다고 지적한다. 다시 말해 인간에게는 사단의 선한 정서 이외에 칠정의 선한 정서를 인정함으로써 현실과 분리된 또 다른 맥락에서의 추상화된 본연의 선을 인정하는 오해의 여지를 남겼다는 것이다.

> 농암의 기록은 칠정의 선이란 사단의 밖에 별도로 존재한다고 생각한 것이다. 하나의 선은 리가 주로 하여 발한 것이요, 다른 하나의 선은 기가 주로 하여 발한 것으로 선에 두 가지 근본이 있게 되었으니, 그 두 갈래로 잘못되는 것을 어찌 피할 수 있겠는가?[5]

인간에게 선이란 근본적으로 두 가지 양태로 존재할 수 없다는 한원진의 주장은 「맹자」와 「중용」에서 주장하는 각자의 관점 차이에서 기인한다. 그는 「맹자」와 「중용」을 '문맥'에 따라 이해할 때, 「맹자」에서 사단을 논하는 것은 오로지 性善이 直遂한 主理 일변도에서 말한 것으

---

4) 「農巖續集」 권下, 「四端七情說」 65판 좌. "四端主理言而氣在其中, 七情主氣言而理在其中. 四端之氣, 卽七情之氣, 七情之理, 卽四端之理, 非有二也. 但其名言之際, 意各有所主耳. 「語類」 '四端理之發, 七情氣之發', 其意似是如此, 退陶說亦近此. 但其推說太過, 剖釋已甚, 遂成二岐之病耳."

5) 「南塘集拾遺」 권6, 「農巖四七知覺說辨」 2판 좌. "若此錄則以七情之善者, 爲在四端之外, 一之善, 理爲主而發, 一之善, 氣爲主而發, 而善有二本, 則其爲二岐之差, 安可諱乎?"

로 사단은 리의 발이라고 말할 수 있으며, 「중용」에서 칠정을 논한 것
은 中節과 不中節로써 말한 것이므로 리와 기를 겸하여 말했기 때문에
칠정은 기의 발현으로 진술될 수도 있다는 것이다. 즉 「맹자」는 정의
선악에서 性善 일변도에서 말했을 뿐, 그 속에는 '사단도 선악을 지닐
수 있다'는 言外의 맥락을 소홀히 해서는 안 된다는 것이다.

> 사단과 칠정을 理氣의 互發로 보는 견해의 폐단은 다만 '사단에 선
> 악이 있고 인심은 이 사단을 벗어나지 않는다' 것을 알지 못하는
> 데 있다. 만약 사단에 선악이 있고, 인심이 사단을 벗어나지 않는
> 다는 것을 알았다면, 곧바로 사단이 칠정 밖에 있는 것이 아니며,
> 칠정이 사단 밖에 있는 것이 아님을 알아서 두 갈래의 발용이 있
> 음을 허용하지 않을 것이다.[6]

위의 인용문에서 한원진은 理氣互發說에 더한 비판과 같은 맥락에서
농암의 四七論을 수용할 수 없다는 입장을 분명히 표시하고 있다. 선
뿐만 아니라 악의 측면도 있는 사단이기에 선과 악을 겸비한 인심의
연장선에서 사단을 이해할 수 있듯이, 사단이나 칠정을 구분하여 각자
의 발현을 인정할 수 없다는 입장이다.[7] 한원진의 '사단에도 선악이
있다'는 주장은 농암이 사단을 순선 일변도로 지칭하는 것에 대한 직
접적인 비판을 내포하고 있으며, '인심이 사단을 벗어나지 않는다'는
견해 역시 인심에 기초한 사단의 확충을 주장하는 것이다. 한원진은
맹자의 성선에 대한 주장 속에는 中節할 수도 있고 그렇지 않을 수 있
는 현실적인 심의 작용이 소홀히 다루어졌음을 지적한다.[8] 따라서 그

---

6) 위와 같은 글, 3판 좌~4판 우. "四七理氣互發之論, 其見之蔽, 只在於不知
   四端之有善惡, 而人心之不外乎此四端也. 若知四端之有善惡, 人心之不外乎四
   端, 則卽便知四端不外七情, 七情不外四端, 而不容有二岐之發矣."

7) 사단이 선하지 않은 경우도 있다는 해석은 이이의 견해를 일부 보완하려던
   송시열 때부터 제기된 주장이기도 하다. 이봉규의 「송시열의 성리학설 연구」
   (서울대 박사학위논문, 1996) 97~104쪽 참조.

는 사단을 순선한 정감으로만 규정짓는 낙관적 태도를 止揚하고, 사단 속에는 악의 종자도 있으며 人心은 이 사단을 벗어난 별도의 마음이 아니라고 이해했던 것이다. 이 점은 선천적으로 기질의 존재를 긍정하는 바탕 위에서 논의를 전개해야 된다는 그의 일관된 입장이 반영된 셈이다.

또한 농암이 율곡의 견해에 대하여 비판적 보완입장을 취했다면, 한원진은 율곡의 입장으로 환원할 것을 요청한다. 한원진은 악의 요소를 지닌 칠정을 사단과 동일시할 수 없기에 칠정은 사단을 겸하지만, 순선한 사단은 칠정을 겸할 수 없다는 차이도 간과하지 않는다. 한원진이 보기에 농암의 '칠정 또한 사단을 겸할 수 없다'는 견해는 사단과 칠정을 두 갈래로 양분하는 퇴계식의 오류를 지닌다고 비판한다. 즉 농암의 입장은 '사단은 순선한 것으로 리가 주로 하여 발동한 것이요, 칠정의 선함이 있는 것은 기가 주로 하여 발동한 것'이기 때문에, 그 결과 사단은 사단이요, 칠정은 칠정으로 분류되어 각자의 독자적 영역으로 잔존하게 되는 이원화현상으로 귀결된다는 것이다.9) 한원진은 그러한 분리현상을 해소하기 위해 사단과 칠정은 두 정서가 아님을 강조하여, 칠정은 사단을 겸하고 있다는 율곡의 입장을 견지해 나갔던 것이다.

이와 같이 한원진은 농암의 사칠론을 퇴계의 주장과 결부시키면서 '인간의 선은 두 갈래로 나누어 볼 수 없다'‧'사단에도 선악이 있다'‧'사단은 인심을 벗어난 별개의 것이 아니다'라는 비판적 견해를 피력한다. 이

---

8) 한원진은 그러한 측면에서 주자의 '사단에도 不中節이 있다'는 주장에 대한 환기를 촉구한다.(「南塘集拾遺」 권6, 「農巖四七知覺說辨」 4판 우. "朱子曰: '惻隱羞惡也, 有中節不中節.' 又曰: '人之所以爲心, 不外乎是四者.' 朱子之言, 乃如是大煞分明, 而後之讀者率不免泛過, 良可惜哉!").

9) 「南塘集拾遺」 권6, 「農巖四七知覺說辨」 8판 우. "栗谷之意, 蓋以爲四端純善, 故七情之善者固四端, 而七情之惡者, 非四端所可兼也云爾. 此錄則以爲四端之爲善, 理爲主而發, 七情之有善, 氣爲主而發. 於善之中, 亦有所發之不同, 非但四端不能兼七情之惡, 亦不能兼七情之善, 而四七各爲一情, 不能相兼云也. 此所以栗谷之言, 只歸於未備, 而此錄之說, 却墮於二岐也."

외에도 한원진은 농암의 주장중 '사단과 칠정은 다른 정이다'·'기와 관계되지 않는 사단이 있다'는 점 등은 모두 理와 氣를 나누어 보는 단서가 된다고 비판한다. 농암이 율곡처럼 사단은 칠정 가운데 선한 측면으로 명확히 규정하지 않은 것은 맹자가 말했던 性善이라는 선 일변도에 초점을 둔 것이다. 다시 말해 그는 농암이 선을 理의 直遂로 보아 리를 위주로 보는 퇴계의 관점에 동의하여, 인간에게는 기의 간섭을 배제시켰을 때 언급할 수 있는 순선한 정서의 영역으로서의 사단이 존재한다는 것이다. 물론 농암은 그 순수한 사단의 지칭이 기 없이도 저절로 존재하고 작용하는 것이 아님을 분명히 지적하였다. 人心은 氣機의 발동에 理가 그 속에 타고 있는 것이어서, 칠정은 氣機의 발동에 나아가 이름한 것이요, 사단은 그 도리가 드러난 것을 곧바로 지칭하였을 뿐이라는 것이다. 그러나 사단을 순수한 리의 直遂로 표현하는 것에 대하여 한원진의 비판에서처럼 인심을 떠나 악의 종자 없이 존재하는 사단이란 현실적으로 어렵다는 율곡학의 입장에서는 비판의 여지가 있다. 현실에서 발동의 실제적인 힘의 기초는 항상 기와 연관되어 있음을 소홀히 했다는 비판의 소지도 있기 때문이다. 반면에 농암의 주장 속에는 한원진의 견해처럼 인간이 표출할 수 있는 가장 이상적 도덕영역인 四端에서조차 氣를 함유하고 있다고 말해야 되는 우울한 판단을 보류한 것이라 할 수 있을 것이다.

2) 知覺과 智의 분리에 대한 반론

농암과 주변 동료들의 지각논변 이후, 호학 내부에서도 지각에 대한 많은 논란이 제기되었다. 1709년 이간은 尹焜(호 晦甫)과의 논변에서 낙학에 가까운 입장으로 지각에 관한 논의를 전개하였고, 이에 대해 수암 권상하는 1709년 7월 이간에게 보낸 편지에서 농암의 지각론을 비판하는 한편, 기의 측면에서 사단과 지각을 규명하는 윤혼의 지각설에 동의한다. 한원진은 1710년 7월에 권상하에게 농암의 지각설을 비판한 편지에서 이간의 지각설에 대한 비판을 덧붙이는 한편, 같은 해 10월 윤혼에게도 편지한다. 이러한 농암의 지각설에 대한 비판은 앞서 윤혼과 이간과의 지각논변을 전제로 해서 본격화 된 것이다.[10]

한원진은 이듬해인 1711년에 농암이 '知覺과 智를 분리시켰다'는 요지로 다음과 같은 세 가지 측면에서 문제점을 지적한다.

洲丈(농암)이 '知覺은 智에 속할 수 없다'고 생각한 그의 관점은 세 가지가 있습니다. 첫째, '지각은 오로지 마음 전체의 덕이요 智는 다섯 가지 성 가운데 하나을 차지하니, 오로지 마음 전체의 덕으로써 다섯 가지 성의 하나를 차지하는 것에 치우쳐 속해놓는 것은 잘못이다'라고 생각하였습니다. 이것은 智 또한 다섯 가지 성을 포괄할 수 있으며 (동시에) 마음 전체의 덕이 되는 것을 살피지 않은 듯 합니다. 둘째, '지각은 기의 신령스러운 것이요 지는 성의 貞이므로 기의 신령스러운 것을 성의 작용으로 생각하는 것은 잘못이다'라고 하였습니다. 이는 지각이 智에 속했다는 것은 리가 지각을 타고 발현하여 智의 작용이 되는 것이지, 곧바로 氣가 性의 작용이 되는 것이 아님을 살피지 않은 것입니다. 셋째, '지각은 리를 갖추고 정을 실행하는 것이니, 만약 이와 같은 것을 지의 작용이라고 생각한다면 지의 용이 어찌 이 리를 갖추고 이 정을 행할 수 있겠는가'라고 하였습니다. 이것은 또한 지각을 지의 작용이라 말한 것은 단지 動 일변도로 말한 것을 살피지 않은 것입니다. 만약 동과 정을 통틀어 말한다면 未發상태에서 지각이 갖춘 바의 리를 오로지 말한다면 智요, 已發상태에서 지각이 행하는 바의 정을 오로지 말한다면 智의 작용이니, 두 설이 애초에 서로 방해되는 것이 아닙니다.[11]

---

10) 이상의 논변과정은 문석윤의 박사학위논문, 74~87쪽 참조. 그 후 한원진은 권상하에게 올린 「上師門」에서 자신의 견해를 체계적으로 정리하고 있다. 「虛靈知覺說」〈1710년〉·「農巖四七知覺說辨」〈1717년〉·「知覺說」〈1744년〉 등도 같은 맥락에서 전개된 것이다.

앞서 (4장 3절에서) 농암은 智가 옳고 그름을 분별하는 준칙으로서 理라면, 知覺은 구체적 심리 작용이라는 견해를 살펴보았다. 즉 智는 본성으로서 마음에 갖추어진 것이기는 하지만, 우리 마음이 따라야 할 준칙이지 마음 자체는 아니므로 양자는 구별의 필요성이 있다는 것이다. 그러나 위의 인용문에서처럼 한원진은 농암이 知覺과 智의 구분을 위해 제시한 견해를 세 가지 측면으로 구분하여 비판한다.

첫째로 농암의 '오로지 마음 전체에 속하는 지각을 본성의 하나인 智와 연결시켜 놓을 수 없다'는 견해는 智 역시 본성전체를 대표할 수 있는 것이라고 비판한다. 둘째로 '氣의 신령스런 작용에 속하는 지각은 理의 차원인 智의 작용이 아니다'는 주장은 리가 지각을 통해 발현되듯이 지각도 지의 작용으로 볼 수 있다고 반박한다. 셋째로 심의 지각이 성과 정을 겸했지만, 智의 用은 그렇지 못하다는 농암의 견해에 대한 비판이다. 농암의 의도는 無形無爲한 理의 속성을 지닌 智에는 또 다른 리를 갖추고나 실행시킨다는 표현을 사용할 수 없다는 것, 즉 지각이 심을 대표하는 특성을 지니므로 리를 갖추고 정을 실행하는 것은 지각뿐이라고 규정하였던 것이다. 이에 대해 한원진은 '지각이 지의 작용이다'는 표현은 지각의 動的인 활동 속에 내포된 도덕원칙을 지칭하는 것에 불과하다고 비판한다. 만약 동과 정을 아우르는 포괄적 의미에서 조망한다면, 未發에서 지각이 갖춘 바의 리는 智요, 已發에서 지각이 표출되는 情은 智의 用으로 규정해야 한다고 구분하여 설명한다. 결국 농암의 견해에 대한 한원진의 비판을 요약하면, 知覺은 智의 用

---

11) 「南塘集」 권7, 23판 좌~24판 우. "洲丈之以知覺爲不可屬智者, 其說有三. 一以爲'知覺專一心之德, 智則居五性之一, 不可以專一心之德者, 偏屬於居五性之一者', 則是似不察乎智亦能包五性而爲一心全體之德也. 一以爲'知覺氣之靈也, 智則性之貞也, 不可以氣之靈者爲性之用也', 則是似不察乎知覺屬智者, 以理之乘知覺發見者爲智之用, 而非直以氣爲性之用也. 一以爲'知覺具此理而行此情者也. 若是智之用, 則智之用安得以具此理而行此情', 則是又不察乎知覺謂智用者, 只以動一邊言之. 若通動靜言之, 則未發而知覺所具之理, 專言之則智也; 已發而知覺所行之情, 專言之則智之用也, 而二說初不相妨也."

으로 양자는 분리할 수 없다는 입장을 바탕으로 智는 미발(지각의 理)과 이발(智의 用)에 관통해서 존재한다는 주장이다.

농암의 '지와 지각의 분리'는 심의 본체와 심의 작용을 관통하는 중심에 心이 놓여 있다. 반면에 '지와 지각의 연결'을 강조하는 한원진의 견해는 智를 본성으로 보고 지의 체와 지의 용을 통합해서 보려는 性 중심의 사고가 바탕을 이룬다. 智의 체용과 관련된 미발론을 중심으로 한원진의 견해를 살펴보기로 하겠다. 한원진은 농암을 비판하는 「農巖四七知覺說辨」에서 미발과 이발에 관통하는 智의 의미를 다음과 같이 설명하고 있다.

> 智라는 性은 치우쳐서(부분) 말한다면 하나의 일이 되어 是非를 판별하는 이치가 되고, 오로지(전체) 말한다면 네 가지 일을 포함하여 지각의 리가 된다. 그러므로 지각을 치우쳐서 말한 智와 대비시켜 말한다면, 미발에서는 四德을 구비하지만 智는 그와 관련된 하나의 성이며, 이발에서는 사단으로 행하지만 是非가 그 일단이다. 오로지 말한 智와 대비시켜 말한다면, 미발에서 지각이 어둡지 않는 이치는 智이며, 이발에서 지각하고 운용하는 情은 모두 智의 작용이다.[12]

한원진은 智를 본성의 일부분과 전체라는 두 가지로 구분하여 시비 판별의 이치라는 한 가지 특성과, 동시에 仁義禮智 네 가지 본성을 대표하는 지각의 리로 구별하여 본다. 전자처럼 智를 본성의 일부로서 보면 미발상태에서 여타의 본성과 같이 의식의 발현 이전에 시비를 판별하는 理의 한 영역이며, 동시에 이발상태에서도 是非之心이라는 사

---

12) 「南塘集拾遺」 권6, 27판 우~좌. "智之爲性, 偏言之則爲一事, 而爲是非之理; 專言之則包四事, 而爲知覺之理. 故知覺之爲物, 對偏言之智而言, 則未發也, 其四德而智其一性也; 已發也, 行四端而是非其一段也. 對專言之智而言, 則未發也, 知覺不昧之理. 智也; 已發也, 知覺運行之情, 皆智之用也."

단의 한 측면을 형성하게 된다고 본다. 반면에 후자와 같은 본성의 통합적이고 전체적인 시각에서 본다면, 미발상태에서는 지각이 어둡지 않는 이치는 智이며, 이발상태에서 지각하고 운용하는 情은 智의 작용이라고 규정한다. 이와 같이 현실적으로 사단이나 지각의 운용하는 정 모두가 그 미발에서는 智가 자리한다는 것이다.

한원진이 보기에 농암의 오류는 본성이 일부인 智의 단편적 견해만을 취하여 심의 전체를 지칭하는 지각과의 연계성을 부인한 것이라고 비판한다. 양자의 범주가 다르기 때문에 결과적으로 지와 지각은 다르다는 오해를 불러일으킨다는 것이다. 즉 본성의 일부이거나 전체를 막론하고 미발과 이발에 智는 모두 관여한다고 보는 한원진으로서는 심인 지각과 성인 智로 구분하려는 농암의 견해에 동의하지 않는 것이다. 그러므로 한원진은 智의 통합적 성격에 따라 '미발일 때의 지각이 어둡지 않은 것은 지각의 체요, 이발일 때의 지각이 운용하는 것은 지각의 용이다'라고 하여, 미발과 이발, 동과 정을 관통하여 모두 존재하는 지각을 주장하는 것이다. 물론 이때 미발상태의 지각은 '가능성'[能] 차원에서 언급된 것으로 이발상태의 현실적인 지각의 '작용성'[所]과는 차이를 보인다. 우리가 주목할 점은 그가 이발에서뿐만 아니라 미발에서도 지각의 가능성과 작용성을 보장받기 위한 근거로 지각의 본체인 智를 상정하고 있다는 점이다. 즉 정감의 발현 이전에도 지각의 본체는 본성인 智와 연관되므로 '知覺과 智는 분리될 수 없다'는 의미에서 智라는 性의 의미가 강조되는 것이다. 이와 같은 견해는 농암이 지각의 본체를 심의 본체로, 다시 지각의 용을 심의 작용으로 연관시켜 양자를 관통하는 心을 중시하는 것과는 다른 관점이다.

그러나 한원진은 지각은 그 본체인 智의 작용이므로 농암처럼 심과 관련시켜 이해해서는 안 되며, 지각은 미발과 이발 그 어느 상태에서라도 모두 실재한다고 본다. 이러한 주장은 지각 속에는 智로 대표할 수 있는 본성이 내재되어 있으므로 미발에서도 지각이 어둡지 않고[知

覺不昧], 이발에서는 지각 운용하는 작용이 역시 사단의 정으로 드러 난다고 하는 공통기반에서 출발한다. 또한 한원진은 그와 같이 미발과 이발에 걸쳐 두루 존재하는 근거를 명확히 설정하려면 '지각은 智의 작용'이라는 항목을 명시해야 한다고 주장한다. 왜냐하면 지각의 실재 성은 바로 智의 작용 때문인데, 농암의 기록에서 철저히 규명하지 않 았으므로 의혹이 제기되고 수많은 비판이 가해지지만 결국 서로 다른 견해 차이를 보인다는 것이다. 한원진은 다음과 같이 리의 측면에서의 智와 정에 내포된 智의 작용을 언급한다.

> 대체로 智는 본성 가운데 仁義禮智 네 가지 일을 포함할 수 있다. 그러므로 미발에서의 지각은 이 理를 갖추고 그 理만을 오로지 말 한다면 智이며, 이발에서의 지각은 이 情을 실행하고 그 情만을 오 로지 말한다면 智의 작용이다. 그렇다면 智는 知覺의 理이며, 知覺 은 智의 氣이어서, 이발의 지각은 어떤 단서나 정을 막론하고 智의 理를 행하지 않음이 없으니, 智의 작용이 된다. 이러한 이치가 어 찌 이해하기 어려운 것이겠는가?13)

즉 일체의 존재는 모두 智의 영향력 아래에 있다는 논리이다. 현실 에서 智의 작용을 인정한다는 것은 곧 본성의 내재화에 대한 믿음이 며, 지각에 기초하여 도덕적 본성을 탐구하는 출발점이기도 하다. 유자 들이 자주 인용하던 "하늘이 만물을 낳음에 만물은 저마다 반드시 법 칙이 존재한다."는 표현을 빌리지 않더라도, 지각의 존재는 반드시 지 각의 리인 본체와 연관시켜 생각할 수 있을 것이다. 따라서 한원진은 미발에서 지각의 體를 智로 규정한다면, 또한 智의 用이 현실적인 지

---

13) 「南塘集拾遺」 권6, 25판 우. "蓋智在性中, 能包四事. 故未發也, 知覺具此理, 而其理專言之則智也; 已發也, 知覺行此情, 而其情專言之, 則智之用也. 然則 智爲知覺之理, 知覺爲智之氣, 而已發之知覺, 毋論某端某情, 莫非行智之理, 而爲智之用矣. 此理夫豈難見也哉?"

각의 情으로 반영된다고 보는 것이다.

앞서 살펴보았듯이, 농암은 "이발의 지각이 智의 작용이 될 수 없는 것은 미발의 지각을 智의 체라고 말할 수 없기 때문이다."라고 주장한다. 이에 대해 한원진은 지의 체와 지의 용의 구분이 가능하다는 입장에서, 미발의 지각 보존상태는 所以然의 리를 갖춘 智의 體요, 이발의 지각 운용상태에도 자연히 리가 내재되어 있으므로 智의 用으로 보아야 한다는 것이다.[14] 한원진은 농암이 인용한 구절, 즉 주자가 반겸지에게 보낸 편지글이 농암의 억측으로 주자의 의도와 상반된 것이라는 의혹을 제기한다. 한원진은 "是非를 아는 理가 智이므로 심이 이 리를 갖추었다는 의미는 심은 시비를 아는 리를 갖추었다는 의미이다."라고 하여, 객관상태의 옳고 그름과 주관적으로 그러한 가치판단을 내리는 심리 상태를 구분한다. '사물의 옳고 그름은 내 마음의 옳고 그름과는 다르다'는 주장은 주관적 가치판단의 이치를 智로 규정함으로써 객관적으로 존재하는 시비판단과 일정한 거리를 두게 된다. 이를 통해 외부의 자극 없이도 저절로 존재하는 도덕의식, 예를 들어 미발상태에서의 지각의 체가 그 가능성으로 존재한다고 보는 것이다.

그러나 농암이 心을 중심으로 보편적인 옳고 그름의 근거와 그것의 내재화 상태로 시비를 이해한 것에 비교하면, 한원진의 견해는 현실구현의 가능성이 부족할 수도 있을 것이다. 다만 잠재적으로 존재하는 앎의 측면이므로 미발에서의 가능성만 인정될 뿐 현실적 차원으로의 전이는 또 다른 문제를 낳게 된다. 반면에 농암의 경우는 지각을 통해 앎 이전에 존재하는 보편적 구도를 그려내는 것이다. 體와 用, 寂과 感이 교통되는 한 가운데 지각을 위치지움으로써 심의 대표적 특성인 지각은 어느 순간이라도 그 본체의 속성을 현실화할 수 있다는 구현성이

---

14) 「南塘集拾遺」 권6, 25판 좌. "又謂'已發之知覺, 不得爲智之用者, 以其未發之知覺, 不可謂智之體故也'者, 是又不察乎未發知覺之自具其所以然之理者爲智之體. 故已發知覺之運行, 其所自具之理者爲智之用也."

강조되는 것이다.

한원진을 포함한 호학 측의 견해에서 지각을 체와 용으로 구분하는 것은 리가 보편적으로 실재함을 존재 자체에 내재된 구조적 측면에서 규명한 것이다. 개체가 작용하기 이전의 본래 상태에서나 현실적 활동 양상 그 어느 곳에서나 모두 리의 실재에 대한 강한 긍정을 토로한 것이다. 이러한 구조적 접근에서는 리의 절대적 보편 가치가 강조되지만, 개체가 구현해야 될 현실적 생명력을 상실할 가능성이 내포되어 있기도 하다. 비록 수양의 노력이 강조되지만, 이미 어떻게 존재되어 있다는 가정은 자칫 주체의 자발적 실천의 장애요인이 될 수도 있기 때문이다.

반면에 농암과 같이 지각을 심의 작용 측면에서 보는 관점은 지향의식으로 연결된다. 智는 지각의 이치로서 우리의 지각 활동이 본성 자체인 智와 직결되는 것이 아니기 때문이다. 심의 측면에서 본성의 추구를 강조하듯이, 그에 따르면 智는 우리가 지향해야 될 목표점이지, 현실이 아닌 것이다. 여기서 지와 지각이 결코 분리된 두 존재가 아니지만, 지각의 현 실태가 곧 그러한 근거가 되는 智와 동일시하는 오류에서 벗어날 가능성이 제시되는 것이다. 아울러 절대도덕가치는 개체의 지향점이라는 측면에서 주체의 심화를 가져오는 계기가 되기도 한다.

2. 巍巖 李柬의 變容的 側面

韓元震은 부친을 따라 20세에 충청도 南塘里의 어촌으로 이주하면서 權尙夏를 계승하여 점차 湖學의 중심인물로 부각된다. 반면에 李柬은 현재 아산(온양) 巍巖里의 강당골 계곡에서 강학하며 호학계열의 학자들과 교류하였지만, 학문적 성향에서는 큰 차이를 보여준다. 즉 한원진의 견해가 스승 권상하의 인가를 얻으면서 호학의 입장을 대변해주었

다면, 이간의 사상은 동문들 사이에서 소외(疏外)되어 후학들에게 활발히 계
승되지 못하였다.[15] 예를 들어 이간의 사후인 1760년에 아들 李頤炳에
의해 문집이 간행되자, 다음해에 尹鳳九(1631~1767)[16]는 이미 간행된
「巍巖集」 가운데 「與宋務觀書」와 「師說」 등의 글을 본 후 불만을 토로
하고, 이이병에게 나중에라도 문집의 일부를 반드시 고칠 것을 요구하
는 편지를 보내기도 한다.[17] 또한 자신의 편지 및 스승 권상하가 이간
에게 답변한 글 등도 모두 삭제할 것이니, 그와 관련된 이간의 문집
내용도 빼 줄 것을 강력히 요청하기도 하였다. 그러나 본집 〈초간본〉
의 간행 이후 약간의 내용을 수정한 〈추각본〉은 윤봉구의 요구가 전혀
반영되지 않았다.[18] 이는 윤봉구의 요청을 받아들이기는커녕 오히려
이간이 견지하고 있던 특성을 강화시킨 것으로, 권상하 문하생들 사이
의 반목과 이간에 대한 평가를 대변해주는 사례일 것이다.

　이간은 호학내부에서 洛學的 思惟를 견지했던 인물로 그가 취한 논
변의 전개과정은 농암의 사상을 이어가던 낙학계열과 많은 유사점을
지니며, 낙학의 특성을 충실히 드러내 주고 있다. 그러나 이간은 서론
에서 언급하였듯이 서울·경기지역 학자들과 직접적인 교류도 없었고,

---

15) 한원진의 문인으로는 권상하의 증손인 權震應, 송시열의 현손인 宋能相 그
　리고 金漢祿 등으로 이어지는 반면, 이간의 문인 및 계승관계에 대한 구체
　적인 기록은 부족한 상황이다.

16) 기존 연구에서 일반적으로 제시되듯이 호락논변의 주역이 주로 韓元震과
　李柬이었다면, 한원진의 견해를 적극 지지하였던 윤봉구는 당시 기호지역
　낙학의 중심에 서있던 陶菴 李縡와의 '心說論辨'을 통해 호학의 입장을 대
　변해 주었던 인물이다.

17) 「屛溪集」 권14 「答權亨叔」 참조.

18) 민족문화추진위원회에서 간행한 「한국문집총간 해제」 4 '이간' 부분을 정
　리한 것이다. 윤봉구가 구체적으로 삭제를 요청한 부분은 권5 「上遂庵先生
　己亥」 별지부분·권9 「答尹瑞膺」·권10 「與宋務觀 壬寅」·申愈의 行狀, 그
　리고 불손한 내용 등이 담겼다고 보는 권13 「師說 上·下」 등이다. 그러나
　追刻 과정에서 약간의 錯簡과 편차를 달리하거나, 오히려 윤봉구에게 보낸
　권9 「答尹瑞膺 己亥」의 내용 일부가 추가되었다.

동일한 입장을 취했던 것도 아니었다. 따라서 이간의 사상은 한원진과의 대립된 논변 이외에도 농암계열 학자들과의 사상적 특성을 비교할 필요성이 있을 것이다. 농암 이래 도도히 흘러온 서울·경기지역 학자들의 사상사적 연계성과 호학 내부에서 상대적으로 외롭게 진행된 이간의 견해에는 미세하나마 차이가 있기 때문이다. 따라서 이 절에서는 이간의 견해 중 낙학적 사유와 직접적인 연관이 있다고 판단되는 '心'에 대한 문제에 초점을 맞추어19) 洛學의 공통분모 및 농암계열과의 차이점을 검토해보고자 한다.

1) 本心의 보존과 구현노력

이간은 '心'에 대한 다양한 용어를 제시하면서 惡의 요소가 개입되지 않는 虛靈洞徹·神明不測·本心 등을 '心의 體'로 규정하고, 심의 '보존여부'를 다음과 같이 주장한다.

> 대체로 심의 본체를 논한 자들은 '虛靈洞徹'이라고 하며, '神明不測'이라고 하는가 하면, '본심은 원래 不善한 바가 없고 그 불선이란 것도 역시 심에서 나오지만 심의 본체는 아니다'라고 말하기도 한다. 대체로 심은 하나이므로 그 혼탁하고 밝음·좋고 나쁨은 비록 수만 가지로 다르지만 그 구분은 또한 심이 보존되어 있느냐[存]

---

19) 호론계열이 氣의 차별성을 바탕으로 性의 문제에 관심을 두었다면, 낙론계열에서 상대적으로 心을 강조했다는 것은 기존연구에서 대부분 주목했던 현상이다. 즉 이간의 철학에서도 자각적으로 본성을 깨닫는 도덕 실천과 수양의 주체인 심을 중심으로 주체의 확립을 모색해 나갔던 것이다. 안영상, 「외암 이간의 철학사상 연구」, 고려대 석사학위논문, 1992, 82쪽: 김태년, 「洛學系의 知覺論 硏究 -金昌協의 理論을 중심으로-」, 고려대 석사학위논문, 1993, 28쪽: 문석윤, 「朝鮮後期 湖洛論辯의 成立史 硏究」, 서울대 박사학위논문, 1995, 167쪽: 조성산, 「朝鮮後期 洛論系 學風의 形成과 經世論 硏究」, 고려대 박사학위논문, 2003, 209쪽 등.

상실되어 버렸느냐[亡]의 사이를 벗어나지 않는다.[20]

위의 인용문에서 그가 '심은 하나이다'라고 언급하는 心은 수만 가지 정서로 다양하게 표출되기 이전의 동일한 본래의 마음을 의미한다. 즉 성인과 같은 어떤 특별한 자의 경지가 아니라, 텅 비고 깨끗한 거울이나 균형잡힌 저울추와 같이 보편적으로 내재된 깨끗하고 虛明한 본체를 의미하는 것이다. 성리학자의 시각으로 본다면, 人欲과 氣稟에 얽매이기 이전의 상태로 기질의 혼탁하고 밝고 좋고 나쁨의 차이가 아직 구체화되기 이전을 뜻한다. 이간은 현실에서 다양한 정감으로의 표출이 도덕적으로 타당한지에 대한 판별로 그러한 심을 보존하느냐 그렇지 못하느냐를 기준으로 제시한다. 만약 虛靈洞徹하고 神明不測한 기상이 마음속을 주재할 수 있다면, 寂然한 상태에서 모두 未發之中의 경지에 부합된 것으로 이해하기 때문이다. 그 상태는 순선함 그 자체인 本心으로 충만되어 밝고 선한 모습이기에 더 이상 혼탁함과 악함이 개입될 여지가 없다는 것이다. 반면에 본심이 마음에서 주재력을 잃는다면, 木石과 같은 외형상의 적연한 정지상태일 뿐 혼탁함과 악함으로 뒤섞인 상태이기 때문에 眞體라 이름할 수도 없고 本然한 모습이 될 수도 없다고 보았다.

그렇다면 性善을 기반으로 性卽理를 주장하면서 심성에 관한 상대의 몰이해를 적극적으로 비판하는 한원진의 견해와 비교해 볼 때 어떠한 차이점이 있을까? 양자의 대립된 견해는 주자학의 한 측면에 대한 부각으로 파악되기도 한다. 예를 들어 주자가 下學과 上達을 병치시켜 동시 추진을 주장하였음을 생각할 때, 한원진의 주장은 현실적으로 드러나는 악을 출발점으로 구성한 下學적인 것이고, 이간의 견해는 본원

---

20) 「巍巖遺稿」, 권12, 「未發有善惡辨」, 17판 좌. "大抵論心之本體者, 一則曰'虛靈洞澈', 一則曰'神明不測', 又曰 '本心元無不善, 其不善者, 亦出於心, 而非心之本體也.' 夫心一也, 其昏明美惡, 雖有萬不齊者, 而其分亦不越乎存與亡之間也."

의 선을 출발점으로 이론을 구성한 上達에 기초한 것으로 보기도 한
다.21) 그렇다면 이러한 양자의 주장은 동일한 것에 대한 선택사항에
불과하다는 것인가? 만약 각자의 취향이나 학문적 경향에 따른 단순한
선택이라면, 조선시대 대표적 논쟁의 하나인 호락논변이 차지하는 의
미가 반감될 소지도 있을 것이다. 이 점을 해명하기 위해 우리는 未發
을 中과 不中(中底未發, 不中底未發)으로 구분한 후, 바로 이어 '마음
의 보존여부'를 설명하는 이간의 의도를 재음미할 필요가 있을 것이다.

> 대체로 주자가 미발에 대해 衆人이 사물을 접하지 않았을 때만 가
> 지고 얕게 말한 경우가 있고, 근원의 측면에 나아가 일률적으로 깊
> 이 말한 경우가 있는가 하면, 이 심의 보존과 상실을 가지고 얕고
> 깊음을 통틀어 겸비하여 말한 경우가 있으니, 그 설을 고찰하지 않
> 을 수 없다.22)

이간은 주자의 미발에 관한 견해를 淺言과 深言, 그리고 심의 보존여
부에 따라 양자를 통틀어 말한 경우로 대별시킨다. 즉 본심이 주재력을
확보한 결과 '보존된 마음'을 심도깊게 언급(深言)한 것을 '中의 未發'
로 규정하고, 반면에 본심이 주재력을 잃어버려 심리적 동요를 일으키
는 '보존되지 못한 마음'은 피상적 언급(淺言)으로 '不中한 未發'로 단
정한다. 아울러 주자의 다양한 글에서 전거를 선별하여 원용하고 양자
의 차이를 선명하게 대별시키면서, 논변과정에서 상대에 대한 비판근거
로 활용되기도 한다. 그러나 未發을 두 가지 경우 중 어느 한 쪽의 입
장, 즉 한원진은 不中底未發이고 이간은 中底未發이라는 선택적 상황으
로 이해해서는 안 될 것이다. 이간이 의도한 치우치지 않는 中·천하의

---

21) 전인식, 위의 박사학위논문, 1999, 55쪽.
22) 「巍巖遺稿」 권12, 「未發有善惡辨」, 16판 우. "大抵未發, 朱子有只以衆人之
不接事物淺言之者; 有就原頭上一齊深言之者; 又有以此心存亡, 通淺深而備
言之者, 其說不可不攷."

大本 등은 바로 전자와 같이 中한 상태의 기발임은 성리학자의 보편적 지향점으로 재론의 여지가 없을 것이기 때문이다. 湛然虛明한 거울이나 균형잡힌 저울추 등의 비유도 본체를 형용하는 미사어구일 따름이다. 이러한 측면에서 본다면 그가 비록 한원진의 입장이 不中한 未發을 대본으로 여기는 병폐가 있다고 지적하지만, (인신공격성 발언을 배제하였을 경우) 실제로 한원진이 지향하려는 본질적 의도와 큰 차별성을 찾기 힘들 것이다. 다만 표현상 미발상태에서 선천적 氣質의 존재를 인정하고, 그러한 기질이 있음을 아울러[兼] 지칭하였을 때 氣質之性이 있다고 주장하는 한원진의 논리에 동의할 수 없었을 뿐이다.

주지하듯이 마음의 발동 이전인 未發의 개념 속에는 객관적 안정상태와 주관적 평정상태라는 두 가지 의미가 내포되어 있다. 즉 하나는 외부의 객관적 대상과 아직 교접하기 이전의 표면적 상태를 지칭한다. 이 경우 이간은 외부와의 실질적 교류가 진행되기 이전이고 주관의 심리에 직접적인 영향력을 발휘할 수 없으므로 이 상태를 거칠게나마 未發이라고 말할 수도 있다고 보았다. 그러나 그 의미는 주자가 외물과 접하기 이전의 상태로 규정한 '氣不用事'로서, 표면적인 안정상태로 흉악무도한 자나 일반인도 누구나 지닐 수 있는 순간적인 심리적 평정상태라고 보았다. 여기서 '순간적'이라고 언급한 것은 인간에게는 氣로 인한 제약 때문에 그러한 평정한 마음을 오래도록 지속하지 못하고 방종으로 흐를 수 있기 때문이다. 따라서 이간은 단지 기의 억제를 통한 객관적 안정상태로는 내면이 지닌 심리적 평정을 확보할 수 없다고 주장한다.

이간이 두 번째로 제시된 '심의 본체'에 대한 설명은 바로 위와 같은 순간적이고 유동성을 지닌 외형적 양태와는 다른 순수한 의식 세계를 보여준다. 이것은 앞서 언급했듯이 선천적으로 구비된 本心으로서 虛靈洞徹・神明不測하고 湛然虛明한 마음의 본체를 뜻한다. 人欲으로의 放棄와 氣質의 얽매임 등에 휩싸이지 않그서 마음을 주재할 수 있는 진정한 심리 상태이기도 하다. 이간은 그러한 방법으로 원래 선하지 않음이 없는 그 本心을 놓치지 않고 保存하였을 때라야, 비로소 마음 속에 未發之中과 已發之和의 자연스런 이어짐을 확보할 수 있다고 주장하는 것이다. 앞서 외부 객관적 대상의 얽매임으로부터 자유스러울 수 있다는 것이 미발상태를 위한 필요조건이라면, 이 경우는 주관의 심리적 평정이 확보되는 충분조건인 셈이다. 그는 이와 같이 표면에서 드러나는 객관적 안정과 내면에서 감지되는 주관적 평정이 어우러지는 두 조건이 갖추어진 상태를 충족시키기 위해 심의 보존을 강조했던 것이다. 주지하듯이 심의 보존여부를 논하는 것은 「孟子」에서 인용된 공자의 다음과 같은 구절에서 유래한다.

(仁義禮智의 도덕적 마음은) 간직하면 보존되고, 놓아버리면 없어진다. 들어오고 나가는 일정한 때가 없으니 향하는 바를 알지 못하겠다.

맹자는 빼곡히 들어선 숲도 벌목이 잦아지거나 무분별한 방목이 지속된다면 산의 본래 모습을 찾아볼 수 없듯이, 사람도 인의예지의 도덕적 마음을 소유하고 있더라도 桎梏의 반복으로 인해 금수와 차이가 없어진 상태가 사람의 본성이겠는가라고 반문한다.[23] '牛山章'으로 별칭되기도 하는 맹자의 이러한 예증은 良心의 보존과 확충을 통해 性善을 논증하기 위한 자료로 제시된 것이다. 이간은 맹자의 설명에 근거하여 도덕적으로 충일된 '보존된 마음'과 그렇지 못한 상태를 대비시키면서 다음과 같이 진술한다.

---

[23] 「孟子」, 「告子 上」. 孟子曰, "牛山之木嘗美矣, 以其郊於大國也, 斧斤伐之, 可以爲美乎? …… 雖存乎人者, 豈無仁義之心哉? 其所以放其良心者, 亦猶斧斤之於木也, 旦旦而伐之, 可以爲美乎? 其日夜之所息, 平旦之氣, 其好惡與人相近也者幾希, 則其旦晝之所爲, 有梏亡之矣. 梏之反覆, 則其夜氣不足以存, 夜氣不足以存, 則其違禽獸不遠矣. 人見其禽獸也, 而以爲未嘗有才焉者, 是豈人之情也哉? 故苟得其養, 無物不長, 苟失其養, 無物不消. 孔子曰, '操則存, 舍則亡, 出入無時, 莫知其鄕.' 惟心之謂與?"

이 마음이 보존되면 寂然할 때는 모두 未發의 中이요, 感通할 때에
는 모두 中節의 和일 것이다. 마음이 보존되지 않는다면 寂然할 때
는 木石일 따름이니 대본이 세워지지 않는 바가 있을 것이요, 感通
할 때는 마음이 제멋대로 치달을 것이니 達道가 행해지지 않을 바
가 있을 것이다.[24]

위의 인용문에서 보이듯이, 그는 마음의 보존 여부에 따라 선천적으
로 내재된 도덕적 본성을 고취시키려는 맹자의 의도를 미발의 논의와
연결시켜 논의한다. 우리는 여기서 맹자의 주장이 성선에 대한 인식을
통해 보존 및 확충이라는 수양론으로 전개되는 것임을 고려할 때, 未
發에 관한 논의도 修養의 차원에서 언급되는 것임을 확인할 수 있을
것이다. 이간은 미발의 中을 보존한다면 저절로 이발의 상태에서 절도
에 맞아떨어지는 和로 이어지고, 반대의 경우 나무나 돌 같은 외형적
인 정지상태일 뿐 현실적인 심리적 동요를 인정할 수밖에 없다고 보았
다. 그러므로 그는 적연할 때의 미발의 중이란 먼저 '마음의 보존'이
전제되어야 함을 역설한다. 마음의 보존을 강조하는 맹자의 다양한 표
현은 — 하늘에 순응하는 자는 보존될 것·사람과 금수의 미세한 차이를
보존하는 군자·하늘을 섬기는 자가 지닐 存心養性의 자세 등 — 이간의
진술 속에서 '本心'으로 구체화된다. 즉 그는 선천적으로 구비된 本心
은 虛靈洞徹·神明不測하고 湛然虛明한 마음의 본체 등 다양한 방식으
로 설명하는 것이다. 그러므로 이간은 한원진과 같이 선천적인 기질의
실존을 인정하면서도 이 보존해야 될 마음을 망각한다면, 주자가 언급
한 기품에 구애된 明德이나 不中한 상태의 未發에 불과하다고 비판하
였다. 또한 그와 같이 氣質의 제한을 우선적으로 고려하는 사고에서는
누구나 보편적으로 지닐 수 있는 참다운 미발의 상태가 아니므로, 결

---

24) 「巍巖遺稿」 권12, 16판 좌. "此心存, 則寂然時皆未發之中, 感通是皆中節之
和. 心有不存, 則寂然木石而已, 大本有所不立也. 感通馳騖而已, 達道有所不
行也."

과적으로 성인과 범인이 동일한 마음을 지닐 수 없다는 주장으로 이어
지게 된다고 비판하는 것이다.

우리는 마음의 구현양태에 따라 본래 갖추어졌다고 보는 本心이 보
존되느냐, 보존되지 못하느냐가 이간의 견해에서 관건임을 살펴보았다.
그는 선천적으로 내재된 기질의 실재를 거부하는 것에서 논의를 전개
하는 것이 아니라, 언제나 그리고 분명히 존재한다고 믿는 본래 밝은
본체를 우리 마음에서 확인해야 됨을 주장하는 것이다. 비록 일교차에
의해 일시적으로 구름 사이에 가려지는 태양일지라도 태양 자체가 없
는 것이 아니라는 비유를 들기도 한다. 즉 '동일한 것은 태양 같은 성
인의 마음이요, 다른 것은 雲霧에 휩싸인 일반인의 마음이다'는 것이다.
본체의 밝은 마음은 성인과 범인이 동일하다는 그의 주장은 당시 '미
발에서의 선악이 있느냐'의 쟁점으로 부각되면서, 아래와 같이 진정한
미발을 가능하게 하는 心, 그리고 마음을 보존시킬 능력의 소유자인
사람의 고귀성에 대한 탐구로 이어진다.

> 천하 존재에 心이 있지 않는 것이 없지만 明德 本體는 오직 사람만
> 이 가진 것이다. 천하의 性 또한 선하지 않음이 없으나, 사람들이
> 모두 요순과 같을 수 있고 物은 그렇게 될 수 없다. 이 때문에 천지
> 의 性을 가진 존재 가운데 사람이 귀하다고 말하지만, 귀하다는 것
> 은 性이 아니라 바로 心이다. 사람은 귀하고 물은 천함에 비교되는
> 것은 이 心인즉, 이 心이라는 것이 단지 혈육의 氣이겠는가, 아니면
> 본래 밝은 본체를 말하는 것인가? 이 본래 밝은 본체의 측면에서
> 성인과 범인이 진실로 같지 않음이 있다면 저 혈기의 고르지 못한
> 것이 끝내 어떤 것으로 표준을 삼아 가지런히 하겠는가?[25]

25) 「巍巖遺稿」 권12, 21판 우. "天下之物, 莫不有心, 而明德本體, 則惟人之所獨
也. 天下之性, 亦莫不善, 而人皆堯舜, 則非物之所與也. 是謂天地之性, 人爲
貴者, 而所貴非性也, 乃心也. 人貴物賤, 所較者此心, 則抑其心云者, 是只血
肉之氣歟, 將謂本明之體歟? 卽此本明之體, 聖凡眞有不同者, 則彼血氣之不齊
者, 終亦以何者爲準, 而可得以齊之乎?"

이간은 태양처럼 실재하는 마음의 본체를 확신하고 있으며, 이를 통해 사람만의 고귀성을 확인하는 계기로 샴고 있다. 누구나 堯舜같은 성인이 될 수 있다는 것은 본성의 동일성이 기초하여 주장된 것이며, 동시에 그것을 실현시킬 능력의 소유자인 사람의 위상이 부각된다.' 천지의 성을 가진 존재 중에 사람이 고귀한 것이며, 고귀하다는 것은 성이 아니라 바로 심이다'라는 언급은 그가 지닌 문제의식의 초점을 잘 제시해주고 있다. 즉 인성과 물성에 동일하게 품부 받은 리의 같음을 기초로, 밝은 본체인 심을 소유한 인간 존재에 대한 강한 신뢰를 토로하는 것이다. '人은 고귀하고 物은 미천하다그 할 때 비교되는 것은 이 心이다'라는 이간의 주장에서 볼 때, 인성과 물성의 같음을 주장하는 표제어의 현혹이나 오해에서 벗어날 필요가 있는 것이다. 예를 들어 "도척과 장교와 같은 극악한 자라도 그 본성이 없겠는가! 그 마음이 요순과 같지 않아서이므로 도척과 장교에 그칠 따름이다"[26]라고 하여 본성의 동질성보다는 본래적 마음의 보존을 더욱 중시한다. 이간의 주장에서 동일하게 부여받은 본성을 구현시킬 근거는 바로 심이며, 이 심을 통해 인과 물의 차이점을 적극 주장하는 것이다. 여타의 존재자와의 차이로 제시된 심은 결코 血肉의 氣의 일부로 볼 수 없고, 오히려 기질의 제한을 넘어서 지향 기준으로 자리잡는다.[27] 인간에게는 선천적으로 내재된 그러한 마음이 있기에 기에 얽매이지 않고 리를 언제나 구현시킬 수 있는 가능태로 보고 있는 것이다. 이간은 그 점을 체계화시켜 '리와 기는 실질이 동일하고 심과 성은 갈래가 하나이다'는 것을 實事라고 하여,[28] 자신의 이론이 공허하고 추상적이지 않음을 적

---

26) 위와 같은 글. "彼跖蹻者, 獨無其性哉! 其心非堯舜, 故跖蹻而止."

27) 반면에 한원진은 因氣質한 性, 특히 인간은 五行의 秀氣의 理인 五常을 모두[全] 품부 받았다는 점에서 인간의 존엄성과 우월성을 규명한다(「南塘集」권8, 18~19판).

28) 「巍巖遺稿」권12, 22판 우. "所謂實事, 則必待夫理氣同實, 心性一致, 然後方可謂實事."

252

극 변론한다. 이 점은 한원진과의 논변 초기에 보여주었던 性에 관한
논의와 혼선을 초래하기도 한다. 즉 이간과 한원진은 性에서 心에 관
한 논의로 자신들의 기본적인 견해를 보충하고 합리화하는 과정에서
자신들의 본래 주장을 합리화하는 데에 곤란을 겪었기 때문이다.29)

그러나 한편으로는 기질과 구분된 心의 맥락에 초점을 둔 이간의 입
장에서 본다면, 性에 관한 논의는 한원진과의 논변과정 중에 드러난
부차적인 문제일 수도 있었다.30) 한원진의 경우는 기질이라는 현실에
토대를 두고, 그에 근거하여 정의된 性과의 관계를 통해 꽉 짜여진 구
조적 질서 속에서 세계를 조망했기 때문이다. 따라서 本性에 대한 강
조를 통해 현실 이탈 가능성을 지적하는 한원진의 견해는 本心의 순수
성에 대한 확신과 현실적 구현을 강조하는 이간의 견해와 합일될 수
없는 평행선을 달렸던 것이다. 이와 같이 심을 강조하는 이간의 견해
는 농암이 말년에 보여주었듯이 심의 구현을 통한 본성의 실현, 또는
體用을 포괄하는 심의 위상 등 동일한 맥락에서 이해될 수 있다. 그러

---

29) 윤사순 교수는 「人性·物性에 대한 同異論辨의 思想史的 價值」(「퇴계학보」
102, 1999)에서 "이간은 一原의 理에 치중하여 인성과 물성의 같음만을 주
장하자니, 자신도 본연의 성으로 간주하는 오상을 마음(心) 즉 氣속에 내
재함을 부정할 수 없어 인정하게 된다. 그렇게 되니 기속의 성은 다 기질
의 성에 불과하다고 강조하던 첫 주장과 어긋나게 되고 만다. 또 인간과
외물의 같은 점뿐만 아니라, 다른 점도 있음도 사실인데, 그 사실을 기의
'異體'적 양상에만 돌릴 수도 없게 된다. 성으로 환원되는 理는 모든 것의
원인이기 때문이다. 이런 점으로 해서 그는 마침내 '명덕이 곧 天君이다'라
하여, 본연의 성을 마음의 異稱인 천군과 동일시한 끝에, 인간과 외물의 차
이(귀천)는 주재 능력을 소유한 마음때문이라고 믿는다."라고 하여, 호락논
변에서 性論에서 心論으로의 전환과정을 검토하고 있다.
30) 문석윤은 「朝鮮後期 湖洛論辨의 成立史 硏究」(서울대 박사학위논문, 1995)
8쪽에서 "인성 물성의 동이 문제가 논변 전체에서 매우 중요한 부분을 이
루는 것은 사실이지만, …… 보다 근원적인 문제들은 본체론과 마음과 본
성 이론 등에 대한 이견들로부터 비롯된 것이며, 오히려 인성물성의 동이
문제는 바로 그러한 근본적인 문제에 대한 견해 차이에서 파생된 것이라
보아야 옳을 것이다."라고 주장하기도 한다.

나 심성일치를 주장하면서 제기된 이간의 지나친 행보는 한원진에 의해 심의 선함을 주장하는 불교의 견해와 유사하다는 비판을 받았을 뿐만 아니라, 농암계열과의 사상적 차이를 엿볼 수 있게 해준다.

2) 心性一致의 극단적 전개

이간의 견해에서 본심의 보존과 구현을 강조하더라도 여전히 그 심은 氣의 범주에 속하므로 氣質과의 관계구도에서 다양한 논쟁을 불러일으킨다. 우리는 그의 입장과 정반대 편에 서있던 한원진의 비판적 평가에서 간접적으로 이간의 사상적 특징 및 논의의 흐름을 확인할 수 있을 것이다. 1715년 한원진은 「擬答李公擧」라는 장문의 글을 통해 자신과 이간 사이에 오고 갔던 논변의 전말을 정리하면서, 상대의 변론을 세 단계로 구분하여 다음과 같이 비판한다.[31]

> 대체로 공거(이간)의 이전 설에서는 未發의 때에 氣質之性이 없다고 생각하였으나 또한 이 性이 귀착할 바가 없는 것을 걱정하였다. 또한 성의 순선함이 氣質에서 말미암는 것으로 생각하였으나, 그 기질이 大本이 됨을 걱정하였다. 이에 다시 이 심과 기질에 구분이 있음과 미발에 두 단계가 있다는 새로운 논리를 내어 기질지성이 정당하다는 계책을 생각하였으나, 종종 잘못이 있고 모순이 드러남

---

31) 같은 맥락에서 이듬해 「未發氣質辨圖說」을 통해 역시 자신을 견해를 5조목으로 나누어 세부적으로 논구하는 치밀함을 보이면서 역시 3단계로 이간 학설의 변화를 지적하기도 한다. 「南塘集」 권11, 47판 우~좌. "公擧最初說, 則以爲'未發之前, 氣雖有淸濁粹駁之不齊, 而不可兼指爲氣質之性'云云, 而其說窮於判理氣爲二物之難. 中間說則以爲'未發之前, 氣質純善, 未有氣未純於本然, 而理獨純於本然'云云, 而其說又窮於認氣質爲大本之難. 最後說則以爲'心有本然氣質之二體, 而本然之心, 具本然之性, 氣質之心具氣質之性, 未發有中與不中之兩界, 而大本之性, 在中底未發, 氣質之性在不中底未發'云云, 而二心二性之難, 又起矣. …… 屢變其說, 以求必勝者, 竊恐非善學之道也."

을 깨닫지 못하였다. 이상 말한 것들 때문에 내가 '하나의 설이 궁
색해지면 또 다른 설을 제시하여 억지로 이기려고만 든다'고 말했
던 것이다.[32]

한원진이 이간의 견해를 한 마디로 논파하여 설복시킬 수 있다는 자
신감을 보인 것은 이간의 논리가 궁색하다고 보기 때문이다. "이간의
주장은 읽을수록 탄식이 나온다. 하나의 설이 궁색해지면 또 다른 설
을 제시하여 억지 비판으로 이기려고만 드니, 어찌 귀일함을 기대할
수 있겠는가?" 위의 인용문에서도 한원진이 자신의 비판적 시각으로
조망한 이간의 주장을 정리한 것이지만, 그 속에는 양자의 쟁점 사항
들이 그대로 노출되어 있다. 한원진의 비판적 논점을 보완하면서 이간
의 문제의식을 재검토해 보기로 하겠다.

첫째, 이간은 '미발의 상태에는 기질지성이 없다'고 하여 미발이란
순선한 본연지성뿐임을 주장하였지만, 기질과 결부될 수밖에 없는 성
의 개념에 오류를 범한 측면이 있다.[33] 역으로 한원진은 因氣質의 논
리를 통해 미발에도 관점에 따라 기질을 겸비하여 지칭하였을 때는
'미발에도 기질지성이 있다'는 자신의 견해에 정당성을 부여하게 된다.

둘째, 성의 개념상 그 귀착점을 기질과 관련시키지 않을 수 없었던
이간은 '성의 순선은 기질로 말미암는다'고 하여 기질을 말하지만, 그

---

32) 「南塘集」 권11, 22판 우~좌. "大抵公擧舊說, 以爲未發之前, 無氣質之性, 而
又憫此性之無所歸着. 又以爲性之純善, 由於氣質, 而又憫其氣質之爲大本. 於
是復刱出此心與氣質有辨, 未發有二層之論, 以爲安頓氣質之性之計, 而又不覺
其種種矹漏, 曲曲呈見. 如上所言者, 則此愚所謂'一說旣窮, 又出一說務以取
勝'者也."

33) 즉 이간처럼 未發상태는 本然之性의 순수성만이 있을 뿐이라는 주장은 한
원진에 의해 두 가지 측면, 즉 하나는 아무리 미발이더라도 기질 없는 본
연지성이 가능한가(「南塘集」 권10, 20판 우), 다른 하나는 氣質之性은 已
發의 情 상태에서 기질과 관계된 性이 되므로 性과 情의 범주에 혼돈을
자아낸다는 점에서 비판된다(「南塘集」 권11, 46~47판).

때의 氣質이란 실제로 현실화되지 않는 가능성의 측면(氣不用事)에서 설명한다. 본성의 순선함에 아무런 영향을 줄 수 없을 정도로 현실화 가능성이 없는 기질은 실제로는 무의미하다는 입장을 보인 것이다. 반면에 한원진은 관점의 차이를 제시하면서 순선한 성이란 리를 單指했을 경우이고, 기를 兼指한다면 본성에도 선과 악이 더불어 있음을 주장한다.

셋째, 性卽理를 견지하는 성리학자로서 氣質이 순선으로 실현불가능함을 염두에 두더라도 우리 마음이 지향해야 될 性에 氣質의 문제를 노출시킨다는 것은 자칫 기질을 큰 근본으로 여기는 오점을 남길 수 있다. 그러므로 이간은 심과 기질과의 관계에서 '미발에는 中한 미발과 不中한 미발의 두 상태가 존재한다'고 변론하기도 하였던 것이다. 한원진이 보기에 이 최후의 견해야 말로 '二心二性'의 심성이 이분화된 이간의 사유를 극명히 드러낸다고 비판한다. 왜냐하면 이간이 성인과 범인이 동일하게 심을 얻었다는 주장에서 心이란 本明之體·本體·明德本體로 血氣淸濁의 氣稟과는 확연히 구분하여, 天君이 血氣를 主宰하듯이 本心의 보존을 주장하기 때문이다. 반면에 한원진은 심의 虛明과 기품의 차이라는 두 개념을 동일하게 인정하면서, "그 未發의 虛明함에 나아가 理를 單指하면 大本之性이 되고, 그 氣稟의 고르지 못한 것으로 리와 기를 兼指하면 氣質之性이 된다. 허명과 기품이 두 존재가 아니니, 이것은 성에 두 가지 성이 없고 심에 두 가지 심이 없는 것이다."[34]라고 하여, 분리되지 않는 연계선상에서 심성을 조망한다. 따라서 그는 心을 氣라 하고, 그 氣質의 차이에 의하여 이미 각 개체의 속성이 본래 다르게 내재되어 있으므로 聖人과 凡人의 心은 본질적인 차

---

34) 「南塘集」, 권11, 「擬答李公擧」, 19판 좌. "卽其未發虛明而單指理, 爲大本之性; 以其氣稟不齊而兼理氣, 爲氣質之性, 而虛明氣稟, 又非二物, 則此所以性無二性, 而心無二心也." 또는 같은 글, 38판 좌. "按理者非可以離乎氣, 而亦非可以雜乎氣者也. 不離也, 故隨處可以兼言之; 不雜也, 故隨處可以分言之, 是以就未發而論其性, 則專指理而謂之本然之性; 兼指氣而謂之氣質之性."

이를 지니게 된다고 보았던 것이다.

이상과 같이 한원진은 이간의 견해가 시시각각으로 변명을 늘어놓는 다고 비판했으나, 내용상으로 볼 때 이간의 주장은 存心을 통한 本心의 강화를 위해 나름대로 논리적 보완과정을 겪었다고도 볼 수 있다. 이간 의 경우는 氣不用事를 통해 본체와 합일되는 장애요인(氣)을 논리적으 로 극소화시키고 본심의 보존을 통해 본성의 실현을 도모하려는 문제의 식으로 점철되었기 때문이다. 즉 미발상태에서 기질의 청탁수박의 차이 를 인정하더라도 기질지성의 존재를 부인하는 첫 번째 주장이나, 현실적 인 기질에 바탕하여 본성의 순선함을 구현시키려는 두 번째 주장이나, 기질과 분리된 본심의 실제성을 확보하려는 의도에서 未發의 형식과 不 偏不倚의 中 상태를 지향하려는 세 번째 주장이 모두 연관되어질 수 있 을 것이다. 특히 虛靈洞徹·神明不測한 本心에 악의 요소가 개입될 소지 를 남기지 않으려는 그의 의도는 孟子가 주장한 心의 '보존여부', 즉 본 심의 구현노력을 통한 본체와의 합일에 초점이 모아지게 된다.

앞서 한원진이 이간의 최후의 견해로 본 세 번째 '二心二性'의 심성 구조는 心性一致에 대한 이간의 의도를 극명하게 드러내주는 진술이 다. 한원진의 경우에는 '心卽氣, 性卽理'라고 하여 심과 성의 엄격한 구 분을 하고 있지만, 이간은 심과 성을 분리되지 않는 연관관계에 보다 주목하고 있는 것이다. 비록 氣에 속하는 心이지만 심의 보존여부에 따라 理인 性을 체현할 수 있으며, 양자가 완전한 일치를 이룬 상태가 되어야 비로소 性이 의미를 가진다고 보기 때문이다. 이러한 사유는 심에는 기질의 영향을 받는 氣質之心뿐만 아니라, 기가 본연으로 純一 된 本然之心이 있다는 양분된 논리구조로 이어지면서 다음과 같이 양 자의 一致를 주장하게 된다.

대체로 덕소(한원진)는 입을 열었다하면 곧 미발을 말하는데 실제 로는 성인과 범인이 동일하게 얻은 본심의 본체에 대해서는 전혀

알지 못하였다. …… 대체로 單指는 본래 그 기[器]와 관계가 없는
듯하지만 반드시 '理氣同實·心性一致'한 곳에 나아가 말한 것은
혹시라도 리는 그러하나 기는 그렇지 않고 성은 그러하나 심은 그
렇지 않아서, 결국 大本과 達道가 되지 못할 것이요, 中과 和의 덕
이 되지 못함을 걱정하였기 때문이다. 오직 물은 그렇지 않아 본래
대본과 달도를 말할 것이 없으므로 단지한 선은 저절로 그 기[器]
의 선악에 관계가 없을 것이다. 이것이 어찌 보기 어려운 것이며
바꿀 수 있는 이치이겠는가!35)

위의 인용문에서 '理氣同實·心性一致'라는 이간의 주장은 지금까지
의 주장을 함축적으로 표현하고 있으므로 주목해야 할 것이다. 또한
이간의 견해는 심과 기품을 구분하여 본심을 강조하려는 그의 사상적
특성이자, 농암계열의 흐름과의 미세한 차이점을 보여주는 대목이다.
일반적으로 성리학자들은 심의 두 측면을 동시에 견지하고 있다. 즉
기의 범주에 영향을 받는 심과 이와는 달리 '孺子入井'의 상황처럼 아
무런 대가나 동기 없이도 그대로 드러나는 순수한 본심의 측면도 있음
을 동의한다. 그러나 이간의 경우는 "氣가 본연의 상태에 순수한 다음
에야 理도 본연의 상태대로 순수하다."36)라고 하여, 순선한 본심과 그
와 직결된 본성을 설명하기 위해 기품으로부터 심을 차별화하는 경향
을 보여주고 있다.

이간의 의도는 만약 우리가 氣稟의 구속을 넘어설 수 없는 선천적
한계에 집착한다면 우리 인간은 善의 실현에 장애를 겪게 된다는 데서
비롯된다.37) 이간은 氣에 영향받는 마음이란 氣稟에 구애된 기질적인

---

35) 「巍巖遺稿」 권12, 「未發有善惡辨」 24∼25판. "大抵德昭開口, 便說未發, 而
實則於本心之體聖凡之所同得者, 全未有見矣. …… 蓋單指似本無涉於其器,
而必待夫理氣同實·心性一致處言之者, 或慮理然而氣不然, 性然而心不然, 則
畢竟不成爲大本達道, 不成爲中和之德故也. 惟物則不然, 本無可以大本達道言
者, 故單指之善, 自不干涉於其器之善惡矣. 此豈難見之物, 可易之理哉!"
36) 위와 같은 글, 23판 좌. "愚每以氣純於本然, 而後理亦純於本然."

심으로 우리가 지향해야 될 본래의 마음과 차별화시켜나간다. "(마음의) 본래 밝은 體는 성명이 보존된 곳이니 바로 도심이 근원하는 곳이고, 혈육의 기는 형기를 말하는 것이니 즉 인심이 생겨나는 곳이다."[38]라는 심의 두 구분은 기질의 측면을 넘어서는 본심으로의 강조를 의미한다. 즉 '심은 심이고, 기품은 기품으로 각자의 영역과 질서가 매우 정연하다'[39]는 것이다. 이를 위해 그는 기의 영향력을 최소한도로 줄여 기품의 구애에서 벗어난다면 본심의 가능성도 확보될 수 있으며 未發의 경우가 바로 그러한 상태로 보았던 것이다. 앞서 외물과 접하기 이전의 상태로 규정한 '氣不用事'에서 단순한 외형적 안정이 아니라 심리적 평정까지도 동반한 中상태의 미발상태를 체험하려는 것도 이러한 사유의 연장에서 이해될 수 있을 것이다. 따라서 이간은 미발상태와 같이 氣가 더 이상 선악의 구애됨이 없다면 理와의 실질적 차이를 보이지 않으므로 '理와 氣가 실질을 같이 한다'[理氣同實]는 것이요, 같은 맥락에서 기의 범주에 국한되지 않고 存心을 거쳐 확보된 심의 본체인 本心에서 성과 합일될 수 있으므로 '심과 성은 갈래가 다르지 않

---

37) 논의의 차원은 다르지만 현대 의학기술의 발전적 성과 가운데 하나를 통해 비유해 볼 수도 있을 것이다. 예를 들어 우울증이나 강박관념 등 마음의 병도 두뇌활동의 일환이므로 수술을 통해 정신질환 치료의 새로운 대안으로 떠오르기도 한다. 특정 신경회로를 자르거나 전기충격을 주면 일정한 효과를 거둘 수 있다는 기대는 비윤리적이라는 비판의 소리에도 불구하고, 인공지능·유전공학 등의 발달에 힘입어 마음을 몸과 분리시키지 않고 완전히 해명할 수 있을 것이라는 물리주의적 세계관은 이러한 관심을 뒷받침하여 왔다. 물론 우리가 여기서 논의하는 마음의 문제, 특히 성리학에서 논의되는 心은 氣의 활동의 일부이면서도 동시에 理와 직결된 性과의 만남을 구현시키는 매개수단이므로 같은 맥락에서 논의될 수 없을 것이다.

38) 「巍巖遺稿」 권12, 「未發辨」 20판 우 참조.

39) 위와 같은 글, 26판 우. "心自心, 而氣稟自氣稟, 界分部伍, 亦甚井井矣." 이러한 주장은 성인과 범인의 기질적인 차이와 그로 인한 심리적 영향은 그러한 장애가 제거되는 어떤 순간(미발의 상태)에서는 본래 밝은 심체의 보편적 동질감을 회복할 것이라는 맥락에서 나온 주장이다.

다'[心性一致]라고 주장하였다.

그러나 이와 같이 본심의 순선함을 강조하려는 이간의 사유는 心과 氣稟의 분리, 나아가 氣(稟)라는 현실적 기반 없는 순선한 心만의 추구라는 비판에 직면하게 된다. 즉 한원진은 이간의 견해와 합일될 수 없는 가장 근본적인 차이를 '心과 氣稟의 관계'에 대한 변론에서 찾고 있다.

> 당신(이간)의 변론을 생각해보건대, 종횡으로 수천 마디의 말이 오갔지만 그 요점은 '心과 氣稟에 분변이 있다'는 것에 지나지 않습니다. 그대는 마음에 갖추어진 虛靈不昧를 心이라 하고 온 몸에 가득 찬 血氣의 청탁을 氣稟이라고 생각하여, '심은 심이요, 기품은 기품으로 (각자의) 영역과 질서가 매우 정연하다'고 하였습니다. 또한 심을 本然之心으로 기품을 氣質之心으로 여겨서, '本然之性은 本然之心의 측면에 나아가 單指한 것이요 氣質之性은 氣質之心의 측면에 나아가 兼指한 것이니, 한 가지로 뭉뚱그려 말해서는 안 된다'고 하였습니다. 이러한 견해는 심에는 두 갈래가 있다고 하여 서로 대치시켜 드러낸 것이며, 성에는 두 가지 체가 있다고 하여 각각 한 곳을 차지한다고 생각하는 것입니다. 그렇다면 심에는 두 가지 갈래가 있고 성에는 두 가지 체가 있게 되어 허령불매한 심 이외에 또다시 심과 성이라는 것이 있게 되는 것이니, 이전에 어느 누가 이와 같이 말한 적이 있었습니까?[40]

위의 인용문에서 우리는 이간처럼 본심에 대한 강조경향과 그로 인해 직면하게 되는 문제점을 볼 수 있을 것이다. '심은 심이요, 기품은

---

40) 「南塘集」 권11, 「擬答李公擧」, 19판 좌. "竊觀其辨, 縱橫往復, 屢數千言, 而要其大意所主, 則不過曰心與氣稟有辨. 以虛靈不昧具於方寸者爲心, 以血氣淸濁充於百體者爲氣稟, 而曰 '心自心, 氣稟自氣稟, 界分部伍, 亦甚井井.' 又以心爲本然之心, 氣稟爲氣質之心, 而曰 '本然之性, 就本然之心單指; 氣質之性, 就氣質之心兼指, 而不可滾說一處.' 以心爲有二副而對峙相形, 以性爲有兩體, 而各居一處, 心有二副, 性有兩體, 而虛靈不昧此心之外, 又有所謂心與性者, 前古何人, 有如此道耶?"

260

기품이다'고 주장하는 이간의 의도는 血氣淸濁의 氣와는 다른 맥락에서 虛靈不昧한 心의 특성을 규명하기까지 했던 것이다. 심과 기품의 구분하는 그의 논리는 성의 규정에서도 일관되게 이어진다. 즉 氣質之性은 기품의 영향을 받는 氣質之心까지 兼持한 것이요, 만약 虛靈不昧한 本然之心만을 單指한다면 本然之性이라고 주장하기 때문이다. 그 결과 이간은 本然之心과 本然之性의 이어짐을 心性一致(또는 理氣同實)의 관계로 보고, 그 속에서 氣의 영향력을 최소화시킬 수 있다는 논리를 전개했던 것이다. 그러나 그러한 논리는 심과 성을 각각 두 갈래로 분리시키는 '二心二性'혹은 그 이상의 갈림길41)만 초래할 뿐이라는 한원진의 비판에 직면하면서 두 학자는 합일될 수 없는 견해 차이를 드러냈던 것이다.

이간이 한원진과 전개했던 다양한 논의들을 그가 주장하는 本心의 논리와 연계시켜 볼 때, 대상과 분리된 주관의 순수한 의식을 추구하려는 경향이 두드러진다. 예를 들어 양자의 견해차이는 이간이 「孟子」의 '붙잡으면 보존되고 놓아버리면 잃어버린다'라는 언급에서 기의 영향력을 배제시킨 본심에 대한 보존의 필요성을 읽었다면, 한원진은 氣에 속하는 心의 갈등양상에 기초하여 선천적으로 성인과 다른 기품의 소유자인 범인은 공부를 통하여 흐트러진 마음을 가다듬고 가장 이상적인 성인의 모습에 접근해야 된다는 점에 초점을 두었다.42) 즉 이간은 본래 내재된 도덕적 마음의 확충으로의 자신감을 토로했다면, 한원진은 신체적 한계로 인한 자각과 규제의 필요성을 역설했던 것이다.

이상과 같이 이간은 본심의 보존과 구현에 대한 강조를 통해 性보다는 그러한 성을 구현시키는 心의 문제에 주목하였다. 그러나 심과 기

41) 위와 같은 글, 33판 좌. "公擧則旣以心與氣稟爲二, 而心之所具·氣稟之所具, 又隨而分爲二性. 又其所謂氣稟之性者, 一在方寸不中之心, 一在百體血氣之中. 惡者旣在氣稟皆拘之中, 善者未有其所, 而想又在氣稟之外, 則自二性以至三性四性, 何其本之多也?"
42) 「南塘集」, 卷27, 「王陽明集辨」27판 우 참조.

품의 차이를 의도적으로 구분하여 心性一致를 도모하려는 이간의 견해에서, 그의 사상이 농암계열의 흐름과는 다른 방향으로 전개되는 계기를 찾아볼 수도 있을 것이다. 농암의 경우는 선천적 기질의 제한을 인정하는 가운데 心의 가변성과 性의 구현가능성을 性・情의 매개수단인 心을 통해 균형 있게 유지하려는 노력을 잃지 않았다. 반면에 이간의 극단적인 本心의 구현노력은 오히려 한원진의 지적처럼 현실이탈 가능성을 내포하기도 하였던 것이다. 그러므로 '卽心指性'을 통해 심과 성의 균형적 시각을 보여주었던 농암의 견해와 비교해 볼 때, 이간의 견해는 성을 구현시키는 심의 측면을 보다 강화시키면서 심의 순수성에 대한 의심과 공허하다는 비판에 직면하게 되었던 것이다. 이러한 이간의 견해 이외에도 心은 여전히 기의 한 범주에 속하기 때문에 心과 氣質과의 관계나 심과 연관된 여타의 논의들은 농암계열의 학자들[43] 사이에서 지속적인 토론의 주제로 이어져갔다.

3. 洛學系列의 農巖思想 繼承

기존의 호락논변과 관련된 연구는 주로 한원진과 이간의 대립된 견해를 중심으로 이루어졌다. 그 결과 논변의 선구를 이루었던 농암의 사상은 물론, 그의 宗旨를 계승하던 洛學系列 학자들에 대한 연구가 상대적으로 소략한 측면이 있었다. 농암 형제 중심으로 형성되었던 낙론 학맥은 성리학 부분에서는 李縡를 중심으로, 문학부분에서는 李宜

---

43) 심성의 균형적 시각을 유지하려는 노력은 농암계열의 마지막에 위치하는 艮齋 田愚(1841~1922)의 다음 같은 주장에서도 확인된다. 「艮齋先生全集」 上, "近世心學盛行, 而性爲之屈, 遂成偏而不全, 卑而不尊, 二而不一, 異而不同底物事. 愚之不肖, 不勝慨惋, 乃敢極力說出 '心本於性・性體心用・性師心弟'登語."

顯을 중심으로 계승·발전되었다.[44] 그러나 金昌協→李縡→金元行 등으로 이어지는 사상적 계보는 낙론계 학풍을 형성하는 데 크게 공헌하였음에도 불구하고 특별한 주목을 받지 못했다.[45] 따라서 이 장에서는 이재·김원행 등 낙학계열 학자들에 초점을 둠으로써, 농암사상의 綿綿한 전개양상을 살펴보고자 한다.

1) 陶菴 李縡의 心說論議

李縡(1680~1746. 字는 熙卿, 호는 陶菴 또는 寒泉, 시호는 文正)는 우의정을 지냈던 忠獻公 李䎘의 손자이며, 모친은 府院君 驪興 閔維重의 딸로 同春堂 宋浚吉의 외손녀이자 숙종비 인현왕후의 동생이므로 이재는 숙종과는 姨姪관계가 된다. 농암의 문인으로 1698년 우암 송시열을 辨誣하는 疏狀을 직접 작성하기도 하였다. 1702년에 문과에 급제하였고, 1707년 문과 重試를 거쳐 여러 관직을 두루 역임하면서 벼슬이 대제학·이조판서에 이르렀다. 그 후 이재는 黎湖 朴弼周(1665~1748)·杞園 魚有鳳(1672~1744) 등과 교분을 쌓으면서 낙학을 주도하게 되었다. 특히 호학의 입장을 견지하던 병계 윤봉구와의 心說에 관한 논의는 당시 학계의 주목을 받았다. 그의 직전 제자 중 기존 학계에서 주목하였던 인물로는 鹿門 任聖周, 櫟泉 宋明欽 그리고 渼湖 金元行 등이 있다.[46]

---

44) 농암 이후 洛論系 학자들의 系譜와 사상적·정치적 動向에 관해서는 조성산, 「조선 후기 낙론계 학풍의 형성과 경세론 연구」, 고려대 박사학위 논문, 2003, 243~270쪽 참조.

45) 그들에 대한 관심이 부족한 것은 비슷한 시기 '實學' 및 일군의 實學者들에 상대적으로 주목함으로써 비롯된 측면도 있다고 생각된다.

46) 이재의 저술로는 「陶庵文集」 50권과 「五先生徽言」·「四書講說」·「近思錄尋源」·「宙衡」·「檢身錄」·「朱子語類抄節」·「尊攘錄」·「三官記」·「心經集註抄節」·「四禮便覽」·「二宋先生禮疑通編」 등이 있으며, 「栗谷全書」를 편

(1) 韓元震의 氣質중시에 대한 비판

한원진으로 대표되는 호학 측은 내부적으로 이간의 반론을 논파하면서, 동시에 외부적으로 이재 등 서울중심 낙학 측의 반론에 직면하면서 자신들의 입장을 견고히 해나간다. 이재는 농암을 중심으로 형성된 서울중심의 낙학의 입장을 계승하고 있지만, 농암에 대한 구체적인 언급과 평가는 찾아보기 힘들다.[47] 이점은 이재의 문집인 「陶庵集」 편찬을 주도하였던 洪啓禧가 여러 사람들과의 왕복서한을 임의적으로 뺀 것이 많았기 때문이다. 홍계희는 이로 인해 이재의 문인들로부터 비판을 받았으며, 門人錄에서 削名되기도 하였다. 그러나 윤봉구 등 호학 측 학자들과의 서신왕래에서 드러난 그의 학문은 낙론계 학풍을 대변해주고 있다.

이재는 한원진과 직접 만나서 서로의 견해를 주고받지는 않았다. 그러나 평소 호학 측에서 주장하는 심성에 관한 견해가 크게 잘못되었다는 비판적 견해를 지니던 중, 1747년 그의 문인 崔叔固(崔祐)가 한원진을 방문하여 심성에 관한 의견을 교환하려는 것을 알게 되었다.[48] 최숙

찬하기도 하였다. 그러나 「사서강설」의 경우는 그의 제자인 김원행의 문집(「渼湖全集」)에도 수록되어 있기 때문에 재검토의 필요성이 있다.

47) 농암은 초년에 이단상을 스승으로 모시다가, 그의 사후 송시열을 중심으로 김창흡·김창집 등 집안 형제들은 서로 師友가 되어 활발한 硏鑽의 과정을 겪는다. 李縡의 경우 역시 뚜렷한 사승관계보다는 출생지인 경기지역을 토대로 송시열을 私淑하면서 蟾村 閔遇洙를 중심으로 내외형제들과 師友관계를 통한 학문적 연대성을 지닌다(「頤齋續稿」 7권, 「記湖洛二學始末」, 3판 좌. "若農巖本師靜觀兼宗尤翁, 而一室則三淵·圃陰自相爲師友, 及門則無可記焉. 然攷其遺言, 想其爲學, 則資質之淸粹, 心性之明通, 言議之公正, 功力之微密, 自當卓然爲尤翁之子淵, 特以其有不純師尤翁者, 故人不以列於嫡傳耳. 繼是則陶菴李文正, 亦奮圻甸, 私淑尤翁, 而閔蟾邨遇洙伯仲, 又以內外兄弟爲師友, 而羽翼之."). 낙론계 학맥이 이재에 의해 계승되었던 것은 金元行·金文行 등 안동김씨 인물들이 그의 문하에서 수학하였으며, 辛壬獄事 이후 낙론계 안에서 일게 된 義理論 强化의 보수적인 흐름이 중요한 원인으로 작용하고 있었기 때문이다(조성산, 위의 박사학위논문, 219쪽).

고의 탐방계획을 미리 알고 있었던 이재는 "한원진은 변론을 잘하는 사람이라고 들었는데, 그대는 무엇을 질문으로 준비하였는가?"라는 우려를 나타내기도 하였다. 비록 최숙고의 역량과 소견을 믿고는 있었으나, 한원진과의 논쟁을 통한 합일과정이 쉽지 않음을 암시해주는 대목이다. 이에 이재는 詩 수 십구를 통해 한원진의 견해내지, 湖學의 학풍에 대한 부정적인 입장을 피력한다.[49] 이재는 詩에서 '그의 견해에 호응하는 자는 몇 사람 안 될 것이고, 동의하지 않는 자는 헤아릴 수 없다', 혹은 '개인의 오류는 작은 것이지만, 누를 끼치는 것이 어찌 크지 않겠는가'라고 하여, 한원진의 주장을 혹평하면서, 유학의 올바른 학풍 진작에 힘써 줄 것을 촉구한다. 그중 한원진의 견해가 지나치게 氣를 중시하여, 本然과 心體에 대한 이해가 잘못되었다는 비판의 요지는 다음과 같다.

蓋聞心性間	심성에 관한 견해를 듣건대
過占氣分界	기가 차지하는 영역이 지나쳐
偏全作本然	偏全을 本然이라 생각하고
氣質當心體.	氣質을 心體에 해당시켰네.

---

48) 「陶庵先生年譜」丙寅 九月條. "先生以近來湖中心性之論大故錯誤, 深用憂歎. 時崔祐自韓掌令所歸謁, 盛道講說. 先生遂書數十句."

49) 전문은 다음과 같다. 「陶菴集」 권4, 35판. "德昭豪傑士, 往昔擧于海, 自有累世好, 幸又生間世, 到老不一識, 意見知相戾, 秋間崔叔固, 過我告南逝, 聞是雄辯人, 子將何以說, 欲令大議論, 歸一立談際, 知君大力量, 且恃明見解, 然亦不易事, 自信或太銳, 偏交諸君子, 資益亦不細, 留連數月歸, 問疾復來稅, 初學於先進, 推遜乃其例, 得無或失言, 旨意願深諦, 蓋聞心性間, 過占氣分界, 偏全作本然, 氣質當心體, 難將一寸延, 敵得千勻勢, 和者僅一二, 不合難數計, 千萬極不是, 栗翁說得快, 外此宜未敢, 恐亦坐亢厲, 義理天下公, 偏見難拘制, 此事非可法, 宜作反身戒, 舊以來新, 永言顧自勵, 況聞狀師德, 以是爲關楗, 蓋於本說外, 推演謂善繼, 尤菴及遂翁, 傳授有次第, 自誤還小事, 眙累豈不大, 吾道本衰敗, 論議又不齊, 客去私自識, 蓋亦憂衰世."〈「南塘集」(권32, 4판 우)에도 동일한 내용이 소개되어 있다.〉

이재는 한원진의 견해 중 기질의 치우치고 온전함 자체를 개체의 본
연한 모습으로 상정하거나, 나아가 기질을 심으로 규정하는 것 등은
큰 오류라고 비판한다. 이재가 언급한 견해들은 모두 '氣質'에 중점을
두거나 관련을 맺고 있다는 공통점이 있다. 이러한 주장들은 농암 이
래 낙학의 입장을 견지하던 이재로서는 받아들이기 어려운 점이었다.
이재는 현상계의 차별성을 설명하는 기질에 대한 이해가 호학 측(한원
진의 견해)에서 지나치게 강조됨으로써, 인간이 지향해야 될 본연의
가치실현에 장애가 된다고 보기 때문에 비판의 수위를 낮추지 않았던
것이다. 이재의 핵심적 비판내용인 偏全과 氣質에 대한 비판적 논의에
앞서, 먼저 한원진의 답장을 살펴보기로 하겠다.

당시(1747년, 66세) 한원진은 이미 낙학의 입장에 동조하던 이간과
의 견해를 辨破한 이후였고,[50] 「朱子言論同異攷」를 통해 호학 측의 견
해에서 주자학을 정리한 지 20여 년이 흘렀기 때문에 그의 사상은 원
숙한 지점에 이른 상태였다. 이재의 詩를 전해 받은 한원진은 바로 그
즉시 「題寒泉詩後」라는 글을 통해 반론을 펼친다. 의견의 차이는 마땅
히 강론해야 하지만, 자신이 현재 병환 중에 있으므로 이재와 직접적
인 토론을 하지 못했다는 전후 사정을 밝히면서 한원진이 제기한 문제
점은 다음과 같다.

> 그(이재)가 논했던 心性의 설을 살펴보니, 대체로 사람의 性善이
> 금수와는 다르며, 성인의 마음과 보통 사람의 마음이 같지 않다는
> 것을 알지 못한 것이다. 〈주자는 말하기를, "'위대하신 상제께서 백
> 성들에게 衷(본성)을 내려 주어 사람이 떳떳함을 간직한다'고 하였
> 으니, 이것이 곧 (금수와는) 다른 것으로 군자가 보존하는 것이다.
> 모름지기 이 다른 것을 보존해야만 비로소 금수와 저절로 구별될

---

50) 이간의 견해를 비판한 주요한 서신을 중심으로 살펴보면, 1711년 「與李公
舉別紙」, 1716년 「擬答李公舉」, 그리고 1724년 스승을 대신하여 쓴 「李公
舉上師門書辨」이 있다. 참고로 「주자언론등이고」 역시 1724에 완성되었다.

것이다."라고 하였다. 또한 "사람이 비록 형기의 올바름을 얻었지
만, 그 淸濁·厚薄한 품부는 다르지 않을 수 없다. 오직 성인의 마
음만이 淸明純粹하여 천리와 혼연하다."라고 말하였다.〉 그런데도
(이재는) 유가와 불가의 분변이 오로지 심성의 변론에 있음을 알
지 못하는 것이다. 〈불교에서는 "꿈틀거리고 움직이며 신령함을 머
금고 있는 것에는 모두 불성이 있다."라고 말하거나, 또는 "인심은
지극히 선하므로 힘들여 수행할 필요가 없다."라고 말한다.〉51)

　한원진은 인류에게 내재된 도덕과 그로 인한 윤리는 여타의 존재자
에게는 없는 것으로 인간만이 지닌 본성임을 주장하는 것이다. 사람과
여타의 존재자가 구별되는 근거로 「시경」의 한 구절을 통해 하늘로부
터 부여받은 사람만이 지니는 이러한 性善의 덕성을 잘 보존시켜 나가
는 군자의 인격을 통해 여타의 존재자와는 다른 차이점을 찾기도 한
다. 또한 인성과 물성이 지닌 본성의 차이점을 설명하고 나서, 성인과
일반인을 통한 인류의 차이를 언급한다. 비록 사람이 여타의 존재자에
비해 형기의 올바름을 얻었다고는 하지만 인류의 차별양상에 대해 인
정해야 한다는 것이다. 일반인은 성인이 지닌 淸明純粹한 마음과 동일
한 상태를 지닐 수 없다고 보는 것이다.

　주지하듯이 전자가 한원진이 제기한 인성과 물성에 대한 차이에 관
한 논의라면, 후자의 비판은 성인과 일반인의 심이 다르다는 주장이다.
이 두 주제는 그가 낙학적 사유를 지녔던 이간과 쟁론하였던 중심논변
이기도 하였다. 한원진은 이러한 자신의 견해와 상반된 주장, 즉 인성
과 물성의 동일함과 성인과 일반인의 심이 같다는 이재의 견해는 유가

51) 「南塘集」 권32, 4판 좌. "觀其所論心性之說, 則蓋不知人之性善與禽獸不同·
　聖人之心與衆人之心不同. 〈朱子曰: "'惟皇上帝, 降衷于下民, 人之秉彝' 這便
　是異處, 君子存之. 須是存得這異處, 方能自別於禽獸." 又曰: "人雖得形氣之
　正, 其淸濁厚薄之稟, 不能不異. 惟聖人之心, 淸明純粹, 天理渾然."〉而又不
　知儒釋之辨, 專在於心性之辨也."〈釋氏曰: '蠢動含靈, 皆有佛性.' 又曰: '人心
　至善, 不用辛苦修行.'〉

의 종지를 모르는 것으로 불가의 異端에 빠지는 것으로 귀결시킨다. 즉 앞서 편지에서 이재는 한원진의 견해가 기질을 심체에 본 것이라고 비판하였는데, 이에 대해 자신은 결코 불가처럼 지각작용 자체를 본성으로 귀결짓지는 않는다고 반론한 것이다.

이재의 입장은 낙학에서 규정하는 호학의 오류를 대변하는 것이고, 이에 대한 한원진의 견해는 오랜 세월 동안 자신이 지켜왔던 입장을 명료히 드러내는 것이었다. 앞서 이재의 주장에서는 호학 측이 지나치게 '氣質'에 얽매이고 있다고 비판하였다. 왜냐하면 기질을 중시하여 현상계의 치우침과 온전함의 차이 자체를 개체의 본연성으로 보려는 것은 심체의 순선함 역시 기질로 환원될 소지가 있다는 우려 때문이었다. 비록 동물과 인간과의 차이는 기질로써 설명될 수도 있지만, 기질 그 자체를 본연으로 보아서는 안 된다는 것이다. 이재의 견해를 대변했던 최숙고의 입장 역시 유가에서 강조하는 '性善'의 종지가 결코 한원진처럼 기질의 다름에 근거하여 각자의 본성의 차이로 이어진다고 생각하지 않는다. 그는 우암 송시열의 견해 역시 각자의 개체적 차이와 그로 말미암은 기질지성보다는, 性善의 동일성을 우리 인간이 지닌 本然之性으로 이해하고 있는 것이다.

그러나 한원진은 송시열의 견해 역시 맹자가 미처 언급하지 못했던 기질의 의미를 보충한 것으로 저마다가 지닌 본연지성의 차이를 해명한 것으로 주장한다. 그는 一原과 異體에 대한 두 관점의 구분을 통해 一原의 관점에서 보편적 동일성을, 異體의 관점에서 개체의 차이성을 설명하기도 한다.[52] 맹자가 말한 성선의 본질적 의도는 개체의 차이성

---

52) 「南塘集」 권10, 22판 우. "一原者, 一而無二之稱也; 異體者, 二而不一之謂也. 一而無二, 故一原上, 不可更著多一字; 二而不一, 故異體者自二, 以下皆是, 而不待有萬而然後也. 是故太極之無加無對者, 爲一原理同; 自是而分爲陰陽五行, 則是爲異體, 而理之爲健順五常者, 爲理不同矣. 陰陽五行, 旣爲異體理不同, 則其在萬物者, 又可知矣." 여기서 一原이 보편적 동일성을 뜻한다면, 異體는 구조적 차이에 의한 다양성을 의미한다고 할 것이다.

이라는 異體에 주목한 것으로 인성과 물성의 차이를 주장하는 것에 불과하다는 것이다. 즉 금수와 달리 군자가 보존하는 것은 기질의 차이성 자체가 아닌, 기질의 차이에 따른 본연(즉 性善)이라는 것이다. 따라서 호학 측에서는 기의 정통한 소유자인 인류가 지닌 본성은 여타의 존재자에 비하여 가장 존귀함도 바로 이 본연의 차이에서 도출될 수 있다고 주장하게 되었던 것이다.

기질과 본연의 차이 여부에 대한 호학과 낙학의 관점 차이는 귀결점을 찾지 못하고 양자의 이해차이를 선명하게 드러내는 데 머물렀다. 따라서 한원진은 위의 題文에 덧붙여 "泉門(이재 문하생)들이 이러한 의미를 알지 못하므로 인성이 금수와 다른 것은 모두 기질이지 본연이 아니라고 생각한즉, 이는 사람과 금수의 구별을 알지 못하여 석씨의 견해에 빠진 것이다."라고 거세게 비판한다. 그렇다면 양자는 동일 대상에 대한 관점상의 차이에서 기질과 본연의 구분에서 머물고 만 것인가? 낙학 측에서 기질의 차이를 넘어선 本然之性의 동일성을 주장하는 것과, 호학 측에서 기질의 차이와 연관된 氣質之性의 차이를 주장하는 것과는 어떠한 구별이 있는가? 논의의 격렬함과 지속성을 통해 학파의 대립양상까지 이어지는 것으로 볼 때, 두 학파의 차이는 단순한 관점의 선택 정도에서 빚어지는 갈등을 넘어서는 것이다. 한원진의 견해에 대한 이재의 비판이 양자의 입장 차이를 선명히 드러내는 정도에서 그쳤다면, 그의 본격적인 호학비판은 윤봉구와의 서신왕래를 통해 본격화된다.

(2) 尹鳳九의 心論에 대한 비판: '心合性與氣'

이재는 성인과 일반인의 마음은 같은가, 다른가의 문제(聖凡心同異問題)를 놓고 尹鳳九(1681~1767, 자는 瑞應, 호는 屛溪·久庵)와 몇 차례의 서신왕래[53]를 한다. 그들 사이의 쟁점은 주로 심을 本心으로

---

53) 윤봉구에게 보낸 4통의 편지는 특별히 「心說辨問」이라는 副題가 달린

보는 자신의 견해와, 성인과 일반인이 지닌 심의 동일성 여부, 기질(또는 기질지성)에 관하여 논의되고 있다. 이재는 이 모든 문제가 윤봉구, 넓게는 그가 속한 호학 측의 주장이 지나치게 氣를 중시하기 때문에 자신과는 상치되는 관점이 발생한다고 본다. 그것은 心에 대한 기본적인 관점의 차이를 수반하는 것으로 이재 스스로 「心說論辨」이란 별칭을 붙인 편지글에서 윤봉구의 다음과 같은 진술을 상기시킨다.

> 심은 專言하면 性情을 통섭하지만 單言하면 氣입니다. 이 기는 비록 품부 받은 것이 精英하더라도 마음에 담겨있어서 기가 고르지 못하는 것입니다. 품부 받은 것이 고르지 못함에 따라 각각 청탁이 있으므로 성인과 범인이 동일한 바의 성을 지니더라도 범인이 성인과 같이 直遂하지 못하는 것은 다만 청탁에 구애받아 다르지 않을 수 없습니다. 반드시 변화의 노력을 더하여 조그마한 찌꺼기라도 없이 淸明純粹함에 이른 후에야 그 본성을 다하는 것이니, 이 상태가 성인과 더불어 하나 될 수 있는 것입니다. 이것이 하나의 설입니다.
> 또한 성인과 범인의 동일한 바는 성뿐만 아니라 心도 동일합니다. 그러므로 심의 본체는 湛然虛明하여 처음부터 성인과 범인의 청탁의 차이를 말할 수 없습니다. 그 같지 않은 바는 (신체적인) 軀殼血氣에 淸濁粹駁의 같지 않음이 있는 것이니, 탁박이 가려져 본체의 담연한 것이 발현할 수 없어서 비로소 성인과 범인의 차이가 있는 것입니다. 이것이 또한 하나의 설입니다.[54]

1735년과 이듬해인 1736년 보낸 두 편지, 그리고 1743년과 1744년의 서신에서 확인된다.

54) 「陶菴先生集」卷10, 「答尹瑞膺鳳九 心說辨問」, 12판 우~좌. "心專言則統性情, 而單言則氣也. 是氣也雖所稟之精英, 該貯於方寸者, 而氣者不齊也. 隨所稟之不齊, 各有淸濁. 故以聖凡所同之性, 而凡人之不能如聖人之直遂者, 只爲淸濁所拘, 而不能不異也. 必能加變化之工, 無些子渣滓, 至於淸明純粹, 然後可以盡其性, 卽與聖人一也. 此一說也. 聖凡所同不止性也, 心亦同也. 心之本體湛然虛明, 初無聖凡淸濁之可言. 其所不同者, 軀殼血氣有淸濁粹駁之不同, 濁駁之掩, 而本體之湛然者, 不能發見, 始有聖凡之異也. 此又一說也."

위에서 윤봉구는 심을 두 측면으로 구분하여 첫째로 심의 精英한 상태를 품부 받았더라도 선천적인 기의 차이로 인해 사람마다 심의 차이도 발생하는 경우와, 둘째로 심은 본체로서 湛然虛明하므로 본성뿐만 아니라, 심도 동일하다고 보는 일반적인 견해를 제시한다. 즉 전자가 湖學에서 주장하는 聖凡에 관한 心의 차이성이라면, 반면에 후자는 洛學의 聖凡에 관한 心의 동일성을 제시한 것이다. 두 견해는 모두 성인으로의 순수한 심의 동질성을 지향한다는 점에서는 일치한다. 예를 들어 호학에서는 천명으로부터 直遂된 성인의 성품을 타고나지 못한 일반인은 수양의 노력을 통해 성인과의 동일성을 추구하며, 낙학에서는 육체의 차이가 본체의 담연함을 엄폐하여 발현되지 못하도록 하므로 애초의 본심상태를 회복하는 노력을 강조하였던 것이다. 다시 말해 다름을 통해 같음을 지향할 것이냐, 같음을 통해 다름을 극복할 것이냐의 상충된 견해가 있었던 것이다. 윤봉구는 편지글의 말미에 이러한 양분된 견해는 心學의 근원과 관련된 문제로서 각자의 판단에 맡길 수 없는 중요한 문제이므로 辨明해야 한다고 말하면서 은연중에 호학의 견해에 동조할 것을 권유한 것이다. 이에 대해 이재는 다음과 같이 潭一하고 精爽한 기의 측면에서 본래의 심을 강조한다.

생각건대 심은 진실로 氣이지만, 반드시 性과 氣를 합해서 말해야만 그 의미가 올바로 갖추어집니다. 그러므로 예부터 심을 말할 때 오로지 기로써만 단언한 적이 없었습니다. 〈小註: 주자가 어떤 이에게 답한 글에서 (心을) 形而上下 사이에 오로지 한쪽 측면으로만 속해놓지 않았습니다.〉 그러나 그중에 氣만을 單指하여 말한다면, 리는 하나이나 기는 둘이므로 성인과 중인의 마음에 고르지 못함이 있다고 할 수 있습니다. 〈이 두 말은 바로 성을 논함에 本然과 氣質의 차이가 있음을 말하는 것과 같습니다.〉 그러나 기라는 것은 비록 淸濁粹駁의 다름이 있지만, 그 본체는 湛一할 따름입니다. 심 역시 기의 精爽이며, 또한 리를 합하여 말한 것이니, 오로지 하나의 氣로만 드러낼 수는 없습니다. 그러므로 그 본체는 담연하니 성인과 중인의 한결같음을 未發의 상태에서 볼 수 있을 것입니다. 어떻게 생각하시는지요?[55]

위에서 이재는 성인과 일반인의 마음에는 다름과 같음의 두 측면이 있음을 언급하고 있다. 첫째로 양자의 차이점은 단지 기만을 지칭했을 때, 理는 만물이 공통적 보편성을 지니지만 기는 '둘(二)'이므로 동일할 수 없다는 것이다. 둘이라 함은 기의 정밀함이 하나라면 그와 달리 기의 거침은 한결같지 못한 차이성[56]을 암시하는 것이다. 둘째로 심은 기의 精爽이라는 차원에서 氣자로 포괄할 수 없는 리의 측면도 아울러 지니는 것으로 보았다. 심의 본체를 지칭한다면 湛然하므로 성인과 일반인이 한결같은 동질성을 의미하며, 자신의 심에 대한 견해가 후자를 지칭하는 것임을 내비쳤다. 답장의 서두에 예로부터 심은 오로지 기로써만 단언할 수 없는 것으로, "심은 진실로 氣이지만, 반드시 性과 氣를 합해서 말해야만 그 의미가 이에 갖추어진다."는 언급에서 그 단서를 보여주고 있다. 윤봉구가 기질의 변화를 강조하는 '心是氣'의 입장에서 성인과 일반인이 지닌 심의 차이를 강조했다면, 반면에 이재는 '心合性與氣'의 관점에서 접근했던 것이다. 즉 심을 기로만 단정하지 말고 심이 지닌 理(性)의 측면까지도 고려하여 인간의 보편적 동질성을 강화시켜나가려는 의도를 지닌 것이다. 그러나 이재처럼 심이란 기와 리의 양 측면을 동시에 고려해야 한다는 견해를 판단유보라고 생각

---

55) 「陶菴先生集」 권10, 「答尹瑞膺鳳九 心說辨問」 13판 우. "竊謂心固氣也. 然必合性與氣言之, 其義乃備. 故從古言心, 未嘗專以氣斷之. 〈小註: 如朱子答或人, 形而上下之間, 不曾專屬一邊.〉然若就其中單指氣言之, 則理一也, 氣二也. 聖人衆人之心容有不齊者. 〈此兩言正如論性之有本然氣質之殊者矣.〉然氣之爲物, 雖有淸濁粹駁之不同, 其本則湛一而已矣. 心又氣之精爽, 而又合理而言之, 則不可專著一氣者. 故其本體之湛然, 則聖人衆人一也, 於未發時可見. 如何如何?"

56) 위와 같은 글, 15판 좌. "氣有精有粗, 精則一, 粗則二."

한 듯, 윤봉구는 이듬해에 재차 長文의 편지를 보낸다.

윤봉구는 이재의 심에 관한 규정이 기의 淸濁의 차이에 따른 성인과 일반인의 同異여부로 이어지는 것을 충분히 고려하지 않는다고 보았다.[57] 기의 청탁에 따라 심의 차이가 나타나므로 일반인보다 상대적으로 淸粹한 기질의 소유자인 성인의 심을 보편화시켜 모든 인간의 마음이 동일하다고 간주해서는 안 된다는 것이다. 그렇다고 그러한 사유가 성인과 일반인의 마음이 만날 수 없는 평형선을 달리는 것으로만 생각하는 것은 아니다. 심이 지닌 精爽한 기운은 성인으로의 변화가능성을 보장받을 수 있으므로 자기 수양의 노력을 통한 변화가능성을 제시하고 있기 때문이다. 호학의 입장을 대변해주는 윤봉구와 같은 견해는 성인과 범인의 심의 동일함을 주장하는 낙학의 입장이 기의 측면에서 조망된 심에 초점을 둘 뿐, 기의 청탁수박은 신체적 제한으로만 여긴다고 비판한다.[58] 이것은 기의 청탁수박을 신체적 제한으로 한정시키기 때문에 낙학에서 주장하는 본래의 心과 이원화 현상을 낳게 되는 것을 의미한다. 즉 기품은 정신세계에까지 영향을 끼치는 것인데, 신체적인 연관성을 초월하는 것에 초점을 맞춘다는 것은 문제가 있다는 것이다.

그러나 心을 氣의 차원으로 국한시켜 논의하려는 이러한 주장은, 심을 性의 측면까지 연결시켜 이해해야 한다는 이재의 銳鋒을 잠재울 수는 없었다. 이재는 앞서 편지에서 理와 결부시켜 보아야 한다는 견해에서 약간 수정하여 다음과 같이 심은 性과 합하여 본체의 湛然한 상태에서 논의할 것으로 요청한다.

심은 진실로 기에 속하지만 예로부터 성현들이 심을 말함에 반드시 性을 합하여 말하고 오로지 氣자만을 말한 적은 없었습니다. 그

---

57) 「陶菴先生集」 권10, 「答尹瑞膺辨問」 13판 좌. "第今日所論, 就其分言之中, 只指單言氣之心, 而其氣之淸濁有無, 聖凡同不同之別矣."

58) 위와 같은 글, 14판 좌. "彼以單言氣之心, 謂無聖凡之別, 而淸濁粹駁, 則移寘於軀殼血氣, 至以心本善之說, 有若上配於孟氏性善之功, 果如是說者?"

지극히 텅 비고 지극히 밝으며, 신묘하여 헤아릴 수 없는 곳을 말할 때에도 성인과 중인을 나누어 말한 적이 없었으니, 그 뜻은 아마도 우연이 아니었을 것입니다. 그런데 지금 분석하여 말하고자 한다면 심은 기이고 기는 고르지 못하니. 그 품부 받은 곳에 나아가 말한다면 성인과 일반인이 어찌 고른 理가 있겠습니까? 그러나 이 기는 리와 대비하여 말한다면 진실로 둘이 되지만, 그 근본은 역시 하나일 따름입니다. 중인이 품부 받은 것이 비록 淸濁粹駁의 고르지 못함이 있더라도 그 濁駁한 가운데에 본체의 湛然함은 일찍이 존재하지 않은 적이 없습니다.[59]

理와 대별시켜 본다면 심은 理와 같은 純善함을 유지할 수 없는 차별 양상을 보인다. 그러나 이재가 생각하기에 심의 본체는 기의 淸濁에 영향을 받지 않는 원초적인 순선함을 유지할 수 있다고 보고, 누구나 인간의 마음속에는 본체의 담연함이 내재되어 있음을 강조한다. 따라서 그가 위에서 '기의 濁駁한 상태에서도 본체의 담연함이 존재하지 않음이 없다'는 주장은 낙학계열의 특성을 대변해주는 명제로서 주목할 점이다.[60] 이것은 낙학 측에서의 수양 방법은 인간이라면 누구나 보편적으로 지닌 본심의 순선함을 전제로 하기 때문에 그 본래의 마음으로 회복하여 드러내주려는 노력이 강조되는 것과 무관하지 않다. 신체적 제한, 즉 形質의 국한성과는 달리, 心은 무궁한 변화가능성을 잠재하고 있기 때문에 혼탁한 자가 淸粹한 상태로 바뀔 수 있는 영활한 특성을 지니기 때문이다. 이재는 그러한 본심의 체현상태를 다음과 같이 언급한다.

---

59) 「陶菴先生集」卷10, 「答尹瑞膺辨問」16판 우. "心固屬氣, 而從古聖賢言心, 必合性而言之, 未嘗專言氣字. 其言至虛至明·神妙不測處, 亦未嘗分聖人衆人而爲言, 其意蓋不偶然. 今欲析而言之, 則心是氣也, 而氣則不齊, 就稟賦上言, 則聖人衆人, 豈有一齊之理乎? 然是氣也, 對理而言則固二也, 而其本則亦一而已矣. 衆人所賦, 雖有淸濁粹駁之不齊, 而於其濁駁之中, 本體之湛然, 則蓋未嘗不在."

60) 이러한 근거를 통해 본연지성이 기질 가운데 내포되어 있으므로 본연지성과 기질지성을 양분해 보아서는 안 된다는 견해도 도출된다(「陶菴先生集」권14, 13판 좌. 참조).

그 기품의 구속과 물욕의 가리움 때문에 담일한 본체가 쉽게 드러
나지 않는 것이니, 未發의 상태에서 대략이나마 볼 수 있는 것입니
다. 그러므로 나는 「中庸」 首章에서 매번 '未發에서 氣質 두 글자
를 붙이는 것은 잘못이다'라고 말했던 것입니다.[61]

위의 인용문에서 이재는 성인과 일반인의 심에 관한 논의를 미발논
의와 연계시켜 그 순수성을 보장받는 계기로 활용하고자 한다. 그가
의식의 순선한 미발상태에서 氣質의 영향, 아니 애초부터 기질을 고려
하지 않고 순수 도덕의식 자체를 확인하려는 것은 낙학계열 학자들의
공통적인 강조점이다.[62]

이재와 윤봉구 사이의 쟁점인 聖凡心同異問題는 심의 純善여부와도
직결되는 문제이므로 심의 순선을 비판하는 호학의 주장과 대비시켜
좀 더 살펴보기로 하겠다. 호학의 韓元震은 1743년 權亨叔에게 보낸
편지에서 심의 순선에 관하여 비판하는 내용의 글을 보낸다.[63] 그는
유학의 종지가 '심은 氣이고, 성은 理이다'(吾儒宗旨, 以心爲氣, 以性爲
理)라고 明言하면서, 심을 순선으로 여기는 견해는 불가의 견해에 빠
진 것으로 천리를 보지 못한 것이고 심을 主宰로 생각하는 오류에 빠
진 것임을 비판한다. 아울러 心卽理를 주장하는 陸王學의 폐단 역시
동일한 시각에서 자신의 입장과 차별화 짓는다. 이와 같이 한원진은

---

61) 「陶菴先生集」, 권10, 16판 좌. "其稟質所拘, 物慾所蔽, 湛一之體, 未易呈露,
惟於未發時綽略可見矣. 愚於「中庸」首章, 每謂未發時, 不可着氣質二字."

62) 이재의 견해를 이어가는 김원행도 윤봉구의 견해를 비판하면서 기질과 구
분되는 심의 본체를 강조한다. 물론 심은 기의 작용상태에서는 선과 악의
두 가지 경향이 있지만, 그것이 곧 심의 본체를 가리키는 것이 아님을 통
해 인성의 순선함을 확보하려 하는 것이다(「渼湖集」, 권4, 「與宋晦可」 22판
좌~23판 우. "尹丈之以氣質論心, 固未安, 而謂心有二氣者, 恐固歸於心善惡
之論. 心有善惡, 固亦有朱子說, 而此亦就氣已用事處言之, 何嘗直指心之本體
而云然耶? 大抵此說之行, 殊沮人爲善之路, 非少憂耳.").

63) 이 글은 「心純善辨證」의 형태로 「雜著」에 特記되어 있다(「南塘集」, 권29,
13~20판).

심이 기의 차원에서 이탈되는 것을 허용하지 않는 주장으로 일관한다. 아울러 神明不測한 심의 순선한 모습도 있지만, 그것이 심을 氣機에서 분리시키는 증거로 삼을 수 없다고 주장하는 것이다.[64] 또한 한원진의 心과 性의 범주를 구분하는 주장은 이간을 직접적으로 지칭하면서 논의가 이미 광범위하게 전개되고 있음을 시사한다.

> 심을 純善으로 생각하여 心과 氣稟을 두 가지로 여기는데 이전에는 이러한 논의가 없었고 李公擧(이간)가 발표했던 것입니다. 그런데 지금 그 학설이 크게 유행하여 사람마다 동의하지 않은 이가 없으며, 서로 모여서 강학하는 것이 다만 (불가의) 좌선모임 같으니, 심히 걱정스럽습니다.[65]

그러나 이간이 심을 純善이라고 주장하면서부터 그 학설이 널리 유행하고 있다는 한원진의 주장과는 달리, 당시 낙학의 중심축을 형성하였던 이재는 沈信甫의 問目에 답하면서 그러한 사실을 부인한다. 심신보의 질문은 앞서 윤봉구와 이재 사이의 성인과 일반인의 심의 동일성 여부에 관한 논변을 요약한 것이다. 즉 이재가 '심은 진실로 氣이지만 반드시 성과 기를 합쳐서 말해야 그 의기가 갖추어진다'·'심은 理氣를 합쳐 말한 것으로 氣자 한 자만을 붙여서는 안 된다'는 주장을 통해 심의 순선을 주장하는 듯한 증거로 삼는 것에 의문을 제기하는 것이었다.[66] 이재는 편지의 서두에서 다음과 같이 반문하고 있다.

---

64) 「南塘集」卷20, 「答權亨叔 別紙」17판 좌~18판 우. "今爲心純善之論者, 以感興詩(*時의 오자) 人心妙不測, 出入乘氣機一句爲證, 以心與氣機爲二物, 而以心乘氣也. 所謂氣機卽心之機也, 非心外別有一機也. 栗翁曰'心氣也, 氣機動而爲情'〈答安應休書〉, 又曰'氣發理乘, 何謂也, 陰陽動靜其機自爾, 非有使之者也'〈答牛溪書〉 此等例用文法, 亦不解見, 奈何?"

65) 「南塘集」권29, 19판 좌~20판 우. "蓋以心爲純善, 以心與氣稟爲二者, 前未有此論, 李公擧發之. 今聞其說大行, 無人不同, 相聚講學, 只作禪會, 深可憂懼."

이른바 湖學 중에서 '心이 純善하다'는 논의는 즉 이공거(이간)을 가리켜서 말하는 것인지요? 이공거의 이전 왕복 서한들을 일찍이 한 번 두루 보고서 그 전말을 얻고자 하였으나 아직 그렇게 하지 못했습니다. 나의 견해는 스스로 깊이 숙고한 것이 있다고 생각합니다.[67]

이와 같은 기록은 이재와 이간과의 사이에 직접적인 교류나 서신교환마저도 없었음을 암시해준다. 다만 이재는 심신보의 질문에서 심의 순선문제가 당시 湖學 측 일부, 즉 이간이 주장하는 견해와 흡사하다고 생각되는 오해의 소지를 없애기 위해 바로 자신이 숙고해서 얻은 결론이라고 말한다. 즉 '심은 성과 기를 합하여 말해야만 비로소 그 의미가 갖추어진다'는 것이다.

결국 '心是氣'의 측면을 강조하는 윤봉구의 주장에 대해 이재는 '心合理氣'·'心合性與氣'·'心合性與知覺'[68] 등을 통해 심의 순선함을 일관되게 주장한다. 그러나 윤봉구의 '심은 氣만을 지칭하기 때문에 악한 사람도 아울러 理를 말한다는 것은 절대로 안 된다'[69]는 호학의 聖凡心不同의 입장을 재확인하는 수준에서 그친다. 이재가 1744년에 보낸 편지는 당시 호학 측의 상소문과 관련된 일을 간단히 언급할 뿐, 윤봉구와의 심설논의는 서로의 합치점에 도달하지 못한 상태에서 논의를 끝맺는다.[70] 그러나 이보다 앞서 1742년 윤봉구에게 보낸 한원진의 편

---

66) 「陶菴先生集」, 卷14, 「答沈信甫問目」 10판 좌~11판 우. "心氣也, 氣有淸濁粹駁之不齊, 則心之爲物, 不容無聖凡之不同, 而今乃謂'心固氣也, 必合性與氣言之, 其義乃備.' 又曰'合理氣言之, 不可着一氣字,' 有若以此爲心純善之證, 此誠可疑云云."

67) 위와 같은 글, 11판 우. "所謂湖中一種心純善之論, 卽指李公擧而言耶? 公擧往年往復諸書, 嘗欲一審徧觀, 得其顚末, 而姑未及矣. 鄙說則自謂煞有商量."

68) 이것은 장횡거의 말로 이재가 자신의 주장에 대한 타당성을 증명하기 위해 인용한 명제이다(「陶菴先生集」, 卷14, 「答沈信甫問目」 11판 좌 참조).

69) 「陶菴先生集」, 卷10, 「答尹瑞應」 17판 좌. "高明獨言氣, 而惡人並說理字, 一切呵禁, 此所以彼我所見之終不合者也."

지를 보면, 이미 윤봉구는 한원진에게 이재와의 논의 전말을 알리면서
洛學과의 차이를 분명히 하고 있음을 알 수 있다.

> 보내주신 편지에 黎湖(박필주)와 陶菴(이재) 학설의 大旨는 모두
> '미발상태에서 기질 글자를 붙여서는 안 된다'는 것이니, 이것은 내
> 견해의 본령과는 다른 것입니다. 본령이 이미 다르므로 말마다 다
> 르지 않음이 없으니, 한두 가지로 변론하기가 어렵습니다. 하물며
> 당신의 판단이 이미 그 핵심을 깨트렸으니, 다시 논의할 필요가 없
> 을 것입니다.[71]

黎湖 朴弼周(1680~1748) 또한 낙학계의 입장을 지니고 있었으므로
이재와 더불어 호학 측의 비판 대상이었다. 그들은 자신들과의 가장
기본적인 차이점, 즉 洛學의 本領을 '미발상태에서 氣質을 포함시켜 논
의해서는 안 된다'고 보고 있는 것이다. 호학 측에서는 반드시 氣(質)
에 기초하여 心性을 논의하는 것이 그들의 기본입장이었기 때문에 수
용할 수 없는 논의였다. 따라서 한원진은 윤봉구와 대체적으로 입장을
같이 한다고 언급하면서 세부적인 논의에 들어가는 것이다. 이 점은
윤봉구가 더 이상 이재와 심설에 관하여 원론적인 논의수준에서 자신
의 견해를 주장하지 않는 것과 무관하지 않을 것이다. 그러나 성인과
일반인의 동질성을 강조하려는 이재의 주장 역시 기질에 따른 차이성
을 인정하는 바탕 위에서 주장되는 것이다. 다만 기질의 천차만별한
차이 속에서도 인류의 보편적 동일성을 확보할 수 있는 가능성을 '本
心'에서 찾는 것이다. 이 본심의 의미는 미발상태에서 모든 사람들의

---

70) 위와 같은 글, 20판 우. "心說屢被鐫誨, 而終不能相契, 未死之前, 見識幸而
    少進, 眞覺前非, 則敢不更爲請敎耶?"
71) 「南塘集」 卷13, 「答尹瑞應」 13판 우~좌. "示來黎湖·陶菴之說大指, 皆在
    '未發時不可着氣質字'一句, 此於愚見本領不同. 本領旣異, 無言不異, 難可一
    二疏辨, 況高明之辨, 已破其大指, 亦無待於更論矣."

동질성을 확인하는 계기가 되고, 明德의 개념과도 관련된다.[72]

2) 美湖 金元行의 心과 明德論議

渼湖 金元行(1702~1772. 자는 伯春, 호는 渼湖, 시호는 文敬)은 18세기 중후반 서울을 대표하는 노론계 山林으로서 낙하의 학풍을 이어가는 데 중심역할을 담당하였다. 金元行은 淸陰 金尙憲의 玄孫으로, 農巖 金昌協의 養손자로 들어갔다. 일찍이 從祖父 金昌翕에게 배웠고, 이어 陶菴 李縡의 문하에 들어가 그의 高弟가 되면서 낙론 학맥을 계승하는 실질적 위치에 서게 되었다. 원래 이재의 문하는 洪啓禧 계열과 朴聖源 계열로 분열되었는데, 박성원이 일찍 죽자 자연히 김원행이 주목받게 되었던 것이다. 그것은 김원행이 김상헌·김창협의 후예였다는 점과 그의 제자들이 정계와 학계에 활발히 진출하면서 그 위상이 강화된 것에서 그 요인들을 찾아볼 수 있을 것이다.[73] 1719년(숙종 45)에 진사가 되었으나, 1722년 辛壬獄事[74]를 계기로 벼슬을 단념하고 학문에 전념하였다. 이 일은 당시 영의정이었던 金昌集을 포함한 노론 4대신이 賜死되고, 또 생부와 두 형이 賜死의 참화를 당하는 등 그에게 큰 고통을

---

72) 「陶菴先生集」 卷19, 22판 좌. "衆人之心, 所以與聖人異者, 以氣質則固千萬不齊, 而若論其本心則一也. 觀於未發時, 堯舜與塗人同之語可見. 玉溪盧氏以本心釋明德, 而栗翁取之, 所謂本心卽仁義之心, 而氣之本初, 亦湛一而已矣, 則豈有齊不齊之可言耶?"

73) 조성산, 위의 박사학위논문, 229쪽.

74) 1721년에서 1722년 사이에 발생한 辛壬獄事는 왕위 계승문제를 둘러싸고 노론과 소론 사이에 일어난 정쟁이었다. 경종이 無子多病하기 때문에 속히 왕세자를 책봉해야 된다는 노론과 시기상조임을 주장하는 소론의 대립에서 훗날 영조가 되는 延礽君을 世弟로 책봉하게 되었다. 그러던 중 소론 金一鏡의 상소와 睦虎龍의 告變으로 노론 일파가 극형을 당하고 정계에서 실각하였다. 이후 득세하게 된 소론파는 영조의 즉위로 영향력을 상실하게 되었다.

안겨준 사건이었다.[75] 그 후 김원행은 영조의 탕평정치기에 징소된 대
표적 산림으로 학덕이 뛰어나 과거를 거치지 않고 임명되던 南臺, 經筵
官, 세자 侍講院의 進善(종5품), 贊善(정3품) 그리고 산림에 대한 최고
예우로서 상징적인 의미를 지닌 성균관의 祭酒(정3품) 등을 두루 거쳤
다.[76] 산림직의 경우 당상관직은 성균관의 祭酒와 세자시강원의 贊善
인데, 김원행이 이러한 직책을 역임했다는 것은 당시 노론 산림에서 가
장 주목받는 인물 중의 한 사람이었음을 시사해 주는 것이다.

　김원행은 宋時烈을 자신 학문의 근본으로 여기면서, 강학생들에게
"학자가 공맹의 도리를 배우고자 한다면 주자를 배우지 않고서 어찌하
겠는가? 주자의 도를 배우고자 한다면 尤庵을 배우지 않고서야 되겠는
가?"[77]라고 하였듯이, 송시열에 대한 흠모의 정은 지극하여 그와 관련

---

75) 김원행이 언문체로 쓴 「壬寅遺事」(「渼湖全集」 수록)는 바로 당시 일의 내
　　막을 부친의 유고형태로 기록한 것이다. 참고로 문집으로는 1725년에 간행
　　된 「渼湖集」과 1986년에 여강출판사에서 여러 글을 편집해 묶어 「渼湖全
　　集」으로 출간하였다. 그러나 「渼湖全集」 중에 수록된 「四書講說」은 김원행
　　의 저작인지 의문의 여지가 있다. 예를 들어 「중용강설」의 경우 현상윤은
　　인물의 동일성에 관한 이재의 주장을 「中庸講說」을 통해 인용하는 한편,
　　'陶庵曰'이라고 구체적으로 이재의 견해임을 명시한다(「조선유학사」 294
　　쪽). 반면에 성균관대 대동문화연구원에서 발간한 「한국경학자료집성」 중
　　「중용」 3에 수록된 것은 김원행의 「渼湖全集」을 저본으로 삼은 것으로, 그
　　저자를 김원행으로 보고 있다. 필자는 現存하는 「中庸講說」 4종류를 검토
　　해 본 결과, 김원행에게는 '講說'형태의 다른 저작이 없다는 점, 그의 다른
　　「중용」 주석서(「中庸答問」)의 내용과 구성이 다름을 확인할 수 있었다. 따
　　라서 「渼湖全集」에 실려 있는 「중용강설」 부분은 김원행이 스승인 도암
　　이재의 「중용강설」을 필사한 것으로 문집 간행 때 정리되지 못한 상태로
　　잘못 삽입되었던 것이다(졸고, 「渼湖 金元行의 '心'에 관한 연구」, 「한국철
　　학논집」 11, 2002 참조).

76) 우인수 「조선 후기 산림세력연구」(일조각, 1999)의 18·19세기 산림직별
　　산림의 구성표 179쪽 참조. 그는 당시 산림에 대한 분석을 통해 영·정조
　　대 거의 전 기간에 걸쳐 노론이 산림직의 핵심을 독점했음을 구체적으로
　　밝히고 있다.

77) 「渼湖先生言行錄」 권1, 14판 좌. "先生曰: 凡學者欲學孔孟之道, 則不學朱子
　　而何? 欲學朱子之道, 則不學尤翁而何?"; 같은 글, 권1, 1판 좌. "先生曰:

된 많은 일화를 남긴다. 예를 들어 「渼湖先生言行錄」에는 김원행은 송시열의 서첩을 즐겨 관상하면서 '尤翁의 필체는 법도에 얽매이지 않는다'고 말한 것이나, 서첩 말미의 題에서 송시열의 '周室을 높이고 오랑캐를 물리치는 깊은 고뇌' 등을 수록하고 있다. 이러한 점은 그는 점차 이이와 송시열을 근본으로 하고, 박세채·윤증 등 소론을 배격하는 노론의 대표자로 자리하는 정신적 배경을 이룬다. 특히 김원행이 호론과 대립된 중심위치로 부각된 것은 1769년 華陽書院의 원장이 된 이후부터이다. 당시 그는 화양서원 廟庭碑의 銘詩에 쓰여질 理氣說에 관한 내용을 문제삼아 묘정비 건립을 지연시켰다. 이 묘정비는 한원진과 더불어 호론의 중심 인물이었던 屛溪 尹鳳九(1683~1767)가 찬술한 것으로 송시열의 理氣五常說을 인용하여 호론의 주장이 정당함을 은연중에 드러낸 것이었다.[78] 화양서원은 송시열만을 從祀하는 서원으로 1696년 창건당시부터 賜額을 받았던 노론학맥의 본산지였다. 김원행은 자신이 존숭하던 송시열을 모신 서원이었으므로, 이를 기반으로 송시열이 지녔던 춘추정신의 선양에 노력하였던 것이다. 김원행은 石室書院을 중심으로 제자들의 교육에 주력하였으며, 그의 사상은 金履安·黃胤錫·朴胤源 등에게 계승되었다.[79]

본 절에서는 주로 김원행의 심과 기질의 구분 및 '明德'과 관련된 주장을 검토해보기로 하겠다. 전자는 호락논변에 이어 조선 후기 학계에서 명덕이 리냐 기냐를 논하는 중심 주제를 통해 心의 특성을 규명하

'當今吾道之衰極矣. 然學者必當有準的底, 果非尤翁義理之正大光明乎? 尤翁得之於栗翁, 欲明義理者, 舍栗翁, 而何君輩勉之?'"

78) 김원행의 생애와 관련된 논문은 오항녕, 「석실서원의 미호 김원행과 그의 사상」, 「북한강 유역의 유학사상」, 한림대 아시아문화연구소, 1998; 권오영, 「18세기 호락논변의 쟁점과 그 성격」, 「조선시대의 사회와 사상」, 돌베게, 1998; 이경구, 「김원행의 實心강조와 석실서원에서의 교육활동」, 「진단학보」 88, 진단학회, 1999 등이 있다.

79) 김원행 문하의 학자들에 관해서는 유봉학의 「연암일파 북학사상 연구」(일지사, 2000) 80~85쪽 참조.

는 것과 관련되고, 후자는 心을 통해 윤리적 가치지향을 보다 강화시켜 나가려는 낙학계열의 의지를 잘 대변해주고 있다. 이러한 주장들은 심을 기질과 차별화시켜 기의 제약과 한계를 넘어서 인간 본성의 여실한 구현에 도달하고자 하는 노력의 일환으로 전개된 것이다.

(1) 心과 氣質의 구분

성리학에서는 사람이 여타 동물보다 정신(도덕)적 우월성을 지니는 것은 품부 받은 원초적 氣(質)의 우수성에서 찾고 있다. 그러나 '사람다움'을 구현하지 못하고 주체적 도덕의 자각심이 부족하여 욕망의 그림자에서 벗어나지 못하는 것을 氣의 자기조절과정에서 나오는 문제로 보고 있다. 성리학자들이 덕성의 함양과 실천을 강조하는 것도 바로 이러한 기로 인한 가리움에서 벗어나 본래의 모습으로 돌아가는[復初] 의식의 주체적인 자각활동이다. 의식활등 일반은 마음[心]에 속한 것으로 인간의 본성을 비춰주는 거울이거나, 혹은 그 본성이 실현된 정서를 포괄적으로 지칭한다. 심과 기질의 관계를 논의하는 것도 바로 기의 영향력을 최소화시켜 본성의 구현을 보다 분명히 하려는 의도에서 도출되는 것이다. 앞서 살펴보았듯이 심과 기질의 문제에 주목하는 것은 낙학계열의 한 특성으로 이재 및 그 문하에서도 중요한 문제로 부각된다. 김원행과 비슷한 시기에 동문수학하였던 任聖周(1711~1788)도 스승 이재에게 보낸 편지에서 이 문제와 관련하여 의문을 제기하면서, 심의 윤리성을 확보하기 위해 기 자체에 보편적 도덕성을 부여하고, 기의 보편적 담일성을 강조해간다.[80] 또한 宋明欽(1705~1768)도

---

80) 「鹿門集」 권1, 「上陶庵先生」, 4판 좌~5판 좌. 임성주는 性論에서 초기의 인물성동론에서 인물성이론으로 전향하지만, 心論은 심이 기의 측면과 '인간의 심은 보편적으로 선하다'고 하는 두 주장의 조화를 통한 기의 보편적 담일성을 강조하였다(김현, 「녹문 임성주의 인물성론」, 「인성물성론」, 한길사, 332~334쪽).

김원행에게 보낸 한 편지글에서 未發에 대한 해명이 심과 기질의 문제가 관건임을 언급하기도 한다.[81] 이재 계열의 학자들이 기질과는 구별되는 심의 특성에 대하여 많은 관심을 지녔던 것은, 전술하였듯이 그 자신이 윤봉구와의 '心說' 논의를 통해 낙학의 입장을 충분히 대변해 나갔던 점과 무관하지 않을 것이다.

　이재의 제자이자 낙학의 종지를 이어가던 金元行도 선배 학자들이 주장하였던 개체에 내재된 理의 동질성에 따라 만물은 기의 차이를 넘어선 본성의 동일성을 지닌다고 본다. 그러나 '性卽理'의 명제를 통해 볼 때, 리에서 도출된 성과는 달리 심은 기와의 관련성에서 나오는 것이므로 어떠한 형식으로든 기와 연관되기 마련이다. 기의 차이성이 심에 어떠한 영향을 주는가, 심은 그러한 기의 제한성으로부터 자유스러운 존재일 수 있는가? 먼저 논의의 출발점으로서 김원행이 제자 李敏哲에게 보낸 편지에서 아래와 같이 性·心·氣質·形質 등 몇 가지 개념을 제시한 것을 살펴보기로 하다.

　　性의 해석은 마땅히 순선이라고 해야 하고, 心의 해석은 마땅히 지극히 신령스럽다고 해야 하고, 氣質의 해석은 마땅히 청함·탁함·깨끗함·잡박함이 있다고 해야 한다. 形質의 경우는 栗谷이 말했듯 '추함은 아름다움으로 변할 수 없고, 短身이 長身으로 변할 수 없다'라고 한 것이 이것이다. 性은 기의 理이고, 心은 기의 精爽이며, 氣質은 그 조잡한 곳이고, 形質은 더욱더 조잡한 곳이다. 형질은 국한되고 정해져 옮길 수 없으나 기질은 변화될 수 있다. 기질이 변화될 수 있는 까닭은 지극히 神靈스러운 心을 가지고 순선한 理에 짝하기 때문에 운용하여 변화할 수 있는 것이다.[82]

---

81) 「櫟泉集」권6, 「答渼湖金兄」, 29판 좌. "未發前, 渾化與不渾化, 須先理會心與氣質二與非二, 然後方可分明說破."

82) 「渼湖集」권14, 「心性氣質說示李敏哲」, 39판 우. "性之訓當曰純善, 心之訓當曰至神至靈, 氣質之訓當曰有淸有濁有粹有駁. 若形質則栗翁所謂'不可變醜爲妍·變短爲長'是已. 性是氣之理, 心是氣之精爽, 氣質是其粗處, 形質又粗

여기서 그는 형체로 고착화된 形質, 개체의 다양함을 넘어서 변화가 능성을 함유하고 있는 氣質, 지극히 신비롭고 신령스러운 心, 그리고 순선한 性 등으로 여러 개념들에 대하여 정의하고 있다. 그중 '기의 精爽'으로 정의된 心은 앞으로의 논의에서 주목할 점이다. 또한 그는 다른 글에서 심은 형이상자인 성과 비교한다면 형이하자로서의 氣이지만, 단순한 기가 아닌 '氣의 신령스러운 곳'[83]이라고 하여 다음과 같이 규정된다.

> 心의 氣와 氣質의 氣는 애초에 두 氣가 아니라, 다만 기질 가운데 신령스러운 곳을 심이라 일컬을 뿐이다. 이미 신령스럽다고 말했으니, 본래 구체적 바탕·정해진 위치나 제한 등이 없다. 비록 기질 가운데 있으나 또한 기질이 능히 제한할 수 있는 것이 아니니, 마치 「중용」에서 말하는 鬼神과도 같다.[84]

위의 인용문은 기질과 심을 둘로 구분하여 보려는 견해에 대한 반론에서 나온 것이다. 김원행은 원래 하나의 기를 관점에 따라 기질 그 자체를 의미하는 기와 기질 가운데 신령스러운 곳을 지칭하여 心이라고 분변한다. 심의 靈明知覺한 특성에 주목하여 신령스럽다고 표현한 것은 신체와 같은 구체적 형상의 제한을 넘어선 심의 자유로운 활동성을 의미한다. 앞서 기질은 개체의 淸濁粹駁의 선천적 측면을 초월해 변화가능성을 함축하고 있다고 하였는데, 그러한 변화의 가능성은 무

　了. 形質局定而不可移, 氣質可以變化. 氣質之所以變化, 以至神至靈之心, 而配純善之理, 故有以能運用而變化之耳."

83) 「渼湖集」 권8, 「答金敬簡」, 14판 좌. "心與性相對以言, 則性卽理, 是屬形而上者; 心卽氣之靈處, 是屬形而下者. 氣與靈, 雖不相離, 而氣非心靈處, 是心則靈, 豈有形象者乎?"

84) 「渼湖集」 권8, 「答李子明」, 24판 우. "心之氣與氣質之氣, 初非二氣, 只氣質中靈處謂之心耳. 旣謂之靈, 則自是無體質·無方所·無限量. 雖在氣質之中, 而又非氣質之所能囿者, 正如「中庸」所說鬼神."

형하면서 신령스러운 심이 있기 때문에 가능한 것이다. 선천적 제약을 일순간에 극복하기는 어려워도 올곧은 심성의 함양은 선한 인간으로의 변화를 가능하게 해준다. 그러므로 시공간적 제한을 받지 않는 無形의 心은 淸濁不齊한 현상계의 차별적 요인이 되는 有形한 氣質과 구별시켜야 함을 주장하는 것이다.

하나의 기를 관점에 따라 심과 기질 두 가지로 구분하여 보는 것은 현실적인 신체적 제한과 그 울타리를 넘어서려는 심리적 활동 사이의 이중성을 표현한 것이다. 다시 말해 심은 리와 기 가운데 처하여 리의 실현자임과 동시에 기의 제약을 받게 되는 것이다. 김원행은 기의 두 측면인 기질과 기의 신령스러운 곳으로 지목된 심에 초점을 두고 논의를 전개한다. 심은 고정된 실체도 아니며, 시공간적으로 제한을 받지 않는 활동성을 의미한다. 이점에서 기의 제한적인 모습과 위상을 달리하는 심은 기와의 관련성보다는 성과의 연계성에 더욱 무게가 실리게 된다. 김원행은 심과 성의 관계에 관해 다음과 같은 장문의 견해를 밝힌다.

心과 性을 서로 대비시켜 말한다면 性은 즉 理로 형이상자요, 心은 즉 氣의 신령스러운 곳으로 형이하자이다. 기와 (心의) 신령스러움은 서로 떠날 수 없지만, 기는 심이 아니요 신령스러운 곳은 심이니, 신령스럽다는 것에 어찌 형상이 있겠는가? 성과 심은 모두 형상이 없는 데도 오히려 구분을 두는 것은 다른 것이 아니라 性은 理로서 理는 情意·造作·運用 등이 없으나, 심은 기의 신령스러운 곳으로 기의 신령스러운 곳에는 곧 정의·조작·운용 등이 있는 것이다. 오직 (성에는) 정의·조작·운용 등이 없기 때문에 때에 따라서는 기질을 따라 不善함에 빠질 수 있으니, 이는 氣質의 죄이지 性의 죄가 아니다. 그러나 (마음에는) 정의·조작·운용 등이 있기 때문에 어떤 때에는 불선함에 빠지니, 오로지 기질의 죄만이 아니며 심 또한 죄가 있는 것이다. 주자의 이른바 '심은 성에 비하면 조금 흔적이 있고, 기에 비하면 자연히 신령스럽다'라는 두 구

절의 말은 (심과 성의) 두 가지 경계를 분명히 설명한 것이며 매
우 명백하다. 유가에서 성을 주로 하고 불가에서 심을 주로 하여,
사악함과 올바름의 큰 구분을 두는 이유는 이 때문이다.[85]

심과 성을 相對시켜 볼 때, 심은 정감이나 자의성 등을 의미하는 형
이하자에 속하므로 理의 내재화를 의미하는 본성과는 구별된다. 그러
나 조작 운용이 가능하다고 해서 심이 곧 기라고 보지는 않는다. 위에
서 '기는 심이 아니며 기의 신령스러운 곳이 바로 심이다'라고 언급한
것은 심은 기의 靈處[86]로서 단순한 일반적 기의 작용성을 넘어선다는
것을 의미한다. 그러나 자의적인 측면을 지니고 있기 때문에 현실적으
로 드러나는 악의 책임에서 자유롭지 못하다. 곧 악이란 본성과의 관
련보다는 육체적 감성에 따른 것[氣]과 기의 본질적 측면을 의미하는
것[心]에 기인한다고 보는 것이다. 따라서 김원행은 주자가 언급한 '심
은 성에 비하면 조금 흔적이 있고, 기에 비하면 자연히 신령스럽다'라
는 구절을 인용하면서 심을 성과 기의 두 개념과 변별하고 있다. 즉
심은 기질의 신령스러운 본질을 의미하면서도 동시에 性과 대별되어
제어해야할 대상이라는 이중성으로 귀결되는 것이다.

理와 氣 사이에 처한 심의 이중성을 김원행은 李仁歸에게 보낸 편지

---

85) 「渼湖集」권8 「答金敬簡」14판 좌~15판 우. "心與性相對以言, 則性卽理是
屬形而上者, 心卽氣之靈處, 是屬形而下者. 氣與靈雖不相離, 而氣非心. 靈處
是心, 則靈豈有形象者乎? 性與心同是無形, 而猶以爲有別者, 無他, 性是理,
理無情意造作運用, 心是氣之靈處, 氣之靈便有情意造作運用. 惟其無情意造作
運用也, 故隨有時而隨氣質而淪於不善, 是氣質之罪, 而非性之罪也. 惟其有情意
造作運用也, 故有時而隨氣質而淪於不善, 則不專是氣質之罪, 而心亦有罪焉
耳. 朱子所謂 '心比性則微有迹, 比氣自然又靈' 二句語, 於二者界分, 直是八
字打開, 大殺明白. 儒釋之主性主心, 所以爲邪正之大分者, 此耳."

86) 맹자가 언급한 '心之官則思'에 따라 전통적으로 사유능력은 심이 가진 특
성으로 인식되어왔다. 성리학자들이 주장하는 기의 신령스러운 곳도 바로
이러한 심이 지니는 사유능력을 가리키는 개념이며, 심의 인식기능은 심의
靈明함을 의미한다.

글에서도 자신의 입장을 분명히 한다. 그는 본성에 관한 논의는 이미 선배들이 극진히 토론했던 것이므로 더 이상 중복된 논의가 불필요하다고 보았다. 필요한 것은 오직 마음을 廓然大公의 상태로 유지하여 일체의 선입견이나 편견에서 벗어나 涵養하고 格致하는 자세로 매진할 것을 다짐한다. 그러한 마음을 견지하고자 하는 자신의 입장이 心에 대한 오해를 불러일으켰다고 보고, "보내준 편지에서 내가 心을 理라고 여긴다고 하였는데 이는 나의 견해가 아니다."라고 하면서 위의 단락과 비슷한 입장을 전개하고 있다.[87]

심은 성과는 달리 약간의 '흔적'이 있는 구체성을 지닌다는 점에서 분명히 理의 측면에서 논할 수는 없다. 비록 형체는 없지만 情意·造作·運用 등 의식활동이 이루어지는 기의 측면에 있기 때문이다. 그렇다면 심과 성의 구분은 심과는 다른 본성의 측면을 강조하기 위해서인가? 아니면 심의 주체적 작용을 강조하려는 것인가? 심의 리, 즉 성을 강조하려는 입장은 심보다는 리에 의한 주재성의 강조로 이어진다. 그러나 심을 리(성)와는 다른 기의 신령스러운 측면에서 보는 김원행의 경우는 강조점이 성에 있지도 않고, 그렇다고 심을 일반적 의미의 氣 차원에 국한시켜 논의하지도 않는다. 앞서 살펴보았듯이 그는 기와 기질의 논의를 통해 심의 영명성과 신령스러움 등의 특성을 부각시키거나, 기의 精爽으로서 심을 규정하였다. 이것은 心을 통해 氣와 性을 적절하게 매개시켜 균형을 잃지 않으려는 태도이기도 하다. 즉 농암의

---

87) 「渼湖集」 권8, 13판 좌. "朱子常以心爲氣之靈, 而又曰心亦有何形象. 此愚見之所本, 而亦非直以心之無形象, 與理之無聲臭爲必同也. 或者辭不達意, 致賢者之疑耶. 但心與氣質, 雖同屬形而下者, 而朱子又言"心比性則微有跡, 比氣則自然又靈." 心旣氣矣, 而又曰'比氣', 豈不以同屬於氣, 而不無精粗之可言而然耶. 故先生於訓心處, 必曰靈覺·曰神明, 而訓氣質則必曰淸濁昏明强弱粹駁而已. 由是觀之, 心與氣質之有辨無辨, 亦可以灑然無疑矣." 결국 심은 理와는 달리 氣에 속하지만 기의 신령스러운 측면으로 볼 때는 기와도 구별된다. 따라서 심을 靈覺이나 神明 등으로 말한다면, 기는 淸濁·昏明·强弱·粹駁 등으로 구분하여 표현하였다.

'卽心指性' 논리를 계승하여 氣로서 심이 지니는 기능과 작용을 인정하
지만, 그보다는 心이 지향하고 구현시켜야 될 것은 理의 내재화 상태
인 性이라는 점을 분명히 견지하고 있었던 것이다.

(2) 明德을 통한 心의 영명성 부각

「大學」의 첫 구절에서 "大學의 道는 明德을 밝히는 데 있다"라고 제
시한 '明德'개념은 心性의 문제를 규명하는 과정에서 중요한 개념으로
자리잡는다. 明德에서 '明'이란 光明이나 靈明함을 뜻하는 형용사이고,
'德'이란 선천적으로 품부 받은 덕성을 의미한다. 즉 성리학자들은 명
덕이란 사람이 선천적으로 하늘로부터 품부 받은 밝은 덕성으로 텅 비
어 신령스럽고 어둡지 않는 것으로 인간의 존엄성과 가치를 드러내주
는 것으로 이해되어왔다. 이는 선천적 한계와 욕망이 잉태한 物欲으로
부터 벗어나, 순수한 마음의 성찰을 유도하는 말이기도 하다. 따라서
그들은 物欲과 육체적 본능을 節制하고 절도에 맞게 합리적으로 發見
시켜야 도덕적 인격이 수립될 수 있다는 근거를 「대학」의 明德에 대한
개념에서 찾고 있는 것이다.

우리는 김원행의 여러 견해에서 명덕이 특히 중심개념으로 부각된다
는 점은 오희상의 다음과 같은 구절에서 확인할 수 있다.

> 朴近齋(朴胤源)가 일찍이 渼湖 金元行은 明德으로써 심을 대표하
> 는 덕을 삼았다고 일컬었는데, 그 말(心의 表德)이 비록 새롭게 창
> 조되었지만 나는 그 비유를 취한 것이 절실하고 마땅한 것을 기뻐
> 하였다.[88]

김원행은 異端보다 심한 것이 당시 세속의 병폐라고 지적한다. 따라

---

88) 「老洲集」, 25권, 「雜識」5판 우. "近齋朴丈嘗稱金渼湖以明德爲心之表德, 語
雖刱新, 竊喜其取喩切當."

서 그는 지조나 견식이 없으며 의리보다 이해를 먼저 생각하는 폐단에
서 벗어나는 방법으로 명덕을 통한 인간의 고유한 덕성으로의 회귀를
주장한다. 세속에 영합되지 않고 성인을 지향하는 마음이 본래의 덕성이
라는 것이다.89) 그는 명덕이란 인간이 고유하게 지닌 것으로 성인과 차
이가 없음을 명시한다. 범인과 성인의 동질성을 언급하는 이유는 「맹
자」에서 언급했듯이90) 행위일반의 공통된 표준과 성인으로의 지향점을
제시하려는 것이다. 선을 밝히는 도덕적 행위와 자신의 사욕을 억누르
는 절제된 행동의 지속은 내면의 고유한 심성을 자극하는 계기가 되기
때문이다. 따라서 그는 명덕을 통해 성인과의 동질성을 인식하는 것이
세속의 병폐로부터 벗어나 진정한 학자의 길로 접어드는 것이라 주장한
다. 당시 石室書院에 거주하면서 講學하는 선비들에게 학문의 장려와
동시에 爲己之學을 강조하는 그의 태도는 산림처사로서의 그의 학문태
도를 잘 대변해준다.91) 이와 같이 범인을 성인과 유비시켜 보려는 그의
태도는 그 기준이 되는 명덕에 대한 엄밀한 고찰을 수반하게 된다.

　'明德'과 관련된 당시 학계의 쟁점은 명덕을 心으로 볼 것인가, 性으
로 볼 것인가, 혹은 심과 성의 합치로써 볼 것인가에 대한 이견들이
존재해 왔다. 김원행은 1737년 「明德說疑問」이란 雜著 및 기타 편지글

---

89) 「渼湖集」 卷14, 「答洪樂莘」, 32판 좌. "夫俗者, 其目不可以勝擧, 而語其大,
　　則曰無志趣・無見識・無操守・知有利害得喪, 而不知有義理者, 皆名之爲俗.
　　其安於此, 而不知所以醫之者, 則固已矣. 然而欲醫之, 無他, 亦思吾之所固
　　有者與聖人同. 其善終不容於埋沒而自棄之者. 「大學」所謂'明德'是已. 人苟知
　　有此, 則必能勇猛發憤, 善有未明, 將有以明之, 己有未克, 將有以克之, 求以
　　至於得乎此, 而不但已也. 誠如是, 雖導之使爲俗, 亦不得矣."

90) 「孟子」, 「滕文公 上」. "顔淵曰: '舜何人也, 予何人也, 有爲者亦若是.'"

91) 그는 학문한다는 것은 장차 나의 고유한 바를 구하여 성실히 자신에게 보
　　탬이 있도록 할 따름이며, 만약 章句만을 공부하고 암송을 일삼는 것은 내
　　면에 소득이 없이 밖으로의 화려함을 추구하는 것을 유학의 적으로 간주
　　하였다. 또 강학의 방법이란 내면에 갖추어진 본성을 일상생활에서 구현해
　　내는 도덕적 행위에서 찾아볼 수 있다고 주지시킨다(「渼湖集」, 권14, 「諭石
　　室書院講生」 24~25판 참조).

을 통해 명덕과 관련된 문제를 심도깊게 논의한다. 그는 기본적으로
주자가 「大學章句」에서 언급한 다음의 명덕 개념에 기초하여 논의를
전개시킨다.

> 명덕이란 사람이 하늘에서 얻은 것으로 텅 비어 신령스럽고 어둡
> 지 않아 모든 이치를 갖추고 만사에 호응한다.[92]

일반적으로 성리학자들은 하늘에서 얻었다는 것은 德을 의미하고,
텅 비어 신령스러우면서도 어둡지 않다[虛靈不昧]는 표현은 明을 설명
하는 것으로 이해한다. 주자의 주석 자체에서는 심과 성이 구체적으로
명시되지 않고, 양 측면에 대한 혼용의 의미도 강하다. 인간이 천부적
으로 부여받은 이러한 虛靈함 자체는 心이 접할 수 있는 한 속성이자,
일반적인 심리상태가 아닌 본연의 보편적 의식이라는 점에서 性으로도
인식될 수 있기 때문이다. 리와 기의 개념 구분상 기의 범주에 속하는
심이, 만약 기질과의 차별화에 성공하지 못한다면 선천적으로 부여받
은 본체의 밝음이 있더라도 그것은 선언적 명제로 남을 뿐이다. 따라
서 김원행은 명덕을 심과 성의 합이냐, 성이냐, 심이냐 등으로 규정하
는 다양한 경우를 다음과 같이 설명한다.

> 명덕을 성으로 말하는 자도 있고, 심으로 말하는 자도 있고, 심과
> 성을 합해 말하는 자도 있다. 어느 것이 옳은지 잘 모르겠으나, 심
> 과 성을 합해 말한다면, 심과 성의 사이에 또한 賓主의 구분을 둘
> 수 있겠는가? 성으로 말한다면 성은 곧 理이니, 리는 진실로 성인
> 과 범인이 동일한 바이다. 심으로 말한다면 심은 즉 기이니, 기에
> 는 만 가지로 다름이 있어 성인과 범인의 다름을 이루다 말할 수
> 없을 것이다. 심성을 합하여 말한다면 티의 측면에서는 동일하고

---

92) 「大學章句」 1장 주석. "明德者, 人之所得乎天, 而虛靈不昧, 以具衆理而應萬
事者也."

기의 측면에서는 다르다. 같은 것이 반이고 다른 것이 또 반이니,
결국 다른 것으로 귀결될 것이다.[93]

　이 글은 김원행이 36세 때 지은 것으로 명덕에 대한 의문을 해소할
수 없는 답답함이 잘 드러나 있다. 스승 이재에게 질문도 올려보았지
만 마치 철벽이 눈앞에 있는 듯 가슴 답답함을 떨쳐낼 수 없었고, 주
자의 주석에서도 의문을 해소할 만한 명쾌한 근거를 찾기 어려웠음을
토로한다. 또한 당시 한원진 등이 명덕에 관해 주위 사람들과 논변한
것을 전해 들었으나 의견이 분분하여 통일된 견해를 찾지 못하는 등
명덕에 대한 이해는 쉽게 이해할 수 없는 난제임을 밝히고 있다.[94] 왜
냐하면 명덕은 심과 성의 합 또는 심 내지 성 등의 다양한 개념으로
환원시켜 논의될 수 있기 때문이다.
　먼저 위의 인용문에서 첫째, 명덕이란 심성이 합쳐졌다고 보는 견해
는 심성 사이에 賓主의 구분이 모호해져 심과 성의 차이를 분명히 할
수 없는 단점이 생긴다. 따라서 그는 "심과 성을 합하여 말한다면 리
에서는 같고 기에서는 같지 않으니, 같은 것이 반이고 다른 것이 또한
반이어서 끝내 같지 않은 곳으로 귀결될 것이다."[95]라고 하여 심성의

---

93) 『渼湖集』권14, 「明德說疑問」, 6판 우~좌. "明德有以性言之者, 有以心言之
　　者, 有以合心性言之者. 未知孰是. 如合心性而言之, 則心性之間, 抑有賓主之
　　可分歟? 以性言之, 則性卽理也, 理固聖凡之所同. 以心言之, 則心卽氣也, 氣
　　有萬殊, 聖凡之不同, 又不可勝言矣. 合心性而言之, 則同於理, 不同於氣, 同
　　者半, 而不同者又半, 終亦歸於不同矣."

94) 위와 같은 글, 7~8판. "元行自受讀「大學」, 卽有疑於明德之說. 讀之旣多, 而
　　愈有疑. 孤陋塞居, 不能與四方並世之賢, 上下遊從, 以去其滯. …… 譬如鐵壁
　　在前, 愈鑽而愈不可入. 每掩卷太息, 以爲聖人之言, 坦易明白, 如靑天白日,
　　朱子之聖於傳經, 旣詳言無隱如彼矣, 然而積十餘年之疑, 而不能決, 則其愚眞
　　可哀也. 近又始聞韓南塘諸丈, 亦以此往復辨難, 紛然而不能一. 然則明德之說,
　　果若是其難明者乎? 恨未嘗識其人, 不能叩之. 姑記其疑, 以與同志者講焉."
　　참고로 한원진의 명덕에 관한 견해는 1740년 59세에 「明德說」(「南塘集」
　　권30, 14~15판)에 수록되어 있다.

혼재를 우려하였다. 이것은 역설적으로 심과 성의 구분이 필요함을 표
시하는 것이다. 김원행은 율곡 이이의 심성에 관한 견해에 동의를 표
하면서도 심과 성의 합일체로 명덕을 규정하였던 것은 의미의 불분명
으로 이어질 오해의 소지가 있다고 보기 때문이다. 따라서 그는 손님
과 주인의 비유를 통해 심과 성의 차별화를 강조하는 것이다. 즉 성리
학의 개념 틀에서 볼 때, 심과 성의 개념차이는 분명한 것으로 심성의
합일이라는 표현보다는 '심이 이 성을 갖춘다'고 직접적으로 언급하는
것만 못하다고 생각하였던 것이다.[96] 또한 성의 동질성과 심의 차이성
을 염두에 두더라도 동일성과 차이성이 합해지기 때문에, 결국 성인과
일반인의 명덕이 동일할 수 없는 결과를 낳게 된다고 하여 심성의 합
일로서 명덕을 수용할 수 없다는 것이다.

둘째로, 명덕을 性으로 규정하는 경우는 性卽理의 관점에서 볼 때,
리의 보편적 동일성이라는 측면에서 성인과 일반인은 동일성을 확보할
수 있는 계기가 된다. 그러나 명덕이 지니는 虛靈不昧한 특성을 상기할
때, 현실과 이완된 본성의 개념으로 이해할 수 없는 한계에 직면할 것
이다. 그렇다면 셋째로 심성의 틀에서 마지막 남은 가능성인 심을 명덕
으로 규정할 경우, 기에 속하는 심은 현상계의 차이성을 드러내는 원인
으로 지목되므로 성인과 범인의 차별성이 선천적으로 잠재되게 된다.
이 경우 인간에 내재된 보편적 도덕성이란 의미를 상실되고, 유가가 지
향하는 성선의 입장과도 배치되는 결과를 낳는다. 이러한 난점 때문에
그는 명덕을 심성으로 규정하는 데 어려움을 토로하였던 것이다.

김원행은 그 대안으로 명덕을 성보다는 심의 특수한 심리임을 여러
곳에서 주장하면서, 기와 변별되는 心에 초점을 모은다. 이때의 심이란

---

95) 「渼湖集」 권14, 「明德說疑問」, 6판 좌. "(明德)合心性而言之, 則同於理, 不
同於氣, 同者半, 而不同者又半, 終亦歸於不同矣."

96) 「渼湖集」 권7, 2판 좌~3판 우. "栗谷合心性之說, 其意正亦如此. 但語意渾
淪, 似若少賓主之分, 未若直云此心之具此性者."

현상계의 차별적 근거를 제공하는 일반적 기와는 다른 각도에서 접근한다. 즉 이 문제는 심이 기에 속하면서 일반적인 의미의 기품과 구별이 가능할 것이냐는 문제로 연결되는 것이다. 그는 먼저 주자의 '虛靈不昧'로 주석된 명덕은 형체가 없고 자취도 없는 理와는 구별된 것임에 주목한다.

> 명덕이 심이냐 성이냐는 달리 논할 것이 아니라. 다만 주자의 주해에서 '사람이 하늘에서 얻은 바로 뭇 이치를 갖추고 만사에 응한다'는 몇 구절에 근거한다면 또한 분명해질 수 있다. 하늘에서 얻은 바는 德을 말함이요, 虛靈不昧는 明을 이름한 것이다. 대체로 하늘에서 얻은 것이란 다른 것이 아니라. 다만 이 허령불매한 것일 뿐이다. 性卽理이므로 리는 본래 형태나 자취가 없으니, 허령으로 말할 수 없을 것이다. 그렇다면 虛靈不昧 네 글자는 마땅히 성으로 보아야 하는가, 심으로 보아야 하는가? 또한 뭇 이치를 갖춘 것은 성이요, 만사에 응하는 것은 정이며, 리를 갖추고 만사에 응하는 것은 심이다. 장재의 이른바 '心統性情'이요, 주자가 '심이란 성정의 주체라고 말한 것'이 이것이다. 이로써 본다면 明德을 心이라 말하지 않고 무엇이라고 하겠는가?[97]

「대학」'明德'에 대한 주자의 주석에서는 하늘에서 얻은 것이란 바로 虛靈不昧한 심으로 주석하고 있다. 김원행은 허령이란 형태나 자취를 지닌 구체적 대상은 아니지만, 인간의 心속에 감지되는 또 하나의 특수한 심리상태에 속한다고 보았다. 또한 그때의 심이란 뭇 이치를 갖추고 만사에 호응할 수 있는 통합적 구조라는 점을 첨부시켜 이해한

---

97) 「渼湖集」 권9, 23판 우. "明德之爲心爲性, 未論其他, 只據朱先生註解 '人之所得乎天, 具衆理膺萬事數句, 亦可以曉然. 所得乎天, 德之謂也, 虛靈不昧, 明之謂也. 蓋得乎天者, 無他焉, 只此虛靈不昧底物事而已. 性卽理, 理自是無形無跡, 不可以虛靈言. 然則虛靈不昧四字, 當以性看乎, 以心看乎? 且其衆理是性也, 膺萬事是情也, 其之應之是心也. 張子所謂心統性情, 朱子所謂心者性情之主是也. 以此觀之, 明德不謂之心, 而將何以哉!"

다. 張載가 제시했던 '心統性情'의 구도에서는 統이란 심이 성과 정의 包括한다는 것을 의미하기도 하고, 성이 존으로 구현되는 主宰的 역할을 담당하기도 하는 포괄과 주재의 이중적 의미를 지닌다.[98] 김원행이 '심이란 성과 정의 主宰'라는 주자의 말을 인용하였음을 비추어볼 때, 그는 주로 心의 主宰的 側面에서 명덕을 이해하고 있음을 알 수 있다. 그가 '명덕을 심이라 말하지 않고 무엇이라 말하겠는가?'라고 반문하거나, "명덕이란 심의 또 다른 이름이다"[99]는 것은 기의 제한을 넘어서 심의 위상을 강화시켜주는 언급이다. 아울러 김원행이 인간에 내재된 덕성을 心이라고 말하지 않고 명덕으로 언급한 다음의 인용문은 심을 명덕으로 언급하고자 하는 그의 本意를 암시해준다.

> 심이라 말하지 않고 명덕이라 말한 것은 극존칭한 말이다. 심이 귀중한 것은 바로 性을 갖추고 情을 실행하기 때문이다. 그렇지 않다면 어찌 虛靈不昧라고 이르겠는가? 심을 논함에 이것(性)을 주로 하지 않는다면 하나의 휘황찬란함에 지나지 않을 것이다. 이것은 불교에서 사용하는 경지이니 어찌 귀하다고 하겠는가?"[100]
> 명덕이란 기의 허령한 것으로 모든 리를 함유하여 찬연히 가운데 있는 것을 가리켜 말한 것이니, 이른바 '하늘에서 얻었다'는 것이 이것이다. 심이라 하지 않고 명덕이라 말한 것은 사람들이 오로지 氣라고 하는 것에 해당시킬까 걱정해서이다. …… 하늘의 밝은 명령은 리이지 기가 아니다. 주자는 이를 해석하여 '하늘이 나에게

---

98) '心統性情'의 구도에서 심의 포괄성이란 무형적 존재인 심에 성과 정 어떤 두 가지 양상이 동시에 겸하는 것이지 구조적으로 분리하여 이원화할 수 없음을 의미한다. 반면에 심의 주재성이란 내재된 본성의 확인과 정으로의 발현이라는 주재기능의 강화로 이어진다(이형성, 「한주 이진상의 성리학 연구」, 성균관대 박사학위논문, 2001. 141~160쪽 참조).

99) 「渼湖全集」, 「渼上錄」 421쪽. "明德者, 心之別名."

100) 「渼湖集」 권9, 23판 우. "不曰心, 而曰明德者, 是極其尊稱之辭. 蓋所貴乎心者, 正以其具是性, 而行是情耳. 不然, 何足謂之虛靈不昧耶? 論心而不主乎此, 則不過一箇光爍爍地, 此佛者所弄之光景, 亦何貴哉?"

준 것으로 내가 덕으로 삼는 근거이다'라고 하였다. 이로부터 본다
면, 덕을 어찌 치우치게 氣로써 해당시킬 수 있겠는가?[101]

위의 두 인용문처럼 김원행은 심이 귀한 이유를 심 자체에서 찾지
않는다. 먼저 그는 심이 명덕과 동치되는 이유를 그 속에 본성을 갖추
고 만사에 감응할 수 있는 속성을 지니고 있기 때문으로 본 것이다.
특히 본성의 내재함은 인류가 지닌 성선의 실현을 위한 기초가 되므로
심이 명덕으로서의 의미를 갖게 되는 것이다. 따라서 명덕을 심으로
규정하더라도 그 본질적인 의미는 심속에 내재된 성, 그리고 그 성을
정으로 구현시켜주는 주재적인 의미에 초점이 있는 것이다.

두 번째 인용문에서도 그는 천부적으로 부여받은 德을 氣의 의미가
아닌 理로 보기 때문에 하늘로부터 부여받은 명덕 역시 기를 결부시켜
생각할 수 없다고 하였다. 그러므로 명덕을 심으로 동치시켜 설명할
수는 있어도, 역으로 심을 곧 명덕으로 규정하는 데는 찬동하지 않는
것이다. 예컨대 착한 사람은 인간에 속하지만, 인간이 모두 착한 사람
으로 볼 수 없다는 주장인 셈이다. 이와 같이 김원행은 명덕과 동일시
되는 심의 성격을 통해 심에는 기품의 영향과는 무관한 영명한 특성을
부각시켜나가는 토대를 마련해 간다. 이때의 심이란 기질의 측면에서
정의된 심이 아닌, 虛靈不昧한 상태에서 본성이 구비된 모습을 지칭하
는 것임은 재론할 필요가 없을 것이다. 그러나 명덕의 측면에서 강조
된 심은 그 순선한 점은 부각될 것이지만, 동시에 기품의 차이를 벗어
나 '本心'의 강조로만 이어지는 공허성도 배제할 수 없을 것이다. 낙학

---

101) 위와 같은 책, 권7, 2~3판. "明德者, 蓋指氣之虛靈, 而含具萬理, 燦然在中
而言. 所謂得乎天者是己. 不曰心, 而曰明德者, 蓋恐人之專以所謂氣者當之
也. (栗谷合心性之說, 其意政亦如此. 但語意渾淪, 似若少賓主之分, 未若直
云, 此心之具此性者. 然其以德爲不可偏主乎氣則可知矣.) 天之明命, 理也非
氣也. 朱子釋此, 乃以爲天之所以與我, 而我之所以爲德者. 由是觀之, 德者豈
可偏以氣當之哉!"

의 학풍이 호학으로부터 주로 비판받는 것은 현실을 무시한 논의내지 불교와 가까운 논의로 여겨지기 때문이다. 따라서 김원행은 명덕을 심의 허령지각이라는 특별한 영역으로 규정하고, 동시에 그 속에는 본성의 내재성을 분명히 하면서 氣(稟)의 영역과 일정한 구분을 두려는 양자의 긴장감을 멈추지 않는 것이다.

일반적으로 기품 차원에서의 심은 성과 대비되어 기의 측면에 속하기 때문에 선과 더불어 악이 존재하는 근거가 되기도 한다. 그렇지만 명덕과 동치될 수 있는 심은 기품의 차원이 아닌 심의 밝은 곳(光明)을 가리킨다. 호학의 대표자인 한원진 역시 이러한 측면에서 볼 때 심과 명덕은 둘이 아닌 하나의 의미로 간주될 수 있지만, 심은 기품이 그 가운데 내재된 상태라면 명덕은 심의 광명한 곳을 가리킨다고 양자를 분변하고 있다.[102] 단 이때 명덕과 동일시되는 심이란 기품의 의미를 배제한 광명한 심이므로 선악을 말할 수 없는 가능성 차원에서 논리를 전개시킨다. 즉 한원진의 견해는 실제로 기가 작용하지 않는 상태이기 때문에 미발에서 대본의 순선함에 영향을 받지 않는다거나, 單指할 때의 본연지성이 가능하다는 논리와 맥을 같이 한다. 반면에 김원행은 기에 속하는 심의 속성과 기품의 차이를 분명히 전제하면서, 논리적으로 기품의 영향력을 배제시킨 상태가 아니라, 명덕과 동일시되는 심이란 실제로 현존하는 심리현상임을 주장한다. 즉 명덕이 지니는 순수한 상태란 우리 마음의 한 부분으로 언제나 자리해 있다는 낙학의 학풍을 여실히 보여주는 것이다.

이상에서 살펴본 바와 같이 김원행이 주목하는 심은 성과 정을 주재하는 것 또는 허령불매한 성격을 지닌다는 점에서 명덕과 동일한 개념으로 전이된다. 그러나 '명덕＝심'이라는 개념 규정 속에는 왜 인간 이외

---

102) 「南塘集」 권30, 「明德說」, 14판 우. "心與明德, 固非二物, 就其中分別言之, 則心卽氣也. 言心則氣稟在其中, 故有善惡. 明德此心之光明者也. 言明德則只指心之明處, 本不拖帶氣稟而言, 故不可言善惡."

의 존재자에는 명덕의 개념을 부여할 수 없는가, 기에 속한 심을 명덕으로 동일시 할 경우 명덕의 순수성이 기질의 의미 속에 사장될 수도 있다는 점을 어떻게 배제시켜 나갈 것인가 등의 논의도 해명되어야 할 것이다. 명덕을 심으로 규정할 때 심이 지닌 성격은 기질의 제한을 벗어나려는 심의 가능성 여부를 타진하는 것이므로 다시 심과 기질의 관계로 환원되면서, 문제의식을 보다 분명히 전개해나가는 계기가 되기도 한다.

또한 김원행의 명덕과 관련된 논의는 동물에 비하여 正通한 기운의 소유자인 사람의 가치를 재확인시켜주는 근거로 활용되기도 한다. 그는 주자가 명덕에 관한 주석에서 物이 아닌 人만을 사용한 것에 주목한다. 즉 명덕이란 사람이 하늘에서 얻은 것으로 사람 이외의 여타 존재자는 명덕의 개념을 같이 할 수 없다고 보는 것이다.[103] 김원행은 명덕의 개념은 사람에게만 사용할 수 있고 동물의 경우에는 사용할 수 없다고 보았는데, 동물은 선천적인 기질의 차이를 벗어나지 못하기 때문이다. 그러므로 만물은 '비록 성이 내재되어 있더라도 발휘낼 수 없으므로 심이라고 말할 수는 있어도 명덕이라고 일컬을 수는 없다'라고 단정하는 것이다. 반면에 정통한 기를 타고난 사람은 靈明活化하고 神妙不測하여 심리적 변화를 통한 합일의 가능성이 있고, 그러한 근거를 심에서 확인할 수 있다고 주장한다.[104] 性의 보편적 동질성과 기로 인

---

103) 「渼湖集」 권8, 35판 우. "人則稟其正且通者, 故其心能虛靈洞徹, 可以具衆理而應萬事. 朱子之釋明德, 必曰人之所得乎天, 而物則不與者此也.", 「대학」에서 제시하는 명덕의 개념이 인과 물의 차이를 설명한다면, 「중용」에서 언급한 性命은 인간을 포함한 모든 존재자 사이의 공통적인 특성으로 이해하기도 한다(「渼湖全集」, 「渼上經義」 505쪽).

104) 위의 책 권8, 「答房錫弼」 35판 우~좌. "人與禽獸, 固皆同得天地之理氣, 以爲心性. 然性則通, 同是一理, 初無人物貴賤之殊, 而心出於氣, 氣則有偏正通塞之分. 人則稟其正且通者, 故其心能虛靈洞澈, 可以具衆理而應萬事. 朱子之釋明德, 必曰'人之所得乎天, 而物則不與' 此也. 物則稟其偏且塞者, 故其心便爲他所局殺. 如泥水相粘, 不可復開, 雖亦有性在裏, 無以發揮出來. 是則可以謂之心, 而不得謂之明德矣. 衆人之於聖人, 其氣之淸濁粹駁, 雖若懸絶, 而皆出於正且通者, 則其精英之聚, 便自靈明活化 神妙不測, 濁者可使

한 心의 차이성에 기초하면서도 명덕의 경우는 인간만이 소유한다는, 즉 도덕적 가치구현은 인간만이 가능하다는 주장은 인간과 여타의 존재자를 구별하는 큰 변별고리로 간주했던 것이다. 또한 이것은 도덕의 구현가능에 대한 신뢰를 통해 인간의 고구한 존엄을 확인하려는 洛學의 흐름을 반영해주고 있다.[105]

爲淸, 駁者可使爲粹, 而及其至之一也. 所謂人皆可爲堯舜者, 不獨性爾, 所以能該載而發用之者, 亦不能無賴乎此焉."

[105] 본 연구는 김창협에서 김원행에 이르는 낙학계열의 맥을 쫓아 탐구하였다. 이외에도 김원행의 학맥을 잇는 다음과 같은 다양한 흐름에 대해서 관심을 가져야 할 것이다.

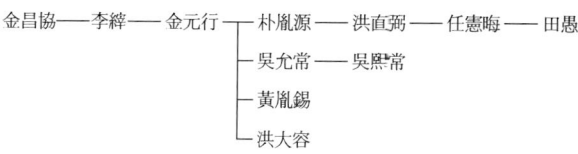

결　론

현대는 과학기술의 성과에 힙입어 두뇌활동의 일환으로 마음을 이해하거나, 주관적 가치를 절대화함으로써 도덕의 내용과 실천이 때로는 각자의 자의적 선택으로 돌려지기도 한다. 이와 달리 性理學에서는 心이란 일반적 정감 이외에도 도덕의식이 내재되어 있음을 확신하고, 그를 통해 도덕의식의 현실적 구현방안을 모색해갔다. 예를 들어 人心이 몸의 영향(욕구)으로 말미암아 무절제한 욕망으로 빠져드는 人欲을 경계하고 天理와 대비시킴으로써 그 경계선을 분명히 하고자 하였다. 조선 전기 四端과 七情을 理氣로 환원하여 해석하려는 四七論辨도 情의 의미와 유래 등의 차이를 통해 도덕의식의 명료화를 꾀하려는 노력이었다. 이 과정에서 理氣心性의 정합적 논리구성은 退溪와 栗谷의 시각 차이에서 보여주듯 다양한 인간이해의 典範들로 제시되었다.

그러나 여전히 고려해야 할 점은 그 도덕적 마음도 결국 악의 원인을 내포하고 있는 氣의 범주에 속하므로, 氣로 환원되지 않는 心의 고유한 도덕적 영역을 어떻게 이해하고 구현시키느냐이다. 이러한 맥락에서 心과 관련된 문제는 조선 후기 湖洛論辨, 특히 洛學系列 학자들 사유의 저변에 흐르는 중요한 주제였다. 그러나 湖洛論辨에 관한 기존의 연구가 주로 權尙夏 문하의 韓元震과 李柬의 논변으로 집중되면서 논의의 맥락과 흐름을 이해하는 데 어려움을 줄 뿐만 아니라, '洛學'이 의미하는 서울·경기지역 학풍과 영향력을 포괄해낼 수 없었다. 따라서 이 연구에서는 논의의 시점과 대상을 조금 앞당겨 서울·경기지역 낙학계열 학자들의 宗匠으로 일컫어졌던 農巖 金昌協의 철학사상을 살펴보았던 것이다.

農巖은 주자학을 표방하는 老論執權層의 대표적인 인물로 17세기 말에서 18세기 초 조선의 政界 및 學界에서 중요한 영향력을 지녔다. 농암을 중심으로 하는 安東(壯洞) 金門은 尤庵 宋時烈을 이어 노론 측을 대표하면서 조선 후기 문화 및 사상의 주요 진원지 역할을 담당하였다. 농암은 대대로 영의정을 지내던 名門家 출신이었으나, 南人의 재집권에 따른 己巳換局으로 송시열 및 부친의 죽음을 목도하는 등 극심한 명암이 교차되던 삶을 보냈다. 그의 증조부였던 金尙憲 등이 보여준 忠節意識은 주자학의 철저한 존숭 및 北伐大義論을 제창했던 송시열과 정치적 공조를 이루었으며, 양측을 학문적으로까지 결합시킨 중심인물은 농암이었다. 앞 시대가 국가기강의 재정립을 위해 서인과 남인 사이의 갈등이 禮訟問題 등으로 표면화되었다면, 농암에게 있어서 중요한 문제의식은 서인 내부의 노론과 소론의 갈등을 조정하고 시대지표를 되새기는 일이었다. 그는 송시열에 대한 변호와 노론 측의 입장에서 소론 측 朴世堂의 견해에 대해 학문적으로 辨破해 나갔다. 또한 淸과의 관계나 탕평론 등에서 현실변화에 유연하게 대처했던 이면에는 장인이었던 李端相 및 趙聖期·林泳 등과의 교류를 통한 서울·경기지역 학풍의 영향도 있었다는 점은 간과할 수 없다. 이와 같이 농암은 주자학의 전통적 시각으로부터 이탈되기 시작하던 당시 사상계의 동향에 정면으로 대응하고 노론 측에서 의도했던 주자학으로 선회시키는데 주력하였다. 필자는 그러한 농암의 사상적 기반으로 心의 문제에 초점을 맞춰 四端七情論, 人性物性論, 未發·知覺論 등으로 분류하여 고찰하였다. 이하는 본문의 내용을 간단히 요약하면서 그의 사상이 주는 의미에 대하여 살펴보겠다.

먼저 사단칠정론에 대한 퇴계와 율곡의 견해 차이가 농암에게서 어떻게 이해되고 있는가를 검토하였다. 그가 작성한 「四端七情說」은 퇴계 및 율곡의 사상이 부분적으로 어우러져 있다는 점에서 문집간행 때 누락되거나 율곡계열의 정통을 자처하는 학자들[湖學]로부터 소외당하는 등 논란의 소지가 있었다. 농암은 퇴계가 사단의 근거를 理의 발현으로 言表하면서까지 도덕 영역을 확보하려 했음에 경의를 표하면서도, 퇴계의 理發이란 표현에서 사단과 칠정이 별개의 情처럼 구별짓는 오해를 불러일으키는 점을 간과하지 않는다. 농암 역시 사단과 칠정을 主理와 主氣의 표현을 사용하여 설명하지만 그 含意는 퇴계설과는 차이를 보인다. 사단을 퇴계처럼 理의 발현에서 유래와 의미를 찾는 것이 아니라, 氣의 영향력이 배제된 상태[不干氣事]에서 조명하기 때문이다. 즉 理氣가 공존하는 현실에 기반을 두고 기의 간섭이 없이 순수한 도리가 드러난 主理의 측면에서 사단을 규정하며, 퇴계의 互發說을 心의 차원으로만 한정하기도 한다. 이와 같이 그가 사단의 규정을 기의 영향력 여부로 전이시킨 것은 기의 간섭을 배제한 상태에서 누구나 칠정으로 환원되지 않는 순수한 도덕적 마음이 실재함을 의미한다. 이것은 율곡의 의도가 氣 속에 내재된 理의 의미를 간과하지 않더라도 氣發一途라는 표현으로 말미암아 자칫 理의 의미가 퇴색될 수도 있다는 우려에서 나온 것이다.

그러나 도덕영역의 지나친 강조는 현실에서 이탈가능성을 내포할 수도 있다. 이 때문에 농암은 理란 현실에 기초하여 정립된 개념으로 氣를 벗어나 별도의 지표가 될 수 없음을 강조한다. 즉 사단은 선악이 공존하는 칠정과는 다르지만 결국 인간의 마음에서 나오는 특정한 情이라는 것이다. 이런 측면에서 율곡이 사단을 정의 연장선상에서 파악하는 것에 동의하지만, 본체의 순수한 마음의 영역을 확대시켜 나가기 위해 몇 가지 보완책을 제시한다. 즉 인간의 정감작용은 단일한 형식으로 귀결되는 것이 아니라, 객관적 상황에 따라 다양한 반응양상을 보인다는 것이다. 농암은 經緯錯綜의 논리를 다양한 상황에서 순수한 도덕의식이 발현될 길을 넓히는 방법으로 활용한다. 또한 그는 선악이 모두 기로 인해서 결정된다는 율곡의 표현이 자칫 경직된 사고를 불러일으킬 수도 있다고 보았다. 따라서 그는 理氣勝負를 통해 지극히 악한 사람일지라도 기의 청탁을 불문하고 사단이나 道心의 발현 가능성을 최대한 열어놓았던 것이다. 사람은 기질에 의해서만 결정되는 것이 아니라, 주어진 상황이나 반응양상에 따라 누구나 도덕적 감정을 드러낼 수 있다고 보기 때문이다. 이와 같이 농암은 퇴계가 확보하고 싶은 사단의 순선한 의미와 情을 토대로 性善의 가치 실현을 도모하려는 율곡의 의도를 종합적으로 성찰하는 태도를 보여준다.

퇴계와 율곡의 사단칠정론에 대한 농암의 心性에 대한 이해는 3장에서 살펴보았던 人性物性論에 관한 견해에서도 확인된다. 기의 제한을 극복하기 위한 도덕적 마음의 확충을 위해서는 그 근거와 기준이 되는 본성의 정립이 요청되었다. 농암은 초년에 「性惡論辨」을 작성하여 맹자의 도덕적 본성의 선함을 역설하고, 불교에서 靈明知覺한 심을 강조하는 것은 性을 소홀히 하여 유학의 지향점과는 다르다는 논리를 전개하였다. 본성에 소홀한 마음의 수양에서는 도덕의식이 차지할 영역이 크지 않다고 보기 때문이다. 따라서 농암은 순자의 오류가 '性과 氣를 변별하지 못하여 선악의 근본을 탐구하지 않은 것'이라 비판하였고, 불교의 靈明한 本心의 각성을 촉구하는 주장에서 性(理)에 대한 인식의 결여를 지적하였다.

性과 氣, 心과 性의 변별을 통해 그 준칙과 기준으로서 도덕적 본성이 모든 존재자에게 동일하게 내재되어 있다는 주장은 人性·物性논의를 전개하는 농암의 기본 출발점이기도 하다. 그러나 초년에는 기의 제한으로 말미암아 개체의 본성에도 차이를 가져올 수밖에 없다는 견해를 피력하기도 한다. 이는 훗날 호학 측의 입장과 맞물리는 것으로 낙학내부에서도 비판과 재검토가 있었다. 그러나 말년 저작인 박세당의 「思辨錄」을 비판하는 글과 「雜識」 형태의 글 등에서는 人物性同論과 유사한 내용들을 찾아볼 수 있다. 인과 물의 분리를 통해 사람의 주체적 대응과 수양을 강조하려는 박세당의 주장은, 인간을 포함한 만물이 모두 천리의 내재화로 인해 동일한 본성을 갖추고 있다고 생각하는 농암으로서는 받아들일 수 없었다. 왜냐하면 만물과 분리된 인간중심의 사유경향은 모든 현상을 외부와의 교접에 따른 情의 발현으로 간주하게 되어 천리를 망각한 상태에서 情에 따라 방종하게 될 수도 있다고 보기 때문이다.

또한 모든 존재가 동일한 본성을 갖추고 있다고는 하지만, 농암도 일반적인 성리학자들처럼 현실적으로 존재하는 不善의 원인을 氣의 편차로 돌린다. 그러나 그러한 관점이 성의 순선함 자체에 대한 회의를 의미하지는 않는다. 오히려 기질로 인한 현상적 차별성에도 불구하고 굴절되지 않는 준칙과 그 근거로서 性이 항상 실재한다는 신념으로 이어진다. 이 점은 「四端七情說」에서 천리는 기의 청탁여부에 관계없이 엄폐되지 않고 구현될 수 있다는 견해와 맥락을 같이한다. 그는 기의 편차에도 불구하고 그것은 성의 본연한 모습의 왜곡일 뿐이므로 정통한 기운의 품수자인 사람은 내면에 갖춘 五常을 온전히 具現할 수 있다고 보았다. 반면에 사물은 기운의 편색한 것을 품부 받음으로써 오상의 일부만을 발휘할 수 있을 뿐이라고 생각하였다. 즉 기의 편전여부에 따라 오상의 구현여부가 달라진다는 것으로 내재된 본성의 구현이라는 지향과정을 중시하는 것이다. 따라서 인간에게는 보편적으로 내재된 천리를 구체적인 마음의 활동 속에서 구현하겠다는 적극적인 노력의 촉구가 필요하다는 것이다. 바로 여기서 농암은 마음이 지향해야 될 본성의 명확한 설정과 그 구현노력에 따라 금수와 차이나는 인간 존엄의 계기를 모색했던 것이다. 이와 같이 기질에 얽매이지 않고 본성의 현실적 구현여부에 초점을 두려는 사유는 낙학계열 성리학자들의 공통적 의식으로 뿌리 내린다.

未發과 知覺에 관한 4장의 내용은 이상에서 살펴본 心性, 특히 心의 문제가 구체화된다. 박세당은 미발상태를 통해 천리를 보존하려는 노력의 무의미함을 주장한다. 천리의 본연함이 心明을 통해 이미 우리 마음속에 갖추어져 있으므로 특정한 의식상태를 애써 찾거나 보존하려는 미발의 태도는 잘못이라는 것이다. 그러나 미발의 의미를 학문의 큰 근본으로 삼고 있는 농암의 입장에서는 미발을 부정하는 그의 견해가 수용될 수 없었다. 박세당의 미발 부정은 靜의 영역에 대한 放棄로서 已發의 動상태만을 인정하는 왜곡을 낳게 될 수도 있다고 보기 때문이다. 따라서 농암은 감정의 발산 이전인 湛然虛明한 미발상태를 心의 한 측면으로 인정하는 것이 천리의 본체를 보존하는 방법이라고 주장한다.

농암은 미발의 實在를 강조하기 위해 외형적 안정과 심리적 평정을 구분하여, 단순히 외부대상과 접촉 이전의 동요됨이 없는 상태를 미발의 본래 의미로 간주하지 않는다. 그는 미발개념의 성립에 필요한 두 가지 측면, 즉 외면적 안정과 더불어 혼연한 천리로 가득 찬 虛明湛一의 기상까지 포함시켜 논의한다. 미발과 관련된 이러한 시각은 호락논변에서 용어사용의 선택만을 달리할 뿐 끊임없이 반복되는 기본 구도로 자리잡는다. 농암은 심리적 주재성을 강조하기 위해 「中庸」에서 제시한 不覩不聞을 주관과 관계를 맺기 이전의 객관상태인 '境'으로 설정한다. 아울러 자각 이전인 '心'의 측면을 고려하여 주체적 노력의 필요성도 강조한다. 또한 動과 靜을 관통하는 포괄적 의미에서 敬을 통한 미발상태의 보존과 함양을 주장한다. 의도적인 미발공부의 무의미성은 배격하면서도, 현실에서 中節로의 승화를 위해 그 근거로서 미발에 대한 노력이 필요하다는 것이다. 아울러 그는 일반 사람들이 지니는 미발의식을 부인하지는 않지만, '喪失의 측면'에서 성인과 차별화시킨다. 이는 미발공부를 통하여 성인의 심리상태로 전이를 촉구하는 기반이기도 하다.

또한 知覺論議와 관련하여 농암은 '知覺은 心의 작용이지 智의 작용이 아니다'라는 주장을 통해 당시 담론을 형성하는 구심적 역할을 담당했다. 농암은 智는 옳고 그름을 분별하는 道理이며, 반면에 知覺은 심의 用이므로 양자는 구분할 필요가 있다고 보았다. 동시에 智의 속성인 分別에 주목하여 分別하는 주체[能]와 분별의 대상[所]인 是非를 엄밀히 구분하면서 智와 知覺의 내재적 연관관계를 모색하기도 한다. 이와 같이 智와 知覺의 관계를 구분과 연관을 통해 검토하는 것은 심성문제의 해명과 깊은 관련을 지니면서 심의 문제를 중심으로 주자학을 재조명하는 계기가 되었다. 그는 또한 주자의 '心의 知覺은 바로 이 리를 갖추고 이 정을 실행시키는 것이다'는 것에 근거하여, 옳고 그름을 판단하는 근거인 智(性)를 갖추는 동시에 현실에서 그러한 본성을 구체화시키는 情을 깨닫는 心의 역할을 중시한다. 즉 본체인 智와 구체적 심리활동인 情은 '心의 知覺'을 통해 상호 매개된다는 측면에서 주목해야 된다는 것이다.

또한 지각은 體와 用을 겸하며, 寂과 感을 관통한다는 농암의 주장은 이희조처럼 지각을 심의 작용으로만 파악하여 현실의 움직임 속에서만 규정하려는 것과는 대조를 이룬다. 이에 대해 농암은 지각이 단지 가능성뿐만 아니라 현실로 구현되기 이전의 미발상태에서 지각의 體가 엄연히 존재한다고 주장한다. 지각이라는 심의 구체적 근거가 있어야만 未發도 의미를 지니고, 우리 인간이 본체로 연결될 수 있는 가능고리를 확보할 수 있다고 보기 때문이다. 미발의 때에 함양공부를 강조하는 것은 바로 虛靈하고 知覺의 가능성이 내재된 心을 통해 주체 속에 살아 숨쉬는 性의 의미를 재검토하는 계기를 마련한다. 이것은 기존의 주자학에서 강조돼온 性의 의미가 心의 문제로 초점이 전이되었음을 의미하는 것이기도 하다. 그러나 농암이 지각논의를 통해 보여주었듯이, 性은 주체인 심과 분리된 지향점이었다. 그가 시도했던 知覺과 智의 분리는 심과 성의 구분을 염두에 둔 것이요, 미발상태에서 지각의 본체가 가능태로 존재한다는 것은 심의 함양을 통해 본체와의 합일 가능성을 모색하는 것이다. '심의 측면에 나아가 성을 지칭해야 한다'[卽心指性]는 그의 주장은 바로 당시 학자들이 간과하기 쉬운, 혹은 다른 의미로 변용의 가능성이 있었던 心에 대한 관심을 주자학적 시각에서 재조명한 것이다. 그러나 심과 성의 분리와 합일을 지향하기 위해서는 氣의 영향력을 최소화 시킬 필요가 있었다. 이것은 농암 이후 심을 강조하는 낙학계 학자들의 주된 관심사였고, 반면에 현실이탈 가능성을 지적하는 호학 측의 비판대상이었던 것이다.

끝으로 5장에서는 농암에 대한 湖學과 洛學계열 학자들의 비판과 전개양상을 살펴보았다. 호학에서 농암사상에 대하여 적극적 비판을 전개한 韓元震이었으므로 그를 중심으로 호학의 입장과 농암사상과의 변별성을 찾아보았다. 한원진이 보기에 농암은 사단과 칠정을 구분하여 각각 리와 기에 강조점을 둠으로써 현실과 분리된 또 다른 맥락에서의 본연한 선이 우리 마음에 별도로 있다는 오해의 소지를 남겼다는 것이다. 따라서 그는 사단을 순선한 정감으로만 규정짓는 낙관적 태도를 비판하고, 사단 속에는 악의 종자도 있으며 人心은 이 사단을 벗어난 별도의 마음이 아니라고 보았다. 또한 한원진은 知覺과 智를 분리하여 심성관계를 해명하려는 농암의 지각논의를 검토하면서, 지각의 본체는 智이므로 심과 관련시켜 이해해서는 안 된다고 주장한다. 모든 존재는 性인 智와 분리될 수 없으므로 知覺은 未發(에서의 가능성)과 已發(에서의 현실성)에서 모두 존재한다는 것이다. 즉 그의 의도는 지각을 智의 體·用과 관련시켜 性의 실재에 초점이 맞추어져 있다. 이것은 농암처럼 智는 '心의 知覺'을 통해 우리가 지향해야 될 목표점이지 현실은 아니라는 입장과는 다른 점이다.

한원진과 대별된 李柬의 견해는 맹자의 本心을 통해 재검토하였다. 이간에게는 마음의 구현양태에 따라 본래 갖추어졌다고 보는 本心이 보존되느냐, 보존되지 못하느냐가 관건이었다. 그는 선천적으로 내재된 기질의 실재를 거부하지는 않지만, 언제나 그리고 분명히 존재하는 본래 밝은 본체를 우리 마음에서 확인해야 됨을 주장한다. 그를 통해 선천적인 기질의 한계를 인정하면서도, 동시에 그것을 넘어선 도덕적 마음의 확충과 구현을 지향하였던 낙학의 학풍을 재확인해 볼 수 있을 것이다.

그러나 심과 기품의 차이를 의도적으로 구분하여 心性一致를 도모하려는 이간의 견해에서, 그의 사상이 농암계열의 흐름과는 다른 방향으로 전개되는 근거를 찾아볼 수 있다. 농암의 경우는 선천적 기질의 제한을 인정하는 가운데 심의 가변성과 본성의 구현가능성을 性·情의 매개수단인 心을 통해 균형 있게 유지하려는 노력을 잃지 않았기 때문이다. 반면에 이간처럼 心性一致를 통한 극단적인 本心의 구현노력은 오히려 한원진의 지적처럼 氣稟과 心을 지나치게 구분하여 二心二性으로 흐르게되었다는 비판적 요소도 내포되어 있었다.

아울러 농암사상을 이어가던 李縡와 金元行의 견해를 통해 낙학의 전개양상도 살펴보았다. 이재는 한원진의 기질중시에 대한 비판적 견해를 통해 기질과 본연의 차이를 선명히 전개하는 한편, 윤봉구와의 心說論辨을 통해 성인과 범인이 지닌 심의 동일성 여부를 논의한다. 그는 심이란 性과 氣, 혹은 理와 氣의 합치점이자 본성구현의 기초가 되는 것이므로 심을 기로만 한정하는 것에 반대했다. 또한 김원행은 이재의 사상을 계승하면서 明德을 심의 또 다른 이름이라고 하여 명덕에 많은 관심을 기울인다. 그는 명덕과 동일시되는 심은 虛靈不昧한 상태로 기의 영향 이외에도 영명한 특성이 있음을 부각시켜 나간다. 심의 순선함을 확보하려는 논의는 기의 제한을 벗어나 본심의 강조로만 이어지는 공허성도 배제할 수 없을 것이다. 따라서 김원행은 본성의 구현주체인 영명성을 지닌 마음을 확보하기 위해 기의 제한과 영향력을 최소화시키려는 긴장감을 멈추지 않는 등 농암 이래 綿綿히 이어져 내려온 洛學의 학풍을 견지해 갔다.

이상에서 살펴보았듯이 농암은 심과 성의 관계를 통해 朱子學의 정체성을 지키면서, 性에 비해 상대적으로 소홀해지기 쉬운 心의 의미를 중시한다. 그것은 心이 선천적인 기질의 영향에만 의존하는 수동적 위치나 性情의 중립적 상태로 남을 수도 있다는 문제의식에서 비롯된 것이다. 그는 心의 靈明知覺한 속성을 통해 도덕의식의 촉발과 그 구현을 가능토록 하는 측면에 보다 주목하였다. 心에는 기질로 환원되지 않는 마음의 독자적 영역이 있고, 그와 같이 도덕을 지각할 수 있는 마음이 있음을 통해 도덕과 연결되는 인간다움을 보장받을 수 있다고 보았다. 性情을 매개시키는 심에 대한 그의 주목은 단순히 구조적으로 그러한 마음이 '있음'을 말하는 데 그치는 것이 아니다. 오히려 心 속에 내재되어 있다고 확신하는 性을 직시하여 심리적 현실로 '있게끔' 만드는 주체의 적극적 활동을 내포하고 있다. 농암의 표현을 빌리면, 心에서 단순히 心만을 생각할 것이 아니라, 心의 측면에서 본성을 분명히 직시하여[卽心指性] 누구나 동일하게 내재된 본성의 구현 가능폭을 최대한 확대시켜나가는 것이기도 하다. 이와 같이 주체의 도덕의식을 강조하던 그의 사상은 洛學(洛論)을 형성·발전시키는 데 중요한 계기를 마련하였다.

호서지방의 湖學(湖論)과는 달리 농암의 학풍을 잇던 서울 근기지역의 洛學(洛論)계열은 조선 후기 문화 및 사상의 주요 진원지 역할을 담당하였으며, 한말까지 줄곧 조선정계를 주도해나갔다. 농암이 낙학계열 학자들에 준 시사점은 도덕실현의 주체인 心의 의미에 주목하도록 한 것이었으며, 心을 통해 준칙으로서의 본성이 도덕적 정감의 표출로 이어지는 균형잡힌 시각의 제시였다. 그러나 心의 순수영역에 대한 확신과 현실적 구현의 강조는 李柬의 경우와 같이 本心의 보존에 대한 지나친 강조로 氣質과는 다른 맥락으로 설명되기도 하였다. 반면에 이간의 논리가 현실이탈 가능성이 있음을 비판하는 韓元震의 경우는 기질이라는 현실에 토대를 두고, 그에 근거하여 정의된 性과의 관계를 통해 정교하게 짜여진 구조적 질서 속에서 인간을 조망하였다. 인간은 기질의 선천적 제약이라는 구조적 측면과, 동시에 그러한 제한을 넘어설 수 있는 자율적 측면을 동시에 지닌 이중적 존재이기에 心 또는 性의 강조점에 따른 초점의 불일치는 韓元震과 李柬의 경우처럼 합일될 수 없는 평행선으로 나타나기도 하였던 것이다. 그러나 氣의 영향력을 최소화시키면서 性情을 매개시키는 주체로서 심에 대한 균형적 시각을 유지하려는 농암의 기본관점은 心과 氣質, 明德 등의 논의를 통해 韓末까지 洛學系列 학자들의 주된 관심으로 이어졌다.

이 연구에서는 농암의 철학사상에 초점을 두었으므로 낙론계열 학풍의 형성과 전개양상에 대해서는 제한적인 서술에 그쳤다. 따라서 농암 사후 낙학의 특성을 자리매김하는 데 중요한 역할을 했던 金昌翕 등에 대한 관심과, 湖洛論辨에서 중점적으로 부각되었던 주제들에 대한 구체적 검토도 이어져야 할 것이다. 아울러 金元行 이후로 전개되는 학맥의 동향에도 관심을 가지면서 조선 후기 사상계의 다채로운 변화에 관심을 둘 필요가 있다.

참고문헌

1. 原典資料

「經書」(大學・論語・孟子・中庸), 성균관대학교 대동문화연구원, 1971.

「十三經注疏」, 中華書局, 1980.

「性理大全」, 보경문화사, 1984.

「朱熹集」, 四川教育出版社, 1997.

「四書或問」, 보경문화사, 1986.

「艮齋先生文集」, 충남대학교 도서관, 1999.

「朝鮮王朝實錄」

※ 이하 ( )는 民族文化推進會에서 발간한 「韓國文集叢刊」의 권수임.

「退溪集」(29~31권) 「栗谷全書」(44~45권) 「拙修齋集」(147권).

「滄溪集」(159권) 「寒水齋集」(150~151권) 「農巖集」(161~162권).

「三淵集」(165~167권) 「芝村集」(170권) 「杞園集」(183~184권).

「巍巖遺稿」(190권) 「陶菴先生集」(194~195권) 「黎湖集」(196~197권).

「南塘集」(201~202권) 「屛溪集」(203~205권) 「渼湖集」(220권).

「鹿門集」(228권) 「老洲集」(280권).

2. 單行本

1) 국　내

금장태·고광직, 「儒學近百年」, 박영사, 1984.

김기현, 「조선조를 뒤흔든 논쟁」, 길, 2000.

김문식, 「朝鮮後期 經學思想硏究」, 일조각, 1996.

민족과 사상연구회 편, 「四端七情論」, 서광사, 1992.

박충석, 「韓國政治思想史」, 삼영사, 1982.

배종호, 「韓國儒學의 哲學的 展開」(上·中·下), 연세대 출판부, 1985.

송기채 옮김, 「국역 농암집」(1~3권), 민족문화추진회, 2002.

유봉학, 「연암일파 북학사상 연구」, 일지사, 1995.

유승국, 「東洋哲學硏究」, 동방학술연구원, 1988.

유홍준, 「화인열전」 1, 역사비평사, 2002.

윤사순, 「韓國의 性理學과 實學」, 열음사, 1992.

윤사순, 「한국유학사상론」, 예문서원, 1997.

이병도, 「韓國儒學史」, 아세아문화사, 1989.

이상익, 「畿湖性理學硏究」, 한울아카데미, 1998.

이성무, 「조선시대 당쟁사」 2, 동방미디어, 2000.

이승수, 「三淵 金昌翕 연구」, 이화문화출판사, 1998.

이은순, 「朝鮮後期 黨爭史硏究」, 일조각, 1988.

이태진, 「朝鮮儒敎社會史論」, 지식산업사, 1998.

이태진 외, 「조선시대 정치사의 재조명」, 태학사, 2003.

임헌규, 「유가의 심성론과 현대 심리철학」, 철학과 현실사, 2001.

장지연, 「朝鮮儒教淵源」, 아세아문화사, 1973.

정만조, 「朝鮮時代 書院硏究」, 집문당, 1997.

정옥자, 「조선 후기 역사의 이해」, 일지사, 1993.

채무송, 「退溪·栗谷哲學의 比較硏究」, 성균관대 출판부, 1985.

최영성, 「韓國儒學思想史」(Ⅰ~Ⅴ), 아세아문화사, 1994~1997.

최영진, 「유교사상의 본질과 현재성」, 성균관대 출판부, 2002.

최완수 외, 「진경시대」 1, 돌베개, 1998.

한국사상사연구회 편, 「인성물성론」, 한길사, 1994.

한국철학사연구회 편, 「한국철학사상사」, 한울아카데미, 1997.

한국철학사연구회 편, 「한국실학사상사」, 다운샘, 2000.

한형조, 「주희에서 정약용으로」, 세계사, 1996.

현상윤 지음·이형성 校註, 「풀어 옮긴 조선유학사」, 현음사, 2003.

2) 국 외

김재권 지음, 하종호 옮김, 「물리계 안에서의 마음」, 철학과 현실사, 1999.

金春峰, 「朱熹哲學思想」, 東大圖書公司, 1998.

勞思光, 「中國哲學史: 宋明篇」(鄭仁在 譯, 탐구당, 1989)

다카하시 도루 지음, 이형성 편 역, 「다카하시 도루의 조선유학사」, 예문서원, 2001.

島田虔次 지음, 김석근·이근우 옮김, 「朱子學과 陽明學」, 까치, 1986.

丸山眞男 지음·김석근 옮김, 「日本政治思想史硏究」, 통나무, 1995.

守本順一朗 지음·김수길 역, 「東洋政治思想硏究」, 동녘, 1985.

牟宗三, 「心體與性體」(全三冊), 正中書局, 1969.

蒙培元, 「理學範疇系統」, 人民出版社, 1989.

溝口雄三 지음·김용천 옮김, 「중국 전근대 사상의 굴절과 전개」, 동과
　　서, 1999.

楊國榮, 「史與思」, 浙江大學出版社, 1999.

熊十力, 「體用論」, 中華書局, 1996.

張立文 主編, 「心」, 中國人民大學出版社, 1993.

錢　穆, 「朱子新學案」(全五冊), 대만, 三民書局, 1971.

周予同, 「經學史論著選集」, 上海人民出版社, 1983.

陳　來, 「朱熹哲學研究」, 中國社會科學出版社, 1987.

蔡仁厚, 「宋明理學」, 「南宋篇」, 臺灣學生書局, 1980.

祝平次, 「朱子學與明初理學的發展」, 臺灣 學生書局, 1991.

馮友蘭, 「中國哲學史」(上, 下), 中華書局, 1961.

3. 論文類

1) 學位論文

김준석, 「朝鮮後期 國家再造論의 대두와 그 전개」, 연세대 박사학위논
　　문, 1990.

김형찬, 「理氣論의 一元論化 研究」, 고려대 박사학위논문, 1996.

문석윤, 「朝鮮後期 湖洛論辨의 成立史 研究」, 서울대 박사학위논문,
　　1995.

이경구, 「17~18세기 壯洞 金門 研究」, 서울대 박사학위논문, 2003.

이광호, 「李退溪 學問論의 體用的 構造에 관한 研究」, 서울대 박사학위 논문, 1993.

이봉규, 「宋時烈의 性理學說 研究」, 서울대 박사학위논문, 1996.

이상곤, 「南塘 韓元震의 氣質性理學 研究」, 원광대 박사학위논문, 1991.

이영춘, 「巍巖 李柬의 心性論 研究」, 건국대 박사학위논문, 1990.

이형성, 「寒洲 李震相의 性理學 研究」, 성균관대 박사학위논문, 2001.

이희평, 「旅軒 張顯光의 哲學思想 研究」, 성균관대 박사학위논문, 2000.

임원빈, 「南塘 韓元震 哲學의 理에 관한 研究」, 연세대 박사학위논문, 1994.

전인식, 「李柬과 韓元震의 未發・五常論辨 研究」, 정문연 박사학위논문, 1999.

정원재, 「知覺說에 입각한 李珥 철학의 해석」, 서울대 박사학위논문, 2001.

조성산, 「朝鮮後期 洛論系 學風의 形成과 經世論 研究」, 고려대 박사학위논문, 2003.

진영미, 「農巖 金昌協 詩論의 研究」, 성균관대 박사학위논문, 1997.

최영진, 「易學思想의 哲學的 探究」, 성균관대 박사학위논문, 1989.

최일범, 「儒敎의 中庸思想과 佛敎의 中道思想에 관한 研究」, 성균관대 박사학위논문, 1991.

홍정근, 「湖洛論爭에 관한 任聖周의 비판적 止揚 研究」, 성균관대 박사학위논문, 2001.

이상익, 「湖洛論爭의 根本問題 研究」, 성균관대 석사학위논문, 1986.

안영상, 「巍巖 李柬의 哲學思想 研究」, 고려대 석사학위논문, 1992.

김태년, 「洛學系의 知覺論 研究 -金昌協의 理論을 중심으로-」, 고려

대 석사학위논문. 1993.

이천승, 「南塘 韓元震의 中和說에 관한 硏究」, 성균관대 석사학위논문. 1996.

2) 일반논문

권오영, 「18세기 호락논변의 쟁점과 그 성격」, 「조선시대의 사회와 사상」, 1998.

김 현, 「조선 후기 未發心論의 心學的 전개」, 「민족문화연구」 37, 고려대 민족문화연구원, 2002.

김용헌, 「농암 김창협의 사단칠정론」, 「사단칠정론」, 서광사, 1992.

김용헌, 「농암 김창협의 인물성론과 낙학」, 「인성물성론」, 한길사, 1994.

문석윤, 「南塘과 巍巖의 未發論辨」, 「태동고전연구」 11, 태동고전연구소, 1995.

문석윤, 「退溪에서 理發과 理動, 理到의 의미에 대하여」, 「퇴계학보」 110, 퇴계학연구원, 2001.

배종호, 「韓南塘과 李巍巖의 人物性同異論의 批判」, 「연세논총」 12, 연세대, 1975.

오종일, 「滄溪 林泳의 學文과 性理說」, 「동양철학연구」 22, 동양철학연구회, 2001

윤사순, 「人性·物性에 대한 同異논변의 사상사적 가치」, 「퇴계학보」 102, 퇴계학연구원, 1999.

윤사순, 「퇴계의 理氣철학에 대한 현대적 해석」, 「퇴계학보」 110, 퇴계학연구원, 2001.

이경구, 「金昌翕의 學風과 湖洛論爭」, 「한국사론」 36, 서울대 국사학과, 1996.

이광호, 「理의 自發性과 人間의 修養問題 - 李退溪의 哲學에 있어서 - 」, 「대동문화연구」 25, 성균관대 대동문화연구원, 1990.

이남영, 「湖洛論爭의 哲學史的 意義」, 제2회 「동양문화국제학술회의논문집」, 성균관대 대동문화연구원, 1980.

이동준, 「栗谷哲學에 있어서 理의 生動性에 관한 연구」, 「玄潭柳正東博士華甲紀念論叢」, 1981.

이동희, 「조선 후기 '折衷派'의 性理學說에 대한 연구」, 「동양철학연구」 26, 동양철학연구회, 2001.

이상익, 「畿湖學派에 있어서 退栗折衷論의 특성」, 「퇴계학보」 99, 퇴계학연구원, 1998.

이천승, 「南塘 韓元震의 「中庸」 註釋에 관한 연구」, 「한국사상사학」 13, 한국사상사학회, 1999.

이천승, 「農巖 金昌協의 知覺論議와 心의 의미」, 「한국사상사학」 21, 한국사상사학회, 2003.

이천승, 「洛學系列 성리학자들의 心論에 관한 연구 - 金昌協과 李柬의 대비적 조명을 중심으로 - 」, 「태동고전연구」 20, 태동고전연구소, 2004.

이태진, 「士林과 書院」, 「한국사」 12, 국사편찬위원회, 1978.

정만조, 「17세기 중반 漢黨의 정치활동과 국정운영론」, 「한국문화」 23, 1991.

정만조, 「朝鮮 顯宗期의 私義·公義 論爭」, 「한국학논총」 14, 국민대 한국학연구소, 1991.

정만조, 「朝鮮中期 政治史 硏究에 대한 재검토」, 「한국학논총」 25, 국민대 한국학연구소, 2002.

정형우, 「五經·四書大全의 수입 및 그 刊板 廣布」, 「동방학지」 63, 연

318

세대 국학연구원, 1989.

조남호, 「金昌協 學派의 陽明學 批判 - 智와 知覺의 문제를 중심으로 - 」, 『철학』 39, 한국철학회, 1993.

조성산, 「18세기 湖洛論爭과 老論 思想界의 分化」, 『한국사상사학』 8, 한국사상사학회, 1998.

조성산, 「17세기 후반 趙聖期의 學問傾向과 經世論」, 『한국사학보』 10, 고려사학회, 2001.

지두환, 「淸陰 金尙憲의 생애와 사상」, 『한국학논총』 24, 국민대학교 한국학연구소, 2001.

최영진, 「退溪 理思想의 體用論的 構造」, 『朝鮮朝 儒學思想의 探究』, 여강출판사, 1988.

최영진, 「茶山 人性・物性論의 思想史的 位相 - 湖洛論爭의 人物性同異論과 관련하여 - 」, 『철학』 68, 한국철학회, 2001.

최영진・홍정근・이천승, 「湖洛論爭에 관한 硏究成果 분석 및 전망」, 『유교사상연구』 19, 유교학회, 2003.

홍정근, 「南塘의 未發心性論 고찰」, 『유교사상연구』 19, 유교학회, 2003.

색 인

· 저자 ·

이천승   · 약 력 ·
(李天承)
             성균관대학교 유학대학 한국철학과 졸업
             성균관대학교 대학원 한국철학과 문학석사 학위취득
             성균관대학교 대학원 동양철학과 철학박사 학위취득
             태동고전연구소(지곡서당)수료

             중국 사회과학원 방문학자
             극동대학교 강사
             성균관대학교 강사
             성균관대학교 유교문화연구소 책임연구원

             · 주요논저 ·

             「남당 한원진의 「중용」 주석에 관한 연구」
             「농암 김창협의 지각논의와 심의 의미」
             「낙학계열 성리학자들의 심론에 관한 연구」
             「율곡의 이통기국설과 호락논변에 끼친 영향」
             「한국실학사상사」(공저)
             외 다수

農巖 金昌協의 哲學思想 研究

· 초판 인쇄 | 2006년 5월 20일
· 초판 발행 | 2006년 5월 20일

· 지 은 이 | 이천승
· 펴 낸 이 | 채종준
· 펴 낸 곳 | 한국학술정보㈜
           경기도 파주시 교하읍 문발리 526-2
           파주출판문화정보산업단지
           전화 031) 908-3181(대표)·팩스 031) 908-3189
           홈페이지 http://www.kstudy.com
           e-mail(e-Book사업부) ebook@kstudy.com
· 등   록 | 제일산-115호(2000. 6. 19)
· 가   격 | 31,000원

ISBN   89-534-5068-3 93150 (Paper Book)
       89-534-5069-1 98150 (e-Book)